ESPRIT DES LOIS

LIVRES I — V

MONTESQUIEU

ESPRIT DES LOIS

LIVRES I — V

PRÉCÉDÉS D'UNE INTRODUCTION DE L'ÉDITEUR

et suivis d'un Appendice

CONTENANT DES EXTRAITS DE MONTESQUIEU

et des Notes explicatives

PAR

PAUL JANET

MEMBRE DE L'INSTITUT
PROFESSEUR A LA FACULTÉ DES LETTRES

PARIS

LIBRAIRIE CH. DELAGRAVE

15, RUE SOUFFLOT, 15

1887

DE

L'ESPRIT DES LOIS

INTRODUCTION [1]

Le plus grand livre du xviiie siècle, sans aucun doute, est l'*Esprit des lois;* et même, dans l'histoire de la science politique, le seul ouvrage qui lui soit comparable (j'ose à peine dire supérieur), pour l'étendue du plan, la richesse des faits, la liberté des investigations et la force des principes, est la *Politique* d'Aristote. Machiavel[2] avait peut-être autant de profondeur et de sagacité que Montesquieu, mais il connaissait trop peu de faits, et d'ailleurs son esprit corrompu ne lui permettait pas de s'élever jamais bien haut ; enfin il n'a pas, au même degré qu'Aristote ou Montesquieu, le don supérieur de la généralisation. Quant à Grotius et Bodin[3], quelque juste estime qu'on leur doive, il n'entrera jamais, je crois, dans l'esprit de personne de les comparer, pour la portée des vues et du génie, à l'auteur de l'*Esprit des lois.*

Étudions d'abord, dans Montesquieu lui-même, les antécé-

---

1. Cette Introduction est extraite de notre *Histoire de la science politique dans ses rapports avec la morale* (2 vol. in-8, 3e édition, 1887). Notre éditeur, M. Félix Alcan, a bien voulu nous autoriser à la publier.
2. Machiavel, auteur du *Prince* et des *Discours sur Tite-Live* (xve siècle).
3. Grotius (xviie siècle), auteur du *Traité du droit de la paix et de la guerre.* — Bodin (xvie siècle), *de la République.*

1

dents de son œuvre fondamentale, qui avait été précédée, comme on sait, par deux livres de génie : les *Lettres persanes* et *la Grandeur et la Décadence des Romains* [1]. Montesquieu entrait dans la politique par deux voies différentes, la satire et l'histoire. Plus tard, on retrouvera ces deux influences dans le monument définitif de sa pensée.

LES LETTRES PERSANES. — Les *Lettres persanes* sont remarquables par le ton de liberté irrespectueuse avec laquelle l'auteur s'exprime à l'égard de toutes les autorités sociales et religieuses. Ce n'est plus la profonde ironie de Pascal, qui insulte la grandeur tout en l'imposant aux hommes comme nécessaire : c'est le détachement d'un esprit qui voit le vide des vieilles institutions, et commence à en rêver d'autres. Mais que pouvait-il advenir d'une société où les meilleurs et les plus éclairés commençaient déjà à n'être plus dupes de rien ? Qu'eût dit Bossuet en entendant parler ainsi du grand roi : « Il préfère un homme qui le déshabille ou qui lui donne la serviette, à un autre qui lui prend des villes ou lui gagne des batailles... On lui a vu donner une petite pension à un homme qui a fui deux lieues, et un bon gouvernement à un autre qui en avait fui quatre... Il y a plus de statues dans son palais que de citoyens dans une grande ville [2]. » Écoutons-le maintenant parler du pape : « Le pape est le chef des chrétiens. C'est une vieille idole qu'on encense par habitude [3]. » Des parlements : « Les parlements ressemblent à ces grandes ruines que l'on foule aux pieds... Ces grands corps ont suivi le destin des choses humaines ; ils ont cédé au temps qui détruit tout, à la corruption des mœurs qui a tout affaibli, à l'autorité suprême *qui a tout abattu* [4]. » De la noblesse : « Le corps des laquais est plus respectable en France qu'ailleurs : *c'est un séminaire de grands seigneurs.*

---

1. Les *Lettres persanes* sont de 1721 ; les *Considérations sur les causes de la grandeur des Romains et de leur décadence* sont de 1734 ; l'*Esprit des lois* de 1748. (Voir Louis Vian, *Montesquieu, sa vie et ses œuvres d'après des documents nouveaux et inédits.* — Caro, la *Fin du XVIII*e *siècle*, vol. I, c. 2.)

2. Lettre XXXVIII.

3. Lettre XXIX.

4. Lettre XCII.

Il remplit le vide des autres états [1]. » Des prêtres : « Les dervis ont entre leurs mains presque toutes les richesses de l'État : c'est une société de gens avares qui prennent toujours et ne rendent jamais [2]. » Des riches : « A force de mépriser les riches, on vient enfin à mépriser les richesses. » Des fermiers généraux : « Ceux qui lèvent les tributs nagent au milieu des trésors : parmi eux il y a peu de Tantales [3]. » De l'Université : « L'Université est la fille aînée des rois de France, et très aînée ; car elle a plus de neuf cents ans ; aussi rêve-t-elle quelquefois [4]. » Enfin l'abus des pensions et des faveurs royales lui suggère un morceau d'une ironie sanglante, inspirée à la fois par le mépris des cours et par l'amour du peuple [5].

Cet esprit de satire et d'ironie, dans ce qu'il a ici d'excessif, tient sans doute à la jeunesse ; car Montesquieu nous a appris plus tard « qu'il n'avait pas l'esprit désapprobateur ». Mais quelques-unes des idées des *Lettres persanes* subsisteront et se retrouveront dans l'*Esprit des lois*. L'une des plus importantes, c'est l'effroi du despotisme, et le sentiment des vices de cette forme de gouvernement. Il voit déjà la pente qui entraîne les monarchies européennes vers le despostime : « La plupart des gouvernements d'Europe, dit-il, sont monarchiques, ou plutôt sont ainsi appelés ; car je ne sais pas s'il y en a jamais eu véritablement de tels. Au moins est-il difficile qu'ils aient subsisté longtemps dans leur pureté. C'est un état violent qui dégénère toujours en despotisme ou en république. La puissance ne peut jamais être également partagée entre le prince et le peuple. L'équilibre est trop difficile à garder [6]. A cette époque Montesquieu n'est pas encore frappé du mécanisme gouvernemental par lequel les Anglais

---

1. Lettre xcviii.
2. Lettre cxvii.
3. Lettre xcviii.
4. Lettre cix.
5. Voir la lettre cxxiv tout entière : « Ordonnons... que tout laboureur ayant cinq enfants retranchera journellement la cinquième partie du pain qu'il leur donne, » etc.
6. Lettre cii.

4. DE L'ESPRIT DES LOIS.

ont essayé de trouver un moyen terme entre le despotisme
et la république ; il ne connaissait encore que les institutions
de la monarchie traditionnelle et aristocratique, antérieures
à Richelieu ; mais déjà il avait remarqué le caractère nive-
leur de cette autorité « qui avait tout abattu » ; déjà il pres-
sentait, comme il le dira plus tard dans l'*Esprit des lois*,
qu'elle tendait soit au despotisme soit à l'état populaire.
Déjà aussi il avait ce don remarquable de saisir dans un fait
particulier et précis toute une série de causes et d'effets. C'est
ainsi que l'invention des bombes lui paraît être une des
causes qui ont amené en Europe la monarchie absolue. « Ce
fut un prétexte pour eux d'entretenir de gros corps de troupes
réglées, avec lesquelles ils ont dans la suite opprimé leurs
sujets [1]. »

Néanmoins Montesquieu a très bien saisi la différence des
monarchies européennes et des monarchies asiatiques. Il
montre admirablement comment le pouvoir des monarques
européens est en réalité plus grand que celui des despotes
asiatiques, précisément parce qu'il est plus limité [2].

Mais déjà on voit poindre dans Montesquieu le goût d'un
autre état politique que celui de la monarchie absolue. Déjà
la liberté anglaise exerce évidemment un grand prestige sur
son esprit. Il parle, non sans admiration secrète, « de l'humeur impatiente des Anglais qui ne laissent guère à leur
roi le temps d'appesantir son autorité » ; et qui, se trouvant
les plus forts contre un de leurs rois, ont déclaré « que
c'était un crime de lèse-majesté à un prince de faire la
guerre à ses sujets ». Il ne saisit pas bien encore les ressorts
du gouvernement anglais, qu'il découvrira plus tard avec une
merveilleuse profondeur : mais il est frappé du spectacle
étrange qu'offre à ses yeux un pays « où l'on voit la liberté
sortir sans cesse des feux de la discorde et de la sédition : le
prince toujours chancelant sur un trône inébranlable ; une
nation impatiente, sage dans sa fureur même. » A côté de ce

1. Lettre cv.
2. Lettre cii.

noble tableau, Montesquieu en ajoute d'autres, tous favorables aux républiques : « Cette république de Hollande, si respectée en Europe, si formidable en Asie, où ses négociants voient tant de rois prosternés devant eux ; »... « la Suisse, qui est l'image de la liberté ». Il fait remarquer que la Hollande et la Suisse, qui sont « les deux pays les plus mauvais de l'Europe, sont cependant les plus peuplés ». La supériorité morale des républiques éclate enfin dans ces paroles : « Le sanctuaire de l'honneur, de la réputation et de la vertu semble être établi dans les républiques, et dans les pays où l'on peut prononcer le mot de patrie. A Rome, à Athènes, à Lacédémone, l'honneur payait seul les services les plus signalés [1] ».

Cette analyse suffira pour faire saisir dans les *Lettres persanes* la première origine des idées politiques de Montesquieu. Les autres analogies et affinités seront indiquées plus loin dans l'analyse même de l'*Esprit des lois*. Du satiriste passons maintenant à l'historien, et relevons dans l'admirable écrit sur les *Causes de la grandeur et de la décadence des Romains* (1734) les vues générales qui s'y rapportent à la politique.

Considérations sur les Romains. — L'ouvrage de Montesquieu peut être rapproché de celui de Machiavel sur *Tite-Live;* c'est de part et d'autre une philosophie de l'histoire romaine. Mais le livre de Montesquieu est beaucoup plus historique ; celui de Machiavel plus politique. Les *Discours sur Tite-Live* sont un manuel de politique pratique ; les *Considérations* sont une recherche des lois générales de l'histoire. On y trouvera donc nécessairement moins de principes politiques. En outre la politique de Montesquieu différera de celle de Machiavel non seulement par la hauteur morale, mais par l'esprit. La politique de Machiavel est toute empirique : celle de Montes-

---

1. Lettre LXXXIX. On voit par ce passage que Montesquieu ne distinguait pas encore, comme il l'a fait plus tard, l'honneur et la vertu. Ce passage suffit à montrer ce qu'il y a d'artificiel dans sa théorie des trois principes. L'origine de la théorie de l'honneur, comme principe monarchique, se trouve dans la lettre suivante, XC.

quieu est plus scientifique : l'un et l'autre s'appuient sur l'histoire ; mais l'un pour y trouver des exemples et des moyens d'action, l'autre pour y trouver des lois et des raisons. L'une ressemble plus à la mécanique pratique, l'autre à la mécanique abstraite, toutes deux étant néanmoins fondées sur l'expérience.

Ce caractère scientifique, qui fera la grandeur de l'*Esprit des lois*, est déjà sensible dans les *Considérations sur les Romains*. Il y montre admirablement comment un État aristocratique tend toujours à devenir populaire, de même qu'il indiquait déjà dans les *Lettres persanes* et accusera davantage encore dans l'*Esprit des lois* la tendance de la monarchie à devenir despotique. On voit comment les patriciens, pour s'affranchir des rois, furent obligés de donner au peuple « un amour immodéré de la liberté » ; comment le peuple s'aperçut que « cette liberté dont on voulait lui donner tant d'amour, il ne l'avait pas » ; comment les sujets d'un roi sont moins dévorés d'envie que ceux qui obéissent aux grands, « c'est pourquoi on a vu de tout temps le peuple détester les sénateurs ; » comment « par une maladie éternelle des hommes, les plébéiens qui avaient obtenu des tribuns pour se défendre, s'en servent pour attaquer » ; comment enfin, pendant plusieurs siècles la constitution fut admirable, « en ce que tout abus de pouvoir y pouvait toujours être corrigé » ; d'où cette loi admirable, relevée par Montesquieu, « qu'un pays libre, c'est-à-dire toujours agité, ne saurait se maintenir s'il n'est, par ses propres lois, capable de correction[1] ».

On voit que le gouvernement anglais est déjà devenu pour lui l'objet d'un examen plus attentif ; car il le cite, précisément à l'appui de la loi précédente, comme étant toujours capable de correction : « Le gouvernement d'Angleterre est plus sage, parce qu'il y a un corps qui l'examine continuellement, et qui s'examine continuellement lui-même ; et telles sont ses erreurs, qu'elles ne sont jamais longues, et que par l'esprit d'attention

---

1. *Considérations*, viii.

qu'elles donnent à la nation, elles sont souvent utiles [1]. »

Déjà aussi voyons-nous apparaître en germe dans les *Considérations* le principe de la séparation des pouvoirs : « Les lois de Rome avaient sagement divisé la puissance publique en un grand nombre de magistratures qui se soutenaient, s'arrêtaient et se tempéraient l'une l'autre. »

Une des plus belles pensées de Montesquieu, et des plus vérifiées par l'expérience, c'est la nécessité des divisions, c'est-à-dire des partis dans les États libres ; il n'est nullement effrayé de ces divisions, et il y voit le signe d'une vraie vie politique, tandis que la paix apparente du despotisme n'est qu'une mort lente : c'est, dira-t-il plus tard dans l'*Esprit des lois*, « le silence d'une ville que l'ennemi vient d'occuper ».

Aussi pour lui la lutte des plébéiens et des patriciens n'est point du tout, comme l'ont pensé tous les auteurs, la cause de la perte de la république. Cette vraie cause, ce fut la grandeur exagérée de la ville et de l'empire. Ces divisions au contraire étaient nécessaires à Rome : « Demander à un État libre des gens hardis dans la guerre et timides dans la paix, c'est vouloir des choses impossibles ; et, pour règle générale, toutes les fois qu'on verra tout le monde tranquille dans un État qui se donne le nom de république, on peut être assuré que la liberté n'y est pas [2]. »

Ce n'est pas, bien entendu, que Montesquieu soit un partisan de l'anarchie et un ennemi de l'ordre : personne ne le supposera : il n'entend parler bien évidemment que des divisions pacifiques, tout au plus de ces retraites volontaires du peuple qui amenaient les nobles à composition sans effusion de sang. Ce qu'il combattait, c'était l'ordre mensonger des États despotiques, sous l'apparence duquel « il y a toujours une division réelle... et si l'on y voit de l'union, ce ne sont pas des citoyens qui sont amis, mais des corps ensevelis les uns auprès des autres [3] ».

On ne saurait assez dire à quel point Montesquieu a détesté

---

1. *Considérations*, VIII.
2. *Ibid.*, XI.
3. *Ibid.*, IX.

le despotisme : rien de plus étrange que cette passion chez un homme né dans les rangs privilégiés, et après tout sous un gouvernement assez doux ; il déteste non seulement le despotisme odieux des monarques asiatiques ou des Césars romains, mais ce despotisme tempéré et régulier tel qu'Auguste avait essayé de l'établir. » Auguste, dit-il, établit *l'ordre*, c'est-à-dire *une servitude durable;* car dans un État libre où l'on vient d'usurper la souveraineté, on appelle règle tout ce qui peut fonder l'autorité sans bornes d'un seul, et on appelle trouble, dissension, mauvais gouvernement tout ce qui peut maintenir l'honnête liberté des sujets[1]. »

L'Esprit des lois. — Nous avons vu naître et grandir la pensée politique de Montesquieu : il est temps de saisir cette pensée dans toute sa maturité et dans toute sa force, et de revenir au chef-d'œuvre du maître, à l'*Esprit des lois*[2].

Les principes. — On a reproché à Montesquieu la pensée et la méthode de son livre. Montesquieu, a-t-on dit, a plutôt étudié ce qui est que ce qui doit être ; il a des raisons pour tout ; tous les faits trouvent grâce à ses yeux, et quand il peut dire pourquoi une loi a été faite, il est satisfait, sans se demander si elle aurait dû l'être. Il semblerait, à entendre ces critiques, que Montesquieu fût de l'école de Machiavel, et qu'à l'exemple du politique du xve siècle, il ait élevé un monument à l'utile au détriment de la justice[3].

Rien n'est plus injuste que ces imputations. Le premier chapitre de l'*Esprit des lois* y répond d'abord suffisamment. Que dit Montesquieu? Qu'il y a « des rapports nécessaires dérivant de la nature des choses » : et c'est là ce qu'il appelle

1. *Considérations*, XIII.
2. *L'Esprit des lois* parut à Genève, sans date (2 vol. in-4°) ; mais la critique est d'accord pour en fixer la date en 1748. L'ouvrage contient 14 cartons exigés par la censure ; M. Vian (*Hist. de Montesquieu, sa vie et ses œuvres*, Paris, 1877) a relevé sur deux exemplaires qui subsistent, le texte primitif. Les changements sont de peu d'importance d'ailleurs.
3. Voy. Barthélemy Saint-Hilaire, *Introduction* à sa traduction de la *Politique* d'Aristote. — « Le droit politique est encore à naître, dit J.-J. Rousseau (*Emile*, l. II). Le seul moderne en état de créer cette grande science eût été Montesquieu ; mais il n'eut garde de traiter des principes des droits politiques ; il se contenta de traiter des droits positifs des gouvernements établis. »

les lois. Que dit-il encore ? « Qu'il y a une raison primitive, et que les lois sont les rapports qui se trouvent entre elle et les différents êtres, et les rapports de ces différents êtres en eux... » ; que « les êtres particuliers et intelligents peuvent avoir des lois qu'ils ont faites, mais qu'ils en ont aussi qu'ils n'ont pas faites ; qu'avant qu'il y eût des lois, il y avait des rapports de justice possible ; que dire qu'il n'y a rien de juste ni d'injuste que ce qu'ordonnent ou défendent les lois positives, c'est dire qu'avant qu'on eût tracé des cercles, tous les rayons n'étaient pas égaux ». Qu'est-ce qu'une telle doctrine ? Est-ce celle d'un homme qui subordonne tout à la loi, qui admire tout ce que le législateur fait, sans tenir compte de ce qu'il doit faire, qui enfin fait tout dépendre des circonstances ? Est-ce là la philosophie d'un Hobbes, d'un Machiavel ? Non, c'est la philosophie de Malebranche et de Platon ; c'est cette philosophie qui place le juste primitif et éternel avant le juste légal, et fait dériver celui-ci de celui-là. Montesquieu ne pense pas autrement, lui qui définit la loi « la raison humaine, en tant qu'elle gouverne tous les peuples de la terre[1] » ; et qui ajoute que « les lois politiques et civiles de chaque nation ne doivent être que les cas particuliers où s'applique cette raison humaine ».

Mais, poursuit-on, si Montesquieu a vu que les lois civiles et politiques ne sont que l'expression de la raison humaine en général, pourquoi ne s'est-il pas appliqué à déterminer d'abord les conditions absolues du juste, afin de montrer ensuite comment les lois positives s'en éloignent, et comment elles peuvent s'en approcher ? Au contraire, à peine a-t-il posé les principes qu'il abandonne les conséquences, et que, renonçant à la méthode rationnelle pour la méthode historique et expérimentale, il n'examine plus que ce qui est, et néglige ce qui devrait être.

J'avoue que Montesquieu aurait pu suivre le plan qu'on

1. *Espr. des lois*, l. I, c. III. La même doctrine est exprimée dans les *Lettres persanes* : « La justice est un rapport de convenance qui se trouve réellement entre deux choses : ce rapport est toujours le même... Quand il n'y aurait pas de Dieu, nous devrions toujours aimer la justice... Voilà ce qui m'a fait penser que la justice est éternelle et ne dépend pas des conventions humaines. »

imagine. Mais pourquoi demander à un auteur ce qu'il aurait
pu faire au lieu de se rendre compte de ce qu'il a fait? Combattre l'*Esprit des lois*, tel qu'il est, au nom d'un *Esprit des
lois* possible et idéal, n'est-ce pas comme si l'on demandait à
Aristote pourquoi il n'a pas fait la *République* de Platon; ou
encore comme si l'on demandait à Montesquieu lui-même
pourquoi, au lieu de ce livre admirable de *la Grandeur et de
la Décadence des Romains*, où il résume si fortement toutes les
causes des révolutions de Rome, il n'a pas écrit, comme Vico,
une sorte de philosophie de l'histoire, et montré le rôle du
peuple romain dans le développement de l'humanité? Si je
comprends bien ce que l'on regrette de ne pas trouver dans
Montesquieu, c'est une sorte de traité de droit naturel, tel que
l'ont fait Puffendorf ou Burlamaqui; mais il me semble que
c'est méconnaître précisément ce qu'il y a d'original et de
nouveau dans le livre de Montesquieu. Il vit que le principe
des lois est sans doute la justice, mais qu'en fait elles dépendent d'un très grand nombre de rapports qui peuvent les faire
varier à l'infini. Quels sont ces rapports? Montesquieu nous
le dit : « Elles sont relatives à la nature et au principe du gouvernement; elles sont relatives au physique du pays ; au climat glacé, brûlant ou tempéré ; à la qualité du terrain, à sa
situation, à sa grandeur, au genre de vie des peuples, laboureurs, chasseurs ou pasteurs ; elles doivent se rapporter au
degré de liberté que la constitution peut souffrir; à la religion
de leurs habitants, à leurs inclinations, à leurs richesses, à
leur nombre, à leur commerce, à leurs mœurs, à leurs
manières. Enfin, elles ont des rapports entre elles, elles en
ont avec leur origine, avec l'objet du législateur, avec l'ordre
des choses sur lesquelles elles sont établies. C'est dans toutes
ces vues qu'il faut les considérer. C'est ce que j'entreprendrai
de faire dans cet ouvrage. J'examinerai tous ces rapports : ils
forment tous ensemble ce que l'on appelle l'ESPRIT DES LOIS[1]. »
Combien une telle philosophie, qui, au lieu de considérer
seulement les lois dans leur rapport à la vérité abstraite, les

---

1. *Esprit des lois*, l. I, c. III.

étudie dans les rapports prochains qu'elles soutiennent avec les faits généraux et inévitables de la vie et de l'organisation des peuples ; combien, dis-je, cette philosophie des causes secondes et moyennes n'est-elle pas plus instructive qu'une théorie abstraite du droit, qui laisse indécise la question de savoir comment ce droit pourra être appliqué dans telle ou telle circonstance ? Enfin, on peut critiquer l'exécution, et, dans un ouvrage si considérable et si neuf, il serait étrange qu'il en fût autrement ; mais l'idée fondamentale n'en est pas moins grande et juste [1].

Lorsqu'on semble croire que Montesquieu est indifférent entre tous les faits qu'il expose, qu'il leur accorde à tous la même valeur, qu'il ne distingue pas le juste et l'injuste, on oublie les plus belles et les meilleures parties de son livre. Pour parler d'abord de ses théories politiques, où trouver, même au xviiie siècle, une aversion plus déclarée, une critique plus amère et plus sanglante du despotisme ; où trouver, une plus vive sympathie pour les monarchies tempérées et libres, et même plus de prévention en faveur des républiques et des gouvernements populaires ? Quel publiciste a jamais eu un sentiment plus noble et plus élevé de la liberté politique ? n'est-il pas le premier qui a enseigné ou rappelé à la France l'amour de cette liberté, qu'elle avait désapprise, si elle l'avait jamais connue, rêve que tant de fautes commises en son nom ou contre elle ne peuvent effacer des âmes bien nées ? Aucun philosophe de ce temps, Voltaire lui-même, a-t-il plus fait que Montesquieu pour l'humanité, et pour l'amélioration des lois ? C'est lui qui a combattu le plus efficacement les restes derniers de la barbarie, la cruauté dans les lois, l'esclavage, et surtout l'esclavage des noirs, enfin la contradiction révoltante d'une morale divine et d'un culte persécuteur.

La philosophie des lois dans Montesquieu repose sur cette formule célèbre: « Les lois sont les rapports nécessaires qui dérivent de la nature des choses. » Cette définition a été sou-

---

1. Aug. Comte (*Cours de philosophie positive*, t. IV, 47e leçon) a bien vu le grand mérite de Montesquieu, et le considère comme le vrai créateur de la science sociale.

vent critiquée comme abstraite et obscure. Destutt de Tracy a
dit : « Une loi n'est pas un rapport et un rapport n'est pas
une loi. » Helvétius a dit de son côté que les lois n'étaient
pas des rapports, mais des résultats de rapports. Ce sont là
des chicanes. Suivant Tracy, l'idée de loi implique l'idée
d'autorité positive, et c'est par analogie que l'on a transporté
cette idée à la nature en disant que les choses se passent
comme si un législateur y eût établi des lois. Cela est possible,
quant à l'origine de l'idée; car il est certain que l'homme a
commencé par personnifier la nature. Mais s'il est vrai que
ce soit par analogie avec nos lois positives que l'homme ait
appelé lois non écrites les lois de la morale, et plus tard lois
de la nature les rapports constants et réguliers des phénomènes naturels, cependant, par l'analyse et la réflexion, il a
pu arriver à reconnaître plus tard que ces rapports constants
et réguliers étaient le résultat de la nature des choses. Par
exemple, la géométrie lui offrait des rapports constants entre
les figures ou les éléments des figures; de même la morale
lui montrait certains rapports constants entre les hommes;
enfin la physique, des rapports constants entre les corps.
Généralisant cette idée, on a pu dire qu'une chose quelconque
n'existe qu'à la condition d'avoir une certaine nature, et des
rapports qui résultent de cette nature, et c'est ce qu'on appelle
des lois. Revenant ensuite à l'ordre civil d'où l'on était parti,
on peut dire alors avec Montesquieu que les lois civiles elles-
mêmes sont des rapports nécessaires dérivant de la nature
des choses, c'est-à-dire qu'elles ne dérivent pas de la fantaisie
des législateurs, mais qu'elles tiennent aux conditions sociales, historiques, climatériques, etc.; c'est ainsi que la définition de Montesquieu se rapporte à la pensée générale de son
livre.

D'autres critiques sont venues s'élever contre la définition
de Montesquieu, mais d'un tout autre côté; si les lois sont
des rapports nécessaires, tout est nécessaire, comme le veut
Spinoza[1]. Montesquieu est donc spinoziste. Telle était l'objec-

---

1. Spinoza, philosophe du xviiᵉ siècle qui soutenait le fatalisme, c'est-à-dire la
doctrine de la nécessité universelle.

tion des *Nouvelles ecclésiastiques*, journal janséniste. Montesquieu ne se donne pas beaucoup de peine dans sa *Défense de l'Esprit des lois* pour répondre à cette objection. Il se contente : 1º de rappeler les textes du chapitre Iᵉʳ qui sont contraires au spinozisme [1] ; 2º d'expliquer son but, qui est précisément de réfuter Hobbes et Spinoza, lesquels ramenaient les lois à de pures conventions, tandis que lui, au contraire, soutient qu'il y a des lois éternelles et immuables. Il aurait pu ajouter qu'il y a deux sortes de nécessité : la nécessité absolue et la nécessité conditionnelle. Dieu est nécessaire d'une nécessité absolue ; les lois de la nature sont d'une nécessité conditionnelle : elles ne sont nécessaires qu'en ce sens qu'elles ne sont pas arbitraires.

LES DOCTRINES POLITIQUES. — L'analyse raisonnée de l'*Esprit des lois* serait elle-même un ouvrage considérable ; le *Commentaire* de Destutt de Tracy en est la preuve [2]. Nous nous bornerons à en étudier les deux points que nous venons de signaler : 1º les théories politiques ; 2º les théories philanthropiques et réformatrices.

La nature des lois étant expliquée, passons au fond même du livre. L'objet de l'*Esprit des lois* n'est point la politique, et cependant la politique domine tout l'ouvrage. La raison en est que, selon Montesquieu, la principale différence des lois vient de la différence des gouvernements. Il suffit de connaître les principes de chaque gouvernement, « pour en voir, dit-il, couler les lois, comme de leur source [3] ».

On peut distinguer, dans les législations diverses qui sont parmi les hommes, trois caractères principaux. Dans certains États, les lois semblent inspirées par le sentiment de la vertu publique et être faites par des hommes ou pour des hommes qui savent ou doivent savoir se commander à eux-mêmes ; elles exigent et supposent une certaine force du citoyen à sacrifier ses passions à la patrie ; une frugalité qui empêche

1. Quelle apparence qu'une cause inintelligente ait donné naissance à des êtres intelligents ? »
2. Cet intéressant et instructif ouvrage est de 1796.
3. L. I, c. II.

chaque homme de désirer plus qu'il n'a besoin, et qui, ôtant le superflu, ôte le principe de la domination des hommes les uns sur les autres et les met tous dans un même rang ; un amour naturel et volontaire de cette égalité, qui ne va pas jusqu'au refus d'obéir aux magistrats, mais n'est au contraire assurée que par le respect de tous pour la loi ; enfin un désintéressement qui fait rechercher la vertu pour elle-même et non pour la gloire qui l'accompagne.

Dans un autre ordre d'États, les lois favorisent l'amour naturel des distinctions qui est dans l'homme, et paraissent inspirées par cet amour ; elles semblent prescrire particulièrement tout ce qui tend à rendre certains hommes respectables aux autres hommes ; elles mettent des degrés entre les citoyens ; elles introduisent des privilèges, des exceptions honorables pour ceux qui en sont l'objet : elles rendent l'autorité presque divine, et lui donnent non ce caractère de force terrible qui abat et humilie, mais au contraire cette majesté qui relève ceux qui s'en approchent ; elles laissent à chaque citoyen une certaine sécurité et lui permettent même une certaine grandeur, non pas la grandeur héroïque qui naît de la simple pratique de la vertu, mais celle qui vient de l'éclat attaché à certaines actions réputées belles.

'Enfin, il y a des États où les lois traitent les hommes comme les brutes, ne leur demandent aucune vertu, aucun sacrifice, mais une matérielle obéissance ; qui ne laissent aucune dignité même ni aucune sécurité aux sujets ; qui les obligent au bien, c'est-à-dire à ce qu'une certaine personne déclare arbitrairement être le bien, non par un sentiment de gloire, ni même par un noble amour des honneurs et de l'élévation, mais par la force seule : ces lois avilissantes ne gouvernent que par la terreur.

En un mot, il y a des peuples dont les lois reposent sur la vertu et périssent avec elle ; d'autres où l'empire de la loi est plus fort que l'empire du bien, et où les lois ne commandent qu'au nom de ce sentiment brillant et chevaleresque que Montesquieu appelle l'honneur ; enfin, il est des peuples qui n'obéissent qu'à la force et à la crainte.

La *vertu*, l'*honneur*, la *crainte*, tels sont les trois principes d'où découlent les différents systèmes de législation qui sont parmi les hommes, et qui répondent à trois formes essentielles de gouvernement : 1° celle où le peuple, ayant des vertus, peut se gouverner lui-même, ou la *république* ; 2° celle où le peuple, obéissant aux lois plutôt qu'à la vertu et à l'honneur plutôt qu'aux lois, doit être gouverné, mais gouverné par des lois fixes qui assurent sa sécurité et sa vanité, ou la *monarchie*; 3° enfin, celle où le peuple n'obéissant qu'à la crainte, doit être gouverné non par les lois, mais par la force, et la force la plus terrible, celle d'un seul, ou le *despotisme* [1].

Il faut donc distinguer avec Montesquieu deux choses dans tout gouvernement : sa *nature* et son *principe:* sa nature est ce qui le fait être ce qu'il est, son principe est le ressort qui le fait agir ; l'une est sa struture particulière, l'autre, les passions humaines qui le font mouvoir [2]. Voyons les rapports de ces deux choses dans chaque espèce de gouvernement.

La nature de la république, c'est que le peuple en corps, ou seulement une partie du peuple, y a la souveraine puissance ; dans le premier cas, la république est une *démocratie;* dans le second, une *aristocratie* [3].

Dans la démocratie, le peuple est à la fois *monarque* et *sujet.* Il est monarque par ses suffrages, qui sont ses volontés ; il est sujet par son obéissance aux magistrats qu'il nomme lui-même, car c'est l'essence du gouvernement démocratique que le peuple nomme les magistrats [4]. Enfin, la règle générale de ce gouvernement, c'est que le peuple fasse par lui-même tout ce qu'il peut faire, et qu'il fasse faire le reste par des ministres nommés par lui.

Un gouvernement ainsi constitué est une démocratie ; mais

1. L. II, c. I.
2. L. III, c. II.
3. L. II, c. II.
4. *Espr. des lois,* l. II, c. II. « Le peuple est admirable pour choisir ceux à qui il doit confier une partie de son autorité. Il n'a qu'à se déterminer par des choses qu'il ne peut ignorer et des faits qui tombent sous les sens. Il sait très bien qu'un homme a été souvent à la guerre, qu'il y a eu tels ou tels succès : il est donc très capable d'élire un général...

il ne suffit pas d'être, il faut vivre, et la démocratie la mieux organisée peut périr si elle n'a un principe intérieur d'action et de conservation qui est la vertu [1]. Lorsque tous font les lois, les lois sont inutiles s'il n'y a pas de vertu publique ; car le peuple sait d'avance qu'il portera lui-même le poids des lois qu'il aura faites ; il les fera donc faciles, complaisantes, corruptrices. Et d'ailleurs qu'importe que le peuple, comme monarque, fasse des lois, si, comme sujet, il ne les exécute pas ?

Lorsque parut l'*Esprit des lois*, on fit beaucoup d'objections à cette maxime de Montesquieu : que la vertu est le principe des républiques. On demanda s'il n'y avait de vertu que dans les républiques, si les monarchies ne sont composées que de vices, si toutes les républiques sont vertueuses, si l'honneur n'y a pas aussi sa place, etc. Montesquieu dut expliquer sa pensée : « Il faut observer, dit-il, que ce que j'appelle vertu dans la république est l'amour de la patrie, c'est-à-dire l'amour de l'égalité. Ce n'est point une vertu morale ni une vertu chrétienne, c'est la vertu politique, et celle-ci est le ressort qui fait mouvoir le gouvernement républicain, comme l'honneur est le ressort qui fait mouvoir la monarchie. J'ai donc appelé vertu politique l'amour de la patrie et de l'égalité. Il faut faire attention qu'il y a une très grande différence entre dire qu'une certaine qualité, modification de l'âme, ou vertu, n'est pas le ressort qui fait agir un gouvernement, et dire qu'elle n'est point dans ce gouvernement. Tant s'en faut que les vertus morales et chrétiennes soient exclues de la monarchie, que même la vertu politique ne l'est pas. En un mot, l'honneur est dans les républiques, quoique la vertu politique en soit le ressort ; la vertu politique est dans la monarchie, quoique l'honneur en soit le ressort [2]. »

Dans la démocratie, le peuple fait ses affaires lui-même ; dans l'aristocratie ce sont les grands qui les font pour lui ; le peuple y est à l'égard des nobles ce que les sujets sont dans la monarchie à l'égard du prince. Cependant, la sagesse d'une république aristocratique est de diminuer, autant que

1. *Esprit des lois,* l. III, c. III.
2 L. II, c. III.

possible, la distance qui sépare le peuple des grands, de
donner au peuple un moyen de sortir de son abaissement et
de jouer un rôle dans l'État. La plus parfaite aristocratie est
celle où la noblesse est peuple, et le peuple si pauvre, qu'elle
n'ait aucun intérêt à l'opprimer. La plus mauvaise est celle où
le peuple est dans l'esclavage[1]. Ce gouvernement a moins
besoin de vertu que le gouvernement démocratique ; cependant, la vertu lui est nécessaire. Le peuple, qui est contenu
par les lois, peut obéir sans avoir de vertu ; mais les nobles
ne sont contenus que par leur propre volonté, il leur faut donc
une certaine force pour résister à leurs passions. Cette force
leur peut venir ou d'une grandeur d'âme qui leur apprend à
se regarder comme les égaux du peuple, ou d'une modération
qui les maintient du moins dans l'égalité avec eux-mêmes : la
modération est la vertu propre et le principe de l'aristocratie[2] ;
elle y sauve l'odieux d'une inégalité toujours présente aux
yeux du peuple, et d'une obéissance qu'il doit seul, au lieu
que dans la monarchie il la partage avec les grands.

Ce qui constitue le gouvernement monarchique, c'est l'empire d'un seul sur tous, conformément à des lois stables et
fixes[3]. Or, ces lois, conditions de la monarchie, ne sont rien
s'il n'existe en dehors du prince, non des pouvoirs indépendants, mais des pouvoirs subordonnés, intermédiaires entre
le prince et le peuple, et qui sont comme des canaux moyens
par où coule la puissance. Ces pouvoirs, malgré leur dépendance du monarque, le mettent lui-même dans une certaine
dépendance des lois et des établissements traditionnels, puisqu'il ne peut agir que par leur intermédiaire.

La monarchie ne subsiste donc pas sans noblesse, sans prérogatives, sans privilèges. Privilèges des nobles, du clergé,
des villes, juridiction seigneuriale, ecclésiastique, etc., autant
de limites au pouvoir arbitraire du prince ou à l'envahisse-
ment du peuple. Otez ces rangs et ces prérogatives, l'État devient nécessairement despotique ou populaire. Outre ces rangs

1. L. III, c. iv.
2. Avertissement.
3. *Esp. des lois*, l. II, c. iv.

intermédiaires, il faut un dépôt de lois pour que les limites de l'autorité monarchique soient sans cesse présentes au prince et aux sujets, et un certain corps politique qui annonce les lois lorsqu'elles sont faites et les rappelle lorsqu'on les oublie.

A ce système si admirablement organisé pour concilier la toute-puissance du monarque et la sécurité des sujets, il faut un ressort, un principe de mouvement. Ce n'est pas la vertu, c'est l'honneur : c'est-à-dire le préjugé de chaque personne et de chaque condition[1]. En effet, la vertu peut bien se rencontrer dans un gouvernement monarchique. Mais cela n'a rien de nécessaire. Ce qui est nécessaire pour que l'État ne périsse pas, c'est que le prince ait un certain préjugé de sa propre grandeur et de ses prérogatives, et qu'il confonde cette grandeur avec celle de l'État, en un mot une certaine opinion d'imagination qui lui fasse rechercher le bien, non pour le bien en lui-même, mais pour réaliser cet idéal de grandeur qu'il porte en soi. Seulement cette opinion de sa grandeur dégénérerait facilement chez le prince en adoration de soi-même, en mépris des sujets, en indifférence des intérêts publics, et l'État deviendrait despotique, si tous les corps de l'État n'avaient chacun leur préjugé, comme le prince lui-même, si la noblesse, le clergé, la magistrature, les villes, n'opposaient au préjugé du prince des préjugés contraires : cet ensemble de préjugés qui se limitent et se respectent les uns les autres, fonde la hiérarchie sociale, et tient lieu du droit qui est la base des républiques : c'est là l'honneur, le principe conservateur des institutions monarchiques.

La république, la monarchie ont une constitution, une structure, un mécanisme particulier. Le despotisme, par cela seul qu'il ne repose que sur la volonté d'un seul, ne peut avoir rien de déterminé et d'assuré ; il n'a donc point de constitution. La seule constitution, c'est que les hommes n'y sont rien, que le prince y est tout. Mais le prince étant tout, et étant le maître de tout, il serait étrange qu'il prît de la peine pour un peuple qui n'est rien ; aussi ne garde-t-il que le plaisir et la

---

1. L. III, c. vi et l. IV, c. ii.

force de la puissance, et il en laisse à un autre l'emploi. Ce représentant du prince est absolu comme lui, pour que celui-ci soit tranquille; mais tout absolu qu'il est, il n'en est pas moins toujours entre les mains du prince, qui peut abattre quand il veut et comme il lui plaît, ceux qu'il élève quand il veut et comme il lui plaît. Le principe d'un tel gouvernement ne peut être la vertu ni l'honneur, car l'un et l'autre s'opposent à un tel pouvoir et à une telle obéissance : le despotisme ne repose que sur la crainte. La crainte du souverain est à la fois le frein du peuple et sa protection; car le peuple étant trop faible pour que le prince le craigne, c'est surtout contre les grands que s'exerce sa puissance, et la crainte des grands fait seule la sécurité des petits.

Nous avons déjà remarqué dans les *Lettres persanes* et dans les *Considérations* l'énergique aversion de Montesquieu pour le despotisme; mais c'est surtout dans l'*Esprit des lois* qu'il rassemble et aiguise les traits les plus amers et les plus sanglants de son éloquence ironique pour peindre ces gouvernements monstrueux : « Quand les sauvages de la Louisiane, dit-il, veulent avoir des fruits, ils coupent l'arbre au pied et cueillent le fruit. Voilà le gouvernement despotique [1]. » « Charles XII étant à Bender, trouvant quelque résistance dans le sénat de Suède, écrivit qu'il leur enverrait une de ses bottes pour commander. Cette botte aurait commandé comme un roi despotique [2] ». « Dans un gouvernement despotique, tout doit rouler sur deux ou trois idées; il n'en faut donc pas de nouvelles. Quand vous instruisez une bête, vous vous donnez bien de garde de lui faire changer de maître, de leçons et d'allure : vous frappez son cerveau par deux ou trois mouvements et pas davantage [3] ». « Comme le principe du gouvernement despotique est la crainte, le but en est la tranquillité; mais ce n'est point une paix, c'est le silence de ces villes que l'ennemi est près d'occuper [4]. » Il n'est pas difficile

1. L. II, c. v, et l. V, c. xiv, xv.
2. L. III, c. ix.
3. L. VIII, c. i.
4. L. VIII, c. ii, iii, iv.

de voir l'intention secrète de ces paroles amères. Cette peinture du despotisme est une menace que Montesquieu fai
peser sur la tête des gouvernements modérés, qui, pour se
donner une force vaine, brisent les barrières heureuses qu
les séparent du despotisme.

Nous avons considéré deux choses dans les gouvernements :
d'abord ce qui les fait être, leur structure ; ensuite ce qui les
fait agir, ou leurs principes. Il reste à étudier ce qui les perd,
c'est-à-dire leur corruption.

La corruption de chaque gouvernement commence toujours
par celle des principes [1]. Le principe de la république étant
la vertu, la république se corrompt lorsqu'elle perd sa vertu.
Mais comme il y a deux espèces de républiques, la corruption
n'est pas la même pour toutes les deux. La démocratie se
perd par la perte de l'esprit d'égalité, ou par l'exagération de
cet esprit [2]. Le premier de ces maux conduit à l'aristocratie
ou au gouvernement d'un seul, et le second entraîne d'abord
au despotisme de tous, et ensuite au despotisme d'un seul.
Le caractère de la démocratie est bien l'égalité, mais l'égalité
réglée : « Dans la vraie démocratie, on n'est égal que comme
citoyen ; dans la démocratie corrompue, on est encore égal
comme magistrat, comme sénateur, comme juge, comme
père, comme mari, comme maître. » Lorsque la corruption
est arrivée à ce point que le peuple ne reconnaît plus aucun
lien, qu'il n'obéit plus aux magistrats, qu'il cesse de respecter
les vieillards, que le libertinage est partout, la liberté est bien
près de périr. « Plus il paraîtra tirer d'avantages de sa liberté,
plus il s'approchera du moment où il doit la perdre. Il se
forme de petits tyrans qui ont tous les vices d'un seul. Bientôt
ce qui reste de liberté devient insupportable ; un seul tyran
s'élève, et le peuple perd tout, jusqu'aux avantages de la corruption. » Ce passage de la démocratie extrême à la tyrannie
a été observé par tous les publicistes. Platon exprimait cette
grande vérité dans son langage poétique et figuré quand il
disait : « Le peuple, en voulant éviter la fumée de la dépen-

1. L. VIII.
2. Ib., c. II.

dance sous les hommes libres, tombe dans le feu du despotisme des esclaves, échangeant une liberté excessive et extravagante contre la plus dure et la plus amère servitude. »

Quant à l'aristocratie, elle se corrompt lorsque la noblesse cesse d'être unie avec le peuple, lorsqu'elle ne commande plus par les lois ou par la justice, lorsque le pouvoir se resserre ou se relâche, et devient ou tyrannique ou faible; enfin quand les nobles sentent plus les délices du commandement que ses périls, et qu'ils croient n'avoir plus rien à redouter[1].

L'âme du gouvernement monarchique étant l'honneur ou le préjugé de chaque état et de chaque condition, ce gouvernement se perd avec ce préjugé même, lorsque l'obéissance se change en servitude, que le peuple et les grands, au lieu de sujets loyaux, deviennent des instruments méprisés du prince et d'eux-mêmes; lorsque l'honneur est mis en contradiction avec les honneurs, et que l'on peut être à la fois chargé d'infamie et de dignités; lorsqu'à la place des lois le monarque met sa volonté; lorsque, changeant sa justice en sévérité, il place, comme les empereurs romains, une tête de Méduse sur sa poitrine; lorsque, supprimant les pouvoirs intermédiaires, il veut tout faire par lui-même et ramène l'État entier à lui seul, enfin lorsqu'il est plus amoureux de ses fantaisies que de ses volontés[2]. Quant au gouvernement despotique, il se corrompt sans cesse, puisqu'il est corrompu de sa nature[3].

CRITIQUE DE LA THÉORIE DES GOUVERNEMENTS. — Telle est la théorie célèbre des trois gouvernements et de leurs principes. Nous avons exposé les idées de Montesquieu sans y intervenir, afin qu'on les vît dans leur suite et dans leur force. Mais il faut les examiner de plus près.

Selon Montesquieu, il y a trois gouvernements primitifs, qui se distinguent par leur nature et par leur principe : c'est le républicain, le monarchique et le despotique. Cette division a soulevé beaucoup d'objections qui nous paraissent fondées.

Et d'abord, le gouvernement républicain se divise, selon

1. L. VIII, c. v.
2. L. VIII, c. vi et vii.
3. L. VIII, c. x.

Montesquieu, en deux espèces : l'aristocratique et le démocratique. Sont-ce bien là deux espèces différentes d'un même
genre, et ne sont-ce pas deux genres essentiellement différents? Dans l'un, c'est le peuple en corps; dans l'autre, c'est
seulement une partie du peuple qui occupe la souveraineté.
Ce n'est pas là une différence secondaire. Si le fait constitutif
de l'État est la souveraineté, la différence caractéristique entre
les États doit être cherchée dans la manière dont la souveraineté est distribuée. Il suffit que le pouvoir souverain soit
réservé à quelques-uns au lieu d'appartenir à tous, pour que
l'esprit de l'État soit radicalement changé. Il est vrai que la
démocratie et l'aristocratie ont cela de commun de n'être pas
soumises à un roi. Mais l'aristocratie et la monarchie ont aussi
cela de commun d'ôter tout pouvoir au peuple. Si l'on prend
pour principe de la division des gouvernements la différence
de *un* et de *tous*, il faut évidemment y introduire, comme
intermédiaire, le gouvernement de *plusieurs* : car il y a autant
de différence entre *plusieurs* et *tous* qu'entre *un* et *plusieurs*.
Si donc on admet la division de Montesquieu, il faudra séparer
l'aristocratie au même titre que la monarchie, et l'on aura
quatre gouvernements au lieu de trois.

Mais c'est un autre défaut de la théorie de Montesquieu de
séparer absolument, comme deux genres à part, le despotisme de la monarchie. Il a raison, sans doute, de distinguer
le gouvernement d'un seul, limité par des lois fondamentales,
et le gouvernement d'un seul livré au seul caprice. Mais cette
distinction peut avoir lieu dans tous les gouvernements. Il y
a des démocraties où le peuple ne commande que par ses
caprices, au lieu de gouverner par les lois; il y a aussi des
aristocraties où la volonté des nobles tient lieu de lois fondamentales. De là la distinction antique des six gouvernements,
trois bons et trois mauvais : les premiers obéissant aux lois et
voulant le bien des sujets, les seconds n'obéissant qu'à leur
fantaisie et ne cherchant que leur propre bien. On peut choisir,
sans doute, ce principe de division et commencer par reconnaître deux grandes classes de gouvernements, selon
qu'ils obéissent ou n'obéissent pas à des lois, et diviser ensuite

chacune de ces classes en trois espèces, selon que le pouvoir est entre les mains d'un, de plusieurs et de tous ; on peut, au contraire, prendre pour principe de division la distribution de la souveraineté, et obtenir ainsi trois gouvernements fondamentaux, que l'on subdivisera ensuite chacun en deux espèces. Mais on ne peut pas mêler ces deux principes, et distinguer la monarchie de la démocratie par l'un, et la monarchie du despotisme par l'autre.

En outre, si on y regarde de plus près, on verra que la différence de la monarchie et du despotisme n'est pas aussi grande que le dit l'auteur. Car, dans la monarchie pure (et c'est de celle-là qu'il s'agit ; car on ne traite encore que des gouvernements simples), dans la monarchie, dis-je, le prince, excepté un très petit nombre de lois fondamentales, peut toujours changer les lois ; s'il ne les change pas, c'est qu'il ne le veut pas. Sa volonté est la suprême loi : c'est là le principe même du despotisme. Pour qu'il ne pût absolument pas changer les lois, il faudrait qu'elles fussent protégées et garanties par un pouvoir ou par certains pouvoirs déterminés. Mais c'est alors une monarchie limitée, aristocratique, parlementaire, représentative, selon la nature des limites qui sont opposées au pouvoir royal. C'est un gouvernement mixte ; ce n'est plus la monarchie proprement dite. Sans doute, il y a des monarchies où le monarque gouverne selon les lois, et cela est ordinaire dans les pays éclairés et civilisés ; mais en droit, la monarchie, si elle est absolue, peut toujours changer la loi ; et si elle n'est pas absolue, elle n'est plus la monarchie dont il est question ; elle est une de ces innombrables transactions, qui s'établissent dans la pratique entre les formes élémentaires de la politique, mais qui ne doit pas entrer dans une division abstraite et scientifique, où l'on prend les idées dans leur généralité.

D'ailleurs, s'il n'est pas exact de dire que la monarchie soit nécessairement soumise à des lois fixes, est-il plus exact de dire que le despotisme n'est soumis absolument à aucune loi ? A qui fera-t-on croire que le gouvernement des Turcs, des Persans et des Chinois soit absolument sans règle, sans frein,

s ans usages, sans quelque chose enfin qui limite la volonté
arbitraire du prince ou de ses subordonnés? Qu'une telle
forme de gouvernement se rencontre par hasard, lorsqu'un
Caracalla ou un Héliogabale occupe le trône, cela ne peut pas
se nier; mais que ce soit là une forme normale et vraiment
e ssentielle de gouvernement parmi les hommes, c'est ce qui
est contraire à la nature des choses. Je veux que, dans les
gouvernements orientaux, il y ait moins de lois que parmi nous,
moins de respect de la personne et des biens, et surtout rien
q ui ressemble à ce que nous appelons une constitution; enfin,
il y a sans doute des différences entre les gouvernements
b arbares et les gouvernements civilisés; mais cette différence
n'ira pas jusqu'à faire que les hommes ne soient que des
brutes. C'est ce qui arriverait, s'il pouvait exister un gouvernement semblable à celui que dépeint Montesquieu sous le
nom de despotisme. En un mot, il n'y a point de différence
esse ntielle entre le despotisme et la monarchie : « Ce sont, dit
Voltaire, deux frères qui ont tant de ressemblance qu'on les
prend souvent l'un pour l'autre. Avouons que ce furent de
tout temps deux gros chats à qui les rats essayèrent de
pendre une sonnette au cou[1]. »

Si la différence que Montesquieu signale entre la monarchie et le despotisme n'est pas essentielle, si la monarchie
ne gouverne pas nécessairement selon des lois fixes, et si
le despotisme n'est pas nécessairement privé de toutes lois,
il s'ensuit que le despotisme n'est qu'une forme abusive de
la monarchie, comme la démagogie est une forme abusive de
la démocratie, et l'oligarchie de l'aristocratie. Nous revenons
donc à la division d'Aristote, qui nous paraît simple, rigoureuse,
scientifique, et qui suffit parfaitement à toutes les théories.

De la division des gouvernements selon leur nature, passons
à l'examen de leurs principes. Il y a là sans doute une idée
originale et profonde. Un gouvernement existe, il dure. Pourquoi dure-t-il? N'est-ce pas en vertu d'un ressort intérieur,
qui l'anime, qui le meut, qui le fait agir, et qui enfin le fait

---

1. Voltaire, Comment. sur l'*Esprit des lois*, iv.

vivre jusqu'à ce que, s'usant lui-même, il entraîne l'État avec lui[1]? Cette recherche philosophique du principe des gouvernements est donc une des innovations heureuses de Montesquieu dans la science politique; et quoiqu'elle soit souvent paradoxale et arbitraire, peut-être même insuffisante, elle est cependant digne d'admiration.

Parmi les trois, ou plutôt les quatre principes reconnus par Montesquieu, il y en a deux qui sont vrais : c'est le principe de la vertu et le principe de la crainte. Nous y reviendrons tout à l'heure. Il y en a deux autres qui paraissent vagues et mal définis : c'est le principe de l'honneur et celui de la modération.

Ce dernier surtout est certainement ce qu'il y a de plus faible dans la théorie de Montesquieu. La modération n'est qu'une limite, elle n'est pas un principe d'action; elle empêche de se perdre, mais elle ne donne ni la vie ni le mouvement. Elle n'est d'ailleurs pas plus propre au gouvernement aristocratique qu'à tout autre. Il est évident qu'elle est nécessaire à tout gouvernement qui veut vivre. La monarchie sans modération tombe dans le despotisme, et la démocratie sans modération tombe dans la démagogie ou dans la tyrannie. La modération est le principe conservateur de tous les états et de toutes les formes de gouvernement; elle n'est pas le principe particulier d'aucune d'elles.

L'honneur est un principe ingénieusement trouvé pour expliquer la différence de la monarchie et du despotisme[2]. Mais c'est un principe vague et mal expliqué. « C'est, dit Montesquieu, le préjugé de chaque personne et de chaque condition. » Mais en quoi consiste ce préjugé? « La nature de l'honneur est de demander des préférences et des distinctions. » L'honneur semble donc être la même chose que la vanité. « L'ambition, continue Montesquieu, a de bons effets dans la

---

1. *Esprit des lois*, l. III, c. vi.
2. Nous avons vu que, dans les *Lettres persanes* (voir plus haut), Montesquieu confondait encore l'honneur et la vertu, et leur attribuait un rôle égal dans les républiques; mais en même temps il était frappé du rôle que jouait en France l'amour de la gloire et le point d'honneur. C'est cette vue particulière très juste dont il a fait, plus tard, un principe systématique passablement arbitraire.

monarchie. » Voici l'honneur qui devient l'ambition. Plus loin, Montesquieu définit l'honneur : « ce maître universel qui doit partout nous conduire. » Rien n'est plus vague. Il le détermine un peu plus quand il dit « que c'est moins ce qu'on doit aux autres que ce que l'on se doit à soi-même » ; et « non pas tant ce qui nous appelle vers nos concitoyens que ce qui nous en distingue... c'est la noblesse dans les vertus, la franchise dans les mœurs, la politesse dans les manières. » Enfin, lorsqu'il ajoute que « l'honneur nous dicte que le prince ne doit jamais nous prescrire une action qui nous déshonore », il est évident qu'ici l'honneur n'est plus seulement le préjugé de chaque personne et de chaque condition ; il est déjà une sorte de vertu et une partie de la vertu[1].

Je ne veux pas nier ce qu'il y a d'ingénieux et de vrai en partie dans la théorie de la monarchie et de son principe. Mais ce principe de l'honneur, qui est tout moderne, composé d'idées féodales, chevaleresques, chrétiennes, et enfin de ce sentiment naturel de fierté propre à l'homme dans toutes les formes de gouvernement, suffit-il à expliquer la monarchie de Philippe et d'Alexandre, des premières monarchies grecques, des monarchies du xve siècle? D'un autre côté, l'honneur n'est-il pas le principe des aristocraties autant et plus peut-être que des monarchies? L'honneur, entendu dans un sens étroit, est surtout le préjugé aristocratique; dans un sens large il est la vertu proprement dite, ou du moins une de ses parties. C'était l'honneur non moins que la crainte qui interdisait aux nobles de Venise de trahir les secrets de l'État, et c'était certainement l'honneur autant que l'amour de la patrie qui ramenait Régulus à Carthage pour y mourir d'une mort atroce. L'*honestum* antique, le *pulchrum* et *decorum* ressemble beaucoup à ce que Montesquieu appelle l'honneur : or c'est une idée qui est née dans les républiques.

Reprenons la théorie de Montesquieu, et nous inspirant librement de ses principes, cherchons à lui donner plus de clarté et de précision.

---

1. Sur le principe de l'honneur dans les monarchies, voyez surtout liv. III, ch. vi et vii; liv. IV, ch. ii; liv. V, ch. ix, et liv. VIII, ch. vi et vii.

Il y a deux principes naturels dans l'homme, et qui donnent naissance aux deux formes principales de gouvernement, à celles que Platon appelle les deux constitutions mères, la monarchie et la démocratie. Ces deux principes sont l'amour du repos et de la liberté. Ces deux principes sont identiques : car, aimer la liberté, est-ce autre chose que vouloir jouir en repos et en paix de toutes les forces de notre nature qui ne sont point contraires au bonheur des autres? Et aimer le repos n'est-ce pas vouloir ne pas être troublé dans l'usage légitime de sa liberté? Mais quoique ces deux principes soient identiques par leur nature, ils se distinguent cependant dans leurs effets. Car l'un a plus de rapport avec le goût du mouvement, et l'autre avec le goût de l'inertie et de l'immobilité. L'un demande à agir, à se développer dans tous les sens, à tenter toujours de nouvelles aventures; l'autre aime à demeurer dans certaines limites consacrées, à tourner dans un cercle toujours le même, et à ne pas s'affranchir de certaines habitudes et de certains liens. L'un préfère la nouveauté à la sécurité. L'autre craint la nouveauté, comme ennemie de toute sécurité. L'un se contente peu du bien-être matériel, et se repaît toujours d'un bien-être d'imagination. L'autre craint l'inconnu, et aime à jouir tranquillement de ce qu'il possède certainement. L'un aime à critiquer, censurer, discuter, et ne veut pas se soumettre sans savoir pourquoi. L'autre ne veut pas se troubler d'examiner ce qu'il ne comprend pas, ce qu'il ne tient pas à comprendre : il abandonne volontiers le soin des affaires, et ne s'en mêle que le moins qu'il peut.

Or, c'est l'amour du repos qui donne naissance à la monarchie, et l'amour de la liberté à la démocratie. Dans le gouvernement d'un seul, les actions sont plus promptes, plus uniformes, plus constantes à elles-mêmes. Il y a moins de discussions, moins de dissentiments, moins de temps perdu, moins de troubles, moins de révolutions. On sait ce qu'il y aura demain par ce qu'il y avait hier. Les changements de règne, qui sont les mouvements les plus considérables dans ces sortes de gouvernements, se font d'une manière presque

insensible, lorsque les lois de succession sont bien déterminées. Il y a des troubles quelquefois dans les régences :
cela vient précisément de ce qu'alors le gouvernement d'un
seul penche toujours vers le gouvernement de plusieurs;
mais lorsque l'autorité royale devient maîtresse, l'ordre et
le repos renaissent avec elle. Dans la monarchie, l'individu
est en général tranquille, pourvu qu'il ne se mêle pas des
affaires de l'État. Par conséquent, lorsque le plus grand
nombre des citoyens d'un pays aura ce goût du repos et cette
indifférence des affaires publiques, l'État sera monarchique.

Supposez, au contraire, un peuple animé de l'amour de la
liberté, tel que nous l'avons décrit, il est évident qu'il ne
souffrira aucune forme de gouvernement à laquelle il n'aurait
pas la plus grande part. Si tous, ou la plupart, ont ce goût du
mouvement, de l'aventure, de la critique, de la discussion et
de l'examen, tous voudront être quelque chose dans l'État :
ils voudront participer à la confection des lois, de peur
qu'elles ne répriment leur ardeur et leurs désirs. Ils voudront
nommer leurs magistrats, pour être sûrs de la sincère exécution de leurs volontés ; ils voudront les soumettre à la censure, et refuseront de s'y soumettre eux-mêmes. Ils voudront
conserver le droit d'examiner et de discuter, afin de pouvoir
changer demain ce qu'ils auront fait aujourd'hui. Ils seront
défiants, tumultueux, amis de la parole, souvent incertains
dans l'action. Mais, par-dessus tout, ils voudront établir
parmi eux l'égalité. La liberté est difficilement conciliable
avec l'inégalité. En effet, si les uns possèdent des privilèges
auxquels il me soit absolument interdit de prétendre, je ne
suis pas libre, puisqu'un certain développement naturel et
légitime de mes facultés m'est interdit. Si quelques-uns font
les lois, ou ont seuls droit à certains emplois, je ne suis pas
libre : car quelle garantie ai-je contre eux ? Il peut arriver,
sans doute, qu'à la suite de beaucoup d'expériences, un
peuple consente à l'inégalité pour garantir sa liberté ; mais
c'est là une de ces transactions qui peuvent se faire entre
tous les principes de gouvernement, et nous les examinons
ici dans leur pureté et leur distinction. C'est en ce sens que

nous disons : le principe constitutif de la démocratie, c'est l'amour de la liberté et de l'égalité.

Il faut distinguer le principe *constitutif* et le principe *conservateur* d'un gouvernement. L'un le fait être, l'autre le fait durer. Quels sont donc les principes conservateurs de la monarchie et de la démocratie? Je commence par la démocratie.

Ici Montesquieu est admirable; et, quoi qu'on en ait dit, je pense qu'il faut considérer comme un axiome de la science politique ce grand principe, que la démocratie repose sur la vertu. En effet, lorsque l'on donne la liberté à un peuple, il faut permettre beaucoup d'actions qui ne seront pas permises dans un autre gouvernement. Parmi ces actions, les unes seront mauvaises et les autres bonnes ; et l'on se console des mauvaises parce qu'elles doivent être compensées par les bonnes. Mais si elles sont toutes mauvaises, quel principe de désordre et de corruption introduit dans l'État ! Par exemple on permettra à tout le monde d'exprimer sa pensée, dans l'espoir que les bonnes pensées triompheront des mauvaises, et que la vérité l'emportera sur l'erreur. Mais si tout le monde abuse de la pensée, si les uns la vendent, si les autres l'immolent à leurs passions, si tous ne se servent de la liberté donnée que pour insulter les lois, les magistrats, les hommes vertueux, etc., une telle liberté n'est-elle pas l'anarchie et l'oppression? et comme rien de violent ne peut durer, une république corrompue ne peut manquer de périr infailliblement. On ne peut nier d'ailleurs que la liberté n'introduise la division dans l'État. Cette division est un bien, quand elle n'est pas portée à l'extrême. Mais supposez-la sans contrepoids, elle deviendra la guerre de tous contre tous, et le plus beau des gouvernements sera semblable à l'état sauvage. Or, dans un État où on donne peu à la force, précisément pour laisser beaucoup à la liberté, le seul contrepoids naturel, c'est la vertu. En outre, l'un des grands périls de la démocratie, c'est l'amour de l'égalité. Car, comme il y a une égalité naturelle et vraie, il y en a aussi une qui n'est pas légitime : c'est celle qui met sur la même ligne l'ignorant et l'homme éclairé,

2.

le vicieux et l'homme de bien. Si les hommes vicieux sont
en majorité, ils s'indigneront de la supériorité de l'homme
intelligent et distingué. De là les suspicions, les ostracismes,
les persécutions, tout ce qui a souillé les démocraties antiques et modernes, et les a mises souvent au-dessous du
despotisme même. Il faut donc assez de vertu dans le peuple
pour reconnaître, estimer et respecter la vertu chez les
meilleurs. Ajoutez que dans la démocratie c'est le peuple
qui fait les lois, et c'est lui qui obéit aux lois; or, s'il fait des
lois sans y obéir, autant n'en pas faire ; si, prévoyant sa
propre faiblesse, et y compatissant d'avance, il accommode
ses lois à sa corruption, qu'est-ce qu'un tel gouvernement?
Enfin, de quelque côté qu'on examine la démocratie, on
verra qu'elle n'est, qu'elle ne vit, qu'elle ne dure que par la
vertu. Tous les grands politiques de l'antiquité l'ont dit :
saint Thomas et Machiavel l'ont dit également. Il faut que ce
soit une grande vérité pour être admise à la fois par des
génies si divers, qui partent de principes si différents.

On peut dire des publicistes d'aujourd'hui ce que Montesquieu disait de ceux de son temps : « Les politiques grecs, qui
vivaient dans le gouvernement populaire, ne reconnaissent
d'autre force qui pût le soutenir que la vertu. Ceux d'aujour-
d'hui ne nous parlent que de manufactures, de commerce, de
finances, de richesses, de luxe même. »

On a raison de dire que Montesquieu a trop obéi aux préjugés antiques, lorsqu'il a fait consister la vertu démocratique
dans l'amour de la frugalité et dans le renoncement à soi-
même. C'est demander à l'individu, au nom de l'État, un
sacrifice que la religion obtient à peine en le demandant au
nom de Dieu et de l'éternité. Mais s'il est vrai que les démocraties modernes ne peuvent ressembler aux démocraties
antiques, il n'est pas vrai qu'elles aient cessé d'avoir un même
principe, c'est-à-dire l'obéissance aux lois, le respect du
magistrat, l'amour de la patrie, le respect des droits d'autrui,
en un mot, la justice. C'est la justice qui est le vrai principe
de la démocratie, sous quelque forme qu'elle se présente.
C'est elle seule qui rend la liberté possible, durable, désirable.

Ainsi la démocratie aura donc pour principe constitutif l'amour de la liberté et de l'égalité, et pour principe conservateur la vertu.

Passons maintenant à la monarchie : le principe constitutif de cette forme de gouvernement, avons-nous dit, est l'amour du repos : quel en est le principe conservateur ? Nous ne nous refuserons pas d'accorder que ce principe est l'honneur ; seulement que faut-il entendre par honneur ?

Nous avons vu qu'il y a dans ce principe, tel que Montesquieu le décrit, une assez grande confusion : tantôt c'est une sorte de vanité frivole ou le préjugé étroit d'une caste et d'une corporation, tantôt c'est la grandeur d'âme et la fierté des sentiments. Dans lequel de ces deux sens l'honneur est-il le principe conservateur des monarchies ? Il faudrait distinguer ces nuances importantes, et ne pas faire un seul principe de tant d'éléments contraires. Cette sorte d'honneur que l'on mettait dans l'ancienne monarchie à être le domestique du roi, ne ressemble guère à celui du vicomte d'Orte, qui refusa de servir de bourreau à Charles IX contre les huguenots, ou de Crillon, qui refusa à Henri III d'assassiner le duc de Guise. Dans le premier sens l'honneur n'est qu'une partie de cette adoration du prince, qui est commune aux États monarchiques et aux États despotiques. Dans le second sens, l'honneur n'est qu'une partie de la vertu elle-même. Or c'est dans ce second sens surtout que l'honneur est propre au gouvernement monarchique. Car, dans le despotisme, il y aura aussi une sorte de vanité qui recherchera les distinctions, les préférences, les faveurs du prince, et qui tiendra à occuper la place la plus proche de sa personne.

L'honneur monarchique sera donc surtout cette fierté qui refuse l'obéissance au prince lorsqu'il commande des actions contraires à la conscience. C'est là, à ce qu'il nous semble, le trait le plus particulier de l'honneur monarchique. Car le confondre avec l'ambition, avec l'amour de la gloire, c'est lui ôter toute physionomie propre, puisque l'ambition n'est pas moins fréquente dans le despotisme, et l'amour de la gloire dans les républiques. L'honneur monarchique est donc le sentiment de ce que nous devons au prince, tempéré par le sentiment de ce que nous nous devons à nous-mêmes : c'est par conséquent une limite au pouvoir du prince. Il repose sur ce principe, que le prince ne peut pas tout et ne doit pas tout vouloir. C'est donc une partie de l'amour de la liberté transporté dans un gouvernement qui ne repose pas sur ce principe.

Comment l'amour de la liberté a-t-il sa place dans un gouvernement monarchique? Il peut se la faire de deux manières. La monarchie succède ordinairement, soit au despotisme, soit à l'aristocratie. Le premier cas est rare, le second a été le plus fréquent dans les temps modernes. La monarchie succède au despotisme, lorsque le despotisme vient à s'éclairer. Or la première lumière qui se fait dans l'esprit des sujets, c'est que le prince ne peut pas tout, qu'il y a des choses supérieures à son pouvoir. De là le premier sentiment de l'honneur, et de là une première limite apportée au pouvoir d'un seul. Dans l'autre cas, le sentiment de l'honneur n'est pas autre chose qu'un reste de liberté aristocratique qui se défend jusqu'à la dernière extrémité. C'est ce qu'il est facile de voir dans l'histoire de notre monarchie. L'honneur exigeait bien plus d'un grand du XVIᵉ siècle que d'un courtisan du XVIIIᵉ. L'honneur, au XVIᵉ siècle, commandait encore d'avoir des châteaux forts, et des armes pour se défendre contre la couronne elle-même; au XVIIIᵉ l'honneur n'interdisait pas de passer sa vie dans les antichambres du roi et le boudoir de ses favorites. Ainsi, l'honneur monarchique n'est autre chose que le signe de ce qui reste ou de ce qui se forme d'aristocratique dans un pays monarchique.

Un principe qui se rapporte à celui de l'honneur, dans les États monarchiques, et qui les distingue encore du despotisme, c'est le principe de l'opinion. Il y a une opinion dans la monarchie. Il est vrai qu'elle ne s'exprime pas librement comme dans la démocratie, ou les monarchies limitées et représentatives; mais elle existe, on a le sentiment commun que le roi, quelque sacré que soit son pouvoir, se doit au bonheur de ses sujets. On juge ses actes, on juge ses mi-

nistres. Et quoique en droit il puisse tout ce qu'il veut, il
est souvent obligé en fait de compter avec cette opinion
même muette. Il y avait en France une opinion publique,
même sous Richelieu, même sous Louis XIV. On approuvait
et on blâmait dans une certaine mesure. Sans doute aussi,
dans une certaine mesure, il en est de même dans les États
despotiques; mais c'est un signe que le despotisme se trans-
forme en monarchie. D'autre part, l'opinion peut être très
faible dans les États monarchiques : c'est alors un signe
qu'ils tournent au despotisme.

La puissance de l'opinion dans les monarchies est encore
une des formes de l'amour de la liberté. C'est la part que la
monarchie fait à l'esprit public, à l'esprit d'examen et de
critique, qui est ce qu'il y a de plus cher à la liberté. Je distingue l'honneur et l'opinion. Le premier est surtout un sentiment aristocratique; le second est un principe démocratique. L'un et l'autre sont le signe de la part que la noblesse
et le peuple ont dans le gouvernement. Je ne dis pas qu'ils y
aient une part légale : car alors ce serait une aristocratie, ou
une démocratie, ou une monarchie mixte; mais enfin ils
sont pour quelque chose dans l'État, et leur importance se
mesure par l'importance de l'honneur et de l'opinion.

La monarchie bien expliquée, et ramenée, comme le veut
Montesquieu, au principe de l'honneur auquel nous ajoutons
celui de l'opinion, il sera facile d'expliquer le despotisme et
son principe.

Le despotisme est une forme abusive de la monarchie;
c'est cette forme basse de gouvernement, la dernière de
toutes, suivant Platon [1], où, par faiblesse et par amour excessif du repos, les citoyens abandonnent tous les pouvoirs
au souverain, lui mettent entre les mains une force irrésis-
tible, et ne se réservent que l'obéissance sans limites. Un tel
gouvernement ne repose que sur la crainte. C'est celui que
Hobbes rêvait comme le modèle des gouvernements, mais qui
en est en réalité le plus imparfait; car il est contradictoire.

---

1. Platon, *Rép.*, l. IX, ἡ μὲν ἀριστοκρατία ἀρίστη, ἡ δὲ τυραννὶς κακίστη. Voir t. 1,
p. 143.

En effet, l'homme ne peut sacrifier la liberté que pour le repos. Mais le repos est impossible sans sécurité; et la sécurité est incompatible avec la crainte. Ainsi, un gouvernement qui, par hypothèse, reposerait sur l'extrême crainte, détruirait par là même ce pourquoi on l'aurait subi, la sécurité et la paix. Le despotisme, tel que Montesquieu le décrit, est donc un gouvernement absurde, c'est-à-dire contradictoire dans les termes mêmes.

Pour qu'un gouvernement fondé sur la crainte soit possible et durable, il faut évidemment que la crainte ne soit pas universelle et perpétuelle : il ne faut pas que tous craignent, et craignent pour tout ce qu'ils possèdent : car alors, que leur servirait-il de ne pas s'appartenir à eux-mêmes? Il faut qu'en général, ils trouvent assez de tranquillité et de paix dans la vie privée pour n'être pas tentés de se mêler des affaires publiques. En un mot, la crainte ne doit être que pour ceux qui veulent résister à l'État, et non pas pour ceux qui, contents des limites qui leur sont imposées, ne demandent qu'à ne pas être tourmentés dans ces limites. Mais si la crainte s'introduit jusque-là, ce n'est plus un gouvernement, c'est un brigandage. « *Quid sunt regna*, dit saint Augustin, *remotâ justitiâ, nisi magna latrocinia*[1] ? »

Dans le despotisme même, la crainte n'est pas le principe unique du gouvernement. D'abord, elle n'est pas toujours sentie. On a commencé d'obéir par crainte; puis on obéit par habitude. Après tout, ce serait une erreur de croire qu'un pouvoir tient absolument à être craint : il tient surtout à faire ce qu'il veut; s'il y réussit sans employer la crainte, il la réserve pour les cas nécessaires. C'est ce qui arrive en pratique dans les gouvernements despotiques. Les sujets obéissent par habitude, et ils oublient qu'ils sont sous un gouvernement terrible. L'état de crainte est trop violent pour être continuel. L'habitude est donc un principe qui tempère l'action de la crainte.

Ce n'est pas tout; les sujets qui naissent dans un gouverne-

---

1. Aug., *de Civit. Dei*, liv. IV, c. v.

ment despotique, reçoivent tout d'abord des impressions très vives de ce pouvoir supérieur, invisible, qui peut tout et qui est entouré de toutes les grandeurs et de tout l'éclat que l'imagination peut concevoir : il conçoit donc pour ce pouvoir une admiration sans bornes. Plus il le regarde de bas, plus il est étonné et confondu de sa hauteur : ce n'est pas seulement de la crainte qu'il a pour lui, c'est du respect. Ceux qui étudient le despotisme du dehors, et au point de vue d'un gouvernement meilleur, peuvent se persuader qu'un tel pouvoir ne mérite que le mépris : ceux qui ne connaissent que celui-là, et n'en ont jamais soupçonné d'autre, ont pour lui ce respect naturel que les hommes ont en général pour l'autorité des supérieurs. Ainsi, le respect est mêlé à la crainte, dans l'obéissance des sujets d'un prince despotique.

Un autre sentiment se mêle encore à celui-là pour le relever, c'est le sentiment religieux. Dans les monarchies d'Orient, où l'on va chercher d'ordinaire les types les plus purs du despotisme, le monarque est un être sacré. Selon Manou, le roi est une grande divinité[1]. C'est d'Orient que nous est venue la doctrine du droit divin, qui n'est encore qu'une atténuation de la doctrine indienne. En général, dans un gouvernement despotique, le monarque est le chef de la religion. Quelle source de grandeur cela lui donne! Enfin, la religion, qui est un principe d'obéissance pour les sujets, est une limite pour le prince. Montesquieu nous le dit lui-même : « C'est la religion qui corrige un peu la constitution turque. Les sujets qui ne sont pas attachés à la grandeur de l'État par honneur, le sont par la force et par le principe de la religion[2]. » Voilà donc un nouveau principe, qui tempère et qui relève celui de la crainte.

Terminons enfin cette analyse par l'étude de l'aristocratie et de ses principes. Dans l'aristocratie, le peuple est à l'égard de la noblesse comme à l'égard d'un monarque; et la noblesse est, par rapport à elle-même, comme le peuple dans la démocratie. Ainsi, l'aristocratie est une république pour les

1. *Lois de Manou*, l. VII, 8.
2. L. V, c. xiv.

nobles, et une monarchie pour le peuple. Elle participe donc
aux principes de ces deux gouvernements. Comme république,
elle repose sur l'amour de la liberté et de l'égalité. En effet,
les nobles dans l'aristocratie ont aussi horreur de la domination d'un seul que le peuple dans la démocratie. Mais ils
doivent craindre par là même l'inégalité. Car ce qui établit
l'inégalité dans l'aristocratie la rapproche du gouvernement
monarchique. Si quelques familles l'emportent trop sur les
autres, ce n'est plus une aristocratie, c'est une oligarchie : si
une seule réussit à se mettre au premier rang, la monarchie
n'est pas loin. Mais l'aristocratie, reposant comme la démocratie sur la liberté et l'égalité (au moins des nobles), a besoin,
comme elle, de la vertu. Il faut que les nobles aiment plus
l'État que leur propre grandeur ; sans quoi ils chercheront à
dominer, et l'équilibre sera détruit. Il faut qu'ils obéissent
aux lois, sans quoi la république périra par l'anarchie. Il faut
qu'ils ne se rendent pas indignes de leur prééminence par la
bassesse et la corruption ; sans quoi le peuple perdra la crainte,
le respect et l'obéissance. Mais la vertu dans l'aristocratie
aura un autre caractère que dans la démocratie : elle y aura
plus de pompe et d'éclat. La vertu démocratique, qui n'appartient qu'à des citoyens tous égaux, peut être modeste et simple :
elle peut consister seulement dans la sobriété, l'économie,
l'amour du travail ; telle fut par exemple la vertu de la république hollandaise ; telle fut dans les premiers temps la vertu
de la république américaine. La vertu aristocratique n'est
pas seulement une vertu de citoyens, mais de souverains et
en quelque sorte de monarques : de là un certain caractère
de fierté et de hauteur. Or il me semble que c'est précisément
cette sorte de vertu qui mérite le nom d'honneur, et qui est
plutôt encore le principe de l'aristocratie que de la monarchie.
Elle est aussi dans la monarchie, mais au même titre que la
noblesse. Plus la noblesse est indépendante du roi, plus l'honneur y joue un rôle considérable : elle est la résistance morale
de l'aristocratie soumise dans une monarchie incontestée.

Mais si l'aristocratie est république par le côté des nobles,
elle est monarchie par le côté des sujets. A ce point de vue,

elle reposera sur les mêmes principes que la monarchie, et pourra en prendre toutes les formes. L'aristocratie, comme la monarchie, repose sur l'amour du repos : en effet, il y a moins d'agitation dans un État aristocratique que dans une démocratie ; le peuple, ne se mêlant pas des affaires d'État, vit paisiblement dans la limite des droits qui lui sont laissés. Ainsi un peuple ami du repos et une noblesse amie de la liberté, voilà l'aristocratie. Elle repose donc aussi, comme la monarchie, sur une certaine crainte du peuple pour les grands ; mais cette crainte peut être également tempérée par tous les principes qui, nous l'avons vu, signalent le passage du despotisme illimité à la monarchie restreinte. Il y aura de même une oligarchie oppressive, et une aristocratie libérale, et un nombre infini d'intermédiaires : c'est dans ce sens que la *modération* peut être un des principes de ce gouvernement.

LES LOIS DANS LEURS RAPPORTS AVEC LES GOUVERNEMENTS. — Après avoir étudié les trois formes primordiales de gouvernement dans leur nature et dans leurs principes, résumons, pour donner plus de précision à ces généralités, les différentes espèces de lois qui dérivent dans chaque gouvernement de sa nature ou de son principe [1].

Dans la démocratie, par exemple, les lois qui sont relatives à sa nature sont : 1° les lois de suffrages : il est essentiel de fixer le nombre des citoyens qui doivent former les assemblées ; 2° les lois relatives aux magistratures : c'est une maxime fondamentale que le peuple nomme les magistrats ; 3° le suffrage *par le sort* [2] ; 4° la publicité des votes ; 5° le pouvoir législatif direct attribué au peuple.

Dans la démocratie, les lois relatives au principe sont [2] : 1° les lois agraires, et les mesures limitatives de la transmission des biens ; 2° la modicité des partages ; 3° des lois somptuaires et une censure très sévère pour maintenir les anciennes mœurs. Ces lois sont indispensables pour conserver la frugalité et la vertu, principes de ce gouvernement.

1. *Esp. des lois*, l. II et l. V.
2. Montesquieu ne pense qu'aux républiques anciennes ; on ne voit pas pourquoi le mérite ne serait pas considéré dans les démocraties (voir les *Notes*).

Dans l'aristocratie, les lois relatives à la nature sont : 1° l'é-
lection par le choix ; 2° un sénat qui gouverne, le corps des
nobles formant le peuple ; 3° l'institution de la dictature pour
ramener quand il le faut l'État à ses principes ; 4° une certaine part d'influence donnée au peuple ; 5° la grandeur des
magistratures compensée par leur brièveté. Les lois relatives
au principe sont : 1° pas de prérogatives personnelles ni de
privilèges (exemptions de taxes, etc.) ; 2° interdiction du commerce aux nobles ; 3° justice rigoureuse pour le peuple : « Si
les lois n'ont pas établi un tribun, il faut qu'elles en soient un
elles-mêmes. » Les lois relatives au principe sont surtout néga-
tives : 1° pas de confiscations, de lois agraires, d'abolition de
dettes ; 2° pas de droit d'aînesse, de substitutions, de retrait
lignager.

Les lois relatives à la monarchie quant à sa nature sont :
1° l'existence d'une noblesse : « Point de monarque, point
de noblesse ; point de noblesse, point de monarque ; » autrement c'est un despote ; 2° l'existence d'un clergé : « Autant le
pouvoir du clergé est dangereux dans une république, autant
il est convenable dans une monarchie... barrière toujours
bonne, quand il n'y en a pas d'autres. » 3° L'existence d'un
dépôt de lois entre les mains d'un corps judiciaire indépendant. Les lois relatives au principe sont : 1° les *substitutions*
qui conservent les biens dans une famille ; 2° le *retrait lignager*,
qui rend aux nobles les terres que la prodigalité d'un parent
aura aliénées ; 3° les privilèges des terres nobles, la dignité du
noble ne se séparant pas de celle de son fief ; 4° le *droit d'aînesse.*

Quant au despotisme, c'est à peine s'il a des lois ; et l'on
n'y distingue pas facilement les lois relatives à la nature de
celles qui sont relatives au principe. Dans ce gouvernement,
l'institution d'un vizir est une loi fondamentale. Les guerres
s'y font dans toutes leurs fureurs naturelles. Si le prince est
prisonnier, il est censé mort. L'armée est souveraine maîtresse. La religion a une grande influence ; c'est une crainte
ajoutée à une crainte. Pas de loi de succession à la couronne :
le prince choisit son successeur. Pas de cession de biens ;
usure exagérée ; péculat et confiscation.

Montesquieu parlementaire. — Nous n'avons traité jusqu'ici de la théorie de Montesquieu que comme d'une théorie abstraite et scientifique, où il n'aurait été guidé que par la curiosité spéculative. En y regardant de plus près, il est impossible d'y méconnaître une intention, un dessein et la trace de l'esprit du temps. S'il fait dans son livre une si grande place au despotisme, s'il insiste avec tant d'amertume sur les maux qu'il produit, et avec tant de complaisance sur la différence du despotisme et de la monarchie, c'est évidemment parce qu'il croit voir dans la transformation des institutions monarchiques de France une pente manifeste vers le despotisme. La monarchie telle qu'il la décrit, c'est l'ancienne monarchie française, la monarchie parlementaire et encore féodale, entourée de corps d'État, fondée sur une hiérarchie de privilèges, de prérogatives, de franchises, de droits particuliers, qui tiennent lieu des droits généraux, enfin une monarchie tempérée reposant sur des lois fondamentales, et soutenue par des pouvoirs intermédiaires, subordonnés et dépendants.

Tel était dans le passé l'idéal de Montesquieu : c'est un parlementaire, et il y a en lui un vieux reste des théories de la Fronde. Il oublie les états généraux, et il ne dit pas un mot de cette grande institution de l'ancienne monarchie. Mais il recommande les privilèges des seigneurs, du clergé, de la noblesse et des villes [1]. Il n'est pas ennemi des tribunaux ecclésiastiques [2]. Et enfin, ce qui est le trait le plus remarquable de sa politique, il demande qu'il y ait dans la monarchie *un dépôt de lois* [3]. Il ne dit pas où doit être ce dépôt ; mais il le laisse à deviner : « Le conseil du prince n'est pas un dépôt convenable. » Cependant l'ignorance de la noblesse et son mépris pour le gouvernement civil exigent qu'il y ait « *un corps* qui fasse sans cesse sortir les lois de la poussière. » Ce corps, c'est évidemment le parlement. Or, Montesquieu dit que ce dépôt de lois ne peut être que dans

1. L. II, c. x.
2. *Ib.*
3. *Ib.*

des *corps politiques*. Les parlements étaient donc des corps politiques : c'est la doctrine de la Fronde.

Il n'est pas non plus difficile de comprendre les nombreuses allusions que Montesquieu fait à ce nivellement gradué et incessant, qui a été le travail de l'ancienne monarchie jusqu'à ce qu'elle-même y périsse. Il en a vu avec une profonde sagacité les infaillibles conséquences. « Détruisez les prérogatives dans une monarchie, vous aurez bientôt un État populaire ou un État despotique. » C'est ce qui est arrivé en France ; mais l'État despotique a amené l'État populaire. Lorsqu'il parle des Anglais, qui, s'ils détruisaient les corps intermédiaires, seraient par là même, dans leur liberté, le peuple le plus esclave de la terre, il est impossible de ne pas voir là un retour sur le gouvernement français. Au reste, ce rapprochement devient sensible lorsque Montesquieu ajoute immédiatement après : « M. Law fut un des plus grands promoteurs du despotisme en Europe. » Le despotisme s'introduisait donc en Europe : « Il voulait ôter les rangs intermédiaires et anéantir les corps politiques. » N'était-ce pas la cause de la haine de Saint-Simon contre Louis XIV ? N'était-ce pas le principe des réformes politiques que l'on rêvait dans le petit cercle du duc de Beauvilliers, de Fénelon et du duc de Bourgogne ? Que voulaient ces réformateurs, sinon une restauration de la monarchie aristocratique, qui de jour en jour disparaissait visiblement devant la monarchie pure ? Montesquieu, en attribuant un tel dessein à Law, pouvait-il ne pas voir que la royauté l'avait déjà en grande partie accompli ? La manière dont il parle du cardinal de Richelieu indique bien qu'il considère la monarchie française comme altérée. « Le cardinal de Richelieu veut que l'on évite dans les monarchies les épines des compagnies qui font des difficultés sur tout. *Quand cet homme n'aurait pas eu le despotisme dans le cœur, il l'aurait eu dans la tête.* » Mais ce qu'avait voulu Richelieu, n'est-ce pas ce qu'a aussi voulu Louis XIV ? et n'en était-il pas encore de même sous Louis XV ? Dans un autre passage, Montesquieu dit que « Richelieu a avili les ordres de l'État » [1]. Mais il ne dit pas

1. L. V, c. xi.

qu'on les ait rétablis depuis lui. Or une monarchie où les
ordres sont avilis incline au despotisme. La monarchie française inclinait donc au despotisme. Remarquez que Montesquieu ne dit pas un mot de Louis XIV. Ce silence sur un règne
si grand, qu'il avait déjà jugé dans ses *Lettres persanes* avec
une si perçante sévérité, n'est-il pas aussi le signe d'une pensée qui ne se montre pas tout entière, mais qui se laisse deviner? N'est-ce pas une description amère de la monarchie française que cette peinture [1] ? « Les monarchies se corrompent
lorsqu'on ôte peu à peu les prérogatives des corps ou les
privilèges des villes... Ce qui perdit les dynasties de Tsin et
des Soüi, dit un auteur chinois,... c'est que les princes voulurent gouverner tout immédiatement par eux-mêmes. » Que
nous font Tsin et Soüi? Ces noms chinois ne sont-ils pas là à la
place d'autres noms qu'on ne veut pas prononcer? « La monarchie se perd lorsque le prince, rapportant tout uniquement
à lui, appelle l'État à sa capitale, la capitale à sa cour, et la
cour à sa seule personne. » N'est-ce pas là une allusion directe
et frappante? Versailles n'était-il pas devenu toute la France
et le roi tout l'État? « La monarchie se corrompt lorsque
l'honneur a été mis en contradiction avec les honneurs, et que
l'on peut être à la fois couvert d'infamie et de dignités. »
Pouvait-on lire ces lignes sans songer au cardinal Dubois ?

Enfin Montesquieu nous donne son secret dans les lignes
qui suivent : « L'inconvénient, dit-il, n'est pas lorsque l'État
passe d'un gouvernement modéré à un gouvernement modéré... mais quand il tombe et se précipite du gouvernement
modéré au despotisme [2]. » Et si l'on pouvait croire que c'est
encore là une proposition générale et sans application, le
passage suivant nous détromperait d'une manière décisive.
« La plupart des peuples d'Europe sont encore gouvernés par
les mœurs; mais si par *un long abus du pouvoir*, si par une
conquête, le despotisme s'établissait à certain point, il n'y
aurait pas de mœurs ni de climats qui tinssent; et, dans cette
belle partie du monde, la nature humaine souffrirait, au

1. L. VIII, c. vi.
2. L. VIII, c. viii.

moins pour un temps, les insultes qu'on lui fait dans les trois autres [1]. »

Tel est donc le vrai sens de cette théorie du despotisme, que l'on a considérée comme occupant une trop grande place dans son livre. C'est une sorte d'épouvantail qu'il présente aux gouvernements modérés, à ces gouvernements qui, soutenus auparavant par des institutions, des lois et des corps indépendants, avaient laissé peu à peu, ou même avaient fait tomber ces obstacles, et se rapprochaient chaque jour davantage du despotisme. Si maintenant, en face de cet épouvantail, que Montesquieu fait peser comme une menace sur ces gouvernements dégénérés, vous contemplez cet admirable tableau d'un gouvernement libre, où Montesquieu a concentré toutes les forces de son analyse et de son génie, l'intention politique de l'*Esprit des lois* peut-elle demeurer obscure? Il montre, on peut dire avec excès, que le despotisme est le plus barbare des gouvernements; il insinue que la monarchie incline de toutes parts au despotisme; il démonte et décompose avec amour un système de gouvernement libre, dont tous les éléments existent, il le croit du moins, dans le pays même où il écrit. Enfin, après avoir étudié la distribution des pouvoirs, soit dans la constitution d'Angleterre, soit dans la constitution romaine, il ajoute: « Je voudrais rechercher, dans tous les gouvernements modérés que nous connaissons, quelle est la distribution des trois pouvoirs, et calculer par là des degrés de liberté dont chacun d'eux peut jouir. Mais il ne faut pas toujours tellement épuiser un sujet qu'on ne laisse rien à faire au lecteur; il ne s'agit pas de faire lire, *mais de faire penser* [2]. »

LA CONSTITUTION ANGLAISE. — Examinons donc cette théorie de la constitution d'Angleterre, qui a émerveillé le siècle dernier, et a eu depuis une si grande influence sur les destinées politiques de notre pays [3].

1. L. VIII, c. VIII.
2. L. XI, c. XX.
3. Voir la lettre à M. l'auditeur Bertolini, qui avait fait honneur à Montesquieu d'avoir révélé aux Anglais eux-mêmes la beauté de leur gouvernement. Montesquieu récuse cet éloge, qui n'en est pas moins vrai.

Les idées philosophiques dont parle Montesquieu sont assez peu déterminées. Voici sa définition de la liberté : « La liberté, dit-il, consiste à pouvoir faire ce qu'on doit vouloir, et à n'être pas contraint de faire ce qu'on ne doit pas vouloir [1]. » Cette définition est très juste ; mais il en conclut que « la liberté est le droit de faire tout ce que permettent les lois. » C'est là restreindre beaucoup le sens du mot « liberté ». Il est vrai que je ne suis pas libre si je ne puis pas faire ce que les lois permettent, ou forcé de faire ce qu'elles n'ordonnent pas ; il est vrai aussi que c'est une fausse liberté de pouvoir faire ce que la loi défend : car si les autres peuvent en faire autant, c'est l'anarchie ; si je le puis seul, c'est l'arbitraire. Mais il ne s'ensuit pas qu'obéir à la loi et rien qu'à loi soit toute la liberté : car la loi peut être tyrannique. Il est très vrai encore que la liberté consiste « à pouvoir faire ce que l'on doit vouloi ; » mais la loi peut précisément m'interdire ce que je dois vouloir. Par exemple je dois vouloir honorer Dieu selon ma conscience. Si la loi m'ordonne de l'honorer selon la conscience du prince, suis-je libre ? J'avoue que c'est un gouvernement arbitraire que celui qui ne juge pas selon la loi ; mais un gouvernement où l'on n'obéirait qu'à la loi ne serait pas pour cela un gouvernement libre : car il s'agit de savoir par qui la loi est faite, et comment elle est faite. L'erreur de Montesquieu vient de ce que, comme presque tous les publicistes de son temps, il fait dériver le droit de la loi, au lieu de faire dériver la loi du droit.

La liberté civile, dans son vrai sens, c'est le droit que nous avons d'user de nos facultés comme nous l'entendons, en tant qu'elles ne portent pas atteinte au même droit chez les autres hommes, réserve faite d'ailleurs des sacrifices nécessaires à la sûreté commune. La liberté politique, c'est la garantie ou l'ensemble de garanties par lesquelles chaque individu et le peuple en masse est assuré, autant qu'il est possible, que la liberté naturelle sera sauvegardée par les lois de l'État.

Ces définitions une fois posées, voyons ce que c'est, selon

---

1. L. VI, c. III.

Montesquieu, qu'une constitution libre. Une constitution est libre, lorsque nul ne peut y abuser du pouvoir. Mais pour cela, il est nécessaire que le pouvoir ne soit pas sans limites : car tout homme qui a du pouvoir est porté à en abuser. Ainsi, dans une constitution libre, *le pouvoir arrête le pouvoir*. Tel est le principe de l'équilibre et de la pondération des pouvoirs, dont il a été si souvent question en politique, depuis Montesquieu.

Mais pour que le pouvoir puisse arrêter le pouvoir, il faut évidemment qu'il y ait plusieurs pouvoirs dans l'État. De là la théorie des trois pouvoirs [1].

Aristote, le premier, a distingué trois fonctions dans le gouvernement de la société, et c'est à lui que revient la célèbre division des trois pouvoirs ou puissances, que Locke a reproduite et Montesquieu après lui : la puissance exécutive, la puissance législative et la puissance de juger. Montesquieu n'a donc pas créé cette théorie ; mais ce qui lui appartient, c'est d'avoir montré dans la séparation des pouvoirs la première garantie, et dans leur distribution la vraie mesure de la liberté. C'est là le principe qu'il a découvert dans l'examen de la constitution d'Angleterre, principe ignoré avant lui de tous les publicistes, et qui est resté depuis acquis à la science politique.

Si celui qui exécute les lois dans un État fait en même temps les lois, il n'y a point de liberté, car il peut faire des lois tyranniques pour les exécuter tyranniquement. Que si la puissance exécutive veut s'emparer des biens ou d'une partie des biens des sujets, elle déclarera par la loi que ces biens convoités sont à elle, et par la force dont elle dispose pour l'exécution, elle s'en emparera. Elle peut enlever ainsi aux citoyens leur liberté et même leur vie, et cela en vertu de la constitution, à moins que le respect des lois fondamentales, les mœurs, la prudence du chef ne s'y opposent, et alors le citoyen peut être libre en fait, mais la constitution n'assure pas sa liberté. Cela n'est pas moins évident, si l'on accorde à la puissance législative la force de l'exécution, cette puissance

1. L. XI, c. VI.

fût-elle élue par le peuple, fût-elle le peuple lui-même. Le peuple, en corps, peut menacer par ses lois et par sa force la sûreté de chacun, et, dans un tel État, la multitude est puissante, mais personne n'est tranquille : car on ne peut jamais s'assurer que l'on ne sera pas bientôt dans le nombre de ceux que menace la puissance du peuple. La sûreté des citoyens n'est assurée que par la séparation des deux puissances. La puissance législative s'oppose à l'exécutive et lui trace le cercle de son action ; à son tour, la puissance exécutive empêche par son véto les entreprises despotiques de la législative ; en un mot, le pouvoir arrête le pouvoir : c'est le secret des constitutions libres.

Mais le plus grand danger de la liberté serait que la puissance de juger fût unie à l'une des deux autres puissances, et surtout à toutes les deux. Dans ce cas, le magistrat a, comme exécuteur des lois, la puissance qu'il s'est donnée comme législateur. « Il peut ravager l'État par ses volontés générales ; et, comme il a encore la puissance de juger, il peut détruire chaque citoyen par ses volontés particulières. » Il résulte de là que la justice, cette puissance si sacrée parmi les hommes, doit être confiée à une magistrature indépendante tirée du corps même des citoyens, se confondant avec eux, et qui, n'ayant aucun intérêt au pouvoir, n'en a pas à l'iniquité.

Le pouvoir législatif doit être ou le peuple ou une émanation du peuple : car dans un État libre, « tout homme qui est censé avoir une âme libre, doit être gouverné par lui-même[1] ». S'il ne se gouverne pas immédiatement lui-même, il doit se gouverner par ses représentants, et par conséquent les choisir. « Tous les citoyens, dit Montesquieu, doivent donner leur voix pour choisir les représentants, excepté ceux qui sont dans un tel état de bassesse qu'ils sont réputés n'avoir point de volonté propre. »

En face du pouvoir législatif est l'exécutif, qui doit avoir, pour arrêter les entreprises injustes du pouvoir législatif, une certaine part à ce pouvoir, non pas une part directe et posi-

_____

1. L. XI, c. VI.

tive, mais une part indirecte et négative, non pas la faculté de statuer, ce qui confondrait les attributions des puissances, mais la faculté d'empêcher : distinction qui a produit tant d'orages au commencement de notre Révolution. Le pouvoir exécutif doit être libre dans son action, ce qui est l'essence de l'exécution, mais ses actes sont soumis à l'appréciation du pouvoir législatif; car, faire des actes contraires aux lois, c'est pour ainsi dire porter des lois : c'est donc un empiètement sur l'autorité législative, et celle-ci en est juge. La personne en qui est le pouvoir exécutif doit être une pour la promptitude des entreprises, et de plus elle doit être hors d'atteinte ; car, si le législateur pouvait la juger et la détruire, il serait tout-puissant, et il n'y aurait plus de limites, ni par conséquent de liberté. Mais comme il faut une sanction, les agents du pouvoir irresponsable sont responsables à sa place. Un pouvoir un et irresponsable est une monarchie. Le pouvoir exécutif doit donc être entre les mains d'un monarque.

Entre le pouvoir exécutif ou le roi, et le pouvoir législatif ou le peuple, pouvoirs contraires qui s'observent et se menacent continuellement, il y a une puissance moyenne qui les unit et les modère.

Quelle est cette puissance ? A priori, il semble que ce devrait être la puissance judiciaire, puisque nous avons reconnu trois pouvoirs, l'exécutif, le législatif et le judiciaire. Cependant Montesquieu nous dit : « Des trois puissances dont nous avons parlé, celle de juger est en quelque sorte nulle, il n'en reste que deux ». Que veut dire ici cette expression étrange, que la puissance judiciaire est nulle? Faut-il croire que Montesquieu a entendu par là que le pouvoir judiciaire n'est qu'une partie du pouvoir exécutif, et qu'il se confond avec lui? Non, car rien ne serait plus opposé au principe de la séparation des pouvoirs, qui est la doctrine fondamentale de Montesquieu. La pensée précédente s'explique par un autre passage de l'Eesprit des lois. Il veut dire que le pouvoir de juger ne doit pas être confié à un sénat permanent, à un corps spécial, mais « à des personnes tirées du corps du peuple, » c'est-à-dire à ce qu'on appelle le jury. « De cette façon la puissance de juger, si terrible pour les hommes , n'étant attribuée ni à un certain état ni à une certaine profession, devient pour ainsi dire *invisible* et *nulle*. On n'a point continuellement des juges devant les yeux, et l'on craint la magistrature, sinon les magistrats [1]. »

La puissance judiciaire étant ainsi écartée de la balance des pouvoirs, il faut une autre puissance intermédiaire entre la législative et l'exécutive.

Cette puissance se compose de ceux qui, ayant des privilèges dans l'État, privilèges dont Montesquieu, à la vérité, ne nous donne pas la raison, doivent avoir le moyen de les conserver et d'empêcher qu'on n'y porte atteinte. « La part qu'ils auront à la législation doit être proportionnée aux avantages qu'ils ont dans l'État, et ils auront le droit d'arrêter les entreprises du peuple, comme le peuple a le droit d'arrêter les leurs. » Ils devront ainsi partager la puissance législative et former un corps intermédiaire intéressé d'une part contre le monarque, à la défense des libertés, de l'autre contre le peuple, à la défense des prérogatives du monarque, et assurer ainsi la stabilité des deux principes élémentaires de la constitution.

Montesquieu résume de cette manière ce savant mécanisme : « Le corps législatif étant composé de deux parties, l'une enchaînera l'autre par sa faculté mutuelle d'empêcher. Toutes les deux seront liées par la puissance exécutive, qui le sera elle-même par la législative. » Montesquieu prévoit la principale objection à ce beau système : « Ces trois puissances, dit-il, devraient former un repos ou une inaction ; mais, comme par le mouvement nécessaire des choses elles seront contraintes d'aller, elles seront forcées d'aller de concert. » Réponse spécieuse à une spécieuse objection.

Telle est la célèbre théorie de la constitution d'Angleterre, théorie sur laquelle nous voulons présenter quelques ré-

---

1. Cette ingénieuse et exacte explication d'un passage obscur, très important dans le système de Montesquieu, a été donnée par l'auteur d'un Mémoire couronné par l'Institut sur la *Séparation des pouvoirs* (voir le rapport de M. Aucoc sur le concours relatif à la *Séparation des pouvoirs*, extrait des *Comptes rendus de l'Académie des sciences morales et politiques*, 1879).

flexions. Il faut se garder ici d'une facile confusion. Il y a
trois sortes de gouvernements, et il y a trois sortes de pouvoirs dans le gouvernement : ce sont deux choses très différentes. Le gouvernement est républicain, ou aristocratique,
ou monarchique, selon que le peuple, ou les nobles, ou le roi
gouvernent. Chacun de ces gouvernements est bon ou mauvais; on peut préférer l'un à l'autre et préférer à chacun
d'eux la combinaison des trois. Cette dernière idée est celle
que l'on trouve en germe dans Aristote, que Cicéron a déve-
loppée après Polybe, et Machiavel après Cicéron. Nous la
retrouvons ici dans l'analyse du gouvernement anglais; mais
elle n'est pas l'idée fondamentale de la théorie, elle ne vient
qu'en seconde ligne. La base de la théorie de Montesquieu
n'est pas la distinction des gouvernements, mais la distinction
des pouvoirs; non pas la combinaison des trois formes de
gouvernement, mais la séparation des trois pouvoirs. Les
trois pouvoirs sont-ils réunis, c'est le despotisme; séparés,
c'est la liberté. Or, la constitution d'Angleterre est fondée
sur la séparation des pouvoirs; elle est donc une constitution
libre.

On voit qu'il ne faut pas confondre la théorie de la séparation des pouvoirs avec la théorie des gouvernements mixtes :
car il peut y avoir séparation des pouvoirs dans un gouvernement simple, comme aux États-Unis; et il peut se faire que
les pouvoirs soient confondus dans un gouvernement mixte,
comme à Rome, où le sénat participait à la fois à l'exécution
et au pouvoir législatif, où le peuple avait en même temps la
puissance de faire des lois et la puissance de juger.

Ce qui me paraît incontestable dans la théorie de Montesquieu, c'est le principe de la séparation des pouvoirs. Que le
pouvoir judiciaire doive être nécessairement indépendant,
c'est ce qui saute d'abord aux yeux de tout le monde. On ne
peut rien dire de plus fort que ces paroles : « Si la puissance
de juger était jointe à la législative, le pouvoir sur la vie et la
liberté des citoyens serait arbitraire, car le juge serait législateur ; si elle était jointe à la puissance exécutrice, le juge
pourrait avoir la force d'un oppresseur. » Ainsi, c'est déjà un

premier principe du gouvernement modéré de laisser le pouvoir judiciaire absolument indépendant du pouvoir souverain. Mais est-il nécessaire que le pouvoir exécutif soit séparé du législatif? Il le faut sans doute; car, si celui qui a la force fait les lois, qui peut l'empêcher de les faire comme il l'entend, c'est-à-dire tyranniques et oppressives? Est-ce le pouvoir législatif qui est en possession de la force, le résultat est le même.

Mais, disent les partisans de la démocratie extrême, le peuple, à titre de souverain, doit avoir à la fois le pouvoir exécutif et le pouvoir législatif, et il est impossible qu'il en abuse, puisqu'il est composé de tous les citoyens ; or nul ne se fait d'injustice à soi-même. Je réponds que le peuple peut certainement être injuste et oppresseur, qu'il peut faire des lois tyranniques contre la minorité, contre les riches, contre les citoyens distingués, contre tel ou tel culte qui lui déplaît. Ce n'est donc pas une garantie satisfaisante de liberté que le pouvoir absolu du peuple. « Il ne faut pas confondre le pouvoir du peuple avec la liberté du peuple », dit Montesquieu, et rien n'est plus sensé. Or si l'on admet que le peuple peut, à titre de législateur, faire des lois injustes, les mêmes raisons qui valent contre la réunion des deux pouvoirs entre les mains d'un monarque, valent aussi contre la réunion de ces deux pouvoirs dans les mains du peuple. Je ne veux point dire que le pouvoir exécutif ne doive pas émaner du peuple : mais le peuple ne doit pas exercer lui-même et directement ce pouvoir. Il faut remarquer, d'ailleurs, que le peuple, surtout dans les États modernes, ne fait plus la loi directement, mais par des assemblées. Si vous mettez le pouvoir exécutif entre les mains d'une assemblée, qui empêche cette assemblée de se changer en oligarchie et de se prolonger indéfiniment, comme le Long Parlement d'Angleterre? Ajoutez encore que l'assemblée elle-même ne peut pas exercer directement le pouvoir exécutif ; elle le fait par des comités. Mais ces comités deviennent les véritables souverains; ils dictent les lois à l'assemblée, qui n'est plus que leur instrument ; et c'est encore l'oligarchie. Je n'ai pas à rechercher comment, dans les démocraties, le pouvoir exécutif doit être constitué pour pouvoir être séparé du pouvoir législatif, et en être indépendant sans lui être supérieur; mais il est certain que, même dans ce cas, il faut encore séparer les pouvoirs.

Une objection très fréquente contre la séparation des pouvoirs est celle-ci : Ou les trois pouvoirs de l'État marchent d'accord, ou ils sont en dissentiment. S'ils marchent d'accord, ils forment une unité, leur action est souveraine et absolue et ils peuvent abuser du pouvoir tout aussi bien qu'un monarque, tout aussi bien que le peuple lui-même. Supposez, en effet, un pays protestant et libre, tel que l'Angleterre ou la Suède; ne peut-il pas arriver que le roi, les chambres, les tribunaux, tous les corps publics soient tous d'accord pour opprimer les catholiques? Où est la garantie pour la liberté? Si, au contraire, on suppose les pouvoirs en dissentiment, il n'y aura pas d'action ; les tiraillements gêneront l'exécution : la jalousie réciproque des pouvoirs les empêchera de s'entendre pour faire le bien. Ce sera l'immobilité, ou l'anarchie.

Je réponds à cette objection qu'il n'y a pas de principe politique qui soit en état de rendre impossibles tous les abus qui peuvent naître des constitutions humaines. Le principe de la séparation des pouvoirs n'a pas cette portée ni cette efficacité. Il empêche certains abus, mais non pas tous les abus ; il empêche certaines oppressions, mais non pas toutes les oppressions. Par exemple, il rend impossible le despotisme du pouvoir exécutif par l'intérêt contraire du pouvoir législatif, et le despotisme de celui-ci par l'intérêt contraire de celui-là, et enfin le despotisme du pouvoir judiciaire par sa séparation d'avec les deux autres. Mais, s'ils s'entendent tous les trois pour exercer en commun un même despotisme, il est certain que le principe même de la séparation des pouvoirs n'offre pas de garantie contre cet abus. Mais remarquez que, dans ce cas, ce ne peut être qu'un petit nombre d'intérêts qui soient blessés. Car (à moins que la constitution ne soit corrompue) il est impossible que la grande majorité des intérêts les plus généraux ne soit pas représentée dans la réunion des trois pouvoirs. Ainsi l'oppression ne peut être que limitée, et sur des points très circonscrits. D'ailleurs, dans un pays constitué de cette manière, il y a toujours en dehors des pouvoirs publics un pouvoir moral, invisible, qui tend incessamment à se transformer, sous l'influence de la liberté d'examen : c'est l'opinion. Or l'opinion exprimée par la presse, voilà la dernière garantie de la liberté, lorsque la constitution elle-même n'en offre plus.

Mais je prends l'hypothèse contraire, celle où les pouvoirs, se défiant l'un de l'autre et se surveillant mutuellement, ne réussissent pas à s'entendre : de là les conflits, les tiraillements, les ralentissements des affaires, et enfin les crises politiques, qui ôtent toute sécurité aux esprits, aux intérêts, aux personnes. Je réponds encore à cette objection qu'aucune machine politique ne peut remédier à tout, suppléer à tout, tout prévenir et tout empêcher. Un gouvernement ne peut vivre que par la bonne volonté et par l'amour de ceux qui le soutiennent. Supposé que cet amour fasse défaut, et que les corps politiques mettent leur intérêt au-dessus de l'amour du pays, il est évident que la moindre discussion dégénérera en déchirement, et que l'État sera à chaque instant menacé de périr par la guerre civile. Mais je ne connais aucun principe de gouvernement qui puisse tenir lieu de l'amour du pays. Supposez, au contraire (et c'est ce qu'il faut supposer), que les divers pouvoirs publics aiment assez leur pays pour ne pas le sacrifier à leur orgueil ou à leur ambition, les résistances seront bien un ralentissement, mais non une dissolution de la machine. Or dire que ces résistances forment un ralentissement dans le mouvement des affaires, ce n'est pas une objection au système : car c'est précisément ce résultat que l'on veut obtenir. Le ralentissement dans les affaires humaines, ce n'est pas un mal, c'est un bien : car c'est la réflexion, le sang-froid, l'examen, par conséquent beaucoup de chances pour la vérité, et beaucoup contre l'erreur. De plus, la résistance, qui irrite, il est vrai, quand elle est poussée à l'extrême limite, inquiète et arrête lorsqu'elle-même sait s'arrêter à temps. Il y a dans cette lutte réciproque un moyen de lumière

pour l'un et pour l'autre pouvoir, et une limite à leurs empiè-
tements réciproques.

Ainsi la séparation des pouvoirs demeure, à notre avis, la
condition indispensable des gouvernements libres. Mais il
faut, en théorie, s'en tenir à ce principe général, sans vouloir
préciser en particulier de quelle manière les pouvoirs peuvent
être divisés et distribués. Car il y a là mille combinaisons
diverses, qui dépendent des circonstances et de l'état des
esprits. De plus, il ne suffit pas de séparer les pouvoirs, il
faut les unir et les accorder. Il ne suffit pas de donner des
garanties à la liberté, il faut des moyens pour l'action; car un
gouvernement n'est pas seulement fait pour l'examen des
questions, il l'est encore pour la solution. De plus, la nécessité même de l'indépendance des pouvoirs exige que chacun
ait une certaine part dans l'action de l'autre. Si le pouvoir
législatif ne peut rien sur l'exécutif, celui-ci rendra le premier tout à fait vain; si l'exécutif ne peut rien sur le législatif, celui-ci s'emparera de l'exécutif. On voit quelles sont
les complications pratiques du problème : je n'ai voulu insis-
ter que sur le principe.

Mais considérons maintenant la théorie de Montesquieu par
un autre côté, que l'on a souvent confondu avec celui-là.
Remarquons d'abord que lorsque Montesquieu distingue trois
pouvoirs, il parle du pouvoir exécutif, du législatif et du
judiciaire. Puis il dit que « de ces trois puissances, celle de
juger est en quelque façon nulle ». Il n'en reste donc que
deux, l'exécutive et la législative. Or, selon Montesquieu, le
pouvoir exécutif, pour être fort et indépendant, doit être
entre les mains d'un monarque. D'un autre côté, pour que le
pouvoir législatif défende la sûreté et la liberté de tous, il
faut qu'il soit composé de tous ou élu par tous, c'est-à-dire
par le peuple. Voilà donc le peuple et le monarque en présence. Cette opposition appelle un médiateur, garantie commune et commune limite des droits et des pouvoirs du peuple
et du roi. Ce médiateur, c'est la noblesse. Voilà donc trois
nouveaux pouvoirs : le roi, les nobles et le peuple; et il faut
distinguer ces trois pouvoirs de ceux que nous avons déjà

nommés : l'exécutif, le législatif et le judiciaire. Il y a là une
confusion de termes qu'il est important de démêler, lorsque
l'on parle de la théorie des trois pouvoirs. Qu'entend-on par
pouvoir? Est-ce dans le premier sens, est-ce dans le second
que l'on prend cette expression? Dans le premier sens, il y a
trois pouvoirs, même dans une république, quand ils sont
convenablement séparés ; ainsi, la séparation des pouvoirs
est le principe de la constitution américaine, comme de la
constitution anglaise. Dans le second, il n'y a trois pouvoirs
que dans la monarchie mixte, c'est-à-dire dans une forme
particulière de gouvernement. Il me semble qu'on n'a pas
suffisamment remarqué la différence de ces deux théories,
que Montesquieu a fondues ensemble avec beaucoup d'habileté, mais qui n'en sont pas moins essentiellement distinctes.
Nous avons examiné la première de ces théories, examinons
la seconde.

On a dit que tous les plus grands esprits avaient été partisans de cette forme de gouvernement, composée des trois
formes élémentaires : monarchie, aristocratie et démocratie.
Cela est vrai, mais cependant avec quelques restrictions.
Platon, par exemple, dit bien qu'il faut réunir l'autorité et la
liberté, et former une constitution moyenne avec les deux
constitutions mères ; mais il ne parle que de la monarchie
et de la démocratie et ne dit rien de l'aristocratie. Aristote
admire, il est vrai, cet équilibre dans le gouvernement de
Sparte et de Carthage. Mais lui-même, lorsqu'il propose une
forme de gouvernement, ne choisit pas ce modèle, et sa république est une véritable démocratie, avec l'esclavage. Polybe
a repris cette pensée et l'a heureusement appliquée à l'intelligence de la constitution romaine. Mais nous avons déjà
remarqué qu'à Rome le pouvoir monarchique manquait
complètement ; car c'est changer le sens des termes que
d'appeler du nom de monarchie le pouvoir annuel et divisé
du consulat. De Polybe, cette théorie a passé à Cicéron, qui
n'y a rien changé. Tacite l'a jetée en passant dans ses Annales ;
saint Thomas, sans la bien comprendre, l'a reproduite à son
tour; Machiavel l'a empruntée de nouveau à Polybe et à

Cicéron ; mais ce n'est chez lui qu'une réminiscence sans portée : tout son esprit et toute son âme sont pour les gouvernements simples, monarchie ou démocratie. Au xvi° siècle, cette théorie est un lieu commun de la politique. Érasme est trop cicéronien pour ne pas l'adopter. Bellarmin l'emprunte à saint Thomas, et en trouve une admirable application dans le gouvernement de l'Église catholique. Les démocrates protestants, quand ils sont au bout de leurs attaques révolutionnaires et qu'il faut proposer quelque chose, en reviennent à cette doctrine. Bodin, au contraire, la combat énergiquement, et dit qu'il faut mélanger les principes et non les formes de gouvernement. Enfin, ce lieu commun avait perdu tout son sens à force d'être reproduit, lorsque Montesquieu l'a rajeuni, l'a renouvelé et lui a donné une vie inattendue en l'associant au principe nouveau de la séparation des pouvoirs.

Que conclure de ce rapide historique de la question? Que tous les esprits sages avaient toujours compris la nécessité d'un gouvernement tempéré, mais qu'avant Montesquieu aucun n'avait indiqué avec autant de précision l'union de l'hérédité monarchique, du privilège aristocratique et du droit populaire, comme la combinaison la plus nécessaire à la liberté. Or c'est là qu'est la question. Qu'un gouvernement doive être tempéré, pondéré, je l'admets : car ce principe, c'est le principe même de la séparation des pouvoirs. Mais doit-il être précisément pondéré de telle ou telle manière; et si tel élément, soit monarchique, soit aristocratique, fait défaut, s'ensuit-il qu'il ne puisse pas être libre?

Je crois que la théorie de Montesquieu trop prise à la lettre conduit à cette alternative, ou de changer le sens des mots, et d'appeler monarchie, aristocratie, ce qui n'est ni l'un ni l'autre, ou bien de prétendre que la liberté ne peut exister que dans une certaine situation sociale, qui peut très bien ne pas se rencontrer et qui ne se rencontrera peut-être qu'une seule fois dans l'histoire.

En effet, jugez, à la lumière de cette théorie, soit le gouvernement romain, soit le gouvernement des États-Unis, vous devez appeler monarchie le consulat ou la présidence. Or le consulat ne ressemble guère à la monarchie, et la présidence, qui s'en rapproche un peu plus, n'est elle-même qu'une image très éloignée et très affaiblie de la royauté; car il est évident que l'hérédité, ou tout au moins le pouvoir à vie est le caractère essentiel de la royauté. Ce sont pourtant là de grands exemples de gouvernements libres et de gouvernements tempérés. De même, vous trouverez quelque image de l'aristocratie dans le sénat des États-Unis; mais cette aristocratie ressemblera à la noblesse comme la présidence à la royauté, c'est-à-dire n'y ressemblera pas du tout. Le privilège est le véritable caractère politique de l'aristocratie. Une aristocratie qui n'a pas de privilèges, qui n'est que la supériorité du mérite, de l'âge et de l'expérience, n'est pas une aristocratie : c'est simplement la vraie démocratie.

Il est vrai que le gouvernement anglais donne raison à la théorie de Montesquieu. Mais ce gouvernement peut-il se reproduire à volonté? Y a-t-il toujours dans un pays, à un moment donné, une famille avec une situation historique assez grande et assez populaire pour former une monarchie? Y aura-t-il toujours les éléments suffisants d'une aristocratie véritable? Si ces éléments ne sont pas donnés par la réalité, faut-il les créer artificiellement? Une création artificielle de forces politiques peut-elle réussir? Si l'on ne peut pas créer artificiellement ces forces, est-il donc impossible d'y suppléer? Un pays est-il condamné à n'être jamais libre, parce que telles conditions particulières ne s'y rencontrent pas?

Allons plus loin. Quel est le fond de la constitution anglaise? C'est l'aristocratie, c'est une aristocratie qui consent à être gouvernée par un roi, et à faire la part aux besoins du peuple. Grande aristocratie, sans aucun doute; mais enfin, voici la question : faut-il absolument une noblesse dans un pays libre? La liberté politique ne peut-elle s'acheter que par l'inégalité sociale? Il est difficile de le croire. Si la raison fait désirer à l'homme la liberté politique, la même raison lui fait désirer aussi l'égalité civile. Il serait trop étrange que le privilège fût un principe de liberté, et l'égalité de droits un principe de servitude.

Si l'on reconnaît, ce qui nous paraît incontestable, que la société civilisée marche partout vers l'abolition des privilèges et que le travail d'égalité dans les lois et dans les mœurs ne cesse pas de se faire, il y aura lieu de se poser la question autrement que n'a fait Montesquieu. Car il regarde comme indispensable aux gouvernements libres un élément qui va sans cesse en s'amoindrissant. Il en résulterait que la liberté elle-même devrait devenir de plus en plus difficile, et à la fin impossible, à mesure que l'égalité augmenterait. C'est là une conséquence qu'il est difficile d'admettre.

Les doctrines sociales. — Quoique les théories politiques soient la partie la plus célèbre et la plus importante de l'*Esprit des lois*, ce serait rendre à Montesquieu une infidèle justice que de ne pas signaler les grands services qu'il a rendus à la cause de l'humanité, les réformes qu'il a provoquées, les abus qu'il a combattus. Sur ce terrain, où est l'honneur de son siècle, Montesquieu ne le cède à aucun de ses contemporains, pas même à Voltaire. On peut même dire qu'il l'a devancé : car déjà dans les *Lettres persanes* il demandait l'adoucissement des peines et la tolérance religieuse. Il développe les mêmes idées dans l'*Esprit des lois*.

En premier lieu, au nom de ses principes et de l'expérience, il proteste contre la barbarie dans les peines[1]. La sévérité, dit-il, et il entend par là la sévérité extrême, convient plus au gouvernement despotique, qui agit par la terreur, qu'aux gouvernements monarchique ou républicain, qui agissent par l'honneur et par la vertu. » Dans ces gouvernements, il est clair que la honte doit être plus puissante que la peine : car la honte étant impuissante, la peine l'est également. Dans les bons gouvernements, il vaut mieux prévenir que punir, et en punissant employer une certaine douceur, plus analogue au principe du gouvernement. La sévérité des peines est contraire à la liberté, et avec la liberté les peines

---

1. L. VI, c. ix et c. xii. Comparez *Lettres persanes*, lettre lxxx.

s'adoucissent. Les peines cruelles sont inutiles, car l'imagination s'y habitue. D'ailleurs, dans les États modérés, la perte de la vie est plus cruelle que dans les États malheureux les plus affreux supplices. A force d'augmenter la sévérité des peines, on ôte le ressort du gouvernement, et l'abus des supplices ne fait qu'y rendre les hommes indifférents, et dans bien des cas assurer l'impunité du criminel. On ne voit point que la dureté dans les lois est un plus grand mal que les maux qu'on veut punir : car elle corrompt le principe même de l'État. Le mal partiel peut se guérir; le mal qui atteint la racine est incurable. Montesquieu, dans ses beaux chapitres sur la douceur des peines, se garde bien d'attaquer les lois de sa patrie : car il n'a point, comme il le dit, l'esprit désapprobateur ; mais il est évident qu'en associant la cruauté des peines au principe des gouvernements despotiques, il invitait les gouvernements modérés à faire disparaître la barbarie de leurs codes. Il ne consacre que quelques lignes à la torture, mais elles en disent assez; par un tour particulier de son génie, il pénètre au fond des choses en paraissant les effleurer. « Nous voyons, dit-il, aujourd'hui, une nation très bien policée la rejeter sans inconvénient. Elle n'est donc pas nécessaire de sa nature. — J'allais dire qu'elle pouvait convenir dans le gouvernement despotique, où tout ce qui inspire la crainte entre plus dans les ressorts des gouvernements, j'allais dire que les esclaves chez les Grecs et les Romains... Mais j'entends la voix de la nature qui crie contre moi [1]. » On a pensé que Montesquieu avait presque voulu justifier la torture par ces paroles, et qu'il ne s'était arrêté que par une sorte de honte. Mais dire que la torture peut convenir au despotisme, est-ce justifier la torture, ou flétrir le despotisme? Dire qu'elle est une des conséquences de l'esclavage, est-ce justifier la torture, ou flétrir l'esclavage?

L'esclavage est la question que Montesquieu a traitée avec le plus de force, de profondeur et d'éclat [2]. Grotius fondait le

---

1. L. VI, c. xvii.
2. L. XV, c. ii.

droit de l'esclavage sur un prétendu droit de guerre qui auto-
rise le vainqueur à tuer son prisonnier. Sa vie lui appartient,
à plus forte raison sa liberté ; le réduire à l'esclavage, c'est lui
faire grâce. Montesquieu répond : « Il n'est pas permis de tuer
dans la guerre, sauf le cas de nécessité ; mais dès qu'un
homme en a fait un autre esclave, on ne peut pas dire qu'il
ait été dans la nécessité de le tuer, puisqu'il ne l'a pas fait. »
La conséquence tombe avec le principe ; il reste seulement le
droit de retenir le vaincu prisonnier pour se garantir de ses
entreprises (conséquence inévitable du malheureux droit de
guerre), mais non pas d'asservir et d'approprier à notre
usage celui qui est notre égal par le droit de la nature. On
fonde encore l'esclavage sur un prétendu contrat, une sorte
de trafic. L'homme libre, dit-on, peut se vendre. Montesquieu
répond admirablement : « La vente suppose un prix ; l'esclave
se vendant, tous ses biens entreraient dans la propriété du
maître, le maître ne donnerait rien, et l'esclave ne recevrait
rien... » En outre, « la liberté de chaque citoyen est une
partie de la liberté publique ». On rapporte aussi l'origine de
l'esclavage à la naissance : le fils d'esclave naît esclave ; car
le père ne peut lui communiquer que sa propre qualité.
« Mais si un homme n'a pu se vendre, encore moins a-t-il
pu vendre son fils qui n'était pas né. Si un prisonnier de
guerre ne peut être réduit en servitude, encore moins ses
enfants. » Enfin Montesquieu observe que toutes les lois
sociales sont faites en faveur de ceux mêmes qu'elles frappent.
Elles punissent la violation du droit, cela est vrai ; mais elles
protégeaient le droit dans la personne même de celui qui les
viole. Au contraire, la loi de l'esclavage est toujours contre
l'esclave, jamais pour lui. Si l'on dit que l'esclavage assure la
subsistance de l'esclave, il ne faudrait l'entendre que des
hommes incapables de gagner leur vie par leur travail. Mais
on ne veut pas de ces esclaves-là. L'esclavage, en un mot, ou
ce droit qui rend un homme tellement propre à un autre
homme, qu'il est le maître absolu de sa vie et de ses biens,
n'est pas bon par sa nature [1].

1. L. XV, c. 1.

Montesquieu avait discuté par le raisonnement l'esclavage
en général ; mais il fallait attaquer par des armes plus vives
et plus perçantes une coutume que soutenaient tant d'intérêts
et dont l'éloignement adoucissait l'horreur à l'imagination. A
la discussion il substitua l'ironie, non l'ironie douce de
Socrate, non pas l'ironie trop souvent glacée de Voltaire,
mais une ironie sanglante et en même temps touchante, parce
qu'elle part du cœur. « Le sucre serait trop cher, dit Montesquieu, si l'on ne faisait travailler la plante qui le produit
par des esclaves... Ceux dont il s'agit sont noirs depuis les
pieds jusqu'à la tête, et ils ont le nez si écrasé, qu'il est
presque impossible de les plaindre. On ne peut se mettre
dans l'esprit que Dieu, qui est un être très sage, ait mis une
âme, surtout une âme bonne, dans un corps tout noir...
Une preuve que les nègres n'ont pas le sens commun, c'est
qu'ils font plus de cas d'un collier de verre que de l'or, qui,
chez des nations policées, est d'une si grande conséquence...
De petits esprits exagèrent trop l'injustice que l'on fait aux
Africains ; car, si elle était telle qu'ils le disent, ne serait-il
pas venu à la tête des princes d'Europe, qui font entre eux
tant de conventions inutiles, d'en faire une générale en faveur
de la miséricorde et de la pitié[1] ? « Grandes et généreuses
paroles, qui font honneur à la raison et au cœur dont elles
sont sorties, au siècle où elles ont pu être prononcées, à la
liberté qui les a inspirées, aux peuples enfin qui ont essayé à
leurs risques et périls de réaliser ce noble vœu !

Enfin, Montesquieu, à qui rien d'humain n'était étranger,
eut aussi, comme tous les grands écrivains ses contemporains,
de fortes paroles contre l'intolérance religieuse. Faire de la
religion une arme de mort, forcer ce qu'il y a au monde de
plus libre, la conscience ; épouvanter pour convertir, et, par
une fraternité sanglante, faire le salut des hommes en les
assassinant, telle était la violente politique que la superstition
et l'abus de la domination avaient substituée à la politique de
douceur et à la morale de pardon qui respire dans l'Évangile.

1. L. XV c. v

Elle régnait encore, quoique affaiblie, dans le xviiie siècle.
Montesquieu oppose à ces pratiques insensées la prudence
du politique et la compassion de l'homme. « Tolérer une
religion, dit-il, ce n'est pas l'approuver[1]. » Dans un État
qui repose sur l'unité et la paix, s'il y a plusieurs religions,
il faut qu'elles se tolèrent, c'est-à-dire qu'elles vivent en paix.
« Car il ne suffit pas qu'un citoyen n'agite pas l'État, il faut
encore qu'il ne trouble pas un autre citoyen. » Les disputes
des religions, leurs proscriptions mutuelles déchirent l'État
et, au lieu d'une émulation de bonnes mœurs et de bons
principes, en font une lutte de tyrannie. Ainsi parle le politique ; voici les paroles de l'homme : il les met dans la bouche
d'un juif de Lisbonne : « Vous prouvez que votre religion est
divine, parce qu'elle s'est accrue par la persécution des païens
et le sang de vos martyrs ; mais aujourd'hui, vous prenez le
rôle de Dioclétien, et vous nous faites prendre le vôtre. Nous
vous conjurons, non pas par le Dieu puissant que nous servons, vous et nous, mais par le Christ que vous nous dites avoir
pris la condition humaine pour vous proposer des exemples
que vous puissiez suivre : nous vous conjurons d'agir avec
nous comme il agirait lui-même s'il était encore sur la terre.
Vous voulez que nous soyons chrétiens, et vous ne voulez
pas l'être... Il faut que nous vous avertissions d'une chose,
c'est que si quelqu'un dans la postérité ose jamais dire que
dans le siècle où nous vivons les peuples d'Europe étaient
policés, on vous citera pour prouver qu'ils étaient barbares ;
et l'idée que l'on aura de vous sera telle, qu'elle flétrira votre
siècle et portera la haine sur tous vos contemporains[2]. »

Introduire l'équité et l'humanité dans les lois criminelles,
abolir l'esclavage et la traite des noirs, mettre fin aux auto-
dafés et aux persécutions religieuses, tels sont les trois
objets poursuivis avec passion, défendus avec éloquence, et
enfin obtenus de la raison des peuples et de celle des gouvernements par Montesquieu. Pour la cause de la tolérance, il a
eu sans doute Voltaire pour allié ; et cet allié même a agi de

1. L. XXV, c. ix.
2. L. XXV, c. xiii.

son côté avec tant de persévérance et d'ardeur, qu'il semble avoir usurpé à lui seul la gloire que Montesquieu doit partager avec lui; mais quant à l'esclavage, nul n'a donné le signal, si ce n'est Montesquieu. C'est lui qui a trouvé sur cette question les arguments les plus forts, les plus pressants, les plus décisifs, qui y a joint les accents les plus amers et les plus touchants. Que l'on cherche avant lui un réquisitoire aussi profond et aussi sensé. Le xviie siècle n'avait guère de doutes sur l'esclavage. Bossuet l'admettait sans hésitation, comme un fait autorisé par l'Écriture. Locke, il est vrai, le combattait, mais sans beaucoup d'originalité et de force, et encore le conservait-il dans certains cas. La seule discussion qui mérite d'être rappelée avant Montesquieu, est celle de Bodin, au xvie siècle[1]. Seul dans ce siècle de révolutions, il avait élevé la voix contre l'esclavage. Quant au moyen âge, accord unanime en faveur de cette institution, que le christianisme semblait avoir détruite. Il faut remonter jusqu'aux Pères de l'Église et aux stoïciens pour trouver une protestation aussi vive que celle du xviiie siècle. Mais les Pères de l'Église, ne s'appuyant que sur l'égalité religieuse des hommes, admettant au nom du droit humain ce qu'ils rejetaient au nom du droit mystique et chrétien, n'avaient point coupé à la racine ce mal corrupteur. C'est ce qui fit que, malgré les adoucissements de l'esclavage, transformé en servage, tout était prêt pour une recrudescence de ce fléau, atténué mais non détruit, lorsque la découverte de l'Amérique et des hommes de couleur fournit un prétexte à la cupidité, à la superstition et à l'ignorance; et la voix des docteurs et des théologiens, celle de Las Casas exceptée, ne s'éleva pas contre cet attentat au droit humain. Il faut donc le dire, c'est le xviiie siècle qui, le premier, a porté à l'esclavage un coup mortel; c'est Montesquieu qui a eu ce courage et cet honneur ; c'est éclairées par lui, par J.-J. Rousseau et d'autres à leur suite, que les nations de l'Europe se sont décidées à s'affranchir de cette tache, et l'ont laissée à l'Amérique[2]. Qu'on déclame tant qu'on vou-

1. Voy. notre *Histoire de la science politique*, l. III, c. iv.
2. Depuis que ces pages ont été écrites, on sait que l'esclavage a été aboli aux

dra contre la philosophie et ses prétentions orgueilleuses, on
ne lui ôtera par la gloire d'avoir fait ce que ni les théologiens,
ni les jurisconsultes, ni les politiques n'avaient osé entreprendre avant que la raison publique les y forçât.

J'en dirai autant des réformes dans la pénalité. Là encore,
Montesquieu est novateur, initiateur. La législation était pleine
des vestiges du moyen âge. La cruauté, l'exagération des
peines, leur disproportion avec les délits et entre elles, par
qui tous ces restes d'un temps brutal et barbare avaient-ils
été combattus avant Montesquieu? Quelle voix éloquente les
avait signalés aux princes, à l'Europe, à l'avenir? Plus tard,
Voltaire, Beccaria, beaucoup d'autres, ont repris les vues de
Montesquieu, les ont ou développées ou corrigées ; mais l'ini-
tiative lui appartient, et ici, comme pour l'esclavage, il a
réussi, il a gagné sa cause. C'est à lui, en grande partie, que
nous devons de vivre sous des lois pénales en harmonie avec
nos mœurs et nos lumières, qui répriment sans avilir, qui
punissent sans opprimer, qui enfin ne troublent pas le sentiment de la justice en blessant celui de l'humanité.

Il est une dernière question sur laquelle l'auteur de l'*Esprit
des lois* a jeté encore de ces vues hardies que les problèmes
soulevés depuis lui rendent plus intéressantes aujourd'hui
peut-être qu'elles ne l'étaient de son temps. C'est la question
du devoir d'assistance de l'État par rapport aux misérables [1].
«Un homme n'est pas pauvre, dit-il, parce qu'il n'a rien, mais
parce qu'il ne travaille pas. » N'est-ce pas là, trente ans avant
Smith, le principe de Smith? Dans le temps où les économistes
plaçaient toute la richesse dans la terre, c'était toute une nouveauté dans la science que de dire : « L'ouvrier qui a laissé à
ses enfants son art pour héritage leur a laissé un bien qui s'est
multiplié à proportion de leur nombre. Il n'en est pas de même
de celui qui a dix arpents de fonds pour vivre et qui les partage
à ses enfants. » Mais, malgré ce travail, les citoyens n'ont pas
toujours ce qu'il faut pour leur subsistance. Il y a des vieil-

États-Unis, et le servage en Russie : nouvelles conquêtes des publicistes du
xviiiᵉ siècle.

1. L. XXIII, c. xxix.

lards, des malades, des orphelins. Montesquieu n'est pas de
cette école qui considère la bienfaisance comme contraire à
la saine économie politique. Mais il ne voit pas non plus le
remède à tous les maux dans une aumône stérile. « Quelques
aumônes que l'on fait à un homme nu dans les rues ne rem-
plissent point l'obligation de l'État, qui doit à tous les citoyens
une subsistance assurée [1], la nourriture, un vêtement convenable et un genre de vie qui ne soit pas contraire à la
santé. » Mais comment un État remplirait-il ces vastes obli-
gations ? « Un État bien policé tire cette subsistance du fond
des arts mêmes : il donne aux uns les travaux dont ils sont
capables, il enseigne aux autres à travailler, ce qui fait déjà
un travail. » Ainsi, c'est dans le travail ou dans l'apprentis-
sage du travail que Montesquieu voit le remède aux infor-
tunes naturelles ou passagères que l'âge, les infirmités, les
chômages amènent dans les classes qui travaillent. L'esprit
de travail est plus nécessaire que tous les hôpitaux du monde ;
ceux-ci, au contraire, favorisent l'esprit de paresse et augmentent ainsi la pauvreté générale et particulière. « A Rome,
les hôpitaux font que tout le monde est à son aise, excepté
ceux qui travaillent, excepté ceux qui ont de l'industrie,
excepté ceux qui cultivent les arts, excepté ceux qui ont des
terres, excepté ceux qui font le commerce. » Il ne faut pas
tirer de ces paroles la conclusion que Montesquieu favorise
cette doctrine extrême que tout citoyen a le droit d'exiger de
l'État de l'occupation et du travail. Contraire à toutes les
opinions extraordinaires, Montesquieu n'aurait pas plus admis
cette doctrine que celle qui ramène tout à la charité, à la
bienfaisance, qui deviennent, quand elles sont sans contrepoids et employées d'une manière inopportune, un encou-
ragement à la paresse et une récompense du vice. Il croit que
l'État peut d'une manière générale favoriser le travail, distribuer certains travaux, donner l'éducation qui conduit au
travail, sans être tenu à quelque chose de plus que ce que
permet la prudence et impose la nécessité. Mais que de pen-

---

1. C'est là un principe bien dangereux, dont Montesquieu ne voyait pas toutes
les conséquences.

sées perçantes et hardies dans ces pages perdues au milieu d'un si vaste ouvrage! Qui eût pu prévoir alors les applications qu'on pouvait faire de paroles telles que celles-ci : « Henri VIII, voulant réformer l'Église en Angleterre, détruisit les moines, nation paresseuse par elle-même et qui entretenait la paresse des autres, parce que, pratiquant l'hospitalité, une infinité de gens oisifs, gentilshommes et bourgeois, passaient leur vie à courir de couvents en couvents. Il ôta encore les hôpitaux où le bas peuple trouvait sa subsistance, comme les gentilshommes trouvaient la leur dans les monastères. Depuis ces changements, l'esprit de commerce et d'industrie s'établit en Angleterre. » On n'aura jamais dit combien Montesquieu fut hardi, sous les apparences d'une extrême modération.

Voltaire a consacré à l'*Esprit des lois* un de ces excellents petits écrits où brille toute sa sagacité de critique. Les principaux défauts de ce livre admirable, mais imparfait, y sont indiqués avec cette justesse de touche et cette finesse de goût qui sont les qualités originales de Voltaire. Un philosophe distingué du dernier siècle, M. de Tracy, a consacré aussi à l'examen et à la critique de l'*Esprit des lois* un ouvrage solide et instructif qui redresse également avec bonheur quelques-unes des erreurs de Montesquieu. Mais un commentaire de l'*Esprit des lois* devrait-il être une perpétuelle critique de l'*Esprit des lois* [1]? Je voudrais que quel-

---

1. Par exemple nous avons déjà dit que Tracy commence dès le premier livre par une chicane de mots sur la définition du mot *loi*. Les lois ne sont pas, comme le dit Montesquieu, les *rapports* nécessaires qui dérivent de la nature, de la nature des choses; une loi n'est pas un rapport, et un rapport n'est pas une loi. Dans le livre II à la division des gouvernements de Montesquieu : république, monarchie, despotisme, il en substitue une tout abstraite et difficile à suivre dans la pratique : 1° les gouvernements fondés sur les droits généraux des hommes; 2° ceux qui se prétendent fondés sur des droits particuliers. Il écarte dans le livre III les trois principes admis par Montesquieu : la vertu, l'honneur et la crainte, et il en substitue un seul d'un caractère tout abstrait, la raison. De là ces règles abstraites ; les gouvernements fondés sur la raison peuvent seuls développer l'instruction publique; les gouvernements fondés sur la raison n'ont qu'à laisser agir la nature, etc. On approuvera davantage ce principe trop peu connu jusqu'alors des publicistes : l'effet du luxe est d'employer le travail d'une manière inutile et nuisible. — Le chapitre le plus important du livre de Tracy est celui où il combat les opinions de Montesquieu sur la monarchie constitutionnelle, et substitue ses idées propres, qui sont à peu près celles qui avaient été

qu'un fît voir avec détail la beauté du livre de Montesquieu, la vaste étendue de l'obscurité du sujet choisi par lui
et la force avec laquelle il s'en est rendu maître, les difficultés
de la matière et le succès de l'entreprise. Je sais que Montesquieu a trop aimé l'esprit, que l'ordre de son ouvrage n'est
pas parfait, qu'il a cité des autorités douteuses, avancé des
faits controversés ou même faux, que quelques-uns de ses
principes sont étroits, que sa critique n'est point assez ferme
contre quelques abus; mais je sais que le sujet était immense et l'un des plus grands que l'on pût tenter. Que l'on
imagine tous les systèmes de législation qui sont parmi les
hommes, ces lois, ces coutumes, ces institutions qui règlent
la vie politique, publique, domestique des citoyens, ces
usages qui sont entre les nations, les matières de toutes
sortes qui tombent sous les règlements, le chaos enfin : voilà
ce que Montesquieu a osé entreprendre de débrouiller, de
mettre en ordre, de ramener à quelques principes. Jusque-là
les jurisconsultes, même philosophes, prenaient pour objet
d'étude les lois romaines; ils en interprétaient les articles, ils
en montraient le lien logique et les conséquences; et l'esprit
le plus pénétrant était celui qui, expliquant les articles les
uns par les autres, démêlait le mieux la signification des
termes. Mais commenter une loi, ce n'est point en donner la
raison. Cette raison est en dehors de la loi même, soit dans
les principes du gouvernement, soit dans le caractère et le
tempérament du peuple, dans les religions, dans mille
causes enfin qu'il fallait découvrir et ramener à un petit
nombre. Ce qui augmente la difficulté, c'est que souvent le
principe d'une loi n'est lui-même que la conséquence d'un
autre principe, c'est que ces principes ont des rapports entre
eux et se modifient les uns les autres : ainsi la religion est un
principe et le gouvernement en est un autre, et ils peuvent
être alternativement la cause ou la conséquence l'un de l'au-

réalisées dans la constitution de l'an III; mais dans une note supplémentaire,
publiée sous la Restauration, il paraît désavouer ces idées. On peut dire encore
que la critique des idées économiques de Montesquieu est généralement judicieuse.
En résumé l'ouvrage de Tracy fait penser. Il est surtout très important comme
étant le résumé des idées politiques de l'école idéologique.

4.

tre. Le luxe a de l'influence sur les lois, et la population aussi ; mais le luxe et la population en ont l'un sur l'autre. Il fallait donc à la fois examiner ces rapports isolément et les considérer ensemble. Que si l'on se fait une idée juste de toute cette complication, peut-être sera-t-on moins frappé de ce qui manque au livre de Montesquieu ; peut-être admirera-t-on davantage la belle lumière qu'il a jetée sur un sujet si confus, et l'on ne s'étonnera point de cette fière parole de sa préface : « Quand j'ai découvert mes principes, tout ce que je cherchais est venu à moi. » En parlant ainsi, il se faisait sans doute illusion, et l'on peut trouver que ses principes sont loin d'avoir la portée et l'étendue qu'il leur prête ; lui-même les oublie souvent. Il n'en est pas moins le premier qui ait appliqué l'esprit scientifique, l'esprit moderne aux faits politiques et sociaux. Il est au moins le Descartes, s'il n'est pas le Newton de la politique.

ÉLOGE

DE M. LE PRÉSIDENT DE MONTESQUIEU

PAR D'ALEMBERT

(Mis à la tête du cinquième volume de l'*Encyclopédie*).

———

L'intérêt que les bons citoyens prennent à l'Encyclopédie, et le grand nombre de gens de lettres qui lui consacrent leurs travaux, semblent nous permettre de la regarder comme un des monuments les plus propres à être dépositaires des sentiments de la patrie, et des hommages qu'elle doit aux hommes célèbres qui l'ont honorée. Persuadés néanmoins que M. de Montesquieu était en droit d'attendre d'autres panégyristes que nous, et que la douleur publique eût mérité des interprètes plus éloquents, nous eussions renfermé au dedans de nous-mêmes nos justes regrets et notre respect pour sa mémoire ; mais l'aveu de ce que nous lui devons nous est trop précieux pour en laisser le soin à d'autres. Bienfaiteur de l'humanité par ses écrits, il a daigné l'être aussi de cet ouvrage ; et notre reconnaissance ne veut tracer que quelques lignes au pied de sa statue.

Charles de Secondat, baron de la Brède et de Montesquieu, ancien président à mortier au parlement de Bordeaux, de l'Académie française, de l'Académie royale des sciences et belles-lettres de Prusse, et de la Société royale de Londres, naquit au chateau de la Brède, près de Bordeaux, le 18 jan-

vier 1680, d'une famille noble de Guienne. Son trisaïeul, Jean
de Secondat, maître d'hôtel de Henri II, roi de Navarre, et
et ensuite de Jeanne, fille de ce roi, qui épousa Antoine de
Bourbon, acquit la terre de Montesquieu, d'une somme de
10 000 livres, que cette princesse lui donna par un acte authen-
tique, en récompense de sa probité et de ses services. Henri III,
roi de Navarre, depuis Henri IV, roi de France, érigea en ba-
ronnie le titre de Montesquieu en faveur de Jacob de Secondat,
fils de Jean, d'abord gentilhomme ordinaire de la chambre
de ce prince et ensuite maître de camp du régiment de Châtil-
lon. Jean-Gaston de Secondat, son second fils, ayant épousé
la fille du président du parlement de Bordeaux, acquit dans
cette compagnie une charge de président à mortier. Il eut
plusieurs enfants, dont un entra dans le service, s'y distingua
et le quitta de fort bonne heure ; ce fut le père de Charles de
Secondat, auteur de l'*Esprit des lois*. Ces détails paraîtront
peut-être déplacés à la tête de l'éloge d'un philosophe, dont
le nom a si peu besoin d'ancêtres ; mais n'envions point à leur
mémoire l'éclat que ce nom répand sur elle.

Les succès de l'enfance, présage quelquefois si trompeur, ne
le furent point dans Charles de Secondat : il annonça de bonne
heure ce qu'il devait être, et son père donna tous ses soins à
cultiver ce génie naissant, objet de son espérance et de sa
tendresse. Dès l'âge de vingt ans, le jeune Montesquieu pré-
parait déjà les matériaux de l'*Esprit des lois*, par un extrait
raisonné des immenses volumes qui composent le corps du
droit civil. Ainsi autrefois Newton avait jeté, dès sa première
jeunesse, les fondements des ouvrages qui l'ont rendu immor-
tel. Cependant l'étude de la jurisprudence, quoique moins
aride pour M. de Montesquieu que pour la plupart de ceux
qui s'y livrent, parce qu'il la cultivait en philosophe, ne suffisait pas à l'étendue et à l'activité de son génie. Il approfon-
dissait, dans le même temps, des matières encore plus importantes et plus délicates, et les discutait dans le silence avec
la sagesse, la décence et l'équité qu'il a depuis montrées dans
ses ouvrages.

Un oncle paternel, président à mortier au parlement de

Bordeaux, juge éclairé et citoyen vertueux, l'oracle de sa compagnie et de sa province, ayant perdu un fils unique, et voulant conserver, dans son cœur, l'esprit d'élévation qu'il avait tâché d'y répandre, laissa ses biens et sa charge à M. de Montesquieu. Il était conseiller au parlement de Bordeaux depuis le 24 février 1714, et fut reçut président à mortier le 13 juillet 1716. Quelques années après, en 1722, pendant la minorité du roi, sa compagnie le chargea de présenter des remontrances à l'occasion d'un nouvel impôt. Placé entre le trône et le peuple, il remplit, en sujet respectueux et en magistrat plein de courage, l'emploi si noble et si peu envié de faire parvenir au souverain le cri des malheureux, et la misère publique, représentée avec autant d'habileté que de force, obtint la justice qu'elle demandait. Ce succès, il est vrai, par malheur pour l'État bien plus que pour lui, fut aussi passager que s'il eût été injuste; à peine la voix des peuples eut-elle cessé de se faire entendre, que l'impôt supprimé fut remplacé par un autre; mais le citoyen avait fait son devoir.

Il fut reçu, le 3 avril 1716, dans l'académie de Bordeaux, qui ne faisait que de naître. Le goût pour la musique et pour les ouvrages de pur agrément, avait d'abord rassemblé les membres qui la formaient. M. de Montesquieu crut, avec raison, que l'ardeur naissante et les talents de ses confrères pourraient s'exercer encore avec plus d'avantage sur les objets de la physique. Il était persuadé que la nature, si digne d'être observée partout, trouvait aussi partout des yeux dignes de la voir : qu'au contraire les ouvrages de goût ne souffrant point de médiocrité, et la capitale étant en ce genre le centre des lumières et des secours, il était trop difficile de rassembler loin d'elle un assez grand nombre d'écrivains distingués. Il regardait les sociétés de bel esprit, si étrangement multipliées dans nos provinces, comme une espèce, ou plutôt comme une ombre de luxe littéraire, qui nuit à l'opulence réelle sans même en offrir l'apparence. Heureusement M. le duc de la Force, par un prix qu'il venait de fonder à Bordeaux, avait secondé des vues si éclairées et si justes. On jugea qu'une expérience bien faite serait préférable à un discours faible ou à un mauvais poème, et Bordeaux eut une académie des sciences

M. de Montesquieu, nullement empressé de se montrer au public, semblait attendre, selon l'expression d'un grand génie, *un âge mûr pour écrire*. Ce ne fut qu'en 1721, c'est-à-dire âgé de trente-deux ans, qu'il mit au jour les *Lettres persanes*. Le Siamois des *Amusements sérieux et comiques*[1] pouvait lui en avoir fourni l'idée, mais il surpassa son modèle. La peinture des mœurs orientales, réelles ou supposées, de l'orgueil et du flegme de l'amour asiatique, n'est que le moindre objet de ces lettres ; elle n'y sert, pour ainsi dire, que de prétexte à une satire fine de nos mœurs et à des matières importantes que l'auteur approfondit en paraissant glisser sur elles. Dans cette espèce de tableau mouvant, Usbek expose surtout, avec autant de légèreté que d'énergie, ce qui a le plus frappé parmi nous ses yeux pénétrants : notre habitude de traiter sérieusement les choses les plus futiles, et de tourner les plus importantes en plaisanterie ; nos conversations si bruyantes et si frivoles ; notre ennui dans le sein du plaisir même ; nos préjugés et nos actions en contradiction continuelle avec nos lumières ; tant d'amour pour la gloire, joint à tant de respect pour l'idole de la faveur ; nos courtisans si rampants et si vains ; notre politesse extérieure, et notre mépris réel pour les étrangers, ou notre prédilection affectée pour eux ; la bizarrerie de nos goûts, qui n'a rien au-dessus d'elle que l'empressement de l'Europe à les adopter ; notre dédain barbare pour deux des plus respectables occupations d'un citoyen, le commerce et la magistrature ; nos disputes littéraires si vives et si inutiles ; notre fureur d'écrire avant que de penser, et de juger avant que de connaître. A cette peinture vive, mais sans fiel, il oppose dans l'apologue des Troglodytes[2] le tableau d'un peuple vertueux, devenu sage par le malheur : morceau digne du Portique. Ailleurs, il montre la philoso-

---

1. Ouvrage de Dufresny, dans lequel le *Siamois* joue un rôle analogue à celui du *Persan* dans les *Lettres persanes*.

2. *Lettres persanes*, xi, xii, xiii, xiv.

phie longtemps étouffée, reparaissant tout à coup, regagnant par ses progrès le temps qu'elle a perdu; pénétrant jusque chez les Russes à la voix d'un génie qui l'appelle; tandis que, chez d'autres peuples de l'Europe, la superstition, semblable à une atmosphère épaisse, empêche la lumière qui les environne de toutes parts d'arriver jusqu'à eux. Enfin, par les principes qu'il établit sur la nature des gouvernements anciens et modernes, il présente le germe de ces idées lumineuses développées depuis par l'auteur dans son grand ouvrage.

Ces différents sujets, privés aujourd'hui des grâces de la nouveauté qu'ils avaient dans la naissance des *Lettres persanes*, y conserveront toujours le mérite du caractère original qu'on a su leur donner, mérite d'autant plus réel, qu'il vient ici du génie seul de l'écrivain, et non du voile étranger dont il s'est couvert : car Usbek a pris durant son séjour en France, non seulement une connaissance si parfaite de nos mœurs, mais une si forte teinture de nos manières, que son style fait souvent oublier son pays. Ce léger défaut de vraisemblance peut n'être pas sans dessein et sans adresse; en relevant nos ridicules et nos vices, il a voulu sans doute aussi rendre justice à nos avantages. Il a senti toute la faveur d'un éloge direct, et il nous a plus finement loués, en prenant si souvent notre ton pour médire plus agréablement de nous.

Malgré le succès de cet ouvrage, M. de Montesquieu ne s'en était pas déclaré ouvertement l'auteur. Peut-être croyait-il échapper plus aisément par ce moyen à la satire littéraire, qui épargne plus volontiers les écrits anonymes, parce que c'est toujours la personne, et non l'ouvrage, qui est le but de ses traits. Peut-être craignait-il d'être attaqué sur le prétendu contraste des *Lettres persanes* avec l'austérité de sa place : espèce de reproche, disait-il, que les critiques ne manquent jamais de faire, parce qu'il ne demande aucun effort d'esprit. Mais son secret était découvert, et déjà le public le montrait à l'Académie française. L'événement fit voir combien le silence de M. de Montesquieu avait été sage.

Usbek s'exprime quelquefois assez librement, non sur le fond du christianisme, mais sur des matières que trop de personnes affectent de confondre avec le christianisme même : sur l'esprit de persécution dont tant de chrétiens ont été animés ; sur les usurpations temporelles de la puissance ecclésiastique ; sur la multiplication excessive des monastères, qui enlèvent des sujets à l'État sans donner à Dieu des adorateurs ; sur quelques opinions qu'on a vainement tenté d'ériger en dogmes ; sur nos disputes de religion, toujours violentes et souvent funestes. S'il paraît toucher ailleurs à des questions plus délicates, et qui intéressent de plus près la religion chrétienne, ses réflexions, appréciées avec justesse, sont en effet très favorables à la révélation, puisqu'il se borne à montrer combien la raison humaine, abandonnée à elle-même, est peu éclairée sur ces objets. Enfin parmi les véritables lettres de M. de Montesquieu, l'imprimeur étranger en avait inséré quelques-unes d'une autre main, et il eût fallu du moins, avant que de condamner l'auteur, démêler ce qui lui appartenait en propre. Sans égard à ces considérations, d'un côté la haine sous le nom de zèle, de l'autre le zèle sans discernement ou sans lumières se soulèvent et se réunissent contre les *Lettres persanes*. Des délateurs, espèce d'hommes dangereuse et lâche, que même dans un gouvernement sage on a quelquefois le malheur d'écouter, alarmèrent par un extrait infidèle, la piété du ministre. M. de Montesquieu, par le conseil de ses amis, soutenu de la voix publique, s'étant présenté pour la place de l'Académie française, vacante par la mort de M. de Sacy, le ministre écrivit à cette compagnie que Sa Majesté ne donnerait jamais son agrément à l'auteur des *Lettres persanes;* qu'il n'avait point lu ce livre ; mais que des personnes en qui il avait confiance lui en avaient fait connaître le poison et le danger. M. de Montesquieu sentit le coup qu'une pareille accusation pouvait porter à sa personne, à sa famille, à la tranquillité de sa vie. Il n'attachait pas assez de prix aux honneurs littéraires, ni pour les rechercher avec avidité, ni pour affecter de les dédaigner quand ils se présentaient à

lui, ni enfin pour en regarder la simple privation comme un
malheur ; mais l'exclusion perpétuelle, et surtout les motifs de
l'exclusion, lui paraissaient une injure. Il vit le ministre, lui
déclara que, pour des raisons particulières, il n'avouait
point les *Lettres persanes*, mais qu'il était encore plus
éloigné de désavouer un ouvrage dont il croyait n'avoir
point à rougir, et qu'il devait être jugé d'après une lecture,
et non sur une délation : le ministre prit enfin le parti par
où il aurait dû commencer ; il lut le livre, aima l'auteur, et
apprit à mieux placer sa confiance. L'Académie française ne
fut pas privée d'un de ses plus beaux ornements, et la
France eut le bonheur de conserver un sujet que la superstition ou la calomnie étaient prêtes à lui faire perdre : car
M. de Montesquieu avait déclaré au gouvernement, qu'après
l'espèce d'outrage qu'on allait lui faire, il irait chercher,
chez les étrangers qui lui tendraient les bras, la société, le
repos et peut-être les récompenses qu'il aurait dû espérer
dans son pays. La nation eût déploré cette perte et la honte
en serait pourtant retombée sur elle.

Feu M. le maréchal d'Estrées, alors directeur de l'Académie française, se conduisit dans cette circonstance en courtisan vertueux et d'une âme vraiment élevée ; il ne craignit
ni d'abuser de son crédit ni de le compromettre : il soutint
son ami et justifia Socrate. Ce trait de courage, si précieux
aux lettres, si digne aujourd'hui d'avoir des imitateurs, et si
honorable à la mémoire de M. le maréchal d'Estrées, n'aurait pas dû être oublié dans son éloge.

M. de Montesquieu fut reçu le 24 janvier 1728. Son discours est un des meilleurs qu'on ait prononcés dans une
pareille occasion : le mérite en est d'autant plus grand, que
les récipiendaires, gênés jusqu'alors par ces formules et
ces éloges d'usage auxquels une espèce de prescription les
assujettit, n'avaient encore osé franchir ce cercle pour traiter d'autres sujets, ou n'avaient point pensé du moins à les
y renfermer. Dans cet état même de contrainte, il eut
l'avantage de réussir. Entre plusieurs traits dont brille son
discours, on reconnaîtra l'écrivain qui pense au seul por-

trait du cardinal de Richelieu, *qui apprit à la France le se-cret de ses forces, et à l'Espagne celui de sa faiblesse; qui ôta à l'Allemagne ses chaînes, et lui en donna de nouvelles.* Il faut admirer M. de Montesquieu d'avoir su vaincre la difficulté de son sujet, et pardonner à ceux qui n'ont pas eu le même succès.

Le nouvel académicien était d'autant plus digne de ce titre qu'il avait, peu de temps auparavant, renoncé à tout autre travail pour se livrer entièrement à son génie et à son goût. Quelque importante que fût la place qu'il occupait, avec quelques lumières et quelque intégrité qu'il en eût rempli les devoirs, il sentait qu'il y avait des objets plus dignes d'occu-per ses talents; qu'un citoyen est redevable à sa nation et à l'humanité de tout le bien qu'il peut leur faire, et qu'il serait plus utile à l'un et à l'autre en les éclairant par ses écrits, qu'il ne pourrait l'être en discutant quelques contesta-tions particulières dans l'obscurité. Toutes ces réflexions le décidèrent à vendre sa charge. Il cessa d'être magistrat, il ne fut plus qu'homme de lettres.

Mais pour se rendre utile, par ses ouvrages, aux diffé-rentes nations, il était nécessaire qu'il les connût. Ce fut dans cette vue qu'il entreprit de voyager. Son but était d'exa-miner partout le physique et le moral; d'étudier les lois et la constitution de chaque pays; de visiter les savants, les écrivains, les artistes célèbres; de chercher surtout ces hommes rares et singuliers dont le commerce a suppléé quelquefois à plusieurs années d'observations et de séjour. M. de Montesquieu eût pu dire comme Démocrite: « Je n'ai rien oublié pour m'instruire, j'ai quitté mon pays et par-couru l'univers pour mieux connaître la vérité, j'ai vu tous les personnages illustres de mon temps. » Mais il y eut cette différence entre le Démocrite français et celui d'Abdère, que le premier voyageait pour instruire les hommes, et le second pour s'en moquer.

Il alla d'abord à Vienne, où il vit souvent le célèbre prince Eugène. Ce héros si funeste à la France (à laquelle il aurait pu être si utile), après avoir balancé la fortune de Louis XIV et humilié la fierté ottomane, vivait sans faste durant la paix, aimant et cultivant les lettres dans une cour où elles sont peu en honneur, et donnant à ses maîtres l'exemple de les protéger. M. de Montesquieu crut entrevoir, dans ses discours, quelques restes d'intérêt pour son ancienne patrie. Le prince Eugène en laissait voir surtout, autant que le peut faire un ennemi, sur les suites funestes de cette division intestine qui trouble depuis si longtemps l'Église de France : l'homme d'État en prévoyait la durée et les effets, et les prédit au philosophe.

M. de Montesquieu partit de Vienne pour voir la Hongrie, contrée opulente et fertile, habitée par une nation fière et généreuse, le fléau de ses tyrans et l'appui de ses souverains. Comme peu de personnes connaissent bien ce pays, il a écrit avec soin cette partie de ses voyages.

D'Allemagne, il passa en Italie. Il vit à Venise le fameux Law, à qui il ne restait de sa grandeur passée que des projets destinés à mourir dans sa tête, et un diamant qu'il engageait pour jouer aux jeux de hasard. Un jour, la conversation roulait sur le fameux système que Law avait inventé, époque de malheurs et de fortunes, et surtout d'une dépravation remarquable dans nos mœurs. Comme le Parlement de Paris, dépositaire immédiat des lois dans les temps de minorité, avait fait éprouver au ministre écossais quelque résistance dans cette occasion, M. de Montesquieu lui demanda pourquoi on n'avait pas essayé de vaincre cette résistance par un moyen presque toujours infaillible en Angleterre, par le grand mobile des actions des hommes, en un mot, par l'argent. — *Ce ne sont point*, répondit Law, *des génies aussi ardents et aussi généreux que mes compatriotes, mais ils sont beaucoup plus incorruptibles*.

Nous ajouterons, sans aucun préjugé de vanité nationale, qu'un corps, libre pour quelques instants, doit mieux résister à la corruption que celui qui l'est toujours : le premier, en vendant sa liberté, la perd ; le second ne fait pour ainsi dire que la prêter et l'exerce même en l'engageant. Ainsi, les circonstances et la nature du gouvernement font les vices et les vertus des nations.

Un autre personnage non moins fameux que M. de Montesquieu vit encore plus souvent à Venise, fut le comte de Bonneval. Cet homme si connu par ses aventures, qui n'étaient pas encore à leur terme, et flatté de converser avec un juge digne de l'entendre, lui faisait avec plaisir le détail singulier de sa vie, le récit des actions militaires où il s'était trouvé, le portrait des généraux et des ministres qu'il avait connus. M. de Montesquieu se rappelait souvent ces conversations et en racontait différents traits à ses amis.

Il alla de Venise à Rome. Dans cette ancienne capitale du monde, qui l'est encore à certains égards, il s'appliqua surtout à examiner ce qui la distingue aujourd'hui le plus : les ouvrages des Raphaël, des Titien et des Michel-Ange. Il n'avait point fait une étude particulière des beaux-arts, mais l'expression dont brillent les chefs-d'œuvre en ce genre saisit infailliblement tout homme de génie. Accoutumé à étudier la nature, il la reconnaît quand elle est imitée, comme un portrait ressemblant frappe tous ceux à qui l'original est familier. Malheur aux productions de l'art dont toute la beauté n'est que pour les artistes !

Après avoir parcouru l'Italie, M. de Montesquieu vint en Suisse. Il examina soigneusement les vastes pays arrosés par le Rhin, et il ne lui resta plus rien à voir en Allemagne, car Frédéric ne régnait pas encore. Il s'arrêta ensuite quelque temps dans les Provinces-Unies, monument admirable de ce que peut l'industrie humaine animée par l'amour de la liberté. Enfin il se rendit en Angleterre où il demeura deux ans. Digne de voir et d'entretenir les plus grands hommes, il n'eut à regretter que de n'avoir pas fait plus tôt ce voyage : Locke et Newton étaient morts. Mais il eut souvent l'honneur de faire sa cour à leur protectrice, la célèbre reine d'Angleterre, qui cultivait la philosophie sur le trône et qui goûta, comme elle le devait, M. de Montesquieu. Il ne fut pas moins accueilli par la nation, qui n'avait pas besoin, sur cela, de prendre le ton de ses maîtres. Il forma à Londres des liaisons intimes avec des hommes exercés à méditer et à se préparer aux grandes choses par des études profondes. Il s'instruisit avec eux de la nature du gouvernement, et parvint à le bien connaître. Nous parlons ici d'après les témoignages publics que lui en ont rendus les Anglais eux-mêmes, si peu disposés à reconnaître en nous aucune supériorité.

Comme il n'avait rien examiné ni avec la prévention d'un enthousiaste ni avec l'austérité d'un cynique, il n'avait remporté de ses voyages ni un dédain outrageant pour les étrangers ni un mépris encore plus déplacé pour son propre pays. Il résultait de ses observations que l'Allemagne était faite pour y voyager, l'Italie pour y séjourner, l'Angleterre pour y penser, et la France pour y vivre.

De retour enfin dans sa patrie, M. de Montesquieu se retira pendant deux ans à sa terre de la Brède. Il y jouit en paix de cette solitude que le spectacle et le tumulte du monde servent à rendre plus agréable : il vécut avec lui-même, après en être sorti longtemps, et, ce qui nous intéresse le plus, il mit la dernière main à son ouvrage *Sur les causes de la grandeur et de la décadence des Romains*, qui parut en 1734.

Les empires, ainsi que les hommes, doivent croître, dépérir et s'éteindre. Mais cette révolution nécessaire a souvent des causes cachées, que la nuit des temps nous dérobe, et que le mystère ou leur petitesse apparente a même quelquefois voilées aux yeux des contemporains. Rien ne ressemble plus, sur ce point, à l'histoire moderne que l'histoire ancienne. Celle des Romains mérite néanmoins, à cet égard, quelque exception. Elle présente une politique raisonnée, un système suivi d'agrandissement, qui ne permet pas d'attribuer la fortune de ce peuple à des ressorts obscurs et subalternes. Les causes de la grandeur romaine se trouvent donc dans l'histoire, et c'est au philosophe à les y découvrir. D'ailleurs, il n'en est pas des systèmes dans cette étude comme dans celle de la physique. Ceux-ci sont presque toujours précipités, parce qu'une observation nouvelle et imprévue peut les renverser en un instant; au contraire, quand on recueille avec soin les faits que nous transmet l'histoire ancienne d'un pays, si on ne rassemble pas toujours tous les matériaux qu'on peut désirer, on ne saurait du moins espérer d'en avoir un jour davantage. L'étude réfléchie de l'histoire, étude si importante et si difficile, consiste à combiner, de la manière la plus parfaite, ces matériaux défectueux : tel serait le mérite d'un architecte qui, sur des ruines savantes, tracerait, de la manière la plus vraisemblable, le plan d'un édifice antique, en suppléant, par le génie et par d'heureuses conjectures, à des restes informes et tronqués.

C'est sous ce point de vue qu'il faut envisager l'ouvrage de M. de Montesquieu. Il trouve les causes de la grandeur des Romains dans l'amour de la liberté, du travail et de la patrie qu'on leur inspirait dès l'enfance ; dans ces dissensions intestines, qui donnaient du ressort aux esprits, et qui cessaient tout à coup à la vue de l'ennemi ; dans cette constance après le malheur, qui ne désespérait jamais de la république ; dans le principe où ils furent toujours de ne faire jamais la paix qu'après des victoires ; dans l'honneur du triomphe, sujet d'émulation pour les généraux ; dans la protection qu'ils accordaient aux peuples révoltés contre leurs rois ; dans l'excellente politique de laisser aux vaincus leurs dieux et leurs coutumes ; dans celle de n'avoir jamais deux puissants ennemis sur les bras, et de tout souffrir de l'un jusqu'à ce qu'ils eussent anéanti l'autre. Il trouve les causes de leur décadence dans l'agrandissement même de l'Etat, qui changea en guerres civiles les tumultes populaires ; dans les guerres éloignées qui, forçant les citoyens à une trop longue absence, leur faisaient perdre insensiblement l'esprit républicain ; dans le droit de bourgeoisie accordé à tant de nations, et qui ne fit plus du peuple romain qu'une espèce de monstre à plusieurs têtes ; dans la corruption introduite par le luxe de l'Asie ; dans les proscriptions de Sylla, qui avilirent l'esprit de la nation, et l'esclavage ; dans la nécessité où les Romains se trouvèrent à souffrir des maîtres, lorsque leur liberté leur fut devenue à charge ; dans l'obligation où ils furent de changer de maximes en changeant de gouvernement ; dans cette suite de monstres qui régnèrent, presque sans interruption, depuis Tibère jusqu'à Nerva, et depuis Commode jusqu'à Constantin ; enfin, dans la translation et le partage de l'empire, qui périt d'abord en Occident par la puissance des barbares, et qui, après avoir langui plusieurs siècles en Orient sous des empereurs imbéciles ou féroces, s'anéantit insensiblement, comme ces fleuves qui disparaissent dans les sables.

Un assez petit volume a suffi à M. de Montesquieu pour développer un tableau si intéressant et si vaste. Comme l'auteur ne s'appesantit point sur les détails et ne saisit que les branches fécondes de son sujet, il a su renfermer en très peu d'espace un grand nombre d'objets distinctement aperçus et rapidement présentés, sans fatigue pour le lecteur. En laissant beaucoup voir, il laisse encore plus à penser : et il aurait pu intituler son livre : *Histoire romaine* à l'usage des hommes d'État et des philosophes.

Quelque réputation que M. de Montesquieu se fût acquise par ce dernier voyage et par ceux qui l'avaient précédé, il n'avait fait que se frayer le chemin à une plus grande entreprise, à celle qui doit immortaliser son nom et le rendre respectable aux siècles futurs. Il en avait dès longtemps formé le dessein ; il en médita pendant vingt ans l'exécution ; ou pour parler plus exactement, toute sa vie en avait été la méditation continuelle. D'abord il s'était fait en quelque façon étranger dans son propre pays, afin de le mieux connaître. Il avait ensuite parcouru toute l'Europe et profondément étudié les différents peuples qui l'habitent. L'île fameuse qui se glorifie tant de ses lois et qui en profite si mal avait été pour lui dans ce long voyage ce que l'île de Crète fut autrefois pour Lycurgue, une école où il avait su s'instruire sans tout approuver. Enfin il avait, si on peut parler ainsi, interrogé et jugé les nations et les hommes célèbres qui n'existent plus aujourd'hui que dans les annales du monde. Ce fut ainsi qu'il s'éleva par degrés au plus beau titre qu'un sage puisse mériter, celui de législateur des nations.

S'il était animé par l'importance de la matière, il était effrayé en même temps par son étendue : il l'abandonna et y revint à plusieurs reprises. Il sentit plus d'une fois, comme il l'avoue lui-même, tomber « les mains paternelles ». Encouragé enfin par ses amis, il ramassa toutes ses forces et donna l'*Esprit des lois.*

Dans cet important ouvrage, M. de Montesquieu, sans s'appesantir, à l'exemple de ceux qui l'ont précédé, sur des difficultés métaphysiques relatives à l'homme supposé dans un état d'abstraction ; sans se borner, comme d'autres, à considérer certains peuples dans quelques relations ou circonstances particulières, envisage les habitants de l'univers dans l'état réel où ils sont, et dans tous les rapports qu'ils peuvent avoir entre eux. La plupart des autres écrivains en ce genre sont presque toujours, ou de simples moralistes, ou de simples jurisconsultes, ou même quelquefois de simples théologiens. Pour lui, l'homme est de tous les pays et de toutes les nations ; il s'occupe moins de ce que le devoir exige de nous que des moyens par lesquels on peut nous obliger de le remplir ; de la perfection métaphysique des lois que de celle dont la nature humaine les rend susceptibles ; des lois qu'on a faites que de celles qu'on a dû faire ; des lois d'un peuple particulier que de celles de tous les peuples. Ainsi, en se comparant lui-même à ceux qui ont couru avant lui cette grande et noble carrière, il a pu dire, comme le Corrège, quand il eut vu les ouvrages de ses rivaux : *Et moi aussi je suis peintre.*

Rempli et pénétré de son objet, l'auteur de l'*Esprit des lois* y embrasse un si grand nombre de matières et les traite avec tant de brièveté et de profondeur, qu'une lecture assidue et méditée peut faire seule sentir le mérite de ce livre. Elle servira surtout, nous osons le dire, à faire disparaître le prétendu défaut de méthode, dont quelques lecteurs ont accusé M. de Montesquieu, avantage qu'ils n'auraient pas dû le taxer légèrement d'avoir négligé dans une matière philosophique et dans un ouvrage de vingt années. Il faut distinguer le désordre réel de celui qui n'est qu'apparent. Le désordre est réel, quand l'analogie et la suite des idées n'est point observée ; quand les conclusions sont érigées en principes ou les précèdent ; quand le lecteur, après des détours sans nombre, se retrouve au point d'où il est parti. Le désordre n'est

qu'apparent quand l'auteur, mettant à leur véritable place
les idées dont il fait usage, laisse à suppléer aux lecteurs les
idées intermédiaires. Et c'est ainsi que M. de Montesquieu a
cru pouvoir et devoir en user dans un livre destiné à des
hommes qui pensent, dont le génie doit suppléer à des omis-
sions volontaires et raisonnées.

L'ordre, qui se fait apercevoir dans les grandes parties de
l'*Esprit des lois*, ne règne pas moins dans les détails : nous
croyons que, plus on approfondira l'ouvrage, plus on en sera
convaincu. Fidèle à ses divisions générales, l'auteur rapporte à chacun les objets qui lui appartiennent exclusivement ;
et, à l'égard de ceux qui, par différentes branches, appartiennent à plusieurs divisions à la fois, il a placé sous chaque
division la branche qui lui appartient en propre. Par là on
aperçoit aisément, et sans confusion, l'influence que les différentes parties du sujet ont les unes sur les autres, comme,
dans un arbre du système bien entendu des connaissances
humaines, on peut voir le rapport mutuel des sciences et des
arts. Cette comparaison d'ailleurs est d'autant plus juste,
qu'il en est du plan qu'on peut se faire dans l'examen philosophique des lois comme de l'ordre qu'on peut observer dans
un arbre encyclopédique des sciences ; il y restera toujours
de l'arbitraire, et tout ce qu'on peut exiger de l'auteur, c'est
qu'il suive sans détour et sans écart le système qu'il s'est une
fois formé.

Nous dirons de l'obscurité que l'on peut se permettre dans
un tel ouvrage, la même chose que du défaut d'ordre. Ce qui
serait obscur pour les lecteurs vulgaires ne l'est pas pour ceux
que l'auteur a eus en vue. D'ailleurs l'obscurité volontaire
n'en est pas une. M. de Montesquieu ayant à présenter quelquefois des vérités importantes, dont l'énoncé absolu et direct aurait pu blesser sans fruit, a eu la prudence de les en-
velopper, et, par cet innocent artifice, les a voilées à ceux à
qui elles seraient nuisibles, sans qu'elles fussent perdues pour
les sages.

Parmi les ouvrages qui lui ont fourni des secours, et quelquefois des vues pour le sien, on voit qu'il a surtout profité

des deux historiens qui ont pensé le plus, Tacite et Plutarque ; mais quoiqu'un philosophe qui a fait ces deux lectures soit dispensé de beaucoup d'autres, il n'avait pas cru devoir, en ce genre, rien négliger ni dédaigner de ce qui pouvait être utile à son objet. La lecture que suppose l'*Esprit des lois* est immense ; et l'usage raisonné que l'auteur a fait de cette multitude prodigieuse de matériaux paraîtra encore plus surprenant, quand on saura qu'il était presque entièrement privé de la vue et obligé d'avoir recours à des yeux étrangers. Cette vaste lecture contribue non seulement à l'utilité, mais à l'agrément de l'ouvrage. Sans déroger à la majesté de son sujet, M. de Montesquieu sait en tempérer l'austérité, et procurer aux lecteurs des moments de repos, soit par des faits singuliers et peu connus, soit par des allusions délicates, soit par ces coups de pinceau énergiques et brillants qui peignent d'un seul trait les peuples et les hommes.

Enfin, car nous ne voulons pas jouer ici le rôle des commentateurs d'Homère, il y a sans doute des fautes dans l'*Esprit des lois* comme il y en a dans tout ouvrage de génie, dont l'auteur a le premier osé se frayer des routes nouvelles. M. de Montesquieu a été parmi nous, pour l'étude des lois, ce que Descartes a été pour la philosophie : il éclaire souvent, et se trompe quelquefois ; et en se trompant même, il instruit ceux qui savent lire. Cette nouvelle édition montrera, par les additions et les corrections qu'il y a faites, que, s'il est tombé de temps en temps, il a su le reconnaître et se relever. Par là, il acquerra du moins le droit à un nouvel examen, dans les endroits où il n'aura pas été du même avis que ses lecteurs. Peut-être même ce qu'il aura jugé le plus digne de correction leur a-t-il absolument échappé, tant l'envie de nuire est ordinairement aveugle.

Mais ce qui est à la portée de tout le monde dans l'*Esprit des lois*, ce qui doit rendre l'auteur cher à toutes les nations, ce qui servirait même à couvrir des fautes plus grandes que les siennes, c'est l'esprit de citoyen qui l'a dicté. L'amour du bien public, le désir de voir les hommes heureux, s'y montrent de toutes parts, et, n'eût-il que ce mérite si rare et si précieux, il serait digne par cet endroit seul d'être la lecture des peuples et des rois. Nous voyons déjà, par une heureuse expérience, que les fruits de cet ouvrage ne se bornent pas, dans ses lecteurs, à des sentiments stériles. Quoique M. de Montesquieu ait peu survécu à la publication de l'*Esprit des lois*, il a eu la satisfaction d'entrevoir les effets qu'il commence à produire parmi nous ; l'amour naturel des Français pour leur patrie, tourné vers son véritable objet ; ce goût pour le commerce, pour l'agriculture et pour les arts utiles, qui se répand insensiblement dans notre nation ; cette lumière générale sur les principes du gouvernement, qui rend les peuples plus attachés à ce qu'ils doivent aimer. Ceux qui ont si indécemment attaqué cet ouvrage, lui doivent peut-être plus qu'ils ne s'imaginent. L'ingratitude, au reste, est le moindre reproche qu'on ait à leur faire. Ce n'est pas sans regret et sans honte pour notre siècle que nous allons les dévoiler : mais cette histoire importe trop à la gloire de M. de Montesquieu et à l'avantage de la philosophie, pour être passée sous silence. Puisse l'opprobre, qui couvre enfin ses ennemis, leur devenir salutaire !

À peine l'*Esprit des lois* parut-il qu'il fut recherché avec empressement, sur la réputation de l'auteur ; mais quoique M. de Montesquieu ait écrit pour le bien du peuple, il ne devait pas avoir le peuple pour juge : la profondeur de l'objet était une suite de son importance même. Cependant les traits qui étaient répandus dans l'ouvrage, et qui auraient été déplacés s'ils n'étaient pas nés du fond du sujet, persuadèrent à trop de personnes qu'il était écrit pour elles. On cherchait un livre agréable, et on ne trouvait qu'un livre utile, dont on ne pouvait d'ailleurs, sans quelque attention, saisir l'ensemble et les détails. On traita légèrement l'*Esprit des lois;* le titre même fut un sujet de plaisanterie ; enfin, l'un des plus beaux monuments littéraires qui soient sortis de notre nation fut regardé d'abord avec assez d'indifférence. Il fallut que les véritables juges eussent eu le temps de lire : bientôt ils ramenèrent la multitude toujours prompte à changer d'avis. La partie du public qui enseigne dicta à la

partie qui écoute ce qu'elle devait penser et dire, et le suffrage des hommes éclairés, joint aux échos qui le répétèrent,
ne forma plus qu'une voix dans toute l'Europe.

Ce fut alors que les ennemis publics et secrets des lettres
et de la philosophie (car elles en ont de ces deux espèces)
réunirent leurs traits contre l'ouvrage. De là cette foule de
brochures qui lui furent lancées de toutes parts, et que nous
ne tirerons pas de l'oubli où elles sont déjà plongées. Si leurs
auteurs n'avaient pris de bonnes mesures pour être inconnus
à la postérité, elle croirait que l'*Esprit des lois* a été
écrit au milieu d'un peuple de barbares.

M. de Montesquieu méprisa sans peine les critiques téné-
breuses de ces auteurs sans talents, qui, soit par une jalousie qu'ils n'ont pas droit d'avoir, soit pour satisfaire la
malignité du public qui aime la satire et la méprise, outra-
gent ce qu'ils ne peuvent atteindre, et, plus odieux par le
mal qu'ils veulent faire que redoutables par celui qu'ils font,
ne réussissent pas même dans un genre d'écrire que sa facilité et son objet rendent également vil. Il mettait les ouvrages de cette espèce sur la même ligne que ces nouvelles
hebdomadaires de l'Europe, dont les éloges sont sans autorité et les traits sans effets, que les lecteurs oisifs parcourent
sans y ajouter foi et dans lesquelles les souverains sont in-
sultés sans le savoir ou sans daigner s'en venger. Il ne fut
pas aussi indifférent sur les principes d'irréligion qu'on l'accusa d'avoir semés dans l'*Esprit des lois*. En méprisant de
pareils reproches il aurait cru les mériter, et l'importance
de l'objet lui ferma les yeux sur la valeur de ses adversaires.
Ces hommes également dépourvus de zèle, et également
empressés d'en faire paraître ; également effrayés de la lumière que les lettres répandent, non au préjudice de la religion, mais à leur désavantage, avaient pris différentes formes pour lui porter atteinte. Les uns, par un stratagème
aussi puéril que pusillanime, s'étaient écrit à eux-mêmes;
après l'avoir déchiré sous le masque de l'anonyme, s'étaient
ensuite déchirés entre eux à son occasion. M. de Montesquieu, quoique jaloux de les confondre, ne jugea pas à propos

de perdre un temps précieux à les combattre les uns après les autres : il se contenta de faire un exemple sur celui qui s'était le plus signalé par ses excès.

C'était l'auteur d'une feuille anonyme et périodique, qui croit avoir succédé à Pascal parce qu'il a succédé à ses opinions : panégyriste d'ouvrages que personne ne lit, et apologiste de miracles que l'autorité séculière a fait cesser dès qu'elle l'a voulu [1]; qui appelle impiété et scandale le peu d'intérêt que les gens de lettres prennent à ses querelles, et s'est aliéné, par une adresse digne de lui, la partie de la nation qu'il avait le plus d'intérêt à ménager. Les coups de ce redoutable athlète furent dignes des vues qui l'inspirèrent : il accusa M. de Montesquieu de spinozisme et de déisme (deux imputations incompatibles), d'avoir suivi le système de Pope (dont il n'y avait pas un mot dans l'ouvrage); d'avoir cité Plutarque, qui n'est pas un auteur chrétien ; de n'avoir point parlé du péché originel et de la grâce. Il prétendit enfin que l'*Esprit des lois* était une production de la constitution *Unigenitus ;* idée qu'on nous soupçonnera peut-être de prêter par dérision au critique. Ceux qui ont connu M. de Montesquieu, l'ouvrage de Clément XI et le sien, peuvent par cette accusation juger de toutes les autres.

Le malheur de cet écrivain dut bien le décourager : il voulait perdre un sage par l'endroit le plus sensible à tout citoyen, il ne fit que lui procurer une nouvelle gloire, comme homme de lettres : *la Défense de l'Esprit des lois parut.* Cet ouvrage, par la modération, la vérité, la finesse de la plaisanterie qui y règnent, doit être regardé comme un modèle de ce genre. M. de Montesquieu, chargé par son adversaire d'imputations atroces, pouvait le rendre odieux sans peine ; il fit mieux, il le rendit ridicule. S'il faut tenir compte à l'agresseur d'un bien qu'il a fait sans le vouloir, nous lui devons une éternelle reconnaissance de nous avoir procuré ce chef-d'œuvre. Mais, ce qui ajoute encore au mérite de ce morceau précieux, c'est que l'auteur s'y est peint lui-même sans y pen-

---

1. Allusion au parti janséniste et aux miracles du diacre Pâris.

ser : ceux qui l'ont connu croient l'entendre ; et la postérité
s'assurera, en lisant la *Défense*, que sa conversation n'était
pas inférieure à ses écrits : éloge que bien peu de grands
hommes ont mérité.

Une autre circonstance lui assura pleinement l'avantage
dans cette dispute. Le critique, qui pour preuve de son attachement à la religion en déchire les ministres, accusait hautement le clergé de France, et surtout la Faculté de théologie,
d'indifférence pour la cause de Dieu en ce qu'ils ne proscri-
vaient pas authentiquement un si précieux ouvrage. La Faculté
était en droit de mépriser le reproche d'un écrivain sans
aveu ; mais il s'agissait de la religion ; une délicatesse louable
lui a fait prendre le parti d'examiner l'*Esprit des lois*. Quoiqu'elle s'en occupe depuis plusieurs années, elle n'a rien
prononcé jusqu'ici ; et fût-il échappé à M. de Montesquieu
quelques inadvertances légères, presque inévitables dans une
carrière si vaste, l'attention longue et scrupuleuse qu'elles
auraient demandée de la part du corps le plus éclairé de
l'Église, prouverait au moins combien elles seraient excu-
sables. Mais ce corps, plein de prudence, ne précipita rien
dans une si importante matière. Il connaît les bornes de la
raison et de la foi ; il sait que l'ouvrage d'un homme de lettres
ne doit point être examiné comme celui d'un théologien ; que
les mauvaises conséquences auxquelles une proposition peut
donner lieu par des interprétations odieuses, ne rendent
point blâmable la proposition en elle-même ; que d'ailleurs,
nous vivons dans un siècle malheureux, où les intérêts de la
religion ont besoin d'être ménagés ; et qu'on peut lui nuire
auprès des simples, en répandant mal à propos, sur des
génies du premier ordre, le soupçon d'incrédulité ; qu'enfin,
malgré cette accusation injuste, M. de Montesquieu fut toujours estimé, recherché et accueilli par tout ce que l'Église a
de plus respectable et de plus grand. Eût-il conservé auprès
des gens de bien la considération dont il jouissait, s'ils l'eussent regardé comme un écrivain dangereux ?

Pendant que des insectes le tourmentaient dans son propre
pays, l'Angleterre élevait un monument à sa gloire. En 1752,

M. Dassier, célèbre par les médailles qu'il a frappées à l'honneur de plusieurs hommes illustres, vint de Londres à Paris pour frapper la sienne. M. de la Tour, cet artiste si supérieur par son talent, et si estimable par son désintéressement et l'élévation de son âme, avait ardemment désiré de donner un lustre à son pinceau en transmettant à la postérité le portrait de l'auteur de l'*Esprit des lois*, il ne voulait que la satisfaction de le peindre ; et il méritait, comme Apelles, que cet honneur lui fût réservé ; mais M. de Montesquieu, d'autant plus avare du temps de M. de la Tour que celui-ci en était plus prodigue, le refusa constamment et poliment à ses pressantes sollicitations. M. Dassier essuya d'abord des difficultés semblables. « Croyez-vous, dit-il enfin à M. de Montesquieu, qu'il n'y ait pas autant d'orgueil à refuser ma proposition qu'à l'accepter? » Désarmé par cette plaisanterie, il laissa faire à M. Dassier tout ce qu'il voulait.

L'auteur de l'*Esprit des lois* jouissait enfin paisiblement de sa gloire, lorsqu'il tomba malade au commencement de février. Sa santé naturellement délicate commençait à s'altérer depuis longtemps, par l'effet lent et presque infaillible des études profondes ; par les chagrins qu'on avait cherché à lui susciter sur son ouvrage ; enfin, par le genre de vie qu'on le forçait de mener à Paris, et qu'il sentait lui être funeste. Mais l'empressement avec lequel on recherchait sa société était trop vif pour n'être pas quelquefois indiscret; on voulait, sans s'en apercevoir, jouir de lui aux dépens de lui-même. A peine la nouvelle du danger où il était se fut-elle répandue, qu'elle devint l'objet des conversations et de l'inquiétude publique. Sa maison ne désemplissait point de personnes de tout rang qui venaient s'informer de son état, les unes par un intérêt véritable, les autres pour s'en donner l'apparence, ou pour suivre la foule. Sa Majesté, pénétrée de la perte que son royaume allait faire, en demanda plusieurs fois des nouvelles : témoignage de bonté et de justice qui n'honore pas moins le monarque que le sujet. La fin de M. de Montesquieu ne fut point indigne de sa vie. Accablé de douleurs cruelles, éloigné d'une famille à qui il était cher, et qui n'a pas eu la consolation de lui fermer les yeux, entouré de quelques amis et d'un plus grand nombre de spectateurs, il conserva jusqu'au dernier moment la paix et l'égalité de son âme. Enfin, après avoir satisfait avec décence à tous ses devoirs, plein de confiance en l'Être éternel auquel il allait se rejoindre, il mourut avec la tranquillité d'un homme de bien, qui n'avait jamais consacré ses talents qu'à l'avantage de la vertu et de l'humanité. La France et l'Europe le perdirent le 10 février 1755, à l'âge de soixante-dix ans révolus.

Toutes les nouvelles publiques ont annoncé cet événement comme une calamité. On pourrait appliquer à M. de Montesquieu ce qui a été dit autrefois d'un célèbre Romain, que personne en apprenant sa mort n'en témoigna de joie ; que personne même ne l'oublia dès qu'il ne fut plus. Les étrangers s'empressèrent de faire éclater leurs regrets, et milord Chesterfield, qu'il suffit de nommer, fit imprimer, dans un des papiers publics de Londres, un article en son honneur, article digne de l'un et de l'autre ; c'est le portrait d'Anaxagore[1], tracé par Périclès. L'Académie royale des sciences et des belles-lettres de Prusse, quoiqu'on n'y soit point dans l'usage de prononcer l'éloge des associés étrangers, a cru devoir lui faire cet honneur, qu'elle n'a fait encore qu'à l'illustre Jean Bernouilli. M. de Maupertuis, tout malade qu'il était, a rendu lui-même à son ami ce dernier devoir, et n'a voulu se reposer sur personne d'un soin si cher et si triste. A tant de suffrages éclatants en faveur de M. de Montesquieu, nous croyons pouvoir joindre, sans indiscrétion, les éloges que lui a donnés, en présence de l'un de nous, le monarque même auquel cette académie célèbre doit son lustre, prince fait pour sentir les pertes de la philosophie et pour s'en consoler.

Le 17 février, l'Académie française lui fit, selon l'usage, un service solennel, auquel, malgré la rigueur de la saison, presque tous les gens de lettres de ce corps qui n'étaient

---

1. Philosophe grec.

point absents de Paris se firent un devoir d'assister. On aurait dû, dans cette triste cérémonie, placer l'*Esprit des lois* sur son cercueil, comme on exposa autrefois, vis-à-vis le cercueil de Raphaël, son dernier tableau de la Transfiguration. Cet appareil simple et touchant eût été une belle oraison funèbre.

Jusqu'ici nous n'avons considéré M. de Montesquieu que comme écrivain et philosophe. Ce serait lui dérober la moitié de sa gloire que de passer sous silence ses agréments et ses qualités personnelles.

Il était, dans le commerce, d'une douceur et d'une gaieté toujours égales. Sa conversation était légère, agréable et instructive, par le grand nombre d'hommes et de peuples qu'il avait connus. Elle était coupée, comme son style, pleine de relief, de saillies, sans amertume et sans satire. Personne ne racontait plus vivement, plus promptement, avec plus de grâce et moins d'apprêt. Il savait que la fin d'une histoire plaisante est toujours le but ; il se hâtait donc d'y arriver, et produisait l'effet sans l'avoir promis.

Ses fréquentes distractions ne le rendaient que plus aimable ; il en sortait toujours par quelque trait inattendu qui réveillait la conversation languissante : d'ailleurs, elles n'étaient jamais ni jouées, ni choquantes, ni importunes. Ce feu de son esprit, le grand nombre d'idées dont il était plein, les faisaient naître ; mais il n'y tombait jamais au milieu d'un entretien intéressant ou sérieux : le désir de plaire à ceux avec qui il se trouvait, le rendait alors à eux sans affectation et sans effort.

Les agréments de son commerce tenaient non seulement à son caractère et à son esprit, mais à l'espèce de régime qu'il observait dans l'étude. Quoique capable d'une méditation profonde et longtemps soutenue, il n'épuisait jamais ses forces ; il quittait toujours le travail avant que d'en ressentir la moindre impression de fatigue.

Il était sensible à la gloire, mais il ne voulait y parvenir qu'en la méritant. Jamais il n'a cherché à augmenter la sienne par ces manœuvres sourdes, par ces voies obscures et honteuses qui déshonorent la personne sans ajouter au nom de l'auteur.

Digne de toutes les distinctions et de toutes les récompenses, il ne demandait rien, et ne s'étonnait point d'être oublié ; mais il a osé, même dans des circonstances délicates, protéger à la cour des hommes de lettres persécutés, célèbres et malheureux, et leur a obtenu des grâces.

Quoiqu'il ait vécu avec les grands, soit par nécessité, soit par convenance, soit par goût, leur société n'était pas nécessaire à son bonheur. Il fuyait, dès qu'il le pouvait, à sa terre ; il y retrouvait avec joie sa philosophie, ses livres, et le repos. Entouré de gens de la campagne, dans ses heures de loisirs, après avoir étudié l'homme dans le commerce du monde et dans l'histoire des nations, il l'étudiait encore dans ces âmes simples que la nature seule a instruites, et y trouvait à apprendre : il conversait gaiement avec eux ; il leur cherchait de l'esprit, comme Socrate ; il paraissait se plaire autant dans leur entretien que dans les sociétés les plus brillantes, surtout quand il terminait leurs différends et soulageait leurs peines par ses bienfaits.

Rien n'honore plus sa mémoire que l'économie avec laquelle il vivait, et qu'on a osé trouver excessive, dans un monde avare et fastueux, peu fait pour en pénétrer les motifs, et encore moins pour les sentir. Bienfaisant, et par conséquent juste, M. de Montesquieu ne voulait rien prendre sur sa famille, ni des secours qu'il donnait aux malheureux ni des dépenses considérables auxquelles ses longs voyages, la faiblesse de sa vue et l'impression de ses ouvrages l'avaient obligé. Il a transmis à ses enfants sans diminution ni augmentation l'héritage qu'il avait reçu de ses pères : il n'y a rien ajouté que la gloire de son nom et l'exemple de sa vie.

Il avait épousé, en 1715, demoiselle Jeanne de Lartigue, fille de Pierre de Lartigue, lieutenant-colonel au régiment de Maulevrier : il en a eu deux filles, et un fils qui, par son caractère, ses mœurs et ses ouvrages, s'est montré digne d'un tel père.

Ceux qui aiment la vérité et la patrie ne seront pas fâchés

de trouver ici quelques-unes de ses maximes ; il pensait que chaque portion de l'État doit être également soumise aux lois, mais que les privilèges de chaque portion de l'État doivent être respectés, lorsque leurs effets n'ont rien de contraire au droit naturel, qui oblige tous les citoyens à concourir également au bien public ; que la possession ancienne était, en ce genre, le premier des titres et le plus inviolable des droits, qu'il était toujours injuste et quelquefois dangereux de vouloir ébranler ;

Que les magistrats, dans quelque circonstance et pour quelque grand intérêt que ce puisse être, ne doivent jamais être que magistrats, sans parti et sans passion, comme les lois, qui absolvent et punissent sans aimer ni haïr.

Il disait, enfin, à l'occasion des disputes ecclésiastiques qui ont tant occupé les empereurs et les chrétiens grecs, que les querelles théologiques, lorsqu'elles cessent d'être renfermées dans les écoles, déshonorent infailliblement une nation aux yeux des autres : en effet, le mépris même des sages pour ces querelles ne la justifie pas, parce que les sages faisant partout le moins de bruit et le plus petit nombre, ce n'est jamais sur eux qu'une nation est jugée.

L'importance des ouvrages dont nous avons eu à parler dans cet éloge, nous en a fait passer sous silence de moins considérables, qui servaient à l'auteur comme de délassement, et qui auraient suffi pour l'éloge d'un autre. Le plus remarquable est le *Temple de Gnide*, qui suivit d'assez près les *Lettres persanes*. M. de Montesquieu, après avoir été dans celles-ci Horace, Théophraste et Lucien, fut Ovide et Anacréon dans ce nouvel essai. Ce n'est plus l'amour despotique de l'Orient qu'il se propose de peindre ; c'est la délicatesse et la naïveté de l'amour pastoral, tel qu'il est dans une âme neuve que le commerce des hommes n'a point encore corrompue. L'auteur, craignant peut-être qu'un tableau si étranger à nos mœurs ne parût trop languissant et trop uniforme, a cherché à l'animer par les peintures les plus riantes. Il transporte le lecteur dans des lieux enchantés, dont, à la vérité, le spectacle intéresse peu l'amant heureux,

mais dont la description flatte encore l'imagination, quand
les désirs sont satisfaits. Emporté par son sujet, il a répandu
dans sa prose ce style animé, figuré et poétique, dont ·le
roman de *Télémaque* a fourni parmi nous le premier modèle.
Nous ignorons pourquoi quelques censeurs du *Temple de
Gnide* ont dit, à cette occasion, qu'il aurait eu besoin d'être
en vers. Le style poétique, si on entend, comme on le doit,
par ce mot un style plein de chaleur et d'images, n'a pas
besoin, pour être agréable, de la marche uniforme et caden-
cée de la versification ; mais, si on ne fait consister ce style
que dans une diction chargée d'épithètes oisives, dans les
peintures froides et triviales des ailes et du carquois de l'A-
mour et de semblables objets, la versification n'ajoutera
presque aucun mérite à ces ornements usés : on y cher-
chera toujours en vain l'âme et la vie. Quoi qu'il en soit, le
Temple de Gnide étant une espèce de poème en prose, c'est
à nos écrivains les plus célèbres en ce genre à fixer le rang
qu'il doit occuper ; il mérite de pareils juges. Nous croyons,
du moins, que les peintures de cet ouvrage soutiendraient
avec succès une des principales épreuves des descriptions
poétiques, celle de les représenter sur la toile. Mais ce qu'on
doit surtout remarquer dans le *Temple de Gnide*, c'est qu'A-
nacréon même y est toujours observateur et philosophe.
Dans le quatrième chant, il paraît décrire les mœurs des
Sybarites, et on s'aperçoit aisément que ces mœurs sont les
nôtres. La préface porte surtout l'empreinte de l'auteur des
Lettres persanes. En présentant le *Temple de Gnide* comme la
traduction d'un manuscrit grec, plaisanterie défigurée depuis
par tant de mauvais copistes, il en prend occasion de peindre,
d'un trait de plume, l'ineptie des critiques et le pédantisme
des traducteurs, et finit par ces paroles dignes d'être rap-
portées : « Si les gens graves désiraient de moi quelque
ouvrage moins frivole, je suis en état de les satisfaire. Il y a
trente ans que je travaille à un livre de douze pages, qui doit
contenir tout ce que nous savons sur la métaphysique, la politique et la morale, et tout ce que de très grands auteurs ont
oublié dans les volumes qu'ils ont donnés sur ces sciences-là. »

Nous regardons comme une des plus honorables récompenses de notre travail l'intérêt particulier que M. de Montesquieu prenait à l'Encyclopédie, dont toutes les ressources ont été jusqu'à présent dans le courage et l'émulation de ses auteurs. Tous les gens de lettres, selon lui, devaient s'empresser de concourir à l'exécution de cette entreprise utile. Il en a donné l'exemple, avec M. de Voltaire, et plusieurs autres écrivains célèbres. Peut-être les traverses que cet ouvrage a essuyées, et qui lui rappelaient les siennes propres, l'intéressaient-elles en notre faveur. Peut-être était-il sensible, sans s'en apercevoir, à la justice que nous avions osé lui rendre dans le premier volume de l'Encyclopédie, lorsque personne n'osait encore élever sa voix pour le défendre. Il nous destinait un article sur le *goût* qui a été trouvé imparfait dans ses papiers : nous le donnerons en cet état au public, et nous le traiterons avec le même respect que l'antiquité témoigna autrefois pour les dernières paroles de Sénèque. La mort l'a empêché d'étendre plus loin ses bienfaits à notre égard ; et, en joignant nos propres regrets à ceux de l'Europe entière, nous pourrions écrire sur son tombeau :

Finis vitæ ejus nobis luctuosus, patriæ tristis, extraneis etiam ignotisque non sine cura fuit.

« La fin de sa vie a été un deuil pour nous, un chagrin pour sa patrie ; et elle n'a pas été même indifférente aux étrangers et aux inconnus. »

DE
L'ESPRIT DES LOIS

PRÉFACE

Si, dans le nombre infini de choses qui sont dans ce livre, il y en avait quelqu'une qui, contre mon attente, pût offenser, il n'y en a pas du moins qui ait été mise avec mauvaise intention. Je n'ai point naturellement l'esprit désapprobateur. Platon remerciait le Ciel de ce qu'il était né du temps de Socrate ; et moi je lui rends grâce de ce qu'il m'a fait naître dans le gouvernement où je vis, et de ce qu'il a voulu que j'obéisse à ceux qu'il m'a fait aimer.

Je demande une grâce que je crains qu'on ne m'accorde pas : c'est de ne pas juger, par la lecture d'un moment, d'un travail de vingt années ; d'approuver ou de condamner le livre entier, et non pas quelques phrases. Si l'on veut chercher le dessein de l'auteur, on ne le peut bien découvrir que dans le dessein de l'ouvrage.

J'ai d'abord examiné les hommes, et j'ai cru que, dans cette infinie diversité de lois et de mœurs, ils n'étaient pas uniquement conduits par leurs fantaisies[1].

---

1. Les notes explicatives et les commentaires sont à la fin du volume. Les notes qui sont au bas des pages sont de Montesquieu lui-même. Les unes sont indiquées par des chiffres ; les autres par des lettres.

J'ai posé les principes, et j'ai vu les cas particuliers s'y plier comme d'eux-mêmes, les histoires de toutes les nations n'en être que les suites, et chaque loi particulière liée avec une autre loi, ou dépendre d'une autre plus générale.

Quand j'ai été rappelé à l'antiquité, j'ai cherché à en prendre, l'esprit pour ne pas regarder comme semblables des cas réellement différents, et ne pas manquer les différences de ceux qui paraissent semblables.

Je n'ai point tiré mes principes de mes préjugés, mais de la nature des choses.

Ici, bien des vérités ne se feront sentir qu'après qu'on aura vu la chaîne qui les lie à d'autres. Plus on réfléchira sur les détails, plus on sentira la certitude des principes. Ces détails mêmes, je ne les ai pas tous donnés ; car qui pourrait dire tout sans un mortel ennui ?

On ne trouvera point ici ces traits saillants [2] qui semblent caractériser les ouvrages d'aujourd'hui. Pour peu qu'on voie les choses avec une certaine étendue, les saillies s'évanouissent ; elles ne naissent d'ordinaire que parce que l'esprit se jette tout d'un côté, et abandonne tous les autres.

Je n'écris point pour censurer ce qui est établi dans quelque pays que ce soit. Chaque nation trouvera ici les raisons de ses maximes; et on en tirera naturellement cette conséquence, qu'il n'appartient de proposer des changements qu'à ceux qui sont assez heureusement nés pour pénétrer d'un coup de génie toute la constitution d'un État.

Il n'est pas indifférent que le peuple soit éclairé. Les préjugés des magistrats ont commencé par être les préjugés de la nation. Dans un temps d'ignorance, on n'a aucun doute, même lorsqu'on fait les plus grands maux ; dans un temps de lumière, on tremble encore lorsqu'on fait les plus grands biens. On sent les abus anciens, on en voit la correction ; mais on voit encore les abus de la correction même. On laisse le mal si l'on craint le pire ; on laisse le bien si on est en doute du mieux. On ne regarde les parties que pour juger du tout ensemble ; on examine toutes les causes pour voir tous les résultats.

Si je pouvais faire en sorte que tout le monde eût de nouvelles raisons pour aimer ses devoirs, son prince, sa patrie, ses lois ; qu'on pût mieux sentir son bonheur dans chaque pays, dans chaque gouvernement, dans chaque poste où l'on se trouve, je me croirais le plus heureux des mortels.

Je me croirais le plus heureux des mortels si je pouvais faire que les hommes pussent se guérir de leurs préjugés. J'appelle ici préjugés, non pas ce qui fait qu'on ignore de certaines choses, mais ce qui fait qu'on s'ignore soi-même.

C'est en cherchant à instruire les hommes que l'on peut pratiquer cette vertu générale qui comprend l'amour de tous. L'homme, cet être flexible, se pliant dans la société aux pensées et aux impressions des autres, est également capable de connaître sa propre nature lorsqu'on la lui montre, et d'en perdre jusqu'au sentiment lorsqu'on la lui dérobe.

J'ai bien des fois commencé et bien des fois abandonné cet ouvrage ; j'ai mille fois envoyé aux vents les feuilles que j'avais écrites (a) ; je sentais tous les jours les mains paternelles tomber (b) ; je suivais mon objet sans former de dessein ; je ne connaissais ni les règles ni les exceptions ; je ne trouvais la vérité que pour la perdre ; mais quand j'ai découvert mes principes, tout ce que je cherchais est venu à moi ; et, dans le cours de vingt années, j'ai vu mon ouvrage commencer, croître, s'avancer et finir.

Si cet ouvrage a du succès, je le devrai beaucoup à la majesté de mon sujet ; cependant je ne crois pas avoir totalement manqué de génie. Quand j'ai vu ce que tant de grands hommes, en France, en Angleterre et en Allemagne, ont écrit avant moi, j'ai été dans l'admiration, mais je n'ai point perdu le courage. « Et moi aussi je suis peintre, » ai-je dit avec le Corrège (c).

a. *Ludibria ventis* [3].
b. *Bis patriæ cecidere manus* [4].
c. *Ed io anche son pittore.*

AVERTISSEMENT

Pour l'intelligence des quatre premiers livres de cet ouvrage, il faut observer : 1° que ce que j'appelle la *vertu* dans la république est l'amour de la patrie, c'est-à-dire l'amour de l'égalité. Ce n'est point une vertu morale ni une vertu chrétienne, c'est la vertu *politique*; et celle-ci est le ressort qui fait mouvoir le gouvernement républicain, comme l'*honneur* est le ressort qui fait mouvoir la monarchie. J'ai donc appelé *vertu politique* l'amour de la patrie et de l'égalité. J'ai eu des idées nouvelles : il a bien fallu trouver de nouveaux mots, ou donner aux anciens de nouvelles acceptions. Ceux qui n'ont pas compris ceci m'ont fait dire des choses absurdes, et qui seraient révoltantes dans tous les pays du monde, parce que dans tous les pays du monde on veut de la morale.

2° Il faut faire attention qu'il y a une très grande différence entre dire qu'une certaine qualité, modification de l'âme, ou vertu, n'est pas le ressort qui fait agir un gouvernement, et dire qu'elle n'est point dans ce gouvernement. Si je disais telle roue, tel pignon, ne sont point le ressort qui fait mouvoir cette montre, en conclurait-on qu'ils ne sont point dans la montre ? Tant s'en faut que les vertus morales et chrétiennes soient exclues de la monarchie, que même la vertu politique ne l'est pas. En un mot, l'honneur est dans la république, quoique la vertu politique en soit le ressort ; la vertu politique est dans la monarchie, quoique l'honneur en soit le ressort.

Enfin, l'homme de bien dont il est question dans le livre III, chapitre v, n'est pas l'homme de bien chrétien, mais l'homme de bien politique, qui a la vertu politique dont j'ai parlé. C'est l'homme qui aime les lois de son pays, et qui agit par l'amour des lois de son pays. J'ai donné un nouveau jour à toutes ces choses dans cette édition-ci, en fixant encore plus les idées ; et, dans la plupart des endroits où je me suis servi du mot *vertu*, j'ai mis *vertu politique*.

LIVRE PREMIER

DES LOIS EN GÉNÉRAL.

CHAPITRE PREMIER

Des lois, dans le rapport qu'elles ont avec les divers êtres.

Les lois, dans la signification la plus étendue, sont les rapports nécessaires qui dérivent de la nature des choses [5], et dans ce sens, tous les êtres ont leurs lois : la Divinité (a) a ses lois, le monde matériel a ses lois, les intelligences supérieures à l'homme ont leurs lois, les bêtes ont leurs lois, l'homme a ses lois.

Ceux qui ont dit qu'*une fatalité aveugle a produit tous les effets que nous voyons dans le monde* ont dit une grande absurdité ; car quelle plus grande absurdité qu'une fatalité aveugle qui aurait produit des êtres intelligents [6] ?

Il y a donc une raison primitive ; et les lois sont les rapports qui se trouvent entre elle et les différents êtres, et les rapports de ces divers êtres entre eux.

a. « La loi, dit Plutarque, est la reine de tous mortels et immortels. » Au traité *Qu'il est requis qu'un prince soit savant*.

Dieu a du rapport avec l'univers comme créateur et comme conservateur ; les lois selon lesquelles il a créé sont celles selon lesquelles il conserve : il agit selon ces règles, parce qu'il les connaît ; il les connaît parce qu'il les a faites ; il les a faites parce qu'elles ont du rapport avec sa sagesse et sa puissance [7].

Comme nous voyons que le monde, formé par le mouvement de la matière et privé d'intelligence, subsiste toujours, il faut que ses mouvements aient des lois invariables ; et si l'on pouvait imaginer un autre monde que celui-ci, il aurait des règles constantes, ou il serait détruit.

Ainsi la création, qui paraît être un acte arbitraire, suppose des règles aussi invariables que la fatalité des athées. Il serait absurde de dire que le Créateur, sans ces règles, pourrait gouverner le monde, puisque le monde ne subsisterait pas sans elles [8].

Ces règles sont un rapport constamment établi. Entre un corps mû et un autre corps mû, c'est suivant les rapports de la masse et de la vitesse que tous les mouvements sont reçus, augmentés, diminués, perdus : chaque diversité est *uniformité*, chaque changement est *constance* [9].

Les êtres particuliers, intelligents, peuvent avoir des lois qu'ils ont faites ; mais ils en ont aussi qu'ils n'ont pas faites. Avant qu'il y eût des êtres intelligents, ils étaient possibles : ils avaient donc des rapports possibles, et par conséquent des lois possibles. Avant qu'ils y eût des lois faites, il y avait des rapports de justice possibles. Dire qu'il n'y a rien de juste ni d'injuste que ce qu'ordonnent ou défendent les lois positives, c'est dire qu'avant qu'on eût tracé de cercle, tous les rayons n'étaient pas égaux [10].

Il faut donc avouer des rapports d'équité antérieurs à la loi positive qui les établit : comme, par exemple, que supposé qu'il y eût des sociétés d'hommes, il serait juste de se conformer à leurs lois ; que s'il y avait des êtres intelligents qui eussent reçu quelque bienfait d'un autre être, ils devraient en avoir de la reconnaissance ; que si un être intelligent avait créé un être intelligent, le créé devrait rester dans la dépendance qu'il a eue dès son origine ; qu'un être intelligent qui a fait du mal à un être intelligent mérite de recevoir le même mal ; et ainsi du reste.

Mais il s'en faut bien que le monde intelligent soit aussi bien gouverné que le monde physique. Car quoique celui-là ait aussi des lois qui, par leur nature, sont invariables, il ne les suit pas constamment comme le monde physique suit les siennes. La raison en est que les êtres particuliers intelligents sont bornés par leur nature [11], et par conséquent sujets à l'erreur ; et d'un autre côté, il est de leur nature qu'ils agissent par eux-mêmes. Ils ne suivent donc pas constamment leurs lois primitives ; et celles mêmes qu'ils se donnent, ils ne les suivent pas toujours.

On ne sait si les bêtes sont gouvernées par les lois générales du mouvement, ou par une motion particulière [12]. Quoi qu'il en soit, elles n'ont point avec Dieu de rapports plus intimes que le reste du monde matériel, et le sentiment ne leur sert que dans le rapport qu'elles ont entre elles, ou avec d'autres êtres particuliers ou avec elles-mêmes.

Par l'attrait du plaisir, elles conservent leur être particulier, et par le même attrait elles conservent leur espèce. Elles ont des lois naturelles [13], parce qu'elles sont unies par le sentiment ; elles n'ont point de lois positives, parce qu'elles ne sont point unies par la connaissance. Elles ne suivent pourtant pas invariablement leurs lois naturelles : les plantes, en qui nous ne remarquons ni connaissance ni sentiment, les suivent mieux.

Les bêtes n'ont point les suprêmes avantages que nous avons, elles en ont que nous n'avons pas. Elles n'ont point nos espérances, mais elles n'ont pas nos craintes ; elles subissent comme nous la mort, mais c'est sans la connaître : la plupart même se conservent mieux que nous, et ne font pas un aussi mauvais usage de leurs passions.

L'homme, comme être physique, est, ainsi que les autres corps, gouverné par des lois invariables ; comme être intelligent, il viole sans cesse les lois que Dieu a établies, et change celles qu'il établit lui-même. Il faut qu'il se conduise, et cependant il est un être borné ; il est sujet à l'ignorance et à l'erreur, comme toutes les intelligences finies ; les faibles connaissances qu'il a, il les perd encore. Comme créature sensible, il devient sujet à mille passions. Un tel être pouvait à tous les instants oublier son Créateur : Dieu l'a rappelé à lui par les lois de la religion ; un tel être pouvait à tous les instants s'oublier lui-même : les philosophes l'ont averti par les lois de la morale ; fait pour vivre dans la société, il y pouvait oublier les autres : les législateurs l'ont rendu à ses devoirs par les lois politiques et civiles.

CHAPITRE II

Des lois de la nature.

Avant toutes ces lois sont celles de la nature [14], ainsi nommées parce qu'elles dérivent uniquement de la constitution de notre être. Pour les connaître bien, il faut considérer un homme avant l'établissement des sociétés. Les lois de la nature seront celles qu'il recevrait dans un état pareil.

Cette loi qui, en imprimant dans nous-mêmes l'idée d'un Créateur, nous porte vers lui, est la première des lois naturelles par son importance, et non pas dans l'ordre de ses lois. L'homme, dans l'état de nature, aurait plutôt la faculté de connaître qu'il n'aurait des connaissances. Il est clair que ses premières idées ne seraient point des idées spéculatives : il songerait à la conservation de son être avant de chercher l'origine de son être. Un homme pareil ne sentirait d'abord que sa faiblesse, sa timidité serait extrême, et si l'on avait là-dessus besoin de l'expérience, l'on a trouvé dans les forêts des hommes sauvages (a) ; tout les fait trembler, tout les fait fuir.

Dans cet état, chacun se sent inférieur, à peine chacun se sent-il égal. On ne chercherait donc point à s'attaquer, et la paix serait la première loi naturelle.

a. Témoin le sauvage qui fut trouvé dans les forêts de *Hanover*, et que l'on vit en Angleterre sous le règne de George 1er.

Le désir que Hobbes [15] donne d'abord aux hommes de se subjuguer les uns les autres n'est pas raisonnable. L'idée de l'empire et de la domination est si composée, et dépend de tant d'autres idées, que ce ne serait pas celle qu'il aurait d'abord.

Hobbes (a) demande pourquoi [16], si les hommes ne sont pas naturellement en état de guerre, ils vont toujours armés, et pourquoi ils ont des clefs pour fermer leurs maisons. Mais on ne sent pas que l'on attribue aux hommes, avant l'établissement des sociétés, ce qui ne peut leur arriver qu'après cet établissement, qui leur fait trouver des motifs pour s'attaquer et pour se défendre.

Au sentiment de sa faiblesse l'homme joindrait le sentiment de ses besoins ; ainsi une autre loi naturelle serait celle qui lui inspirerait de chercher à se nourrir.

J'ai dit que la crainte porterait les hommes à se fuir, mais les marques d'une crainte réciproque les engageraient bientôt à s'approcher ; d'ailleurs ils y seraient portés par le plaisir qu'un animal sent à l'approche d'un animal de son espèce. De plus, ce charme que les deux sexes s'inspirent par leur différence augmenterait ce plaisir, et la prière naturelle qu'ils se font toujours l'un à l'autre serait une troisième loi.

Outre le sentiment que les hommes ont d'abord, ils parviennent encore à avoir des connaissances : ainsi ils ont un second lien que les autres animaux n'ont pas. Ils ont donc un nouveau motif de s'unir, et le désir de vivre en société est une quatrième loi naturelle.

CHAPITRE III

Des lois positives.

Sitôt que les hommes sont en société, ils perdent le sentiment de leur faiblesse, l'égalité qui était entre eux cesse, et l'état de guerre commence.

a. *In præfat. lib. de Cive*

Chaque société particulière vient à sentir sa force : ce qui produit un état de guerre de nation à nation. Les particuliers dans chaque société commencent à sentir leur force ; ils cherchent à tourner en leur faveur les principaux avantages de cette société : ce qui fait entre eux un état de guerre.

Ces deux sortes d'état de guerre font établir les lois parmi les hommes. Considérés comme habitants d'une si grande planète, qu'il est nécessaire qu'il y ait différents peuples, ils ont des lois dans le rapport que ces peuples ont entre eux : et c'est le DROIT DES GENS. Considérés comme vivant dans une société qui doit être unanime, ils ont des lois dans le rapport qu'ont ceux qui gouvernent avec ceux qui sont gouvernés : et c'est le DROIT POLITIQUE. Ils en ont encore dans le rapport que tous les citoyens ont entre eux : et c'est le DROIT CIVIL.

Le droit des gens est naturellement fondé sur ce principe, que les diverses nations doivent se faire dans la paix le plus de bien, et dans la guerre le moins de mal qu'il est possible, sans nuire à leurs véritables intérêts.

L'objet de la guerre, c'est la victoire ; celui de la victoire, la conquête ; celui de la conquête, la conservation. De ce principe et du précédent doivent dériver toutes les lois qui forment le droit des gens.

Toutes les nations ont un droit des gens ; et les Iroquois mêmes, qui mangent leurs prisonniers, en ont un. Ils envoient et reçoivent des ambassades, ils connaissent des droits de la guerre et de la paix : le mal est que ce droit des gens n'est pas fondé sur les vrais principes.

Outre le droit des gens qui regarde toutes les sociétés, il y a un droit politique pour chacune. Une société ne saurait subsister sans un gouvernement. « La réunion de toutes les « forces particulières, dit très bien Gravina [17], forme ce qu'on « appelle l'ÉTAT POLITIQUE. »

La force générale peut être placée entre les mains d'un seul, ou entre les mains de plusieurs. Quelques-uns ont pensé que, la nature ayant établi le pouvoir paternel [18], le gouvernement d'un seul était le plus conforme à la nature. Mais

l'exemple du pouvoir paternel ne prouve rien. Car si le pouvoir du père a du rapport au gouvernement d'un seul, après
la mort du père le pouvoir des frères, ou après la mort des
frères celui des cousins germains, ont du rapport au gouvernement de plusieurs. La puissance politique comprend nécessairement l'union de plusieurs familles.

Il vaut mieux dire que le gouvernement le plus conforme à la nature [19] est celui dont la disposition particulière
se rapporte mieux à la disposition du peuple pour lequel il
est établi.

Les forces particulières ne peuvent se réunir sans que
toutes les volontés se réunissent. « La réunion de ces volon-
« tés, dit encore très bien Gravina, est ce qu'on appelle l'ÉTAT
« CIVIL. »

La loi, en général, est la raison humaine [20], en tant qu'elle
gouverne tous les peuples de la terre; et les lois politiques et
civiles de chaque nation ne doivent être que les cas particuliers où s'applique cette raison humaine.

Elles doivent être tellement propres au peuple pour lequel
elles sont faites, que c'est un très grand hasard si celles
d'une nation peuvent convenir à une autre.

Il faut qu'elles se rapportent à la nature et au principe du
gouvernement qui est établi ou qu'on veut établir, soit
qu'elles le forment comme font les lois politiques, soit qu'elles
le maintiennent, comme font les lois civiles.

Elles doivent être relatives au physique du pays; au climat
glacé, brûlant ou tempéré; à la qualité du terrain, à sa situation, à sa grandeur; au genre de vie des peuples, laboureurs, chasseurs ou pasteurs. Elles doivent se rapporter au
degré de liberté que la constitution peut souffrir; à la religion des habitants, à leurs inclinations, à leurs richesses, à
leur nombre, à leur commerce, à leurs mœurs, à leurs manières. Enfin elles ont des rapports entre elles; elles en ont
avec leur origine, avec l'objet du législateur, avec l'ordre
des choses sur lesquelles elles sont établies. C'est dans
toutes ces vues qu'il faut les considérer.

C'est ce que j'entreprends de faire dans cet ouvrage. J'examinerai tous ces rapports : ils forment tous ensemble ce que l'on appelle l'ESPRIT DES LOIS [21].

Je n'ai point séparé les lois *politiques* des *civiles* : car, comme je ne traite point des lois, mais de l'esprit des lois, et que cet esprit consiste dans les divers rapports que les lois peuvent avoir avec diverses choses, j'ai dû moins suivre l'ordre naturel des lois que celui de ces rapports et de ces choses.

J'examinerai d'abord les rapports que les lois ont avec la nature et avec le principe de chaque gouvernement ; et comme ce principe a sur les lois une suprême influence, je m'attacherai à le bien connaître ; et si je puis une fois l'établir, on en verra couler les lois comme de leur source. Je passerai ensuite aux autres rapports, qui semblent être plus particuliers.

LIVRE DEUXIÈME

DES LOIS QUI DÉRIVENT DIRECTEMENT DE LA NATURE DU GOUVERNEMENT.

CHAPITRE PREMIER

De la nature des trois divers gouvernements.

Il y a trois espèces de gouvernements [22] : le RÉPUBLICAIN, le MONARCHIQUE et le DESPOTIQUE. Pour en découvrir la nature, il suffit de l'idée qu'en ont les hommes les moins instruits. Je suppose trois définitions, ou plutôt trois faits : l'un, que « le « gouvernement *républicain* est celui où le peuple en corps, « ou seulement une partie du peuple, a la souveraine puis- « sance ; le *monarchique,* celui où un seul gouverne, mais « par des lois fixes et établies ; au lieu que, dans le *despoti-* « *que,* un seul sans loi et sans règle entraîne tout par sa vo- « lonté et par ses caprices. »

Voilà ce que j'appelle la nature [23] de chaque gouvernement. Il faut voir quelles sont les lois qui suivent directement de cette nature, et qui par conséquent sont les premières lois fondamentales.

CHAPITRE II

Du gouvernement républicain, et des lois relatives à la démocratie.

Lorsque, dans la république, le peuple en corps a la souveraine puissance, c'est une démocratie [24]. Lorsque la souveraine puissance est entre les mains d'une partie du peuple, cela s'appelle une aristocratie.

Le peuple, dans la démocratie, est à certains égards le monarque ; à certains autres, il est le sujet [25].

Il ne peut être monarque que par ses suffrages, qui sont ses volontés. La volonté du souverain est le souverain lui-même [26]. Les lois qui établissent le droit de suffrage sont donc fondamentales dans ce gouvernement. En effet, il est aussi important d'y régler comment, par qui, à qui, sur quoi, les suffrages doivent être donnés, qu'il l'est dans une monarchie de savoir quel est le monarque et de quelle manière il doit gouverner.

Libanius (a) dit « qu'à Athènes un étranger qui se mêlait « dans l'assemblée du peuple était puni de mort. » C'est qu'un tel homme usurpait le droit de souveraineté (b).

Il est essentiel de fixer le nombre des citoyens qui doivent former les assemblées ; sans cela on pourrait ignorer si le peuple a parlé, ou seulement une partie du peuple. A Lacédémone, il fallait dix mille citoyens. A Rome, née dans la petitesse pour aller à la grandeur ; à Rome, faite pour éprouver toutes les vicissitudes de la fortune ; à Rome, qui avait tantôt presque tous ses citoyens hors de ses murailles, tantôt toute l'Italie et une partie de la terre dans ses murailles, on

---

a. Déclamations xvii et xviii.
b. Libanius donne lui-même la raison de cette loi. « C'était, dit-il, pour empêcher que les secrets de la république ne fussent divulgués. »

n'avait point fixé ce nombre (*a*); et ce fut une des plus grandes causes de sa ruine.

Le peuple qui a la souveraine puissance doit faire par lui-même tout ce qu'il peut bien faire; et ce qu'il ne peut pas bien faire, il faut qu'il le fasse par ses ministres.

Ses ministres ne sont point à lui s'il ne les nomme : c'est donc une maxime fondamentale de ce gouvernement, que le peuple nomme ses ministres, c'est-à-dire ses magistrats.

Il a besoin, comme les monarques, et même plus qu'eux, d'être conduit par un conseil ou sénat. Mais, pour qu'il y ait confiance, il faut qu'il en élise les membres : soit qu'il les choisisse lui-même, comme à Athènes; ou par quelque magistrat qu'il a établi pour les élire, comme cela se pratiquait à Rome dans quelques occasions.

Le peuple est admirable [27] pour choisir ceux à qui il doit confier quelque partie de son autorité. Il n'a à se déterminer que par des choses qu'il ne peut ignorer, et des faits qui tombent sous les sens. Il sait très bien qu'un homme a été souvent à la guerre, qu'il y a eu tels ou tels succès : il est donc très capable d'élire un général. Il sait qu'un juge est assidu, que beaucoup de gens se retirent de son tribunal contents de lui, qu'on ne l'a pas convaincu de corruption : en voilà assez pour qu'il élise un préteur. Il a été frappé de la magnificence ou des richesses d'un citoyen : cela suffit pour qu'il puisse choisir un édile. Toutes ces choses sont des faits dont il s'instruit mieux dans la place publique qu'un monarque dans son palais. Mais saura-t-il conduire une affaire, connaître les lieux, les occasions, les moments, en profiter? Non, il ne le saura pas.

Si l'on pouvait douter de la capacité naturelle qu'a le peuple pour discerner le mérite, il n'y aurait qu'à jeter les yeux sur cette suite continuelle de choix étonnants que firent les Athéniens et les Romains : ce qu'on n'attribuera pas sans doute au hasard.

On sait qu'à Rome, quoique le peuple se fût donné le droit

---

a. Voyez les *Considérations sur les causes de la grandeur des Romains et de leur décadence,* chap. IX.

d'élever aux charges les plébéiens, il ne pouvait se résoudre à les élire ; et quoiqu'à Athènes on pût, par la loi d'Aristide, tirer les magistrats de toutes les classes, il n'arriva jamais, dit Xénophon (a), que le bas peuple demandât celles qui pouvaient intéresser son salut ou sa gloire.

Comme la plupart des citoyens, qui ont assez de suffisance pour élire, n'en ont pas assez pour être élus ; de même le peuple, qui a assez de capacité pour se faire rendre compte de la gestion des autres, n'est pas propre à gérer par lui-même.

Il faut que les affaires aillent, et qu'elles aillent un certain mouvement qui ne soit ni trop lent ni trop vite. Mais le peuple a toujours trop d'action, ou trop peu. Quelquefois avec cent mille bras il renverse tout ; quelquefois avec cent mille pieds il ne va que comme les insectes.

Dans l'État populaire on divise le peuple en de certaines classes. C'est dans la manière de faire cette division que les grands législateurs se sont signalés ; et c'est de là qu'ont toujours dépendu la durée de la démocratie et sa prospérité.

Servius Tullius [28] suivit, dans la composition de ses classes, l'esprit de l'aristocratie. Nous voyons, dans Tite-Live (b) et dans Denys d'Halicarnasse (c), comment il mit le droit de suffrage entre les mains des principaux citoyens. Il avait divisé le peuple de Rome en cent quatre-vingt-treize centuries, qui formaient six classes. Et mettant les riches, mais en plus petit nombre, dans les premières centuries ; les moins riches, mais en plus grand nombre, dans les suivantes, il jeta toute la foule des indigents dans la dernière : et chaque centurie n'ayant qu'une voix (d), c'étaient les moyens et les richesses qui donnaient le suffrage plutôt que les personnes.

Solon divisa le peuple d'Athènes en quatre classes. Conduit par l'esprit de la démocratie, il ne les fit pas pour fixer ceux

a. Pages 691 et 692, édition de Wechelius, de l'an 1596.
b. Liv. Ier.
c. Liv. IV, art. 15 et suiv.
d. Voyez dans les *Considérations sur les causes de la grandeur des Romains et de leur décadence*, chap. ix, comment cet esprit de Servius Tullius se conserva dans la république.

qui devaient élire, mais ceux qui pouvaient être élus ; et, laissant à chaque citoyen le droit d'élection, il voulut (a) que dans chacune de ces quatre classes on pût élire des juges : mais que ce ne fût que dans les trois premières, où étaient les citoyens aisés, qu'on pût prendre les magistrats,

Comme la division de ceux qui ont droit de suffrage est, dans la république, une loi fondamentale, la manière de le donner est une autre loi fondamentale.

Le suffrage par le sort est de la nature de la démocratie [29] ; le suffrage par choix est de celle de l'aristocratie.

Le sort est une façon d'élire qui n'afflige personne, il laisse à chaque citoyen une espérance raisonnable.

Mais comme il est défectueux par lui-même, c'est à le régler et à le corriger que les grands législateurs se sont surpassés.

Solon établit à Athènes que l'on nommerait par choix à tous les emplois militaires, et que les sénateurs et les juges seraient élus par le sort.

Il voulut que l'on donnât par choix les magistratures civiles qui exigeaient une grande dépense, et que les autres fussent données par le sort.

Mais pour corriger le sort, il régla qu'on ne pourrait élire que dans le nombre de ceux qui se présenteraient ; que celui qui aurait été élu serait examiné par des juges (b), et que chacun pourrait l'accuser d'en être indigne (c) : cela tenait en même temps du sort et du choix. Quand on avait fini le temps de sa magistrature, il fallait essuyer un autre jugement sur la manière dont on s'était comporté. Les gens sans capacité devaient avoir bien de la répugnance à donner leur nom pour être tirés au sort.

La loi qui fixe la manière de donner les billets de suffrage est encore une loi fondamentale dans la démocratie. C'est

---

a. Denys d'Halicarnasse, *Éloge d'Isocrate*, p. 97, t. II, édition de Wechelisu. — Pollux, liv. VIII, ch. x, art. 130.

b. Voyez l'oraison de Démosthène, *de Falsa Legat*, et l'oraison contre Timarque.

c. On tirait même pour chaque place deux billets : l'un, qui donnait la place ; l'autre, qui nommait celui qui devait succéder, en cas que le premier fût rejeté.

une grande question, si les suffrages doivent être publics ou secrets. Cicéron (a) écrit que les lois (b) qui les rendirent secrets dans les derniers temps de la république romaine furent une des grandes causes de sa chute. Comme ceci se pratique diversement dans différentes républiques, voici, je crois, ce qu'il en faut penser.

Sans doute que lorsque le peuple donne ses suffrages, ils doivent être publics (c) ; et ceci doit être regardé comme une loi fondamentale de la démocratie [30]. Il faut que le petit peuple soit éclairé par les principaux, et contenu par la gravité de certains personnages. Ainsi, dans la république romaine, en rendant les suffrages secrets, on détruisit tout ; il ne fut pas possible d'éclairer une populace qui se perdait. Mais lorsque dans une aristocratie le corps des nobles donne les suffrages (d), ou dans une démocratie le sénat (e), comme il n'est là question que de prévenir les brigues, les suffrages ne sauraient être trop secrets.

La brigue est dangereuse dans un sénat ; elle est dangereuse dans un corps de nobles : elle ne l'est pas dans le peuple, dont la nature est d'agir par passion. Dans les États où il n'a point de part au gouvernement, il s'échauffera pour un acteur comme il aurait fait pour les affaires. Le malheur d'une république, c'est lorsqu'il n'y a plus de brigues ; et cela arrive lorsqu'on a corrompu le peuple à prix d'argent : il devient de sang-froid, il s'affectionne à l'argent ; mais il ne s'affectionne plus aux affaires : sans souci du gouvernement, et de ce qu'on y propose, il attend tranquillement son salaire.

C'est encore une loi fondamentale de la démocratie, que le peuple seul fasse des lois [31]. Il y a pourtant mille occasions où il est nécessaire que le sénat puisse statuer ; il est

a. Liv. Ier et III des *Lois*.

b. Elles s'appelaient *lois tabulaires*. On donnait à chaque citoyen deux tables : la première, marquée d'un A, pour dire *antiquo* ; l'autre, d'un U et d'un R, *uti rogas*.

c. A Athènes, on levait les mains.

d. Comme à Venise.

e. Les trente tyrans d'Athènes voulurent que les suffrages des aréopagites fussent publics, pour les diriger à leur fantaisie. (LYSIAS, *Orat. contra Agorat.*, cap. VIII.)

même souvent à propos d'essayer une loi avant de l'établir. La constitution de Rome et celle d'Athènes étaient très sages. Les arrêts du sénat (a) avaient force de loi pendant un an : ils ne devenaient perpétuels que par la volonté du peuple.

CHAPITRE III

Des lois relatives à la nature de l'aristocratie.

Dans l'aristocratie, la souveraine puissance est entre les mains d'un certain nombre de personnes. Ce sont elles qui font les lois et qui les font exécuter ; et le reste du peuple n'est tout au plus à leur égard que comme dans une monarchie les sujets sont à l'égard du monarque.

On n'y doit point donner le suffrage par sort ; on n'en aurait que les inconvénients. En effet, dans un gouvernement qui a déjà établi les distinctions les plus affligeantes, quand on serait choisi par le sort on n'en serait pas moins odieux : c'est le noble qu'on envie, et non pas le magistrat.

Lorsque les nobles sont en grand nombre, il faut un sénat qui règle les affaires que le corps des nobles ne saurait décider, et qui prépare celles dont il décide. Dans ce cas, on peut dire que l'aristocratie est en quelque sorte dans le sénat, la démocratie dans le corps des nobles, et que le peuple n'est rien.

Ce sera une chose très heureuse dans l'aristocratie [32], si, par quelque voie indirecte, on fait sortir le peuple de son anéantissement : ainsi, à Gênes, la banque de Saint-George, qui est administrée en grande partie par les principaux du peuple, donne à celui-ci une certaine influence dans le gouvernement, qui en fait toute la prospérité (b).

Les sénateurs ne doivent point avoir le droit de remplacer ceux qui manquent dans le sénat : rien ne serait plus capable de perpétuer les abus. A Rome, qui fut dans les premiers temps une espèce d'aristocratie, le sénat ne se suppléait pas

a. Voy. Denys d'Halicarnasse, l. IV et IX.
b. Voy. M. Addison, *Voyages d'Italie*, p. 16.

lui-même : les sénateurs nouveaux étaient nommés (a) par les censeurs.

Une autorité exorbitante donnée tout à coup à un citoyen dans une république forme une monarchie, ou plus qu'une monarchie. Dans celle-ci les lois ont pourvu à la constitution, ou s'y sont accommodées : le principe du gouvernement arrête le monarque ; mais, dans une république où un citoyen se fait donner (b) un pouvoir exorbitant, l'abus de ce pouvoir est plus grand, parce que les lois, qui ne l'ont point prévu, n'ont rien fait pour l'arrêter.

L'exception à cette règle est lorsque la constitution de l'État est telle qu'il a besoin d'une magistrature qui ait un pouvoir exorbitant. Telle était Rome avec ses dictateurs [33] ; telle est Venise avec ses inquisiteurs d'État : ce sont des magistratures terribles qui ramènent violemment l'État à la liberté. Mais d'où vient que ces magistratures se trouvent si différentes dans ces deux républiques ? C'est que Rome défendait les restes de son aristocratie contre le peuple ; au lieu que Venise se sert de ses inquisiteurs d'Etat pour maintenir son aristocratie contre les nobles. De là il suivait qu'à Rome la dictature ne devait durer que peu de temps, parce que le peuple agit par sa fougue, et non pas par ses desseins. Il fallait que cette magistrature s'exerçât avec éclat, parce qu'il s'agissait d'intimider le peuple, et non pas de le punir ; que le dictateur ne fût créé que pour une seule affaire, et n'eût une autorité sans bornes qu'à raison de cette affaire, parce qu'il était toujours créé pour un cas imprévu. A Venise, au contraire, il faut une magistrature permanente : c'est là que les desseins peuvent être commencés, suivis, suspendus, repris ; que l'ambition d'un seul devient celle d'une famille, et l'ambition d'une famille celles de plusieurs. On a besoin d'une magistrature cachée, parce que les crimes qu'elle punit, toujours profonds, se forment dans le secret et dans le silence. Cette magistrature doit avoir une inquisition géné-

---

a. Ils le furent d'abord par les consuls.

b. C'est ce qui renversa la république romaine. Voyez les *Considérations sur les causes de la grandeur des Romains et de leur décadence.*

rale, parce qu'elle n'a pas à arrêter les maux que l'on connaît, mais à prévenir même ceux qu'on ne connaît pas. Enfin cette dernière est établie pour venger les crimes qu'elle soupçonne ; et la première employait plus les menaces que les punitions pour les crimes, même avoués par leurs auteurs.

Dans toute magistrature il faut compenser la grandeur de la puissance par la brièveté de sa durée. Un an est le temps que la plupart des législateurs ont fixé : un temps plus long serait dangereux, un plus court serait contre la nature de la chose. Qui est-ce qui voudrait gouverner ainsi ses affaires domestiques ? A Raguse (a), le chef de la république change tous les mois ; les autres officiers, toutes les semaines ; le gouverneur du château, tous les jours. Ceci ne peut avoir lieu que dans une petite république (b) environnée de puissances formidables qui corrompent aisément de petits magistrats.

La meilleure aristocratie est celle où la partie du peuple qui n'a point de part à la puissance est si petite et si pauvre que la partie dominante n'a aucun intérêt à l'opprimer. Ainsi, quand Antipater (c) établit à Athènes que ceux qui n'auraient pas deux mille drachmes seraient exclus du droit de suffrage, il forma la meilleure aristocratie qui fût possible ; parce que ce cens était si petit, qu'il n'excluait que peu de gens, et personne qui eût quelque considération dans la cité.

Les familles aristocratiques doivent donc être peuple autant qu'il est possible. Plus une aristocratie approchera de la démocratie, plus elle sera parfaite[34], et elle le deviendra moins à mesure qu'elle approchera de la monarchie.

La plus imparfaite de toutes est celles où la partie du peuple qui obéit est dans l'esclavage civil de celle qui commande, comme l'aristocratie de Pologne, où les paysans sont esclaves de la noblesse.

a. *Voyages de Tournefort.*
b. A Lucques, les magistrats ne sont établis que pour deux mois.
c. Diodore, liv. XVIII, p. 691, édition de Rhodoman.

CHAPITRE IV

Des lois dans leur rapport avec la nature du gouvernement monarchique.

Les pouvoirs intermédiaires, subordonnés et dépendants constituent la nature du gouvernement monarchique [35], c'est-à-dire de celui où un seul gouverne par des lois fondamentales. J'ai dit les pouvoirs intermédiaires, subordonnés et pépendants : en effet, dans la monarchie, le prince est la source de tout pouvoir politique et civil. Ces lois fondamentales supposent nécessairement des canaux moyens par où coule la puissance : car, s'il n'y a dans l'Etat que la volonté momentanée et capricieuse d'un seul, rien ne peut être fixe, et par conséquent aucune loi fondamentale.

Le pouvoir intermédiaire subordonné le plus naturel est celui de la noblesse. Elle entre, en quelque façon, dans l'essence de la monarchie, dont la maxime fondamentale est : « Point de monarque, point de noblesse ; point de noblesse, « point de monarque [36]. » Mais on a un despote.

Il y a des gens qui avaient imaginé, dans quelques États en Europe, d'abolir toutes les justices des seigneurs. Ils ne voyaient pas qu'ils voulaient faire ce que le parlement d'Angleterre a fait. Abolissez dans une monarchie les prérogatives des seigneurs, du clergé, de la noblesse et des villes, vous aurez bientôt un Etat populaire, ou bien un Etat despotique [37].

Les tribunaux d'un grand Etat en Europe frappent sans cesse, depuis plusieurs siècles, sur la juridiction patrimoniale des seigneurs et sur l'ecclésiastique. Nous ne voulons pas censurer des magistrats si sages ; mais nous laissons à décider jusqu'à quel point la constitution en peut être changée.

Je ne suis point entêté des privilèges des ecclésiastiques ; mais je voudrais qu'on fixât bien une fois leur juridiction. Il n'est point question de savoir si on a eu raison de l'établir, mais si elle est établie, si elle fait une partie des lois du pays, et si elle y est partout relative ; si, entre deux pouvoirs que l'on reconnaît indépendants, les conditions ne doivent pas être réciproques ; et s'il n'est pas égal à un bon sujet de défendre la justice du prince, ou les limites qu'elle s'est de tout temps prescrites.

Autant que le pouvoir du clergé est dangereux dans une république, autant est-il convenable dans une monarchie, surtout dans celles qui vont au despotisme. Où en seraient l'Espagne et le Portugal depuis la perte de leurs lois, sans ce pouvoir qui arrête seul la puissance arbitraire ? Barrière toujours bonne lorsqu'il n'y en a point d'autre : car, comme le despotisme cause à la nature humaine des maux effroyables, le mal même qui le limite est un bien.

Comme la mer [38], qui semble vouloir couvrir toute la terre, est arrêtée par les herbes et les moindres graviers qui se trouvent sur le rivage ; ainsi les monarques, dont le pouvoir paraît sans bornes, s'arrêtent par les plus petits obstacles, et soumettent leur fierté naturelle à la plainte et à la prière.

Les Anglais, pour favoriser la liberté, ont ôté toutes les puissances intermédiaires [39] qui formaient leur monarchie (a). Ils ont bien raison de conserver leur liberté ; s'ils venaient à la perdre, ils seraient un des peuples les plus esclaves de la terre.

M. Law, par une ignorance égale de la constitution républicaine et de la monarchique, fut un des plus grands promoteurs du despotisme que l'on eût encore vus en Europe. Outre les changements qu'il fit, si brusques, si inusités, si inouïs, il voulait ôter les rangs intermédiaires, et anéantir les corps politiques : il dissolvait (b) la monarchie par ses chimériques remboursements, et semblait vouloir racheter la constitution même.

Il ne suffit pas qu'il y ait dans une monarchie des rangs intermédiaires ; il faut encore un dépôt de lois [40]. Ce dépôt ne peut être que dans les corps politiques, qui annoncent les lois lorsqu'elles sont faites, et les rappellent lorsqu'on les oublie.

---

a. Au contraire, les Anglais ont rendu p us légal le pouvoir des seigneurs spirituels et temporels, et ont augmenté celui des communes. (Volt.)

b. Ferdinaud, roi d'Aragon, se fit grand maître des ordres ; et cela seul altéra la constitution.

L'ignorance naturelle à la noblesse, son inattention, son mépris pour le gouvernement civil, exigent qu'il y ait un corps qui fasse sans cesse sortir les lois de la poussière où elles seraient ensevelies. Le conseil du prince n'est pas un dépôt convenable. Il est, par sa nature, le dépôt de la volonté momentanée du prince qui exécute, et non pas le dépôt des lois fondamentales. De plus, le conseil du monarque change sans cesse ; il n'est point permanent ; il ne saurait être nombreux ; il n'a point à un assez haut degré la confiance du peuple : il n'est donc pas en état de l'éclairer dans les temps difficiles, ni de le ramener à l'obéissance.

Dans les Etats despotiques, où il n'y a point de lois fondamentales, il n'y a pas non plus de dépôt de lois. De là vient que, dans ces pays, la religion a ordinairement tant de force : c'est qu'elle forme une espèce de dépôt et de permanence ; et, si ce n'est pas la religion, ce sont les coutumes qu'on y vénère, au lieu des lois.

CHAPITRE V

Des lois relatives à la nature de l'État despotique [41].

Il résulte de la nature du pouvoir despotique que l'homme seul qui l'exerce le fasse de même exercer par un seul. Un homme à qui ses cinq sens disent sans cesse qu'il est tout, et que les autres ne sont rien, est naturellement paresseux, ignorant, voluptueux. Il abandonne donc les affaires. Mais, s'il les confiait à plusieurs, il y aurait des disputes entre eux, on ferait des brigues pour être le premier esclave, le prince serait obligé de rentrer dans l'administration. Il est donc plus simple qu'il l'abandonne à un vizir (a), qui aura d'abord la même puissance que lui. L'établissement d'un vizir est, dans cet État, une loi fondamentale.

On dit qu'un pape, à son élection, pénétré de son incapacité, fit d'abord des difficultés infinies. Il accepta enfin, et

---

a. Les rois d'Orient ont toujours des vizirs, dit M. Chardin.

livra à son neveu toutes les affaires. Il était dans l'admiration, et disait : « Je n'aurais jamais cru que cela eût été si aisé. » Il en est de même des princes d'Orient. Lorsque, de cette prison où des eunuques leur ont affaibli le cœur et l'esprit, et souvent leur ont laissé ignorer leur état même, on les tire pour les placer sur le trône, ils sont d'abord étonnés ; mais, quand ils ont fait un vizir, et que, dans leur sérail, ils se sont livrés aux passions les plus brutales ; lorsqu'au milieu d'une cour abattue ils ont suivi leurs caprices les plus stupides, ils n'auraient jamais cru que cela eût été si aisé.

Plus l'empire est étendu, plus le sérail s'agrandit ; et plus, par conséquent, le prince est enivré de plaisirs. Ainsi, dans ces États, plus le prince a de peuples à gouverner, moins il pense au gouvernement ; plus les affaires y sont grandes, et moins on y délibère sur les affaires.

LIVRE TROISIÈME

DES PRINCIPES DES TROIS GOUVERNEMENTS.

CHAPITRE PREMIER

Différence de la nature du gouvernement et de son principe.

Après avoir examiné quelles sont les lois relatives à la nature de chaque gouvernement, il faut voir celles qui le sont à son principe [42].

Il y a cette différence (a) entre la nature du gouvernement et son principe, que sa nature est ce qui le fait être tel ; et son principe, ce qui le fait agir. L'une est sa structure particulière, et l'autre les passions humaines qui le font mouvoir.

Or, les lois ne doivent pas être moins relatives au principe

a. Cette distinction est très importante, et j'en tirerai bien des conséquences elle est la clef d'une infinité de lois.

de chaque gouvernement qu'à sa nature. Il faut donc chercher quel est ce principe. C'est ce que je vais faire dans ce
livre-ci.

CHAPITRE II

Du principe des divers gouvernements.

J'ai dit que la nature du gouvernement républicain est que
le peuple en corps, ou de certaines familles y aient la puissance; celle du gouvernement monarchique, que le prince y
ait la souveraine puissance, mais qu'il l'exerce selon des lois
établies; celle du gouvernement despotique, qu'un seul y
gouverne selon ses volontés et ses caprices. Il ne m'en faut
pas davantage pour trouver leurs trois principes ; ils en dérivent naturellement. Je commencerai par le gouvernement
républicain, et je parlerai d'abord du démocratique.

CHAPITRE III

Du principe de la démocratie.

Il ne faut pas beaucoup de probité [43] pour qu'un gouvernement monarchique ou un gouvernement despotique se maintiennent ou se soutiennent. La force des lois dans l'un, le
bras du prince toujours levé dans l'autre, règlent ou contiennent tout.

Mais, dans un Etat populaire, il faut un ressort de plus, qui
est la *vertu* [44].

Ce que je dis est confirmé par le corps entier de l'histoire
et est très conforme à la nature des choses. Car il est clair
que, dans une monarchie, où celui qui fait exécuter les lois
se juge au-dessus des lois, on a besoin de moins de vertu que
dans un gouvernement populaire, où celui qui fait exécuter
les lois sent qu'il y est soumis lui-même, et qu'il en portera
le poids.

Il est clair encore que le monarque qui, par mauvais conseil ou par négligence, cesse de faire exécuter les lois, peut
aisément réparer le mal : il n'a qu'à changer de conseil, ou

se corriger de cette négligence même. Mais lorsque dans un gouvernement populaire les lois ont cessé d'être exécutées, comme cela ne peut venir que de la corruption de la république, l'État est déjà perdu.

Ce fut un assez beau spectacle, dans le siècle passé, de voir les efforts impuissants des Anglais pour établir parmi eux la démocratie. Comme ceux qui avaient part aux affaires n'avaient point de vertu, que leur ambition était irritée par le succès de celui qui avait le plus osé (a), que l'esprit d'une faction n'était réprimé que par l'esprit d'une autre, le gouvernement changeait sans cesse : le peuple, étonné, cherchait la démocratie, et ne la trouvait nulle part. Enfin, après bien des mouvements, des chocs et des secousses, il fallut se reposer dans le gouvernement même qu'on avait proscrit.

Quand Sylla voulut rendre à Rome la liberté, elle ne put plus la recevoir : elle n'avait plus qu'un faible reste de vertu ; et, comme elle en eut toujours moins, au lieu de se réveiller après César, Tibère, Caïus, Claude, Néron, Domitien, elle fut toujours plus esclave ; tous les coups portèrent sur les tyrans, aucun sur la tyrannie.

Les politiques grecs [45] qui vivaient dans le gouvernement populaire ne reconnaissaient d'autre force qui pût le soutenir que celle de la vertu. Ceux d'aujourd'hui ne nous parlent que de manufactures, de commerce, de finances, de richesses, et de luxe même.

Lorsque cette vertu cesse, l'ambition entre dans les cœurs qui peuvent la recevoir, et l'avarice entre dans tous. Les désirs changent d'objets : ce qu'on aimait, on ne l'aime plus ; on était libre avec les lois, on veut être libre contre elles ; chaque citoyen est comme un esclave échappé de la maison de son maître ; ce qui était maxime, on l'appelle rigueur ; ce qui était règle, on l'appelle gêne ; ce qui était attention, on l'appelle crainte. C'est la frugalité qui y est l'avarice, et non pas le désir d'avoir. Autrefois le bien des particuliers faisait le trésor public ; mais pour lors le trésor public devient le

---

a. Cromwell.

patrimoine des particuliers. La république est une dépouille ;
et sa force n'est plus que le pouvoir de quelques citoyens et
la licence de tous [46].

Athènes eut dans son sein les mêmes forces pendant qu'elle
domina avec tant de gloire, et pendant qu'elle servit avec tant
de honte. Elle avait vingt mille citoyens (a) lorsqu'elle défendit
les Grecs contre les Perses, qu'elle disputa l'empire à Lacédémone et qu'elle attaqua la Sicile. Elle en avait vingt mille
lorsque Démétrius de Phalère les dénombra (b) comme dans
un marché l'on compte les esclaves. Quand Philippe osa dominer dans la Grèce, quand il parut aux portes d'Athènes (c),
elle n'avait encore perdu que le temps. On peut voir dans
Démosthène quelle peine il fallut pour la réveiller : on y craignait Philippe, non pas comme l'ennemi de la liberté, mais
des plaisirs (d). Cette ville, qui avait résisté à tant de défaites,
qu'on avait vue renaître après ses destructions, fut vaincue à
Chéronée, et le fut pour toujours. Qu'importe que Philippe
renvoie tous ses prisonniers? il ne renvoie pas des hommes.
Il était toujours aussi aisé de triompher des forces d'Athènes
qu'il était difficile de triompher de sa vertu.

Comment Carthage aurait-elle pu se soutenir? Lorsque
Annibal, devenu préteur, voulut empêcher les magistrats de
piller la république, n'allèrent-ils pas l'accuser devant les
Romains? Malheureux, qui voulaient être citoyens sans qu'il
y eût de cité, et tenir leurs richesses de la main de leurs destructeurs! Bientôt Rome leur demanda pour otages trois cents
de leurs principaux citoyens ; elle se fit livrer les armes et les
vaisseaux, et ensuite leur déclara la guerre. Par les choses
que fit le désespoir dans Carthage désarmée (e), on peut juger
de ce qu'elle aurait pu faire avec sa vertu lorsqu'elle avait ses
forces.

a. PLUTARQUE, *Périclès.* — PLATON, *Critias.*

b. Il s'y trouva vingt et un mille citoyens, dix mille étrangers, quatre cent mille
esclaves. Voyez Athénée, liv. VI.

c. Elle avait vingt mille citoyens. Voyez Démosthène, *in Aristog.*

d. Ils avaient fait une loi pour punir de mort celui qui proposerait de convertir
aux usages de la guerre l'argent destiné pour les théâtres.

e. Cette guerre dura trois ans.

CHAPITRE IV

Du principe de l'aristocratie.

Comme il faut de la vertu dans le gouvernement populaire, il en faut aussi dans l'aristocratique. Il est vrai qu'elle n'y est pas si absolument requise.

Le peuple, qui est à l'égard des nobles ce que les sujets sont à l'égard du monarque, est contenu par leurs lois. Il a donc moins besoin de vertu que le peuple de la démocratie. Mais comment les nobles seront-ils contenus ? Ceux qui doivent faire exécuter les lois contre leurs collègues sentiront d'abord qu'ils agissent contre eux-mêmes. Il faut donc de la vertu dans ce corps, par la nature de la constitution.

Le gouvernement aristocratique a par lui-même une certaine force que la démocratie n'a pas. Les nobles y forment un corps qui, par sa prérogative et pour son intérêt particulier, réprime le peuple : il suffit qu'il y ait des lois, pour qu'à cet égard elles soient exécutées.

Mais, autant qu'il est aisé à ce corps de réprimer les autres, autant est-il difficile qu'il se réprime lui-même (a). Telle est la nature : de cette constitution, qu'il semble qu'elle mette les mêmes gens sous la puissance des lois, et qu'elle les en retire.

Or, un corps pareil ne peut se réprimer que de deux manières ou par une grande vertu, qui fait que les nobles se trouvent en quelque façon égaux à leur peuple, ce qui peut former une grande république; ou par une vertu moindre, qui est une certaine modération qui rend les nobles au moins égaux à eux-mêmes, ce qui fait leur conservation.

La modération est donc l'âme de ces gouvernements [47]. J'entends celle qui est fondée sur la vertu, non pas celle qui vient d'une lâcheté et d'une paresse de l'âme.

---

a. Les crimes publics y pourront être punis, parce que c'est l'affaire de tous; les crimes particuliers n'y seront pas punis, parce que l'affaire de tous est de ne les pas punir.

CHAPITRE V

Que la vertu n'est point le principe du gouvernement monarchique.

Dans les monarchies, la politique fait faire les grandes choses avec le moins de vertu qu'elle peut; comme, dans les plus belles machines, l'art emploie aussi peu de mouvements, de forces et de roues qu'il est possible.

L'État subsiste indépendamment de l'amour pour la patrie, du désir de la vraie gloire, du renoncement à soi-même, du sacrifice de ses plus chers intérêts, et de toutes ces vertus héroïques que nous trouvons dans les anciens, et dont nous avons seulement entendu parler.

Les lois y tiennent la place de toutes ces vertus dont on n'a aucun besoin; l'État vous en dispense; une action qui se fait sans bruit y est en quelque façon sans conséquence.

Quoique tous les crimes soient publics par leur nature, on distingue pourtant les crimes véritablement publics d'avec les crimes privés, ainsi appelés parce qu'ils offensent plus un particulier que la société entière.

Or, dans les républiques, les crimes privés sont plus publics, c'est-à-dire choquent plus la constitution de l'État que les particuliers; et, dans les monarchies, les crimes publics sont plus privés, c'est-à-dire choquent plus les fortunes particulières que la constitution de l'État même.

Je supplie qu'on ne s'offense pas de ce que j'ai dit: je parle après toutes les histoires. Je sais très bien qu'il n'est pas rare qu'il y ait des princes vertueux; mais je dis que dans une monarchie il est très difficile que le peuple le soit (a).

Qu'on lise ce que les historiens de tous les temps ont dit sur la cour des monarques; qu'on se rappelle les conversations des hommes de tous les pays sur le misérable caractère

---

a. Je parle ici de la vertu publique, qui est la vertu morale, dans le sens qu'elle se dirige au bien général; fort peu des vertus morales particulières, et point du tout de cette vertu qui a du rapport aux vérités révélées. On verra bien ceci au liv. V, ch. II.

des courtisans : ce ne sont point des choses de spéculation, mais d'une triste expérience.

L'ambition dans l'oisiveté [48], la bassesse dans l'orgueil, le désir de s'enrichir sans travail, l'aversion pour la vérité, la flatterie, la trahison, la perfidie, l'abandon de tous ses engagements, le mépris des devoirs du citoyen, la crainte de la vertu du prince, l'espérance de ses faiblesses, et, plus que tout cela, le ridicule perpétuel jeté sur la vertu, forment, je crois, le caractère du plus grand nombre des courtisans, marqué dans tous les lieux et dans tous les temps. Or, il est très malaisé que la plupart des principaux d'un Etat soient gens de bien ; que ceux-là soient trompeurs, et que ceux-ci consentent à n'être que dupes.

Que si dans le peuple il se trouve quelque malheureux honnête homme (a), le cardinal de Richelieu, dans son testament politique [49], insinue qu'un monarque doit se garder de s'en servir [50]. Tant il est vrai que la vertu n'est pas le ressort de ce gouvernement. Certainement elle n'en est point exclue ; mais elle n'en est pas le ressort.

CHAPITRE VI
Comment on supplée à la vertu dans le gouvernement monarchique.

Je me hâte et je marche à grands pas, afin qu'on ne croie pas que je fasse une satire du gouvernement monarchique. Non : s'il manque d'un ressort, il en a un autre. L'*honneur*, c'est-à-dire le préjugé de chaque personne et de chaque condition [51], prend la place de la vertu politique dont j'ai parlé, et la représente partout. Il y peut inspirer les plus belles actions ; il peut, joint à la force des lois, conduire au but du gouvernement, comme la vertu même.

CHAPITRE VII
Du principe de la monarchie.

Ainsi dans les monarchies bien réglées, tout le monde sera

a. Entendez ceci dans le sens de la note précédente.

à peu près bon citoyen, et on trouvera rarement quelqu'un qui soit homme de bien ; car, pour être homme de bien (a), il faut avoir intention de l'être, et aimer l'État moins pour soi que pour lui-même.

Le gouvernement monarchique suppose, comme nous avons dit, des prééminences, des rangs, et même une noblesse d'origine. La nature de l'honneur est de demander des préférences et des distinctions [52] : il est donc, par la chose même, placé dans ce gouvernement.

L'ambition est pernicieuse dans une république : elle a de bons effets dans la monarchie ; elle donne la vie à ce gouvernement ; et on y a cet avantage qu'elle n'y est pas dangereuse, parce qu'elle y peut être sans cesse réprimée.

Vous diriez qu'il en est comme du système de l'univers, où il y a une force qui éloigne sans cesse du centre tous les corps, et une force de pesanteur qui les y ramène. L'honneur fait mouvoir toutes les parties du corps politique, il les lie par son action même, et il se trouve que chacun va au bien commun, croyant aller à ses intérêts particuliers.

Il est vrai que, philosophiquement parlant, c'est un honneur faux qui conduit toutes les parties de l'État ; mais cet honneur faux est aussi utile au public que le vrai le serait aux particuliers qui pourraient l'avoir.

Et n'est-ce pas beaucoup d'obliger les hommes à faire toutes les actions difficiles et qui demandent de la force, sans autre récompense que le bruit de ces actions ?

CHAPITRE VIII

Que l'honneur n'est point le principe des États despotiques.

Ce n'est point l'honneur qui est le principe des États despotiques : les hommes y étant tous égaux, on n'y peut se préférer aux autres ; les hommes y étant tous esclaves, on n'y peut se préférer à rien.

---

a. Ce mot *homme de bien* ne s'entend ici que dans un sens politique.

De plus, comme l'honneur à ses lois et ses règles, et qu'il ne saurait plier ; qu'il dépend bien de son propre caprice, et non pas de celui d'un autre, il ne peut se trouver que dans des États où la constitution est fixe, et qui ont des lois certaines.

Comment serait-il souffert chez le despote ? Il fait gloire de mépriser la vie, et le despote n'a de force que parce qu'il peut l'ôter. Comment pourrait-il souffrir le despote ? Il a des règles suivies et des caprices soutenus ; le despote n'a aucune règle, et ses caprices détruisent tous les autres.

L'honneur, inconnu aux États despotiques, où même souvent on n'a pas de mot pour l'exprimer (a), règne dans les monarchies ; il y donne la vie à tout le corps politique, aux lois et aux vertus mêmes.

CHAPITRE IX

Du principe du gouvernement despotique.

Comme il faut de la *vertu* dans une république, et dans une monarchie de l'*honneur*, il faut de la crainte dans un gouvernement despotique : pour la vertu, elle n'y est point nécessaire, et l'honneur y serait dangereux.

Le pouvoir immense du prince y passe tout entier à ceux à qui il le confie. Des gens capables de s'estimer beaucoup eux-mêmes seraient en état d'y faire des révolutions. Il faut donc que la crainte y abatte tous les courages, et y éteigne jusqu'au moindre sentiment d'ambition.

Un gouvernement modéré peut, tant qu'il veut, et sans péril, relâcher ses ressorts : il se maintient par ses lois et par sa force même. Mais lorsque dans le gouvernement despotique le prince cesse un moment de lever le bras, quand il ne peut pas anéantir à l'instant ceux qui ont les premières places (b), tout est perdu : car le ressort du gouvernement qui est la crainte, n'y étant plus, le peuple n'a plus de protecteur.

a. Voyez Perry, page 447.
b. Comme il arrive souvent dans l'aristocratie militaire.

C'est apparemment dans ce sens que des cadis (a) ont soutenu que le Grand-Seigneur n'était point obligé de tenir sa
parole ou son serment, lorsqu'il bornait par là son autorité [53].

Il faut que le peuple soit jugé par les lois, et les grands
par la fantaisie du prince ; que la tête du dernier sujet soit
en sûreté, et celle des pachas toujours exposée. On ne peut
parler sans frémir de ces gouvernements monstrueux. Le
sophi de Perse, détrôné de nos jours par Mirivéis, vit le gouvernement périr avant la conquête, parce qu'il n'avait pas
versé assez de sang (b).

L'histoire nous dit que les horribles cruautés de Domitien
effrayèrent les gouverneurs au point que le peuple se rétablit un peu sous son règne (c). C'est ainsi qu'un torrent qui
ravage tout d'un côté laisse de l'autre des campagnes où
l'œil voit de loin quelques prairies.

CHAPITRE X

Différence de l'obéissance dans les gouvernements modérés et dans les gouvernements despotiques.

Dans les États despotiques la nature du gouvernement
demande une obéissance extrême : et la volonté du prince,
une fois connue, doit avoir aussi infailliblement son effet
qu'une boule jetée contre une autre doit avoir le sien.

Il n'y a point de tempérament, de modification, d'accom-
modements, de termes, d'équivalents, de pourparlers, de
remontrances, rien d'égal ou de meilleur à proposer.
L'homme est une créature qui obéit à une créature qui veut.

On n'y peut pas plus représenter ses craintes sur un événement futur qu'excuser ses mauvais succès sur le caprice
de la fortune. Le partage des hommes, comme des bêtes, y
est l'instinct, l'obéissance, le châtiment.

a. RICAULT, de l'Empire Ottoman.
b. Voyez l'histoire de cette révolution, par le P. Ducerceau.
c. Son gouvernement était militaire ; ce qui est une des espèces du gouvernement despotique.

Il ne sert de rien d'opposer les sentiments naturels, le respect pour un père, la tendresse pour ses enfants et ses femmes, les lois de l'honneur, l'état de sa santé : on a reçu l'ordre et cela suffit.

En Perse, lorsque le roi a condamné quelqu'un, on ne peut plus lui en parler ni demander grâce. S'il était ivre ou hors de sens, il faudrait que l'arrêt s'exécutât tout de même (a) : sans cela il se contredirait, et la loi ne peut se contredire. Cette manière de penser y a été de tout temps : l'ordre que donna Assuérus d'exterminer les Juifs ne pouvant être révoqué (b), on prit le parti de leur donner la permission de se défendre.

Il y a pourtant une chose que l'on peut quelquefois opposer à la volonté du prince (c) : c'est la religion. On abandonnera son père, on le tuera même si le prince l'ordonne ; mais on ne boira pas de vin, s'il le veut et s'il l'ordonne. Les lois de la religion sont d'un précepte supérieur, parce qu'elles sont données sur la tête du prince comme sur celle des sujets. Mais quant au droit naturel, il n'en est pas de même ; le prince est supposé n'être plus un homme.

Dans les États monarchiques et modérés, la puissance est bornée par ce qui en est le ressort, je veux dire l'honneur, qui règne comme un monarque sur le prince et sur le peuple. On n'ira point lui alléguer les lois de la religion, un courtisan se croirait ridicule : on lui alléguera sans cesse celles de l'honneur. De là résultent des modifications nécessaires dans l'obéissance ; l'honneur est naturellement sujet à des bizarreries, et l'obéissance les suivra toutes.

Quoique la manière d'obéir soit différente dans ces deux gouvernements, le pouvoir est pourtant le même. De quelque côté que le monarque se tourne, il emporte et précipite la balance, et est obéi. Toute la différence est que [54], dans la

---

a. Voyez Chardin.

b. Cet ordre fut révoqué par un nouvel édit, rapporté fort au long dans le livre d'Esther, et dont voici la principale disposition : *Unde eas litteras, quas sub nomine nostro ille (Aman) direxerat, sciatis esse irritas.* (Ch. XVI, vers. 7.)

c. Voyez Chardin.

monarchie, le prince a des lumières, et que les ministres y
sont infiniment plus habiles et plus rompus aux affaires que
dans l'État despotique.

CHAPITRE XI

Réflexion sur tout ceci.

Tels sont les principes des trois gouvernements : ce qui ne
signifie pas que dans une certaine république on soit vertueux, mais qu'on devrait l'être. Cela ne prouve pas non plus
que dans une certaine monarchie on ait de l'honneur, et que
dans un État despotique particulier on ait de la crainte, mais
qu'il faudrait en avoir : sans quoi le gouvernement sera imparfait [55].

LIVRE QUATRIÈME

LES LOIS DE L'ÉDUCATION DOIVENT ÊTRE RELATIVES AUX PRINCIPES DU GOUVERNEMENT.

CHAPITRE PREMIER

Des lois de l'éducation.

Les lois de l'éducation sont les premières que nous recevons. Et comme elles nous préparent à être citoyens, chaque
famille particulière doit être gouvernée sur le plan de la
grande famille qui les comprend toutes.

Si le peuple en général a un principe, les parties qui le
composent, c'est-à-dire les familles, l'auront aussi. Les lois
de l'éducation seront donc différentes dans chaque espèce de
gouvernement [56] : dans les monarchies, elles auront pour
objet l'honneur ; dans les républiques, la vertu [57] ; dans le
despotisme, la crainte.

CHAPITRE II.

De l'éducation dans les monarchies.

Ce n'est point dans les maisons publiques où l'on instruit l'enfance que l'on reçoit dans les monarchies la principale éducation ; c'est lorsque l'on entre dans le monde que l'éducation, en quelque façon, commence [58]. Là est l'école de ce que l'on appelle *honneur*, ce maître universel qui doit partout nous conduire.

C'est là que l'on voit et que l'on entend toujours dire trois choses : « Qu'il faut mettre dans les vertus une certaine « noblesse ; dans les mœurs, une certaine franchise ; dans « les manières, une certaine politesse. »

Les vertus qu'on nous y montre sont toujours moins ce que l'on doit aux autres que ce que l'on se doit à soi-même : elles ne sont pas tant ce qui nous appelle vers nos concitoyens que ce qui nous en distingue.

On n'y juge pas les actions des hommes comme bonnes, mais comme belles [59] ; comme justes, mais comme grandes ; comme raisonnables, mais comme extraordinaires.

Dès que l'honneur y peut trouver quelque chose de noble, il est ou le juge qui les rend légitimes, ou le sophiste qui les justifie.

Il permet la galanterie lorsqu'elle est unie à l'idée des sentiments du cœur, ou à l'idée de conquête ; et c'est la vraie raison pour laquelle les mœurs ne sont jamais si pures dans les monarchies que dans les gouvernements républicains.

Il permet la ruse lorsqu'elle est jointe à l'idée de la grandeur de l'esprit ou de la grandeur des affaires, comme dans la politique, dont les finesses ne l'offensent pas.

Il ne défend l'adulation que lorsqu'elle est séparée de l'idée d'une grande fortune, et n'est jointe qu'au sentiment de sa propre bassesse.

A l'égard des mœurs, j'ai dit que l'éducation des monarchies doit y mettre une certaine franchise. On y veut donc de la vérité dans les discours. Mais est-ce par amour pour elle ?

point du tout. On la veut, parce qu'un homme qui est accoutumé à la dire paraît être hardi et libre. En effet, un tel homme semble ne dépendre que des choses, et non pas de la manière dont un autre les reçoit.

C'est ce qui fait qu'autant qu'on y recommande cette espèce de franchise, autant on y méprise celle du peuple, qui n'a que la vérité et la simplicité pour objet.

Enfin, l'éducation dans les monarchies exige dans les manières une certaine politesse. Les hommes, nés pour vivre ensemble, sont nés aussi pour se plaire ; et celui qui n'observerait pas les bienséances, choquant tous ceux avec qui il vivrait, se décréditerait au point qu'il deviendrait incapable de faire aucun bien.

Mais ce n'est pas d'une source si pure que la politesse a coutume de tirer son origine. Elle naît de l'envie de se distinguer. C'est par orgueil que nous sommes polis : nous nous sentons flattés d'avoir des manières qui prouvent que nous ne sommes pas dans la bassesse, et que nous n'avons pas vécu avec cette sorte de gens que l'on a abandonnés dans tous les âges.

Dans les monarchies [60], la politesse est naturalisée à la cour. Un homme excessivement grand rend tous les autres petits. De là les égards que l'on doit à tout le monde ; de là naît la politesse, qui flatte autant ceux qui sont polis que ceux à l'égard de qui ils le sont, parce qu'elle fait comprendre qu'on est de la cour, ou qu'on est digne d'en être.

L'air de la cour consiste à quitter sa grandeur propre pour une grandeur empruntée. Celle-ci flatte plus un courtisan que la sienne même. Elle donne une certaine modestie superbe qui se répand au loin, mais dont l'orgueil diminue insensiblement, à proportion de la distance où l'on est de la source de cette grandeur.

On trouve à la cour une délicatesse de goût en toutes choses, qui vient d'un usage continuel des superfluités d'une grande fortune, de la variété et surtout de la lassitude des plaisirs, de la multiplicité, de la confusion même des fantaisies, qui, lorsqu'elles sont agréables, y sont toujours reçues.

C'est sur toutes ces choses que l'éducation se porte pour faire ce qu'on appelle l'honnête homme, qui a toutes les qualités et toutes les vertus que l'on demande dans ce gouvernement.

Là l'honneur, se mêlant partout, entre dans toutes les façons de penser et toutes les manières de sentir, et dirige même les principes.

Cet honneur bizarre fait que les vertus ne sont que ce qu'il veut, et comme il les veut ; il met de son chef des règles à tout ce qui nous est prescrit ; il étend ou il borne nos devoirs à sa fantaisie, soit qu'ils aient leur source dans la religion, dans la politique, ou dans la morale.

Il n'y a rien dans la monarchie que les lois, la religion et l'honneur prescrivent tant que l'obéissance aux volontés du prince ; mais cet honneur nous dicte que le prince ne doit jamais nous prescrire une action qui nous déshonore, parce qu'elle nous rendrait incapables de le servir.

Crillon refusa d'assassiner le duc de Guise ; mais il offrit à Henri III de se battre contre lui. Après la Saint-Barthélemi, Charles IX ayant écrit à tous les gouverneurs de faire massacrer les huguenots, le vicomte d'Orte, qui commandait dans Bayonne, écrivit au roi (a) : « Sire, je n'ai trouvé parmi les « habitants et les gens de guerre que de bons citoyens, de « braves soldats, et pas un bourreau : ainsi, eux et moi supplions Votre Majesté d'employer nos bras et nos vies à « choses faisables. » Ce grand et généreux courage regardait une lâcheté comme une chose impossible.

Il n'y a rien que l'honneur prescrive plus à la noblesse que de servir le prince à la guerre : en effet, c'est la profession distinguée, parce que ses hasards, ses succès et ses malheurs même conduisent à la grandeur. Mais en imposant cette loi, l'honneur veut en être l'arbitre ; et, s'il se trouve choqué, il exige ou permet qu'on se retire chez soi.

Il veut qu'on puisse indifféremment aspirer aux emplois, ou les refuser ; il tient cette liberté au-dessus de la fortune même.

a. Voyez l'*Histoire de d'Aubigné.*

8

L'honneur a donc ses règles suprêmes, et l'éducation est obligée de s'y conformer (a). Les principales sont qu'il nous est bien permis de faire cas de notre fortune, mais qu'il nous est souverainement défendu d'en faire aucun de notre vie.

La seconde est que, lorsque nous avons été une fois placés dans un rang, nous ne devons rien faire ni souffrir qui fasse voir que nous nous tenons inférieurs à ce rang même.

La troisième, que les choses que l'honneur défend sont plus rigoureusement défendues lorsque les lois ne concourent point à les proscrire, et que celles qu'il exige sont plus fortement exigées lorsque les lois ne les demandent pas.

CHAPITRE III

De l'éducation dans le gouvernement despotique.

Comme l'éducation dans les monarchies ne travaille qu'à élever le cœur, elle ne cherche qu'à l'abaisser dans les États despotiques ; il faut qu'elle y soit servile. Ce sera un bien, même dans le commandement, de l'avoir eue telle, personne n'y étant tyran sans être en même temps esclave.

L'extrême obéissance suppose de l'ignorance dans celui qui obéit ; elle en suppose même dans celui qui commande : il n'a point à délibérer, à douter, ni à raisonner ; il n'a qu'à vouloir.

Dans les États despotiques, chaque maison est un empire séparé. L'éducation, qui consiste principalement à vivre avec les autres, y est donc très bornée : elle se réduit à mettre la crainte dans le cœur, et à donner à l'esprit la connaissance de quelques principes de religion fort simples. Le savoir y sera dangereux, l'émulation funeste ; et pour les vertus, Aristote (b) ne peut croire qu'il y en ait quelqu'une de propre aux esclaves [61] ; ce qui bornerait bien l'éducation dans ce gouvernement.

a. On dit ici ce qui est, et non pas ce qui doit être : l'honneur est un préjugé que la religion travaille antôt à détruire, tantôt à régler.
b. *Politiq.*, liv. I.

L'éducation y est donc en quelque façon nulle. Il faut ôter tout, afin de donner quelque chose, et commencer par faire un mauvais sujet, pour faire un bon esclave.

Eh! pourquoi l'éducation s'attacherait-elle à y former un bon citoyen qui prît part au malheur public? S'il aimait l'État, il serait tenté de relâcher les ressorts du gouvernement : s'il ne réussissait pas, il se perdrait; s'il réussissait, il courrait risque de se perdre, lui, le prince et l'empire.

CHAPITRE IV

Différence des effets de l'éducation chez les anciens et parmi nous.

La plupart des peuples anciens vivaient dans des gouvernements qui ont la vertu pour principe; et, lorsqu'elle y était dans sa force, on y faisait des choses que nous ne voyons plus aujourd'hui, et qui étonnent nos petites âmes [62]. Leur éducation avait un autre avantage sur la nôtre : elle n'était jamais démentie. Épaminondas, la dernière année de sa vie, disait, écoutait, voyait, faisait les mêmes choses que dans l'âge où il avait commencé d'être instruit.

Aujourd'hui nous recevons trois éducations différentes ou contraires : celle de nos pères, celle de nos maîtres, celle du monde. Ce qu'on nous dit dans la dernière renverse toutes les idées des premières. Cela vient, en quelque partie, du contraste qu'il y a parmi nous entre les engagements de la religion et ceux du monde : choses que les anciens ne connaissaient pas.

CHAPITRE V

De l'éducation dans le gouvernement républicain.

C'est dans le gouvernement républicain [63] que l'on a besoin de toute la puissance de l'éducation. La crainte des gouvernements despotiques naît d'elle-même parmi les menaces et les châtiments; l'honneur des monarchies est favorisé par les passions, et les favorise à son tour; mais la vertu politique est un renoncement à soi-même, qui toujours est une chose très pénible.

On peut définir cette vertu, l'amour des lois et de la patrie. Cet amour, demandant une préférence continuelle de l'intérêt public au sien propre, donne toutes les vertus particulières ; elles ne sont que cette préférence.

Cet amour est singulièrement affecté aux démocraties. Dans elles seules, le gouvernement est confié à chaque citoyen. Or le gouvernement est comme toutes les choses du monde : pour le conserver, il faut l'aimer.

On n'a jamais ouï dire que les rois n'aimassent pas la monarchie, et que les despotes haïssent le despotisme.

Tout dépend donc d'établir dans la république cet amour ; et c'est à l'inspirer que l'éducation doit être attentive. Mais pour que les enfants puissent l'avoir, il y a un moyen sûr, c'est que les pères l'aient eux-mêmes.

On est ordinairement le maître de donner à ses enfants ses connaissances : on l'est encore plus de leur donner ses passions.

Si cela n'arrive pas, c'est que ce qui a été fait dans la maison paternelle est détruit par les impressions du dehors.

Ce n'est point le peuple naissant qui dégénère ; il ne se perd que lorsque les hommes faits sont déjà corrompus.

CHAPITRE VI

De quelques institutions des Grecs.

Les anciens Grecs, pénétrés de la nécessité que les peuples qui vivaient sous un gouvernement populaire fussent élevés à la vertu, firent, pour l'inspirer, des institutions singulières.

Quand vous voyez dans la vie de Lycurgue les lois qu'il donna aux Lacédémoniens, vous croyez lire l'histoire des Sévarambes [64]. Les lois de Crète étaient l'original de celles de Lacédémone, et celles de Platon en étaient la correction.

Je prie qu'on fasse un peu d'attention à l'étendue du génie qu'il fallut à ces législateurs pour voir qu'en choquant tous les usages reçus, en confondant toutes les vertus, ils montreraient à l'univers leur sagesse. Lycurgue[65] mêlant le larcin[66] avec l'esprit de justice, le plus dur esclavage avec l'extrême liberté, les sentiments les plus atroces avec la plus grande modération, donna de la stabilité à sa ville. Il sembla lui ôter toutes les ressources, les arts, le commerce, l'argent, les murailles; on y a de l'ambition, sans espérance d'être mieux; on y a les sentiments naturels, et on n'y est ni enfant, ni mari, ni père : la pudeur même est ôtée à la chasteté. C'est par ces chemins que Sparte est menée à la grandeur et à la gloire; mais avec une telle infaillibilité de ses institutions, qu'on n'obtenait rien contre elle en gagnant des batailles, si on ne parvenait à lui ôter sa police (a).

La Crète et la Laconie furent gouvernées par ces lois. Lacédémone céda la dernière aux Macédoniens, et la Crète (b) fut la dernière proie des Romains. Les Samnites eurent ces mêmes institutions, et elles furent pour ces Romains le sujet de vingt-quatre triomphes (c).

Cet extraordinaire que l'on voyait dans les institutions de la Grèce, nous l'avons vu dans la lie et la corruption de nos temps modernes (d). Un législateur honnête homme a formé un peuple où la probité paraît aussi naturelle que la bravoure chez les Spartiates. M. Penn est un véritable Lycurgue[67]; et quoique le premier ait eu la paix pour objet, comme l'autre a eu la guerre, ils se ressemblent dans la voie singulière où ils ont mis leur peuple, dans l'ascendant qu'ils ont eu sur des hommes libres, dans les préjugés qu'ils ont vaincus, dans les passions qu'ils ont soumises.

Le Paraguay peut nous fournir un autre exemple. On a voulu en faire un crime à la *Société*[68] qui regarde le plaisir

---

a. Philopœmen contraignit les Lacédémoniens d'abandonner la manière de nourrir leurs enfants, sachant bien que, sans cela, ils auraient toujours une âme grande et le cœur haut. (PLUT., *Vie de Philopœmen*. Voyez Tite-Live, liv. XXXVIII.)

b. Elle défendit pendant trois ans ses lois et sa liberté (Voyez les liv. XCVIII, XCIX et C de Tite-Live, dans l'*Epitome* de Florus. Elle fit plus de résistance que les plus grands rois.

c. FLORUS, liv. I, chap. XVI.

d. *In feœ Romuli*. (CICÉRON).

de commander comme le seul bien de la vie; mais il sera toujours beau de gouverner les hommes en les rendant heureux (a).

Il est glorieux pour elle d'avoir été la première qui ait montré dans ces contrées l'idée de la religion jointe à celle de l'humanité. En réparant les dévastations des Espagnols, elle a commencé à guérir une des grandes plaies qu'ait encore reçues le genre humain.

Un sentiment exquis qu'a cette Société pour tout ce qu'elle appelle *honneur*, son zèle pour une religion qui humilie bien plus ceux qui l'écoutent que ceux qui la prêchent, lui ont fait entreprendre de grandes choses; et elle y a réussi. Elle a retiré des bois des peuples dispersés ; elle leur a donné une subsistance assurée ; elle les a vêtus ; et, quand elle n'aurait fait par là qu'augmenter l'industrie parmi les hommes, elle aurait beaucoup fait.

Ceux qui voudront faire des institutions pareilles établiront la communauté de biens de la république de Platon, ce respect qu'il demandait pour les dieux, cette séparation d'avec les étrangers pour la conservation des mœurs, et la cité faisant le commerce et non pas les citoyens : ils donneront nos arts sans notre luxe, et nos besoins sans nos désirs.

Ils proscriront l'argent, dont l'effet est de grossir la fortune des hommes au delà des bornes que la nature y avait mises, d'apprendre à conserver inutilement ce qu'on avait amassé de même, de multiplier à l'infini les désirs, et de suppléer à la nature, qui nous avait donné des moyens très bornés d'irriter nos passions, et de nous corrompre les uns les autres (b).

« Les Épidamniens (c), sentant leurs mœurs se corrompre « par leur communication avec les barbares, élurent un ma-

---

a. Les Indiens du Paraguay ne dépendent point d'un seigneur particulier, ne paient qu'un cinquième des tributs, et ont des armes à feu pour se défendre.

b. PLUTARQUE, *Demandes des choses grecques.*

c. « Est-il bien vrai qu'en nommant un commissaire entendu pour trafiquer au nom de la ville avec ces étrangers, les Épidamniens aient eu le maintien des mœurs pour objet ? Cette institution n'est-elle pas l'effet d'un esprit de monopole ? » (Note de VOLTAIRE.)

« gistrat pour faire tous les marchés au nom de la cité et
« pour la cité. » Pour lors le commerce ne corrompt pas la
constitution, et la constitution ne prive pas la société des
avantages du commerce (a).

CHAPITRE VII

En quel cas ces institutions singulières peuvent être bonnes.

Ces sortes d'institutions peuvent convenir dans les républiques[69], parce que la vertu politique en est le principe ;
mais, pour porter à l'honneur dans les monarchies, ou pour
inspirer de la crainte dans les États despotiques, il ne faut
pas tant de soins.

Elles ne peuvent d'ailleurs avoir lieu que dans un petit
État (b), où l'on peut donner une éducation générale, et élever
tout un peuple comme une famille.

Les lois de Minos, de Lycurgue et de Platon supposent
une attention singulière de tous les citoyens les uns sur les
autres. On ne peut se promettre cela dans la confusion, dans
les négligences, dans l'étendue des affaires d'un grand peuple.

Il faut, comme on l'a dit, bannir l'argent dans ces institutions. Mais, dans les grandes sociétés[70], le nombre, la variété, l'embarras, l'importance des affaires, la facilité des
achats, la lenteur des échanges, demandent une mesure
commune. Pour porter partout sa puissance, ou la défendre
partout, il faut avoir ce à quoi les hommes ont attaché partout la puissance.

CHAPITRE VIII

Explication d'un paradoxe des anciens, par rapport aux mœurs.

Polybe, le judicieux Polybe, nous dit (c) que la musique était

---

a. Mais elle ôte l'émulation des commerçants et fait périr le commerce. (*Éditeur anonyme* de 1764.)

b. Comme étaient les villes de la Grèce.

c. *Hist.* lib., IV, cap. xx et xxi.

nécessaire pour adoucir les mœurs des Arcades, qui habitaient un pays où l'air est triste et froid ; que ceux de Cynète, qui négligèrent la musique, surpassèrent en cruauté tous les Grecs et qu'il n'y a point de ville où l'on ait vu tant de crimes. Platon (a) ne craint pas de dire que l'on ne peut faire de changement dans la musique, qui n'en soit un dans la constitution de l'État. Aristote, qui semble n'avoir fait sa *Politique* que pour opposer ses sentiments à ceux de Platon, est pourtant d'accord avec lui touchant la puissance de la musique sur les mœurs (b). Théophraste, Plutarque (c), Strabon (d), tous les anciens ont pensé de même. Ce n'est point une opinion jetée sans réflexion ; c'est un des principes de leur politique (e). C'est ainsi qu'ils donnaient des lois, c'est ainsi qu'ils voulaient qu'on gouvernât les cités.

Je crois que je pourrais expliquer ceci. Il faut se mettre dans l'esprit que dans les villes grecques, surtout celles qui avaient pour principal objet la guerre, tous les travaux et toutes les professions qui pouvaient conduire à gagner de l'argent étaient regardés comme indignes d'un homme libre. « La plupart des arts, dit Xénophon (f), corrompent le « corps de ceux qui les exercent ; ils obligent de s'asseoir à « l'ombre ou près du feu : on n'a de temps ni pour ses amis « ni pour la république. » Ce ne fut que dans la corruption de quelques démocraties que les artisans parvinrent à être citoyens. C'est ce qu'Aristote (g) nous apprend ; et il soutient qu'une bonne république ne leur donnera jamais le droit de cité (h).

a. *De Repub.*, lib. IV.

b. Liv. VIII, ch. v.

c. *Vie de Pélopidas.*

d. Liv. 1er.

e. Platon, liv. IV des *Lois*, dit que les préfectures de la musique et de la gymnastique sont les plus importants emplois de la cité; et, dans sa *République*, liv. III : « Damon vous dira, dit-il, quels sont les sons capables de faire naître la bassesse de l'âme, l'insolence et les vertus contraires. »

f. Liv. V, *Dits mémorables.* — Voyez les *Économiques* de Xénophon, ch. iv, § 2 et 3. (P.)

g. *Politiq.*, liv. III, ch. iv.

h. « Diophante, dit Aristote, *Politiq.*, ch. vii, établit autrefois à Athènes que les artisans seraient esclaves du public. »

L'agriculture était encore une profession servile, et ordinairement c'était quelque peuple vaincu qui l'exerçait : les Ilotes, chez les Lacédémoniens ; les Périéciens (a), chez les Crétois ; les Pénestes (b), chez les Thessaliens ; d'autres (c) peuples esclaves, dans d'autres républiques.

Enfin tout bas commerce (d) était infâme chez les Grecs. Il aurait fallu qu'un citoyen eût rendu des services à un esclave, à un locataire, à un étranger : cette idée choquait l'esprit de la liberté grecque ; aussi Platon (e) veut-il, dans ses *Lois*, qu'on punisse un citoyen qui ferait le commerce [71].

On était donc fort embarrassé dans les républiques grecques. On ne voulait pas que les citoyens travaillassent au commerce, à l'agriculture ni aux arts ; on ne voulait pas non plus qu'ils fussent oisifs (f). Ils trouvaient une occupation dans les exercices qui dépendaient de la gymnastique, et dans ceux qui avaient du rapport à la guerre (g). L'institution ne leur en donnait point d'autres. Il faut donc regarder les Grecs comme une société d'athlètes et de combattants. Or, ces exercices, si propres à faire des gens durs et sauvages (h), avaient besoin d'être tempérés par d'autres qui pussent adoucir les mœurs. La musique, qui tient à l'esprit par les organes du corps, était très propre à cela. C'est un milieu entre les exercices du corps qui rendent les hommes durs,

---

a. Πϵρίοικοι, c'est à-dire hommes affectés à la maison. C'étaient nos gens de mainmorte : attachés à la glèbe, exclus de la milice et des assemblées, et, du reste, jouissant de tous leurs autres droits civils.

b. Ce mot vient de πίνομαι, être dans l'indigence, dans la peine. Leur condition était la même que celle des Périéciens.

c. Aussi Platon et Aristote veulent-ils que les esclaves cultivent les terres. *Lois*, liv. VII ; *Politiq.*, liv. VII, chap. x. Il est vrai que l'agriculture n'était pas partout exercée par des esclaves : au contraire, comme dit Aristote, les meilleures républiques étaient celles où les citoyens s'y attachaient. Mais cela n'arriva que par la corruption des anciens gouvernements, devenus démocratiques ; car, dans les premiers temps, les villes de Grèce vivaient dans l'aristocratie.

d. Cauponatio.

e. Liv. II.

f. ARISTOTE, *Politiq.*, liv. X.

g. ARISTOTE, *Politiq.*, liv. VIII, ch. III.

h. Aristote dit que les enfants des Lacédémoniens, qui commençaient ces exercices dès l'âge le plus tendre, en contractaient trop de férocité. (*Politiq.*, liv. VIII, chap. IV.)

et les sciences de spéculation qui les rendent sauvages. On ne peut pas dire que la musique inspirât la vertu ; cela serait inconcevable ; mais elle empêchait l'effet de la férocité de l'institution, et faisait que l'âme avait dans l'éducation une part qu'elle n'y aurait pas eue.

Je suppose qu'il y ait parmi nous une société de gens si passionnés pour la chasse qu'ils s'en occupassent uniquement ; il est sûr qu'ils en contracteraient une certaine rudesse. Si ces mêmes gens venaient à prendre encore du goût pour la musique, on trouverait bientôt de la différence dans leurs manières et dans leurs mœurs. Enfin les exercices des Grecs n'excitaient en eux qu'un genre de passion : la rudesse, la colère, la cruauté. La musique les excite toutes, et peut faire sentir à l'âme la douceur, la pitié, la tendresse, le doux plaisir. Nos auteurs de morale, qui, parmi nous, proscrivent si fort les théâtres, nous font assez sentir le pouvoir que la musique a sur nos âmes.

Si à la société dont j'ai parlé on ne donnait que des tambours et des airs de trompette, n'est-il pas vrai que l'on parviendrait moins à son but que si l'on donnait une musique tendre ? Les anciens avaient donc raison lorsque, dans certaines circonstances, ils préféraient pour les mœurs un mode à un autre [72].

LIVRE CINQUIÈME

LES LOIS QUE LE LÉGISLATEUR DONNE DOIVENT ÊTRE RELATIVES AU PRINCIPE DU GOUVERNEMENT.

CHAPITRE PREMIER

Idée de ce livre.

Nous venons de voir que les lois de l'éducation doivent être relatives au principe de chaque gouvernement. Celles que le législateur donne à toute la société sont de même. Ce rapport des lois avec ce principe tend tous les ressorts du gouvernement, et ce principe en reçoit à son tour une nouvelle force. C'est ainsi que, dans les mouvements physiques, l'action est suivie d'une réaction [73].

Nous allons examiner ce rapport dans chaque gouvernement ; et nous commencerons par l'Etat républicain, qui a la vertu pour principe.

CHAPITRE II

Ce que c'est que la vertu dans l'État politique.

La vertu dans une république [74] est une chose très simple : c'est l'amour de la république, c'est un sentiment, et non une suite de connaissances ; le dernier homme de l'Etat peut avoir ce sentiment, comme le premier. Quand le peuple a une fois de bonnes maximes, il s'y tient plus longtemps que ce que l'on appelle les honnêtes gens. Il est rare que la corruption commence par lui. Souvent il a tiré de la médiocrité de ses lumières un attachement plus fort pour ce qui est établi.

L'amour de la patrie conduit à la bonté des mœurs, et la bonté des mœurs mène à l'amour de la patrie. Moins nous pouvons satisfaire nos passions particulières [75], plus nous nous livrons aux générales. Pourquoi les moines aiment-ils tant leur ordre ? c'est justement par l'endroit qui fait qu'il leur est insupportable. Leur règle les prive de toutes les choses sur lesquelles les passions ordinaires s'appuient : reste donc cette passion pour la règle même qui les afflige. Plus elle est austère, c'est-à-dire plus elle retranche de leurs penchants, plus elle donne de force à ceux qu'elle leur laisse.

CHAPITRE III

Ce que c'est que l'amour de la république dans la démocratie.

L'amour de la république, dans une démocratie, est celui

de la démocratie : l'amour de la démocratie est celui de l'é-
galité.

L'amour de la démocratie est encore l'amour de la frugalité. Chacun, devant y avoir le même bonheur et les mêmes
avantages, y doit goûter les mêmes plaisirs et former les
mêmes espérances, chose qu'on ne peut attendre que de la
frugalité générale.

L'amour de l'égalité, dans une démocratie, borne l'ambition
au seul désir, au seul bonheur de rendre à sa patrie de plus
grands services que les autres citoyens. Ils ne peuvent pas
lui rendre tous des services égaux ; mais ils doivent tous également lui en rendre. En naissant, on contracte envers elle
une dette immense, dont on ne peut jamais s'acquitter.

Ainsi les distinctions y naissent du principe de l'égalité,
lors même qu'elle paraît ôtée par des services heureux, ou par
des talents supérieurs.

L'amour de la frugalité [76] borne le désir d'avoir à l'attention
que demande le nécessaire pour sa famille, et même le superflu pour sa patrie. Les richesses donnent une puissance
dont un citoyen ne peut pas user pour lui, car il ne serait pas
égal. Elles procurent des délices dont il ne doit pas jouir non
plus, parce qu'elles choqueraient l'égalité tout de même.

Aussi les bonnes démocraties, en établissant la frugalité
domestique, ont-elles ouvert la porte aux dépenses publiques,
comme on fit à Athènes et à Rome. Pour lors, la magnificence
et la profusion naissaient du fond de la frugalité même ; et,
comme la religion demande qu'on ait les mains pures pour
faire des offrandes aux dieux, les lois voulaient des mœurs
frugales pour que l'on pût donner à sa patrie.

Le bon sens et le bonheur des particuliers consistent beaucoup dans la médiocrité de leurs talents et de leurs fortunes.
Une république où les lois auront formé beaucoup de gens
médiocres [77], composée de gens sages, se gouvernera sagement ; composée de gens heureux, elle sera très heureuse.

CHAPITRE IV

Comment on inspire l'amour de l'égalité et de la frugalité.

L'amour de l'égalité et celui de la frugalité sont extrêmement excités par l'égalité et la frugalité mêmes, quand on vit dans une société où les lois ont établi l'une et l'autre[78].

Dans les monarchies et les Etats despotiques, personne n'aspire à l'égalité; cela ne vient pas même dans l'idée; chacun y tend à la supériorité. Les gens des conditions les plus basses ne désirent d'en sortir que pour être les maîtres des autres.

Il en est de même de la frugalité : pour l'aimer, il faut en jouir. Ce ne seront point ceux qui sont corrompus par les délices qui aimeront la vie frugale; et, si cela avait été naturel et ordinaire, Alcibiade n'aurait pas fait l'admiration de l'univers (a). Ce ne seront pas non plus ceux qui envient ou qui admirent le luxe des autres qui aimeront la frugalité : des gens qui n'ont devant les yeux que des hommes riches, ou des hommes misérables comme eux, détestent leur misère sans aimer ou connaître ce qui fait le terme de la misère.

C'est donc une maxime très vraie que, pour que l'on aime l'égalité et la frugalité dans une république, il faut que les lois les y aient établies.

---

a. « Je ne prétends point faire des critiques grammaticales à un homme de génie; mais j'aurais souhaité qu'un écrivain si spirituel et si mâle se fût servi d'une autre expression que celle de *jouir de la frugalité*. J'aurais désiré bien davantage qu'il n'eût point dit qu'Alcibiade fut admiré de l'*univers*, pour s'être conformé dans Lacédémone à la sobriété des Spartiates. Il ne faut point, à mon avis, prodiguer ainsi les applaudissements de l'univers. Alcibiade était un simple citoyen, riche, ambitieux, vain, débauché, insolent, d'un caractère versatile. Je ne vois rien d'admirable à faire quelque temps mauvaise chère avec les Lacédémoniens, lorsqu'il est condamné dans Athènes par un peuple plus vain, plus insolent et plus léger que lui, sottement superstitieux, jaloux, inconstant, passant chaque jour de la témérité à la consternation, digne enfin de l'opprobre dans lequel il croupit lâchement depuis tant de siècles. Je vois dans Alcibiade un brave étourdi qui ne mérite certainement pas l'admiration de l'*univers*, pour avoir corrompu la femme d'Agis, son hôte et son protecteur; pour s'être fait chasser de Sparte; pour s'être réduit à mendier un nouvel asile chez un satrape de Perse, et pour y périr entre les bras d'une courtisane. Plutarque et Montesquieu ne m'en imposent point : j'admire trop Caton et Marc-Aurèle pour admirer Alcibiade. » (Note de VOLT.)

CHAPITRE V

Comment les lois établissent l'égalité dans la démocratie.

Quelques législateurs anciens, comme Lycurgue [79] et Romulus, partagèrent également les terres. Cela ne pouvait avoir lieu que dans la fondation d'une république nouvelle, ou bien lorsque l'ancienne était si corrompue, et les esprits dans une telle disposition, que les pauvres se croyaient obligés de chercher, et les riches obligés de souffrir un pareil remède.

Si, lorsque le législateur fait un pareil partage, il ne donne pas des lois pour le maintenir, il ne fait qu'une constitution passagère : l'inégalité entrera par le côté que les lois n'auront pas défendu, et la république sera perdue.

Il faut donc que l'on règle [80], dans cet objet, les dots des femmes, les donations, les successions, les testaments, enfin toutes les manières de contracter. Car, s'il était permis de donner son bien à qui on voudrait, et comme on voudrait, chaque volonté particulière troublerait la disposition de la loi fondamentale.

Solon, qui permettait à Athènes de laisser son bien à qui on voulait par testament, pourvu qu'on n'eût point d'enfants (a), contredisait les lois anciennes, qui ordonnaient que les biens restassent dans la famille du testateur (b). Il contredisait les siennes propres ; car, en supprimant les dettes, il avait cherché l'égalité.

C'était une bonne loi [81] pour la démocratie que celle qui défendait d'avoir deux hérédités (c). Elle prenait son origine du partage égal des terres et des portions données à chaque citoyen. La loi n'avait pas voulu qu'un seul homme eût plusieurs portions.

La loi qui ordonnait que le plus proche parent épousât l'héritière naissait d'une source pareille. Elle est donnée chez

a. PLUT., *Vie de Solon.*
b. *Ibid.*
c. Philolaüs de Corinthe établit à Athènes (*lisez* à Thèbes) que le nombre des portions de terre et celui des hérédités serait toujours le même. (ARIST., *Politiq.*, liv. II, ch. VII.)

les Juifs après un pareil partage. Platon (*a*), qui fonde ses lois sur ce partage, la donne de même ; et c'était une loi athénienne.

Il y avait à Athènes une loi dont je ne sache pas que personne ait connu l'esprit. Il était permis d'épouser sa sœur consanguine, et non pas sa sœur utérine (*b*). Cet usage tirait son origine des républiques, dont l'esprit était de ne pas mettre sur la même tête deux portions de fonds de terre, et par conséquent deux hérédités. Quand un homme épousait sa sœur du côté du père, il ne pouvait avoir qu'une hérédité, qui était celle de son père ; mais quand il épousait sa sœur utérine, il pouvait arriver que le père de cette sœur, n'ayant pas d'enfants mâles, lui laissât sa succession, et que par conséquent son frère, qui l'avait épousée, en eût deux.

Qu'on ne m'objecte pas ce que dit Philon (*c*), que, quoique à Athènes on épousât sa sœur consanguine, et non pas sa sœur utérine, on pouvait à Lacédémone épouser sa sœur utérine, et non pas sa sœur consanguine. Car je trouve dans Strabon (*d*) que, quand à Lacédémone une sœur épousait son frère, elle avait, pour dot, la moitié de la portion du frère. Il est clair que cette seconde loi était faite pour prévenir les mauvaises suites de la première. Pour empêcher que le bien de la famille de la sœur ne passât dans celle du frère, on donnait en dot à la sœur la moitié du bien de son frère.

Sénèque (*e*), parlant de Silanus, qui avait épousé sa sœur [82], dit qu'à Athènes la permission était restreinte, et qu'elle était générale à Alexandrie. Dans le gouvernement d'un seul, il n'était guère question de maintenir le partage des biens.

Pour maintenir ce partage des terres dans la démocratie, c'était une bonne loi que celle qui voulait qu'un père qui

---

a. Républ., liv. VIII.

b. Cornélius Nepos, *Prof.* — Cet usage était des premiers temps. Aussi Abraham dit-il de Sara : « Elle est ma sœur, fille de mon père, et non de ma mère. » Les mêmes raisons avaient fait établir une même loi chez différents peuples.

c. De specialibus legibus quæ pertinent ad præcepta Decalogi.

d. Liv. X.

e. Athenis dimidium licet, Alexandriæ totum. (Sénèqun, *de Morte Claudii.*)

avait plusieurs enfants en choisit un pour succéder à sa portion (a), et donnât les autres en adoption à quelqu'un qui
n'eût point d'enfants, afin que le nombre des citoyens pût
toujours se maintenir égal à celui des partages.

Phaléas de Chalcédoine (b) avait imaginé une façon de
rendre égales les fortunes dans une république où elles ne
l'étaient pas [83]. Il voulait que les riches donnassent des dots
aux pauvres, et n'en reçussent pas; et que les pauvres
reçussent de l'argent pour les filles, et n'en donnassent
pas. Mais je ne sache point qu'aucune république se soit
accommodée d'un règlement pareil. Il met les citoyens sous
des conditions dont les différences sont si frappantes, qu'ils
haïraient cette égalité même que l'on chercherait à introduire. Il est bon quelquefois que les lois ne paraissent pas
aller si directement au but qu'elles se proposent.

Quoique dans la démocratie l'égalité réelle soit l'âme de
l'État, cependant elle est si difficile à établir, qu'une exactitude
extrême à cet égard ne conviendrait pas toujours. Il suffit
que l'on établisse un cens (c), qui réduise ou fixe les différences à un certain point; après quoi, c'est à des lois particulières à égaliser, pour ainsi dire, les inégalités, par les
charges qu'elles imposent aux riches, et le soulagement
qu'elles accordent aux pauvres. Il n'y a que les richesses
médiocres qui puissent donner ou souffrir ces sortes de
compensations; car, pour les fortunes immodérées, tout ce
qu'on ne leur accorde pas de puissance et d'honneur, elles
le regardent comme une injure.

Toute inégalité dans la démocratie [84] doit être tirée de la
nature de la démocratie et du principe même de l'égalité. Par
exemple, on y peut craindre que des gens qui auraient
besoin d'un travail continuel pour vivre ne fussent trop

a. Platon fait une pareille loi, liv. XI des *Lois*.
b. ARISTOTE, *Politique*, liv. II, ch. VII.
c. Solon fit quatre classes : la première, de ceux qui avaient cinq cents mines
de revenu, tant en grains qu'en fruits liquides; la seconde, de ceux qui en avaient
trois cents et pouvaient entretenir un cheval; la troisième, de ceux qui n'en avaient
que deux cents; la quatrième, de tous ceux qui vivaient de leurs bras. (PLUT.,
Vie de Solon.)

appauvris par une magistrature, ou qu'ils n'en négligeassent les fonctions; que des artisans ne s'enorgueillissent; que des affranchis trop nombreux ne devinssent plus puissants que les anciens citoyens. Dans ces cas, l'égalité entre les citoyens (a) peut être ôtée dans la démocratie pour l'utilité de la démocratie. Mais ce n'est qu'une égalité apparente que l'on ôte : car un homme ruiné par une magistrature serait dans une pire condition que les autres citoyens; et ce même homme, qui serait obligé d'en négliger les fonctions, mettrait les autres citoyens dans une condition pire que la sienne; et ainsi du reste.

CHAPITRE VI

Comment les lois doivent entretenir la frugalité dans la démocratie.

Il ne suffit pas, dans une bonne démocratie, que les portions de terre soient égales; il faut qu'elles soient petites [85], comme chez les Romains. « A Dieu ne plaise, disait Curius à « ses soldats (b), qu'un citoyen estime peu de terre ce qui « est suffisant pour nourrir un homme! »

Comme l'égalité des fortunes entretient la frugalité, la frugalité entretient l'égalité des fortunes. Ces choses, quoique différentes, sont telles qu'elles ne peuvent subsister l'une sans l'autre; chacune d'elles est la cause et l'effet : si l'une se retire de la démocratie, l'autre la suit toujours.

Il est vrai que, lorsque la démocratie est fondée sur le commerce [86], il peut fort bien arriver que des particuliers y aient de grandes richesses, et que les mœurs n'y soient pas corrompues. C'est que l'esprit de commerce entraîne avec soi celui de frugalité, d'économie, de modération, de travail, de sagesse, de tranquillité, d'ordre et de règle. Ainsi, tandis que cet esprit subsiste, les richesses qu'il produit n'ont aucun mauvais effet. Le mal arrive lorsque l'excès des richesses

---

a. Solon exclut des charges tous ceux du quatrième cens.

b. Ils demandaient une plus grande portion de la terre conquise. (Plut., *Œuvres morales. Dits notables des anciens rois et capitaines.*)

détruit cet esprit de commerce ; on voit tout à coup naître les désordres de l'inégalité, qui ne s'étaient pas encore fait sentir.

Pour maintenir l'esprit de commerce, il faut que les principaux citoyens le fassent eux-mêmes [87] ; que cet esprit règne seul, et ne soit point creusé par un autre ; que toutes les lois le favorisent ; que ces mêmes lois, par leurs dispositions, divisant les fortunes à mesure que le commerce les grossit [88], mettent chaque citoyen pauvre dans une grande aisance pour pouvoir travailler comme les autres, et chaque citoyen riche dans une telle médiocrité qu'il ait besoin de son travail pour conserver ou pour acquérir.

C'est une très bonne loi [89] dans une république commerçante que celle qui donne à tous les enfants une portion égale dans la succession de ses pères. Il se trouve par là que, quelque fortune que le père ait faite, ses enfants, toujours moins riches que lui, sont portés à fuir le luxe et à travailler comme lui. Je ne parle que des républiques commerçantes ; car, pour celles qui ne le sont pas, le législateur a bien d'autres règlements à faire (a).

Il y avait dans la Grèce deux sortes de républiques : les unes étaient militaires, comme Lacédémone ; d'autres étaient commerçantes, comme Athènes. Dans les unes, on voulait que les citoyens fussent oisifs ; dans les autres on cherchait à donner de l'amour pour le travail. Solon fit un crime de l'oisiveté, et voulut que chaque citoyen rendît compte de la manière dont il gagnait sa vie. En effet, dans une bonne démocratie, où l'on ne doit dépenser que pour le nécessaire, chacun doit l'avoir [90], car de qui le recevrait-on ?

CHAPITRE VII

Autres moyens de favoriser le principe de la démocratie.

On ne peut pas établir un partage égal des terres [91] dans

---

a. On y doit borner beaucoup les dots des femmes.

toutes les démocraties. Il y a des circonstances où un tel arrangement serait impraticable, dangereux, et choquerait même la constitution. On n'est pas toujours obligé de prendre les voies extrêmes. Si l'on voit dans une démocratie que ce partage, qui doit maintenir les mœurs, n'y convienne pas, il faut avoir recours à d'autres moyens.

Si l'on établit un corps fixe qui soit par lui-même la règle des mœurs, un sénat où l'âge, la vertu, la gravité, les services donnent entrée; les sénateurs, exposés à la vue du peuple comme les simulacres des dieux [92], inspireront des sentiments qui seront portés dans le sein de toutes les familles.

Il faut surtout que ce sénat s'attache aux institutions anciennes [93], et fasse en sorte que le peuple et les magistrats ne s'en départent jamais.

Il y a beaucoup à gagner, en fait de mœurs, à garder les coutumes anciennes. Comme les peuples corrompus font rarement de grandes choses; qu'ils n'ont guère établi de sociétés, fondé de villes, donné de lois; et qu'au contraire ceux qui avaient des mœurs simples et austères ont fait la plupart des établissements; rappeler les hommes aux maximes anciennes, c'est ordinairement les ramener à la vertu.

De plus, s'il y a eu quelque révolution, et que l'on ait donné à l'État une forme nouvelle, cela n'a guère pu se faire qu'avec des peines et des travaux infinis, et rarement avec l'oisiveté et des mœurs corrompues. Ceux mêmes qui ont fait la révolution ont voulu la faire goûter; et ils n'ont guère pu y réussir que par de bonnes lois. Les institutions anciennes sont donc ordinairement des corrections; et les nouvelles, des abus. Dans le cours d'un long gouvernement, on va au mal par une pente insensible, et on ne remonte au bien que par un effort.

On a douté si les membres du sénat dont nous parlons doivent être à vie ou choisis pour un temps. Sans doute qu'ils doivent être choisis pour la vie, comme cela se pratiquait à Rome (a), à Lacédémone (b), et à Athènes même.

a. Les magistrats y étaient annuels, et les sénateurs pour la vie.

b. « Lycurgue, dit Xénophon (de Republ. Laced.), voulut qu'on élût les sénateurs

Car il ne faut pas confondre ce qu'on appelait le sénat à Athènes, qui était un corps qui changeait tous les trois mois, avec l'aréopage, dont les membres étaient établis pour la vie comme des modèles perpétuels.

Maxime générale : dans un sénat fait pour être la règle, et, pour ainsi dire, le dépôt des mœurs, les sénateurs doivent être élus pour la vie [94]; dans un sénat fait pour préparer les affaires, les sénateurs peuvent changer.

L'esprit, dit Aristote, vieillit comme le corps. Cette réflexion n'est bonne qu'à l'égard d'un magistrat unique, et ne peut être appliquée à une assemblée de sénateurs.

Outre l'aréopage, il y avait à Athènes des gardiens des mœurs et des gardiens des lois (a). A Lacédémone, tous les vieillards étaient censeurs. A Rome, deux magistrats particuliers avaient la censure. Comme le sénat veille sur le peuple, il faut que des censeurs aient les yeux sur le peuple et sur le sénat. Il faut qu'ils rétablissent dans la république tout ce qui a été corrompu ; qu'ils notent la tiédeur, jugent les négligences, et corrigent les fautes, comme les lois punissent les crimes.

La loi romaine qui voulait que l'accusation de l'adultère fût publique était admirable pour maintenir la pureté des mœurs : elle intimidait les femmes ; elle intimidait aussi ceux qui devaient veiller sur elles.

Rien ne maintient plus les mœurs qu'une extrême subordination des jeunes gens envers les vieillards. Les uns et les autres seront contenus, ceux-là par le respect qu'ils auront pour les vieillards, et ceux-ci par le respect qu'ils auront pour eux-mêmes.

Rien ne donne plus de force aux lois que la subordination extrême des citoyens aux magistrats. « La grande différence « que Lycurgue a mise entre Lacédémone [95] et les autres « cités, dit Xénophon (b), consiste en ce qu'il a surtout fait

parmi les vieillards, pour qu'ils ne se négligeassent pas, même à la fin de la vie : et, en les établissant juges du courage des jeunes gens, il a rendu la vieillesse de ceux-là plus honorable que la force de ceux-ci. »

a. L'aréopage lui-même était soumis à la censure.

b. *République de Lacédémone.*

« que les citoyens obéissent aux lois : ils courent lorsque
« le magistrat les appelle. Mais à Athènes un homme riche
« serait au désespoir que l'on crût qu'il dépendît du ma-
« gistrat. »

L'autorité paternelle est encore bien utile pour maintenir
les mœurs. Nous avons déjà dit que dans une république il
n'y a pas une force si réprimante que dans les autres
gouvernements. Il faut donc que les lois cherchent à y suppléer : elles le font par l'autorité paternelle.

A Rome, les pères avaient droit de vie et de mort[96] sur
leurs enfants (a). A Lacédémone, chaque père avait droit de
corriger l'enfant d'un autre.

La puissance paternelle se perdit à Rome avec la république. Dans les monarchies, où l'on n'a que faire de mœurs
si pures, on veut que chacun vive sous la puissance des magistrats.

Les lois de Rome, qui avaient accoutumé les jeunes gens à
la dépendance, établirent une longue minorité. Peut-être
avons-nous eu tort de prendre cet usage : dans une monarchie
on n'a pas besoin de tant de contrainte.

Cette même subordination dans la république y pourrait demander que le père restât pendant sa vie le maître des biens
de ses enfants, comme il fut réglé à Rome. Mais cela n'est
pas l'esprit de la monarchie[97].

CHAPITRE VIII

**Comment les lois doivent se rapporter au principe du gouvernement dans
l'aristocratie.**

Si dans l'aristocratie le peuple est vertueux, on y jouira à
peu près du bonheur du gouvernement populaire, et l'État
deviendra puissant. Mais, comme il est rare que là où les for-

a. On peut voir dans l'histoire romaine avec quel avantage pour la république
on se servit de cette puissance. Je ne parlerai que du temps de la plus grande
corruption. Aulus Fulvius s'était mis en chemin pour aller trouver Catilina; son
père le rappela, et le fit mourir. (SALLUSTE, de Bello Catil.) Plusieurs autres
citoyens firent de même. (Dion., liv. XXXVII.)

tunes des hommes sont si inégales il y ait beaucoup de vertu, il faut que les lois tendent à donner, autant qu'elles peuvent, un esprit de modération, et cherchent à rétablir cette égalité que la constitution de l'État ôte nécessairement.

L'esprit de modération est ce qu'on appelle la vertu dans l'aristocratie [98] : il y tient la place de l'esprit d'égalité dans l'État populaire.

Si le faste et la splendeur qui environnent les rois font une partie de leur puissance, la modestie et la simplicité des manières font la force des nobles aristocratiques (a). Quand ils n'affectent aucune distinction, quand ils se confondent avec le peuple, quand ils sont vêtus comme lui, quand ils lui font partager tous leurs plaisirs, il oublie sa faiblesse [99].

Chaque gouvernement a sa nature et son principe. Il ne faut donc pas que l'aristocratie prenne la nature et le principe de la monarchie, ce qui arriverait si les nobles avaient quelques prérogatives personnelles et particulières, distinctes de celles de leur corps. Les privilèges doivent être pour le sénat, et le simple respect pour les sénateurs.

Il y a deux sources principales de désordres dans les États aristocratiques : l'inégalité extrême entre ceux qui gouvernent et ceux qui sont gouvernés ; et la même inégalité entre les différents membres du corps qui gouverne. De ces deux inégalités résultent des haines et des jalousies que les lois doivent prévenir ou arrêter.

La première inégalité se trouve principalement lorsque les privilèges des principaux ne sont honorables que parce qu'ils sont honteux au peuple. Telle fut à Rome la loi qui défendait aux patriciens de s'unir par mariage aux plébéiens (b) : ce qui n'avait d'autre effet que de rendre, d'un côté, les patriciens plus superbes, et, de l'autre, plus odieux. Il faut voir les

a. De nos jours, les Vénitiens, qui, à bien des égards, se sont conduits très sagement, décidèrent, sur une dispute entre un noble vénitien et un gentilhomme de terre ferme pour une préséance dans une église, que, hors de Venise, un noble vénitien n'avait point de prééminence sur un autre citoyen.

b. Elle fut mise par les décemvirs dans les deux dernières tables. Voyez Denys d'Halicarnasse, liv. X.

avantages qu'en tirèrent les tribuns dans leurs harangues.

Cette inégalité se trouvera encore, si la condition des citoyens est différente par rapport aux subsides ; ce qui arrive de quatre manières : lorsque les nobles se donnent le privilège de n'en point payer ; lorsqu'ils font des fraudes pour s'en exempter (a), lorsqu'ils les appellent à eux, sous prétexte de rétributions ou d'appointements pour les emplois qu'ils exercent ; enfin quand ils rendent le peuple tributaire, et se partagent les impôts qu'ils lèvent sur eux. Ce dernier cas est rare ; une aristocratie, en cas pareil, est le plus dur de tous les gouvernements.

Pendant que Rome inclina vers l'aristocratie, elle évita très bien ces inconvénients. Les magistrats ne tiraient jamais d'appointements de leur magistrature. Les principaux de la république furent taxés comme les autres ; ils le furent même plus, et quelquefois ils le furent seuls. Enfin, bien loin de se partager les revenus de l'État, tout ce qu'ils purent tirer du trésor public, tout ce que la fortune leur envoya de richesses, ils le distribuèrent au peuple pour se faire pardonner leurs honneurs (b).

C'est une maxime fondamentale, qu'autant que les distributions faites au peuple ont de pernicieux effets dans la démocratie, autant en ont-elles de bons dans le gouvernement aristocratique. Les premières font perdre l'esprit de citoyen, les autres y ramènent.

Si l'on ne distribue point les revenus au peuple, il faut lui faire voir qu'ils sont bien administrés : les lui montrer, c'est en quelque manière l'en faire jouir. Cette chaîne d'or que l'on tendait à Venise, les richesses que l'on portait à Rome dans les triomphes, les trésors que l'on gardait dans le temple de Saturne, étaient véritablement les richesses du peuple.

Il est surtout essentiel, dans l'aristocratie, que les nobles ne lèvent pas les tributs. Le premier ordre de l'État ne s'en mêlait point à Rome : on en chargea le second ; et cela même

---

a. Comme dans quelques aristocraties de nos jours. Rien n'affaiblit tant l'État.

b. Voyez, dans Strabon, liv. XIV, comment les Rhodiens se conduisirent à cet égard.

eut dans la suite de grands inconvénients. Dans une aristocratie où les nobles lèveraient les tributs, tous les particuliers seraient à la discrétion des gens d'affaires : il n'y aurait point de tribunal supérieur qui les corrigeât. Ceux d'entre eux préposés pour ôter les abus aimeraient mieux jouir des abus. Les nobles seraient comme les princes des États despotiques qui confisquent les biens de qui il leur plaît.

Bientôt les profits qu'on y ferait seraient regardés comme un patrimoine que l'avarice étendrait à sa fantaisie. On ferait tomber les fermes; on réduirait à rien les revenus publics. C'est par là que quelques États, sans avoir reçu d'échecs qu'on puisse remarquer, tombent dans une faiblesse dont les voisins sont surpris, et qui étonne les citoyens mêmes.

Il faut que les lois leur défendent aussi le commerce : des marchands si accrédités feraient toutes sortes de monopoles. Le commerce est la profession des gens égaux; et, parmi les États despotiques, les plus misérables sont ceux où le prince est marchand.

Les lois de Venise (a) défendent aux nobles le commerce, qui pourrait leur donner, même innocemment, des richesses exorbitantes.

Les lois doivent employer les moyens les plus efficaces pour que les nobles rendent justice au peuple. Si elles n'ont point établi un tribun, il faut qu'elles soient un tribun elles-mêmes [100].

Toute sorte d'asile contre l'exécution des lois perd l'aristocratie; et la tyrannie en est tout près.

Elles doivent mortifier, dans tous les temps, l'orgueil de la domination. Il faut qu'il y ait, pour un temps ou pour toujours, un magistrat qui fasse trembler les nobles, comme les éphores à Lacédémone, et les inquisiteurs d'État à Venise; magistratures qui ne sont soumises à aucunes formalités. Ce gouvernement a besoin de ressorts bien violents [101]. Une

---

a. AMELOT DE LA HOUSSAYE, du Gouvernement de Venise, partie III. — La loi Claudia défendait aux sénateurs d'avoir en mer aucun vaisseau qui tînt plus de quarante muids. (TITE-LIVE, liv. XXI.)

bouche de pierre (a) s'ouvre à tout délateur à Venise : vous diriez que c'est celle de la tyrannie.

Ces magistratures tyranniques, dans l'aristocratie, ont du rapport à la censure de la démocratie [102], qui, par sa nature, n'est pas moins indépendante. En effet, les censeurs ne doivent point être recherchés sur les choses qu'ils ont faites pendant leur censure : il faut leur donner de la confiance, jamais du découragement. Les Romains étaient admirables : on pouvait faire rendre à tous les magistrats (b) raison de leur conduite, excepté aux censeurs (c).

Deux choses sont pernicieuses dans l'aristocratie : la pauvreté extrême des nobles, et leurs richesses exorbitantes. Pour prévenir leur pauvreté il faut surtout les obliger de bonne heure à payer leurs dettes. Pour modérer leurs richesses, il faut des dispositions sages et insensibles ; non pas des confiscations, des lois agraires, des abolitions de dettes, qui font des maux infinis.

Les lois doivent ôter le droit d'aînesse [103] entre les nobles (d), afin que, par le partage continuel des successions, les fortunes se remettent toujours dans l'égalité.

Il ne faut point de substitutions, de retraits lignagers, de majorats, d'adoptions. Tous les moyens inventés pour perpétuer la grandeur des familles dans les États monarchiques ne sauraient être d'usage dans l'aristocratie (e).

Quand les lois ont égalisé les familles, il leur reste à maintenir l'union entre elles. Les différends des nobles doivent être promptement décidés : sans cela, les contestations entre les personnes deviennent contestations entre les familles. Des arbitres peuvent terminer les procès, ou les empêcher de naître.

a. Les délateurs y jettent leurs billets.

b. Voyez Tite-Live, liv. XLIX. Un censeur ne pouvait pas même être troublé par un censeur : chacun faisait sa note, sans prendre l'avis de son collègue ; et quand on fit autrement, la censure fut, pour ainsi dire, renversée.

c. A Athènes, les logistes, qui faisaient rendre compte à tous les magistrats, ne rendaient point compte eux-mêmes.

d. Cela est ainsi établi à Venise. (AMELOT DE LA HOUSSAYE, p. 30 et 31.)

e. Il semble que l'objet de quelques aristocraties soit moins de maintenir l'État que ce qu'elles appellent leur noblesse.

Enfin il ne faut point[104] que les lois favorisent les distinctions que la vanité met entre les familles, sous prétexte qu'elles sont plus nobles ou plus anciennes : cela doit être mis au rang des petitesses des particuliers.

On n'a qu'à jeter les yeux sur Lacédémone, on verra comment les éphores surent mortifier les faiblesses des rois, celles des grands et celles du peuple.

CHAPITRE IX

Comment les lois sont relatives à leur principe dans la monarchie.

L'honneur étant le principe de ce gouvernement, les lois doivent s'y rapporter.

Il faut qu'elles y travaillent à soutenir cette noblesse, dont l'honneur est pour ainsi dire l'enfant et le père.

Il faut qu'elles la rendent héréditaire ; non pas pour être le terme entre le pouvoir du prince et la faiblesse du peuple, mais le lien de tous les deux.

Les substitutions[105], qui conservent les biens dans les familles, seront très utiles dans ce gouvernement, quoiqu'elles ne conviennent pas dans les autres.

Le retrait lignager[106] rendra aux familles nobles les terres que la prodigalité d'un parent aura aliénées.

Les terres nobles auront des privilèges, comme les personnes. On ne peut pas séparer la dignité du monarque de celle du royaume ; on ne peut guère séparer non plus la dignité du noble de celle de son fief.

Toutes ces prérogatives seront particulières à la noblesse, et ne passeront point au peuple, si l'on ne veut choquer le principe du gouvernement, si l'on ne veut diminuer la force de la noblesse et celle du peuple.

Les substitutions gênent le commerce ; le retrait lignager fait une infinité de procès nécessaires ; et tous les fonds du royaume vendus sont au moins, en quelque façon, sans maître pendant un an. Des prérogatives attachées à des fiefs donnent un pouvoir très à charge à ceux qui les souffrent.

Ce sont des inconvénients particuliers de la noblesse, qui disparaissent devant l'utilité générale qu'elle procure. Mais, quand on les communique au peuple, on choque inutilement tous les principes.

On peut, dans les monarchies, permettre de laisser la plus grande partie de ses biens à un seul de ses enfants : cette permission n'est même bonne que là.

Il faut que les lois favorisent tout le commerce (a) que la constitution de ce gouvernement peut donner, afin que les sujets puissent, sans périr, satisfaire aux besoins toujours renaissants du prince et de sa cour.

Il faut qu'elles mettent un certain ordre dans la manière de lever les tributs, afin qu'elle ne soit pas plus pesante que les charges mêmes.

La pesanteur des charges produit d'abord le travail; le travail, l'accablement; l'accablement, l'esprit de paresse.

CHAPITRE X

De la promptitude de l'exécution dans la monarchie.

Le gouvernement monarchique a un grand avantage sur le républicain : les affaires étant menées par un seul, il y a plus de promptitude dans l'exécution. Mais comme cette promptitude pourrait dégénérer en rapidité, les lois y mettront une certaine lenteur. Elles ne doivent pas seulement favoriser la nature de chaque constitution, mais encore remédier aux abus qui pourraient résulter de cette même nature.

Le cardinal de Richelieu (b) veut que l'on évite dans les monarchies les épines des compagnies, qui forment des difficultés sur tout. Quand cet homme n'aurait pas eu le despotisme dans le cœur, il l'aurait eu dans la tête [107].

Les corps qui ont le dépôt des lois [108] n'obéissent jamais mieux que quand ils vont à pas tardifs, et qu'ils apportent

_____

a. Elle ne le permet qu'au peuple. Voyez la loi troisième, au code *de Comm. de Mercatoribus*, qui est pleine de bon sens.

b. *Testament politique.*

dans les affaires du prince cette réflexion qu'on ne peut guère attendre du défaut de lumières de la cour sur les lois de l'État, ni de la précipitation de ses conseils (a).

Que serait devenue la plus belle monarchie du monde, si les magistrats, par leurs lenteurs, par leurs plaintes, par leurs prières, n'avaient arrêté le cours des vertus mêmes de ces rois, lorsque ces monarques, ne consultant que leur grande âme, auraient voulu récompenser sans mesure des services rendus avec un courage et une fidélité aussi sans mesure ?

CHAPITRE XI

De l'excellence du gouvernement monarchique.

Le gouvernement monarchique a un grand avantage sur le despotique. Comme il est de sa nature qu'il y ait sous le prince plusieurs ordres qui tiennent à la constitution, l'État est plus fixe, la constitution plus inébranlable, la personne de ceux qui gouvernent plus assurée.

Cicéron (b) croit que l'établissement des tribuns de Rome fut le salut de la république. « En effet, dit-il, la force du « peuple qui n'a point de chef est plus terrible. Un chef sent « que l'affaire roule sur lui, il y pense ; mais le peuple, dans « son impétuosité, ne connait point le péril où il se jette. » On peut appliquer cette réflexion à un État despotique, qui est un peuple sans tribuns ; et à une monarchie, où le peuple a en quelque façon des tribuns.

En effet, on voit partout que dans les mouvements du gouvernement despotique le peuple, mené par lui-même, porte toujours les choses aussi loin qu'elles peuvent aller ; tous les désordres qu'il commet sont extrêmes ; au lieu que dans les monarchies les choses sont très rarement portées à l'excès. Les chefs craignent pour eux-mêmes ; ils ont peur d'être

---

a. *Barbaris cunctatio servilis; statim exequi regium videtur.* (TACITE, *Annal.*, ·liv. V, § 32.) « Pour les barbares, la temporisation est quelque chose de ser- vile : obéir vite leur paraît royal. »

b. Livre III des *Lois.*

abandonnés; les puissances intermédiaires dépendantes (a) ne veulent pas que le peuple prenne trop le dessus. Il est rare que les ordres de l'État soient entièrement corrompus. Le prince tient à ses ordres; et les séditieux, qui n'ont ni la volonté ni l'espérance de renverser l'État, ne peuvent ni ne veulent renverser le prince.

Dans ces circonstances, les gens qui ont de la sagesse et de l'autorité s'entremettent; on prend des tempéraments, on s'arrange, on se corrige, les lois reprennent leur vigueur et se font écouter.

Aussi toutes nos histoires sont-elles pleines de guerres civiles sans révolutions; celles des États despotiques sont pleines de révolutions sans guerres civiles.

Ceux qui ont écrit l'histoire des guerres civiles de quelques États, ceux mêmes qui les ont fomentées, prouvent assez combien l'autorité que les princes laissent à de certains ordres pour leur service leur doit être peu suspecte, puisque, dans l'égarement même, ils ne soupiraient qu'après les lois et leur devoir, et retardaient la fougue et l'impétuosité des factieux plus qu'ils ne pouvaient la servir (b).

Le cardinal de Richelieu, pensant peut-être qu'il avait trop avili les ordres de l'État, a recours, pour le soutenir, aux vertus du prince et de ses ministres (c); et il exige d'eux tant de choses, qu'en vérité il n'y a qu'un ange qui puisse avoir tant d'attention, tant de lumières, tant de fermeté, tant de connaissance; et on peut à peine se flatter que d'ici à la dissolution des monarchies il puisse y avoir un prince et des ministres pareils.

Comme les peuples qui vivent sous une bonne police sont plus heureux que ceux qui, sans règle et sans chefs, errent dans les forêts; aussi les monarques qui vivent sous les lois fondamentales de leur État sont-ils plus heureux que les princes despotiques qui n'ont rien qui puisse régler le cœur de leurs peuples, ni le leur.

a. Voyez ci-dessus la première note du liv. II, chap. iv.
b. *Mémoires du cardinal de Retz*, et autres histoires.
c. *Testament politique*.

CHAPITRE XII

Continuation du même sujet.

Qu'on n'aille point chercher de la magnanimité dans les
États despotiques ; le prince n'y donnerait point une grandeur
qu'il n'a pas lui-même ; chez lui, il n'y a pas de gloire[109].

C'est dans les monarchies que l'on verra autour du prince
les sujets recevoir ses rayons ; c'est là que chacun, tenant,
pour ainsi dire, un plus grand espace, peut exercer ces
vertus qui donnent à l'âme, non pas de l'indépendance, mais
de la grandeur.

CHAPITRE XIII

Idée du despotisme.

Quand les sauvages de la Louisiane veulent avoir du fruit,
ils coupent l'arbre au pied, et cueillent le fruit (a). Voilà le
gouvernement despotique[110].

CHAPITRE XIV

Comment les lois sont relatives au principe du gouvernement despotique.

Le gouvernement despotique a pour principe la crainte :
mais, à des peuples timides, ignorants, abattus, il ne faut
pas beaucoup de lois.

Tout y doit rouler sur deux ou trois idées : il n'en faut
donc pas de nouvelles. Quand vous instruisez une bête, vous
vous donnez bien de garde de lui faire changer de maître, de leçons et d'allure ; vous frappez son cerveau par deux
ou trois mouvements, et pas davantage.

Lorsque le prince est enfermé, il ne peut sortir du séjour
de la volupté sans désoler tous ceux qui l'y retiennent. Ils ne

a. *Lettres édifiantes*, recueil II, p. 315.

peuvent souffrir que sa personne et son pouvoir passent en
d'autres mains. Il fait donc rarement la guerre en personne,
et il n'ose guère la faire par ses lieutenants.

Un prince pareil, accoutumé, dans son palais, à ne trouver
aucune résistance, s'indigne de celle qu'on lui fait les armes
à la main : il est donc ordinairement conduit par la colère
ou par la vengeance. D'ailleurs, il ne peut avoir d'idée de la
vraie gloire. Les guerres doivent donc s'y faire dans toute
leur fureur naturelle, et le droit des gens y avoir moins d'é-
tendue qu'ailleurs.

Un tel prince a tant de défauts qu'il faudrait craindre
d'exposer au grand jour sa stupidité naturelle. Il est caché,
et l'on ignore l'état où il se trouve. Par bonheur, les hommes
sont tels dans ce pays, qu'ils n'ont besoin que d'un nom qui
les gouverne.

Charles XII étant à Bender, trouvant quelque résistance
dans le sénat de Suède, écrivit qu'il leur enverrait une de
ses bottes pour commander. Cette botte aurait commandé
comme un roi despotique.

Si le prince est prisonnier, il est censé être mort; et un
autre monte sur le trône. Les traités que fait le prisonnier
sont nuls; son successeur ne les ratifierait pas. En effet,
comme il est les lois, l'Etat et le prince, et que, sitôt qu'il n'est
plus le prince, il n'est rien, s'il n'était pas censé mort, l'Etat
serait détruit.

Une des choses qui détermina le plus les Turcs à faire leur
paix séparée avec Pierre Ier, fut que les Moscovites dirent au
vizir qu'en Suède on avait mis un autre roi sur le trône.

La conservation de l'Etat n'est que la conservation du
prince, ou plutôt du palais où il est enfermé. Tout ce qui ne
menace pas directement ce palais ou la ville capitale, ne fait
point d'impression sur des esprits ignorants, orgueilleux et
prévenus ; et, quant à l'enchaînement des événements, ils ne
peuvent le suivre, le prévoir, y penser même. La politique, ses
ressorts et ses lois y doivent être très bornés, et le gouvernement politique y est aussi simple que le gouvernement civil(a).

a. Selon M. Chardin, il n'y a point de conseil d'État en Perse.

Tout se réduit à concilier le gouvernement politique et civil avec le gouvernement domestique, les officiers de l'État avec ceux du sérail.

Un pareil État sera dans la meilleure situation lorsqu'il pourra se regarder comme seul dans le monde; qu'il sera environné de déserts, et séparé de peuples qu'il appellera barbares. Ne pouvant compter sur la milice, il sera bon qu'il détruise une partie de lui-même.

Comme le principe du gouvernement despotique est la crainte, le but en est la tranquillité; mais ce n'est point une paix, c'est le silence de ces villes que l'ennemi est près d'occuper.

La force n'étant pas dans l'État, mais dans l'armée qui l'a fondé, il faudrait, pour défendre l'État, conserver cette armée : mais elle est formidable au prince. Comment donc concilier la sûreté de l'État avec la sûreté de la personne?

Voyez, je vous prie, avec quelle industrie le gouvernement moscovite cherche à sortir du despotisme, qui lui est plus pesant qu'aux peuples mêmes. On a cassé les grands corps de troupes [111], on a diminué les peines des crimes, on a établi des tribunaux, on a commencé à connaître les lois, on a instruit les peuples. Mais il y a des causes particulières qui le ramèneront peut-être au malheur qu'il voulait fuir.

Dans ces États, la religion a plus d'influence que dans aucun autre; elle est une crainte ajoutée à la crainte. Dans les empires mahométans, c'est de la religion que les peuples tirent en partie le respect étonnant qu'ils ont pour leur prince.

C'est la religion [112] qui corrige un peu la constitution turque. Les sujets qui ne sont pas attachés à la gloire et à la grandeur de l'État par honneur, le sont par la force et par le principe de la religion.

De tous les gouvernements despotiques, il n'y en a point qui s'accable plus lui-même que celui où le prince se déclare propriétaire de tous les fonds de terre, et l'héritier de tous ses sujets : il en résulte toujours l'abandon de la culture des terres; et si d'ailleurs le prince est marchand, toute espèce d'industrie est ruinée [113].

Dans ces États, on ne répare, on n'améliore rien (a) : on ne bâtit des maisons que pour la vie ; on ne fait point de fossés, on ne plante point d'arbres ; on tire tout de la nature, on ne lui rend rien ; tout est en friche, tout est désert.

Pensez-vous que des lois qui ôtent la propriété des fonds de terre et la succession des biens, diminueront l'avarice et la cupidité des grands ? Non : elles irriteront cette cupidité et cette avarice. On sera porté à faire mille vexations, parce qu'on ne croira avoir en propre que l'or ou l'argent que l'on pourra voler ou cacher.

Pour que tout ne soit pas perdu, il est bon que l'avidité du prince soit modérée par quelque coutume. Ainsi, en Turquie, le prince se contente ordinairement de prendre trois pour cent sur les successions (b) des gens du peuple. Mais, comme le Grand-Seigneur donne la plupart des terres à sa milice, et en dispose à sa fantaisie ; comme il se saisit de toutes les successions des officiers de l'empire ; comme, lorsqu'un homme meurt sans enfants mâles, le Grand-Seigneur a la propriété, et que les filles n'ont que l'usufruit, il arrive que la plupart des biens de l'État sont possédés d'une manière précaire.

Par la loi de Bantam (c), le roi prend la succession, même la femme, les enfants et la maison. On est obligé, pour éluder la plus cruelle disposition de cette loi, de marier les enfants à huit, neuf ou dix ans, et quelquefois plus jeunes, afin qu'ils ne se trouvent pas faire une malheureuse partie de la succession du père.

Dans les États où il n'y a point de lois fondamentales, la succession à l'empire ne saurait être fixe. La couronne y est élective par le prince, dans sa famille ou hors de sa famille. En vain serait-il établi que l'aîné succéderait ; le prince en pourrait toujours choisir un autre. Le successeur est déclaré

---

a. Voyez Ricaut, *État de l'Empire Ottoman*, p. 196.

b. Voyez, sur les successions des Turcs, *Lacédémone ancienne et moderne*. Voyez aussi Ricaut, *de l'Empire Ottoman*.

c. *Recueil des Voyages qui ont servi à l'établissement de la Compagnie des Indes* tome Ier. — La loi de Pégu est moins cruelle : si l'on a des enfants, le roi ne succède qu'aux deux tiers. (*Ibid.*, t. III, p. 1.)

par le prince lui-même, ou par ses ministres, ou par une
guerre civile. Ainsi cet État a une raison de dissolution de
plus qu'une monarchie.

Chaque prince de la famille royale ayant une égale capacité
pour être élu, il arrive que celui qui monte sur le trône fait
d'abord étrangler ses frères [114], comme en Turquie; ou les
fait aveugler, comme en Perse; ou les rend fous, comme
chez le Mogol; ou, si l'on ne prend point ces précautions,
comme à Maroc, chaque vacance du trône est suivie d'une
affreuse guerre civile.

Par les constitutions de Moscovie (a), le czar peut choisir
qui il veut pour son successeur [115], soit dans sa famille soit
hors de sa famille. Un tel établissement de succession cause
mille révolutions, et rend le trône aussi chancelant que la
succession est arbitraire. L'ordre de succession étant une des
choses qu'il importe le plus au peuple de savoir, le meilleur
est celui qui frappe le plus les yeux, comme la naissance et
un certain ordre de naissance. Une telle disposition arrête les
brigues, étouffe l'ambition; on ne captive plus l'esprit d'un
prince faible, et l'on ne fait point parler les mourants.

Lorsque la succession est établie par une loi fondamentale, un seul prince est le successeur, et ses frères n'ont aucun droit réel ou apparent de lui disputer la couronne. On
ne peut présumer ni faire valoir une volonté particulière du
père. Il n'est donc pas plus question d'arrêter ou de faire
mourir le frère du roi que quelque autre sujet que ce soit.

Mais dans les États despotiques, où les frères du prince
sont également ses esclaves et ses rivaux, la prudence veut
que l'on s'assure de leurs personnes, surtout dans les pays
mahométans, où la religion regarde la victoire ou le succès
comme un jugement de Dieu; de sorte que personne n'y est
souverain de droit, mais seulement de fait.

L'ambition est bien plus irritée dans des États où des princes du sang voient que, s'ils ne montent pas sur le trône,
ils seront enfermés ou mis à mort, que parmi nous, où les

---

a. Voyez les différentes constitutions, surtout celle de 1722.

princes du sang jouissent d'une condition qui, si elle n'est pas si satisfaisante pour l'ambition, l'est peut-être plus pour les désirs modérés.

Les princes des États despotiques ont toujours abusé du mariage. Ils prennent ordinairement plusieurs femmes, surtout dans la partie du monde où le despotisme est pour ainsi dire naturalisé, qui est l'Asie. Ils en ont tant d'enfants, qu'ils ne peuvent guère avoir d'affection pour eux, ni ceux-ci pour leurs frères.

La famille régnante ressemble à l'État : elle est trop faible, et son chef est trop fort ; elle paraît étendue, et elle se réduit à rien. Artaxerxès (a) fit mourir tous ses enfants pour avoir conjuré contre lui. Il n'est pas vraisemblable que cinquante enfants conspirent contre leur père ; et encore moins qu'ils conspirent parce qu'il n'a pas voulu céder sa concubine à son fils aîné. Il est plus simple de croire qu'il y a là quelque intrigue de ces sérails d'Orient, de ces lieux où l'artifice, la méchanceté, la ruse, règnent dans le silence et se couvrent d'une épaisse nuit ; où un vieux prince, devenu tous les jours plus imbécile, est le premier prisonnier du palais.

Après tout ce que nous venons de dire, il semblerait que la nature humaine se soulèverait sans cesse contre le gouvernement despotique ; mais, malgré l'amour des hommes pour la liberté, malgré leur haine contre la violence, la plupart des peuples y sont soumis [116] : cela est aisé à comprendre. Pour former un gouvernement modéré, il faut combiner les puissances, les régler, les tempérer, les faire agir ; donner, pour ainsi dire, un lest à l'une pour la mettre en état de résister à une autre : c'est un chef-d'œuvre de législation que le hasard fait rarement, et que rarement on laisse faire à la prudence. Un gouvernement despotique, au contraire, saute, pour ainsi dire, aux yeux ; il est uniforme partout : comme il ne faut que des passions pour l'établir, tout le monde est bon pour cela.

a. Voyez Justin.

CHAPITRE XV

Continuation du même sujet [117].

Dans les climats chauds, où règne ordinairement le despotisme, les passions se font plus tôt sentir, et elles sont aussi plus tôt amorties (a); l'esprit y est plus avancé; les périls de la dissipation des biens y sont moins grands; il y a moins de facilité de se distinguer, moins de commerce entre les jeunes gens renfermés dans la maison : on s'y marie de meilleure heure : on y peut donc être majeur plus tôt que dans nos climats d'Europe. En Turquie, la majorité commence à quinze ans (b).

La cession de biens [118] n'y peut avoir lieu. Dans un gouvernement où personne n'a de fortune assurée, on prête plus à la personne qu'aux biens.

Elle entre naturellement dans les gouvernements modérés (c) et surtout dans les républiques, à cause de la plus grande confiance que l'on doit avoir dans la probité des citoyens, et de la douceur que doit inspirer une forme de gouvernement que chacun semble s'être donnée lui-même.

Si dans la république romaine les législateurs avaient établi la cession des biens (d), on ne serait pas tombé dans tant de séditions et de discordes civiles, et on n'aurait point essuyé les dangers des maux ni les périls des remèdes.

La pauvreté et l'incertitude des fortunes, dans les États despotiques, y naturalisent l'usure, chacun augmentant le prix de son argent à proportion du péril qu'il y a à le prêter. La misère vient donc de toutes parts dans ces pays malheureux; tout y est ôté, jusqu'à la ressource des emprunts.

Il arrive de là qu'un marchand n'y saurait faire un grand commerce; il vit au jour la journée : s'il se chargeait de beaucoup de marchandises, il perdrait plus par les intérêts

a. Voyez le livre des *Lois dans leur rapport avec la nature du climat.*
b. La Guilletière, *Lacédémone ancienne et nouvelle*, p. 463.
c. Il en est de même des atermoiements dans les banqueroutes de bonne foi.
d. Elle ne fut établie que par la loi *Julia, de Cessione bonorum.* On évitait la prison, et la cession ignominieuse des biens.

qu'il donnerait pour les payer, qu'il ne gagnerait sur les marchandises.

Aussi les lois sur le commerce n'y ont-elles guère de lieu; elles se réduisent à la simple police.

Le gouvernement ne saurait être injuste sans avoir des mains qui exercent ces injustices : or, il est impossible que ces mains ne s'emploient pour elles-mêmes. Le péculat est donc naturel dans les États despotiques[119].

Ce crime y étant le crime ordinaire, les confiscations y sont utiles. Par là on console le peuple; l'argent qu'on en tire est un tribut considérable, que le prince lèverait difficilement sur des sujets abîmés : il n'y a même, dans ces pays, aucune famille qu'on veuille conserver.

Dans les États modérés, c'est tout autre chose.

Les confiscations[120] rendraient la propriété des biens incertaine; elles dépouilleraient des enfants innocents; elles détruiraient une famille, lorsqu'il ne s'agirait que de punir un coupable. Dans les républiques, elles feraient le mal d'ôter l'égalité qui en fait l'âme, en privant un citoyen de son nécessaire physique (a).

Une loi romaine (b) veut qu'on ne confisque que dans le cas du crime de lèse-majesté au premier chef. Il serait souvent très sage de suivre l'esprit de cette loi, et de borner les confiscations à de certains crimes. Dans les pays où une coutume locale a disposé des propres, Bodin (c) dit très bien qu'il ne faudrait confisquer que les acquêts[12].

CHAPITRE XVI

De la communication du pouvoir.

Dans le gouvernement despotique, le pouvoir passe tout entier dans les mains de celui à qui on le confie. Le vizir est le despote lui-même[122], et chaque officier particulier est le vizir.

a. Il me semble qu'on aimait trop les confiscations dans la république d'Athènes.
b. Authent. *Bona damnatorum.* Cod. *de Bon. Proscript. seu Damn.*
c. Liv. V, chap. iii.

Dans le gouvernement monarchique, le pouvoir s'applique moins immédiatement; le monarque, en le donnant, le tempère (a). Il fait une telle distribution de son autorité, qu'il n'en donne jamais une partie qu'il n'en retienne une plus grande.

Ainsi, dans les États monarchiques, les gouverneurs particuliers des villes ne relèvent pas tellement du gouverneur de la province, qu'ils ne relèvent du prince encore davantage; et les officiers particuliers des corps militaires ne dépendent pas tellement du général, qu'ils ne dépendent du prince encore plus.

Dans la plupart des États monarchiques, on a sagement établi que ceux qui ont un commandement un peu étendu ne soient attachés à aucun corps de milice; de sorte que, n'ayant de commandement que par une volonté particulière du prince, pouvant être employés et ne l'être pas, ils sont en quelque façon dehors.

Ceci est incompatible avec le gouvernement despotique. Car, si ceux qui n'ont pas un emploi actuel avaient néanmoins des prérogatives et des titres, il y aurait dans l'État des hommes grands par eux-mêmes ; ce qui choquerait la nature de ce gouvernement.

Que si le gouverneur d'une ville était indépendant du pacha, il faudrait tous les jours des tempéraments pour les accommoder : chose absurde dans un gouvernement despotique. Et, de plus, le gouverneur particulier pouvant ne pas obéir, comment l'autre pourrait-il répondre de sa province sur sa tête?

Dans ce gouvernement l'autorité ne peut être balancée; celle du moindre magistrat ne l'est pas plus que celle du despote. Dans les pays modérés, la loi est partout sage, elle est partout connue, et les plus petits magistrats peuvent la suivre. Mais dans le despotisme, où la loi n'est que la volonté du prince, quand le prince serait sage, comment un magistrat pourrait-il suivre une volonté qu'il ne connaît pas? Il faut qu'il suive la sienne.

a. *Ut esse Phœbi dulcius lumen solet jamjam cadentis...* « La lumière du soleil couchant paraît plus douce. »

Il y a plus; c'est que la loi n'étant que ce que le prince veut, et le prince ne pouvant vouloir que ce qu'il connaît, il faut bien qu'il y ait une infinité de gens qui veuillent pour lui et comme lui.

CHAPITRE XVII

Des présents.

Enfin, la loi étant la volonté momentanée du prince, il est nécessaire que ceux qui veulent pour lui veuillent subitement comme lui.

C'est un usage, dans les pays despotiques, que l'on n'aborde qui que ce soit au-dessus de soi sans lui faire un présent (*a*), pas même les rois. L'empereur du Mogol (*b*) ne reçoit point les requêtes de ses sujets qu'il n'en ait reçu quelque chose. Ces princes vont jusqu'à corrompre leurs propres grâces.

Cela doit être ainsi dans un gouvernement où personne n'est citoyen; dans un gouvernement où l'on est plein de l'idée que le supérieur ne doit rien à l'inférieur; dans un gouvernement où les hommes ne se croient liés que par les châtiments que les uns exercent sur les autres; dans un gouvernement où il y a peu d'affaires, et où il est rare que l'on ait

---

a. « En Perse, dit Chardin, on ne demande rien qu'un présent à la main. Les plus pauvres et les plus misérables ne paraissent devant les grands, et devant personne à qui ils demandent quelque grâce, qu'en leur offrant quelque chose; et tout est reçu, même chez les premiers seigneurs du pays, du fruit, des poulets, un agneau. Chacun donne ce qui est le plus sous sa main et de sa profession; et ceux qui n'ont point de profession donnent de l'argent. C'est un honneur que de recevoir ces sortes de présents. On les fait en public, et même on prend le temps qu'il y a le plus de compagnie. Cette coutume est universellement pratiquée dans tout l'Orient, et c'est peut-être une des plus anciennes du monde. » (*Description de la Perse*, ch. XI.) — Je crois que cette coutume était établie chez les régules Lombards, Ostrogoths, Wisigoths, Bourguignons, Francs. Mais comment faisaient les pauvres qui demandaient justice? Les rois de Pologne ont continué jusqu'à nos jours à recevoir des présents. Joinville convient que saint Louis en recevait quelquefois. Il lui dit un jour, avec sa naïveté ordinaire, au sortir d'une audience particulière que le roi avait accordée à l'abbé de Cluny : « N'est-il pas vrai, sire, que les deux beaux chevaux que ce moine vous a donnés ont un peu prolongé la conversation? » (NOTE DE VOLT.)

b. Recueil des voyages qui ont servi à l'établissement de la Compagnie des Indes, t. I, p. 80.

besoin de se présenter devant un grand, de lui faire des demandes, et encore moins des plaintes.

Dans une république, les présents sont une chose odieuse, parce que la vertu n'en a pas besoin. Dans une monarchie, l'honneur est un motif plus fort que les présents. Mais, dans l'État despotique, où il n'y a ni honneur ni vertu, on ne peut être déterminé à agir que par l'espérance des commodités de la vie.

C'est dans les idées de la république, que Platon (a) voulait que ceux qui reçoivent des présents pour faire leur devoir fussent punis de mort. « Il n'en faut prendre, disait-il, ni pour « les choses bonnes, ni pour les mauvaises. »

C'était une mauvaise loi que cette loi romaine (b) qui permettait aux magistrats de prendre de petits présents (c), pourvu qu'ils ne passassent pas cent écus dans toute l'année. Ceux à qui on ne donne rien ne désirent rien ; ceux à qui on donne un peu désirent bientôt un peu plus, et ensuite beaucoup. D'ailleurs, il est plus aisé de convaincre celui qui, ne devant rien prendre, prend quelque chose, que celui qui prend plus lorsqu'il devrait prendre moins, et qui trouve toujours pour cela des prétextes, des excuses, des causes et des raisons plausibles.

CHAPITRE XVIII

Des récompenses que le souverain donne.

Dans les gouvernements despotiques, où, comme nous avons dit, on n'est déterminé à agir que par l'espérance des commodités de la vie, le prince ne récompenserait que par des distinctions, si les distinctions que l'honneur établit n'étaient jointes à un luxe qui donne nécessairement des besoins : le prince y récompense donc par des honneurs qui mènent à la fortune. Mais, dans une république, où la vertu règne, motif qui se suffit à lui-même et qui exclut tous les autres, l'État ne récompense que par des témoignages de cette vertu [123].

a. Liv. XII des *Lois*.
b. *Leg.* VI. § 2, *Dig. ad leg. Jul. repet.*
c. *Munuscula.*

C'est une règle générale, que les grandes récompenses, dans une monarchie et dans une république, sont un signe de leur décadence, parce qu'elles prouvent que leurs principes sont corrompus ; que, d'un côté, l'idée de l'honneur n'y a plus tant de force ; que, de l'autre, la qualité de citoyen s'est affaiblie.

Les plus mauvais empereurs romains ont été ceux qui ont le plus donné, par exemple, Caligula, Claude, Néron, Othon, Vitellius, Commode, Héliogabale et Caracalla. Les meilleurs, comme Auguste, Vespasien, Antonin Pie, Marc-Aurèle et Pertinax, ont été économes. Sous les bons empereurs, l'État reprenait ses principes : le trésor de l'honneur suppléait aux autres trésors.

CHAPITRE XIX

Nouvelles conséquences des principes des trois gouvernements.

Je ne puis me résoudre à finir ce livre sans faire encore quelques applications de mes trois principes.

Première question. — Les lois doivent-elles forcer un citoyen à accepter les emplois publics ? Je dis qu'elles le doivent dans le gouvernement républicain[124], et non pas dans le monarchique. Dans le premier, les magistratures sont des témoignages de vertu, des dépôts que la patrie confie à un citoyen, qui ne doit vivre, agir et penser que pour elle : il ne peut donc pas les refuser (a). Dans le second, les magistratures sont des témoignages d'honneur : or, telle est la bizarrerie de l'honneur, qu'il se plaît à n'en accepter aucun que quand il veut, et de la manière qu'il veut.

Le feu roi de Sardaigne (b) punissait ceux qui refusaient les dignités et les emplois de son État. Il suivait, sans le savoir, des idées républicaines. Sa manière de gouverner, d'ailleurs, prouve assez que ce n'était pas là son intention.

---

a. Platon, dans sa *République*, liv. VIII, met ces refus au nombre des marques de la corruption de la république. Dans ses *Lois*, liv. VI, il veut qu'on les punisse par une amende. A Venise, on les punit par l'exil.

b. Victor-Amédée.

SECONDE QUESTION. — Est-ce une bonne maxime, qu'un citoyen puisse être obligé d'accepter, dans l'armée, une place inférieure [125] à celle qu'il a occupée? On voyait souvent, chez les Romains, le capitaine servir, l'année d'après, sous son lieutenant (a). C'est que, dans les républiques, la vertu demande qu'on fasse à l'État un sacrifice continuel de soi-même et de ses répugnances. Mais, dans les monarchies, l'honneur, vrai ou faux, ne peut souffrir ce qu'il appelle se dégrader.

Dans les gouvernements despotiques, où l'on abuse également de l'honneur, des postes et des rangs, on fait indifféremment d'un prince un goujat, et d'un goujat un prince.

TROISIÈME QUESTION. — Mettra-t-on sur une même tête les emplois civils et militaires [126]? Il faut les unir dans la république, et les séparer dans la monarchie. Dans les républiques, il serait bien dangereux de faire de la profession des armes un état particulier, distingué de celui qui a les fonctions civiles; et dans les monarchies, il n'y aurait pas moins de péril à donner les deux fonctions à la même personne.

On ne prend les armes, dans la république, qu'en qualité de défenseur des lois et de la patrie: c'est parce que l'on est citoyen qu'on se fait, pour un temps, soldat. S'il y avait deux états distingués, on ferait sentir à celui qui, sous les armes, se croit citoyen, qu'il n'est que soldat.

Dans les monarchies, les gens de guerre n'ont pour objet que la gloire, ou du moins l'honneur ou la fortune. On doit bien se garder de donner les emplois civils à des hommes pareils: il faut, au contraire, qu'ils soient contenus par les magistrats civils, et que les mêmes gens n'aient pas en même temps la confiance du peuple et la force pour en abuser (b).

---

a. Quelques centurions ayant appelé au peuple, pour demander l'emploi qu'ils avaient eu : « Il est juste, mes compagnons, dit un centurion, que vous regardiez comme honorables tous les postes où vous défendrez la république. » (TITE-LIVE, liv. XLII.) — Ce qui se fit à Rome lors de la guerre de Persée, ce qui s'est fait à Gênes dans la dernière révolution, se serait fait en pareil cas dans les monarchies. Nous pourrions en rapporter une multitude d'exemples pris chez nous-mêmes, non parmi de simples officiers, mais parmi les plus grands généraux. (D.)

b. *Ne imperium ad optimos nobilium transferretur, senatum militia vetuit Gallienus; etiam adire exercitum.* (AURELIUS VICTOR, *de Viris illustribus.*) « De peur que l'empire ne tombât entre les mains des principaux des nobles, l'em-

Voyez, dans une nation où la république se cache sous la forme de la monarchie, combien l'on craint un État particulier de gens de guerre [127], et comment le guerrier reste toujours citoyen, ou même magistrat, afin que ces qualités soient un gage pour la patrie, et qu'on ne l'oublie jamais.

Cette division de magistratures en civiles et militaires, faite par les Romains après la perte de la République, ne fut pas une chose arbitraire; elle fut une suite du changement de la constitution de Rome : elle était de la nature du gouvernement monarchique; et ce qui ne fut que commencé sous Auguste (a), les empereurs suivants (b) furent obligés de l'achever, pour tempérer le gouvernement militaire.

Ainsi Procope, concurrent de Valens à l'empire, n'y entendait rien, lorsque, donnant à Hormisdas, prince du sang royal de Perse, la dignité de proconsul (c), il rendit à cette magistrature le commandement des armées qu'elle avait autrefois; à moins qu'il n'eût des raisons particulières. Un homme qui aspire à la souveraineté cherche moins ce qui est utile à l'État que ce qui l'est à sa cause.

Quatrième question. — Convient-il que les charges soient vénales? Elles ne doivent pas l'être dans les États despotiques, où il faut que les sujets soient placés ou déplacés dans un instant par le prince.

Cette vénalité est bonne dans les États monarchiques, parce qu'elle fait faire, comme un métier de famille [128], ce qu'on ne voudrait pas entreprendre pour la vertu; qu'elle destine chacun à son devoir, et rend les ordres de l'État plus permanents. Suidas (d) dit très bien qu'Anastase avait fait de l'empire une espèce d'aristocratie, en vendant toutes les magistratures.

---

pereur Gallien interdit au Sénat le service militaire, et même l'accès des armées. »

a. Auguste ôta aux sénateurs, proconsuls et gouverneurs le droit de porter les armes. (Dion., liv. LIII.) — Auguste n'ôta ce droit qu'aux sénateurs devenus proconsuls; car les propréteurs, lieutenants de l'empereur, étaient gouverneurs des provinces dans lesquelles ils étaient envoyés, et y avaient le commandement des armées. (Crév.)

b. Constantin. Voyez Zosime, liv. II.

c. Ammien Marcellin, liv. XXVI. *Et civilia more veterum et bella recturo.*

d. Fragments tirés des *Ambassades de Constantin Porphyrogénète.*

Platon (a) ne peut souffrir cette vénalité. « C'est, dit-il,
« comme si, dans un navire, on faisait quelqu'un pilote ou
« matelot pour son argent. Serait-il possible que la règle fût
« mauvaise dans quelque autre emploi que ce fût de la vie,
« et bonne seulement pour conduire une république? » Mais
Platon parle d'une république fondée sur la vertu, et nous
parlons d'une monarchie. Or, dans une monarchie où, quand
les charges ne se vendraient pas par un règlement public,
l'indigence et l'avidité des courtisans les vendraient tout de
même, le hasard donnera de meilleurs sujets que le choix du
prince. Enfin, la manière de s'avancer par les richesses inspire et entretient l'industrie (b) : chose dont cette espèce de
gouvernement a grand besoin.

CINQUIÈME QUESTION. — Dans quel gouvernement faut-il des
censeurs? Il en faut dans une république [129], où le principe
du gouvernement est la vertu. Ce ne sont pas seulement les
crimes qui détruisent la vertu, mais encore les négligences,
les fautes, une certaine tiédeur dans l'amour de la patrie,
des exemples dangereux, des semences de corruption ; ce qui
ne choque point les lois, mais les élude ; ce qui ne les détruit
pas, mais les affaiblit : tout cela doit être corrigé par les censeurs.

On est étonné de la punition de cet aréopagite qui avait
tué un moineau qui, poursuivi par un épervier, s'était réfugié
dans son sein. On est surpris [130] que l'aréopage ait fait mourir un enfant qui avait crevé les yeux à son oiseau. Qu'on
fasse attention qu'il ne s'agit point là d'une condamnation
pour crime, mais d'un jugement de mœurs dans une république fondée sur les mœurs.

Dans les monarchies, il ne faut point de censeurs : elles
sont fondées sur l'honneur ; et la nature de l'honneur est
d'avoir pour censeur tout l'univers. Tout homme qui y manque est soumis aux reproches de ceux mêmes qui n'en ont
pas.

Là, les censeurs seraient gâtés par ceux mêmes qu'ils de-

---

a. *République*, liv. VIII.
b. Paresse de l'Espagne : on y donne tous les emplois.

vraient corriger. Ils ne seraient pas bons contre la corruption d'une monarchie; mais la corruption d'une monarchie serait trop forte contre eux.

On sent bien qu'il ne faut point de censeurs contre les gouvernements despotiques. L'exemple de la Chine semble déroger à cette règle; mais nous verrons dans la suite de cet ouvrage les raisons singulières de cet établissement.

APPENDICE [1]

LIVRE SIXIÈME

CONSÉQUENCES DES PRINCIPES DES GOUVERNEMENTS, PAR RAPPORT A LA SIMPLICITÉ DES LOIS CIVILES ET CRIMINELLES, LA FORME DES JUGEMENTS ET L'ÉTABLISSEMENT DES PEINES.

CHAPITRE PREMIER

De la simplicité des lois civiles dans les divers gouvernements.

Le gouvernement monarchique ne comporte pas des lois aussi simples que le despotique. Il y faut des tribunaux. Ces tribunaux donnent des décisions. Elles doivent être conservées, elles doivent être apprises, pour que l'on y juge aujourd'hui comme l'on y jugea hier, et que la propriété et la vie des citoyens y soient assurées et fixes comme la constitution même de l'État.

Dans une monarchie, l'administration d'une justice qui ne décide pas seulement de la vie et des biens, mais aussi de l'honneur, demande des recherches scrupuleuses. La délicatesse du juge augmente à mesure qu'il a un plus grand dépôt, et qu'il prononce sur de plus grands intérêts.

Il ne faut donc pas être étonné de trouver dans les lois de ces États tant de règles, de restrictions, d'extensions, qui multi-

1. Nous donnons en *Appendice* les livres de l'*Esprit des Lois*, qui, sans être indiqués au programme, complètent la théorie des gouvernements (VI, VII, VIII, XI) et ceux qui ont eu le plus d'influence sur les idées réformatrices du xviiie siècle.
(*Note de l'éditeur.*)

plient les cas particuliers, et semblent faire un art de la raison même.

La différence de rang, d'origine, de condition, qui est établie dans le gouvernement monarchique, entraîne souvent des distinctions dans la nature des biens ; et des lois relatives à la constitution de cet État peuvent augmenter le nombre de ces distinctions. Ainsi, parmi nous, les biens sont propres, acquêts, ou conquêts ; dotaux, paraphernaux ; paternels et maternels ; meubles de plusieurs espèces ; libres, substitués ; du lignage, ou non ; nobles en franc-alleu, ou roturiers ; rentes foncières ou constituées à prix d'argent. Chaque sorte de biens est soumise à des règles particulières : il faut les suivre pour en disposer : ce qui ôte encore de la simplicité.

Dans nos gouvernements, les fiefs sont devenus héréditaires. Il a fallu que la noblesse eût un certain bien, c'est-à-dire que le fief eût une certaine consistance, afin que le propriétaire du fief fût en état de servir le prince. Cela a dû produire bien des variétés : par exemple, il y a des pays où l'on n'a pu partager les fiefs entre les frères ; dans d'autres, les cadets ont pu avoir leur subsistance avec plus d'étendue.

Le monarque, qui connaît chacune de ses provinces, peut établir diverses lois, ou souffrir différentes coutumes. Mais le despote ne connaît rien, et ne peut avoir d'attention sur rien ; il lui faut une allure générale ; il gouverne par une volonté rigide qui est partout la même ; tout s'aplanit sous ses pieds.

A mesure que les jugements des tribunaux se multiplient dans les monarchies, la jurisprudence se charge de décisions qui quelquefois se contredisent, ou parce que les juges qui se succèdent pensent différemment, ou parce que les mêmes affaires sont tantôt bien, tantôt mal défendues, ou enfin par une infinité d'abus qui se glissent dans tout ce qui passe par la main des hommes. C'est un mal nécessaire que le législateur corrige de temps en temps, comme contraire même à l'esprit des gouvernements modérés. Car, quand on est obligé de recourir aux tribunaux, il faut que cela vienne de la nature de la constitution, et non pas des contradictions et de l'incertitude des lois.

Dans les gouvernements où il y a nécessairement des distinctions dans les personnes, il faut qu'il y ait des privilèges. Cela diminue encore la simplicité, et fait mille exceptions.

Un des privilèges le moins à charge à la société, et surtout à celui qui le donne, c'est de plaider devant un tribunal plutôt que devant un autre. Voilà de nouvelles affaires, c'est-à-dire celles où il s'agit de savoir devant quel tribunal il faut plaider.

Les peuples des États despotiques sont dans un cas bien différent. Je ne sais sur quoi, dans ces pays, le législateur pourrait statuer, ou le magistrat juger. Il suit de ce que les terres appartiennent au prince, qu'il n'y a presque point de lois civiles sur la propriété des terres. Il suit du droit que le souverain a de succéder,
qu'il n'y en a pas non plus sur les successions. Le négoce exclusif
qu'il fait dans quelques pays rend inutiles toutes sortes de lois sur le
commerce. Les mariages que l'on y contracte avec des filles esclaves
font qu'il n'y a guère de lois civiles sur les dots et sur les avantages
des femmes. Il résulte encore de cette prodigieuse multitude d'esclaves qu'il n'y a presque point de gens qui aient une volonté propre, et qui par conséquent doivent répondre de leur conduite devant
un juge. La plupart des actions morales, qui ne sont que les volontés du père, du mari, du maître, se règlent par eux, et non par les
magistrats.

J'oubliais de dire que ce que nous appelons l'honneur étant à
peine connu dans ces États, toutes les affaires qui regardent cet honneur, qui est un si grand chapitre parmi nous, n'y ont point de lieu.
Le despotisme se suffit à lui-même : tout est vide autour de lui.
Aussi lorsque les voyageurs nous décrivent les pays où il règne, rarement nous parlent-ils des lois civiles [1].

Toutes les occasions de dispute et de procès y sont donc ôtées.
C'est ce qui fait en partie qu'on y maltraite si fort les plaideurs :
l'injustice de leur demande paraît à découvert, n'étant pas cachée,
palliée ou protégée par une infinité de lois.

CHAPITRE II

De la simplicité des lois criminelles dans les divers gouvernements.

On entend dire sans cesse qu'il faudrait que la justice fût rendue
partout comme en Turquie. Il n'y aura donc que les plus ignorants
de tous les peuples qui auront vu clair dans la chose du monde qu'il
importe le plus aux hommes de savoir ?

Si vous examinez les formalités de la justice par rapport à la peine

---

1. Au Mazulipatan, on n'a pu découvrir qu'il y eût de loi écrite. Voyez le *Recueil
des Voyages qui ont servi à l'établissement de la Compagnie des Indes*, tome IV, partie première, page 391. Les Indiens ne se règlent, dans les jugements, que sur de
certaines coutumes. Le Vedam et autres livres pareils ne contiennent point de lois
civiles, mais des préceptes religieux. Voyez *Lettres édifiantes*, quatorzième recueil.

qu'a un citoyen à se faire rendre son bien, ou à obtenir satisfaction de quelque outrage, vous en trouverez sans doute trop. Si vous les regardez dans le rapport qu'elles ont avec la liberté et la sûreté des citoyens, vous en trouverez souvent trop peu ; et vous verrez que les peines, les dépenses, les longueurs, les dangers même de la justice, sont le prix que chaque citoyen donne pour sa liberté.

En Turquie, où l'on fait très peu d'attention à la fortune, à la vie, à l'honneur des sujets, on termine promptement, d'une façon ou d'une autre, toutes les disputes. La manière de les finir est indifférente, pourvu qu'on finisse. Le pacha, d'abord éclairci, fait distribuer, à sa fantaisie, des coups de bâton sur la plante des pieds des plaideurs, et les renvoie chez eux[1].

Et il serait bien dangereux que l'on y eût les passions des plaideurs : elles supposent un désir ardent de se faire rendre justice, une haine, une action dans l'esprit, une constance à poursuivre. Tout cela doit être évité dans un gouvernement où il ne faut avoir d'autre sentiment que la crainte, et où tout mène tout à coup, et sans qu'on le puisse prévoir, à des révolutions. Chacun doit connaître qu'il ne faut point que le magistrat entende parler de lui, et qu'il ne tient sa sûreté que de son anéantissement.

Mais, dans les États modérés, où la tête du moindre citoyen est considérable, on ne lui ôte son honneur et ses biens qu'après un long examen ; on ne le prive de la vie que lorsque la patrie elle-même l'attaque ; et elle ne l'attaque qu'en lui laissant tous les moyens possibles de la défendre.

Aussi, lorsqu'un homme se rend plus absolu[2], songe-t-il d'abord à simplifier les lois. On commence dans cet État à être plus frappé des inconvénients particuliers que de la liberté des sujets, dont on ne se soucie point du tout.

On voit que dans les républiques il faut pour le moins autant de formalités que dans les monarchies. Dans l'un et dans l'autre gouvernement, elles augmentent en raison du cas que l'on y fait de l'honneur, de la fortune, de la vie, de la liberté des citoyens.

---

1. Quand les lois sont très simples, il n'y a guère de procès où l'une des deux parties ne soit évidemment un fripon, parce que les discussions roulent sur des faits, et non sur le droit. Voilà pourquoi on fait, dans l'Orient, un si grand usage des témoins dans les affaires civiles, et qu'on distribue quelquefois des coups de bâton aux plaideurs et aux témoins qui en ont imposé à la justice. (Note de VOLT.)

2. César, Cromwell, et tant d'autres.

Les hommes sont tous égaux dans le gouvernement républicain ; ils sont égaux dans le gouvernement despotique : dans le premier, c'est parce qu'ils sont tout ; dans le second, c'est parce qu'ils ne sont rien.

CHAPITRE III

Dans quels gouvernements et dans quels cas on doit juger selon un texte précis de la loi.

Plus le gouvernement approche de la république, plus la manière de juger devient fixe ; et c'était un vice de la république de Lacédémone que les éphores jugeassent arbitrairement, sans qu'il y eût des lois pour les diriger. A Rome, les premiers consuls jugèrent comme les éphores : on en sentit les inconvénients, et l'on fit des lois précises.

Dans les Etats despotiques, il n'y a point de lois : le juge est lui-même sa règle. Dans les Etats monarchiques, il y a une loi ; et là où elle est précise, le juge la suit ; là où elle ne l'est pas, il en cherche l'esprit. Dans le gouvernement républicain, il est de la nature de la constitution que les juges suivent la lettre de la loi [1]. Il n'y a point de citoyen contre qui on puisse interpréter une loi, quand il s'agit de ses biens, de son honneur ou de sa vie.

A Rome, les juges prononçaient seulement que l'accusé était coupable d'un certain crime ; et la peine se trouvait dans la loi, comme on le voit dans diverses lois qui furent faites. En Angleterre, les jurés décident si le fait qui a été porté devant eux est prouvé ou non ; et, s'il est prouvé, le juge prononce la peine que la loi inflige pour ce fait : et, pour cela, il ne lui faut que des yeux.

---

1. Rien n'est plus dangereux que l'axiome commun : « Il faut consulter l'espri de la loi. » Adopter cet axiome, c'est rompre toutes les digues et abandonner les lois au torrent des opinions. Chaque homme a sa manière de voir : l'esprit d'une loi serait donc le résultat de la logique bonne ou mauvaise d'un juge, d'une digestion aisée ou pénible, de la faiblesse de l'accusé, de la violence des passions du magistrat, de ses relations avec l'offensé ; enfin, de toutes les petites causes qui changent les apparences et dénaturent les objets dans l'esprit inconstant de l'homme ? Ainsi nous verrions l'esprit d'un citoyen changer de face en passant à un autre tribunal, et la vie du malheureux serait à la merci d'un faux raisonnement ou de la mauvaise humeur de son juge. Nous verrions les mêmes délits punis différemment en différents temps, par le même tribunal, parce qu'au lieu d'écouter la voix constante et invariable des lois, il se livrerait à l'instabilité trompeuse des interprétations arbitraires. (BECCARIA, ch. IV.)

CHAPITRE IV

De la manière de former les jugements.

De là suivent les différentes manières de former les jugements. Dans les monarchies, les juges prennent la manière des arbitres : ils délibèrent ensemble, ils se communiquent leurs pensées, ils se concilient ; on modifie son avis pour le rendre conforme à celui d'un autre ; les avis les moins nombreux sont rappelés aux deux plus grands. Cela n'est point de la nature de la république. A Rome, et dans les villes grecques, les juges ne se communiquaient point : chacun donnait son avis d'une de ces trois manières : *j'absous, je condamne, il ne me paraît pas*[1] : c'est que le peuple jugeait ou était censé juger. Mais le peuple n'est pas jurisconsulte ; toutes ces modifications et tempéraments des arbitres ne sont pas pour lui ; il faut lui présenter un seul objet, un fait, et un seul fait ; et qu'il n'ait qu'à voir s'il doit condamner, absoudre, ou remettre le jugement.

Les Romains, à l'exemple des Grecs, introduisirent des formules d'actions[2], et établirent la nécessité de diriger chaque affaire par l'action qui lui était propre. Cela était nécessaire dans leur manière de juger : il fallait fixer l'état de la question, pour que le peuple l'eût toujours devant les yeux. Autrement, dans le cours d'une grande affaire, cet état de la question changerait continuellement, et on ne le reconnaîtrait plus.

De là il suivait que les juges, chez les Romains, n'accordaient que la demande précise, sans rien augmenter, diminuer, ni modifier. Mais les préteurs imaginèrent d'autres formules d'actions qu'on appela *de bonne foi*[3], où la manière de prononcer était plus dans la disposition du juge. Ceci était plus conforme à l'esprit de la monarchie. Aussi les jurisconsultes français disent-ils : En France[4] « toutes les actions sont de bonne foi ».

---

1. *Non liquet.* « La cause n'est pas claire. »

2. *Quas actiones ne populus, prout vellet, institueret, certas solemnesque esse voluerunt. (Leg. II, § 6, Dig., de Orig. Jur.)* « Ils instituèrent des formes fixes et solennelles d'actions, afin que le peuple ne pût pas les établir à sa fantaisie. »

3. Dans lesquelles ou mettait ces mots : *Ex bona fide.*

4. On y condamne aux dépens celui-là même à qui on demande plus qu'il ne doit, s'il n'a offert et consigné ce qu'il doit.

CHAPITRE V

Dans quels gouvernements le souverain peut être juge.

Machiavel[1] attribue la perte de la liberté de Florence à ce que le peuple ne jugeait pas en corps, comme à Rome, des crimes de lèse-majesté commis contre lui. Il y avait pour cela huit juges établis. Mais, dit Machiavel, peu sont corrompus par peu. J'adopterais bien la maxime de ce grand homme; mais comme dans ces cas l'intérêt politique force pour ainsi dire l'intérêt civil (car c'est toujours un inconvénient que le peuple juge lui-même ses offenses), il faut, pour y remédier, que les lois pourvoient, autant qu'il est en elles, à la sûreté des particuliers.

Dans cette idée, les législateurs de Rome firent deux choses : ils permirent aux accusés de s'exiler[2] avant le jugement[3]; et ils voulurent que les biens des condamnés fussent consacrés, pour que le peuple n'en eût pas la confiscation. On verra dans le livre XI les autres limitations que l'on mit à la puissance que le peuple avait de juger.

Solon sut bien prévenir l'abus que le peuple pourrait faire de sa puissance dans le jugement des crimes : il voulut que l'aréopage revît l'affaire; que, s'il croyait l'accusé injustement absous[4], il l'accusât de nouveau devant le peuple : que, s'il le croyait injustement condamné[5], il arrêtât l'exécution, et lui fît rejuger l'affaire : loi admirable, qui soumettait le peuple à la censure de la magistrature qu'il respectait le plus, et à la sienne même!

Il sera bon de mettre quelque lenteur dans des affaires pareilles, surtout du moment que l'accusé sera prisonnier, afin que le peuple puisse se calmer et juger de sang-froid.

Dans les États despotiques, le prince peut juger lui-même. Il ne le peut dans les monarchies : la constitution serait détruite, les pouvoirs intermédiaires dépendants, anéantis; on verrait cesser toutes les formalités des jugements; la crainte s'emparerait de tous les esprits; on verrait la pâleur sur tous les visages; plus de con-

---

1. *Discours sur la première décade de Tite-Live,* liv. I, ch. VII.

2. Cela est bien expliqué dans l'oraison de Cicéron *pro Cæcina,* à la fin.

3. C'était une loi d'Athènes, comme il paraît par Démosthène. Socrate refusa de s'en servir.

4. Démosthène, *sur la Couronne,* p. 494, édition de Francfort, de l'an 1604.

5. Voyez Philostrate, *Vies des Sophistes,* liv. 1er; *Vies d'Æschine.*

fiance, plus d'honneur, plus d'amour, plus de sûreté, plus de monarchie.

Voici d'autres réflexions. Dans les États monarchiques, le prince est la partie qui poursuit les accusés, et les fait punir ou absoudre : s'il jugeait lui-même, il serait le juge et la partie.

Dans ces mêmes États, le prince a souvent les confiscations : s'il jugeait les crimes, il serait encore le juge et la partie.

De plus, il perdrait le plus bel attribut de sa souveraineté, qui est celui de faire grâce [1] : il serait insensé qu'il fît et défit ses jugements; il ne voudrait pas être en contradiction avec lui-même. Outre que cela confondrait toutes les idées, on ne saurait si un homme serait absous ou s'il recevrait sa grâce.

Lorsque Louis XIII voulut être juge dans le procès du duc de la Valette [2], et qu'il appela pour cela dans son cabinet quelques officiers du parlement et quelques conseillers d'État, le roi les ayant forcés d'opiner sur le décret de prise de corps, le président de Bellièvre dit : « Qu'il voyait dans cette affaire une chose étrange, un « prince opiner au procès d'un de ses sujets ; que les rois ne s'é- « taient réservé que les grâces, et qu'ils renvoyaient les condamna- « tions vers leurs officiers. Et Votre Majesté voudrait bien voir sur « la sellette un homme devant elle, qui, par son jugement, irait « dans une heure à la mort! Que la face du prince, qui porte les « grâces, ne peut soutenir cela; que sa vue seule levait les interdits « des églises; qu'on ne devait sortir que content devant le prince. » Lorsqu'on jugea le fond, le même président dit, dans son avis : « Cela est un jugement sans exemple, voire contre tous les exemples « du passé jusqu'à huy, qu'un roi de France ait condamné en qua- « lité de juge, par son avis, un gentilhomme à mort [3]. »

Les jugements rendus par le prince seraient une source intarissable d'injustices et d'abus; les courtisans extorqueraient, par leur importunité, ses jugements. Quelques empereurs romains eurent la

---

1. Platon ne pense pas que les rois, qui sont, dit-il, prêtres, puissent assister au jugement où l'on condamne à la mort, à l'exil, à la prison.

2. Voyez la relation du procès fait à M. le duc de la Valette. Elle est imprimée dans les mémoires de Montrésor, t. II, p. 62.

3. Cela fut changé dans la suite. Voyez la relation, t. II, p. 236. — « C'était originairement un droit de la pairie, qu'un pair accusé criminellement fût jugé par le roi, son principal pair. François II avait opiné dans le procès contre le prince de Condé, oncle d'Henri IV. Charles VII avait donné sa voix dans le procès du duc d'Alençon; et le parlement même l'avait assuré que c'était son devoir d'être à la tête des juges. Aujourd'hui, la présence du roi au jugement d'un pair, pour le condamner, paraîtrait un acte de tyrannie. » (Note de VOLT.)

fureur de juger : nuls règnes n'étonnèrent plus l'univers par leurs injustices.

« Claude, dit Tacite[1], ayant attiré à lui le jugement des affaires et « les fonctions des magistrats, donna occasion à toutes sortes de « rapines. »

Aussi Néron, parvenant à l'empire après Claude, voulant se concilier les esprits, déclara-t-il : « Qu'il se garderait bien d'être le juge « de toutes les affaires, pour que les accusateurs et les accusés, « dans les murs d'un palais, ne fussent pas exposés à l'inique pou- « voir de quelques affranchis[2]. »

« Sous le règne d'Arcadius, dit Zosime[3], la nation des calomnia- « teurs se répandit, entoura la cour et l'infecta. Lorsqu'un homme « était mort, on supposait qu'il n'avait point laissé d'enfants[4]; on « donnait ses biens par un rescrit. Car, comme le prince était « étrangement stupide, et l'impératrice entreprenante à l'excès, elle « servait l'insatiable avarice de ses domestiques et de ses confi- « dentes; de sorte que, pour les gens modérés, il n'y avait rien de « plus désirable que la mort. »

« Il y avait autrefois. dit Procope[5], fort peu de gens à la cour ; « mais, sous Justinien, comme les juges n'avaient plus la liberté de « rendre justice, leurs tribunaux étaient déserts, tandis que le pa- « lais du prince retentissait des clameurs des parties qui sollici- « taient leurs affaires. » Tout le monde sait comment on y vendait les jugements, et même les lois.

Les lois sont les yeux du prince, il voit par elles ce qu'il ne pour- rait pas voir sans elles. Veut-il faire la fonction des tribunaux, il travaille non pas pour lui, mais pour ses séducteurs contre lui.

CHAPITRE VI

Que, dans la monarchie, les ministres ne doivent pas juger.

C'est encore un grand inconvénient dans la monarchie que les mi- nistres du prince jugent eux-mêmes les affaires contentieuses. Nous voyons encore aujourd'hui des États où il y a des juges sans nombre pour décider les affaires fiscales, et où les ministres, qui le croi-

1. *Annal.*, liv. XI.
2. *Annal.*, liv. XIII.
3. *Hist.*, liv. V.
4. Même désordre sous Théodose le Jeune.
5. *Histoire secrète.*

rait! veulent encore les juger. Les réflexions viennent en foule : je ne ferai que celle-ci.

Il y a, par la nature des choses, une espèce de contradiction entre le conseil du monarque et ses tribunaux. Le conseil des rois doit être composé de peu de personnes ; les tribunaux de judicature en demandent beaucoup. La raison en est que, dans le premier, on doit prendre les affaires avec une certaine passion, et les suivre de même ; ce qu'on ne peut guère espérer que de quatre ou cinq hommes qui en font leur affaire. Il faut, au contraire, des tribunaux de judicature de sang-froid, et à qui toutes les affaires soient en quelque façon indifférentes.

CHAPITRE VII

Du magistrat unique.

Un tel magistrat ne peut avoir lieu que dans le gouvernement despotique. On voit dans l'histoire romaine à quel point un juge unique peut abuser de son pouvoir. Comment Appius, sur son tribunal, n'aurait-il pas méprisé les lois, puisqu'il viola même celle qu'il avait faite [1] ? Tite-Live nous apprend l'inique distinction du décemvir. Il avait aposté un homme qui réclamait devant lui Virginie comme son esclave : les parents de Virginie lui demandèrent qu'en vertu de sa loi on la leur remît jusqu'au jugement définitif. Il déclara que sa loi n'avait été faite qu'en faveur du père, et que, Virginius étant absent, elle ne pouvait avoir d'application [2].

CHAPITRE VIII

Des accusations dans les divers gouvernements.

A Rome [3], il était permis à un citoyen d'en accuser un autre. Cela était établi selon l'esprit de la république, où chaque citoyen doit avoir pour le bien public un zèle sans bornes, où chaque citoyen est censé tenir tous les droits de la patrie dans ses mains. On suivit sous les empereurs les maximes de la république ; et d'abord on vit paraître un genre d'hommes funestes, une troupe de délateurs.

1. Voyez la loi II, § 24, ff., de *Orig. Jur.*
2. *Quod pater puellæ abesset, locum injuriæ esse ratus.* (TITE-LIVE, liv. III.)
3. Et dans bien d'autres cités.

Quiconque avait bien des vices et bien des talents, une âme bien basse et un esprit ambitieux, cherchait un criminel, dont la condamnation pût plaire au prince : c'était la voie pour aller aux honneurs et à la fortune [1], choses que nous ne voyons point parmi nous.

Nous avons aujourd'hui une loi admirable : c'est celle qui veut que le prince, établi pour faire exécuter les lois, prépose un officier dans chaque tribunal pour poursuivre en son nom tous les crimes; de sorte que la fonction des délateurs est inconnue parmi nous, et, si ce vengeur public était soupçonné d'abuser de son ministère, on l'obligerait de nommer son dénonciateur.

Dans les lois de Platon [2], ceux qui négligent d'avertir les magistrats, ou de leur donner du secours, doivent être punis. Cela ne conviendrait point aujourd'hui. La partie publique veille pour les citoyens; elle agit, et ils sont tranquilles.

CHAPITRE IX

De la sévérité des peines dans les divers gouvernements.

La sévérité des peines convient mieux au gouvernement despotique, dont le principe est la terreur, qu'à la monarchie et à la république, qui ont pour ressort l'honneur et la vertu.

Dans les États modérés, l'amour de la patrie, la honte et la crainte du blâme, sont des motifs réprimants, qui peuvent arrêter bien des crimes. La plus grande peine d'une mauvaise action sera d'en être convaincu. Les lois civiles y corrigeront donc plus aisément et n'auront pas besoin de tant de force.

Dans ces États, un bon législateur s'attachera moins à punir les crimes qu'à les prévenir; il s'appliquera plus à donner des mœurs qu'à infliger des supplices.

C'est une remarque perpétuelle des auteurs chinois [3], que plus dans leur empire on voyait augmenter les supplices, plus la révolution était prochaine. C'est qu'on augmentait les supplices à mesure qu'on manquait de mœurs.

Il serait aisé de prouver que, dans tous ou presque tous les États d'Europe, les peines ont diminué ou augmenté à mesure qu'on s'est plus approché ou plus éloigné de la liberté.

1. Voyez dans Tacite les récompenses accordées à ces délateurs.
2. Liv. IX.
3. Je ferai voir dans la suite que la Chine, à cet égard, est dans le cas d'une république ou d'une monarchie.

Dans les pays despotiques, on est si malheureux que l'on y craint plus la mort qu'on ne regrette la vie : les supplices y doivent donc être plus rigoureux. Dans les États modérés, on craint plus de perdre la vie qu'on ne redoute la mort en elle-même ; les supplices qui ôtent simplement la vie y sont donc suffisants.

Les hommes extrêmement heureux et les hommes extrêmement malheureux sont également portés à la dureté : témoin les moines et les conquérants. Il n'y a que la médiocrité et le mélange de la bonne et de la mauvaise fortune qui donnent de la douceur et de la pitié.

Ce que l'on voit dans les hommes en particulier se trouve dans les diverses nations. Chez les peuples sauvages, qui mènent une vie très dure, et chez les peuples des gouvernements despotiques, où il n'y a qu'un homme exorbitamment favorisé de la fortune, tandis que tout le reste en est outragé, on est également cruel. La douceur règne dans les gouvernements modérés.

Lorsque nous lisons dans les histoires les exemples de la justice atroce des sultans, nous sentons avec une espèce de douleur les maux de la nature humaine.

Dans les gouvernements modérés, tout, pour un bon législateur, peut servir à former des peines. N'est-il pas bien extraordinaire qu'à Sparte une des principales fût de ne pouvoir prêter sa femme à un autre, ni recevoir celle d'un autre ; de n'être jamais dans sa maison qu'avec des vierges ? En un mot, tout ce que la loi appelle une peine est effectivement une peine.

CHAPITRE X

Des anciennes lois françaises.

C'est bien dans les anciennes lois françaises que l'on trouve l'esprit de la monarchie. Dans les cas où il s'agit de peines pécuniaires, les non-nobles sont moins punis que les nobles [1]. C'est tout le contraire dans les crimes [2] ; le noble perd l'honneur et réponse en cour, pendant que le vilain, qui n'a point d'honneur, est puni en son corps.

---

1. Si, comme pour briser un arrêt, les non-nobles doivent une amende de quarante sous, et les nobles de soixante livres. (*Somme rurale*, liv. II, p. 198, édit. goth. de l'an 1512 ; et BEAUMANOIR, ch. LXI, p. 309.)

2. Voyez le conseil de Pierre Desfontaines, ch. XIII, surtout l'article 22.

CHAPITRE XI

Que lorsqu'un peuple est vertueux, il faut peu de peines.

Le peuple romain avait de la probité. Cette probité eut tant de force, que souvent le législateur n'eut besoin que de lui montrer le bien pour le lui faire suivre. Il semblait qu'au lieu d'ordonnances il suffisait de lui donner des conseils.

Les peines des lois royales et celles des lois des Douze Tables furent presque toutes ôtées dans la république, soit par une suite de la loi Valérienne[1], soit par une conséquence de la loi Porcie.[2]. On ne remarqua pas que la république en fût mal réglée, et il n'en résulta aucune lésion de police.

Cette loi Valérienne, qui défendait aux magistrats toute voie de fait contre un citoyen qui avait appelé au peuple, n'infligeait à celui qui y contreviendrait que la peine d'être réputé méchant[3].

CHAPITRE XII

De la puissance des peines.

L'expérience a fait remarquer que, dans les pays où les peines sont douces, l'esprit du citoyen en est frappé, comme il l'est ailleurs par les grandes.

Quelque inconvénient se fait-il sentir dans un État, un gouvernement violent veut soudain le corriger ; et au lieu de songer à faire exécuter les anciennes lois, on établit une peine cruelle qui arrête le mal sur-le-champ. Mais on use le ressort du gouvernement ; l'imagination se fait à cette grande peine, comme elle s'était faite à la moindre, et comme on diminue la crainte pour celle-ci, l'on est bientôt forcé d'établir l'autre dans tous les cas. Les vols sur les grands chemins étaient communs dans uelques États ; on voulut les arrêter : on inventa le supplice de la ue; qui les suspendit pen-

---

1. Elle fut faite par Valerius Publicola, bientôt après l'expulsion des rois ; elle fut renouvelée deux fois, toujours par des magistrats de la même famille, comme le dit Lite-Live, liv. X. — Il n'était pas question de lui donner plus de force, mais d'en perfectionner les dispositions. *Diligentius sanctam*, dit Tite-Live. (*Ibid.*)

2. Elle fut faite en 454 de la fondation de Rome.

3. *Nihil ultra quam improbe factum adjecit.* « Elle n'infligeait aucune peine, si ce n'est de déclarer l'action contraire à l'honneur. » (TITE-LIVE.)

dant quelque temps. Depuis ce temps on a volé comme auparavant sur les grands chemins.

De nos jours la désertion fut très fréquente : on établit la peine de mort contre les déserteurs, et la désertion n'est pas diminuée. La raison en est bien naturelle : un soldat, accoutumé tous les jours à exposer sa vie, en méprise ou se flatte d'en mépriser le danger. Il est tous les jours accoutumé à craindre la honte : il fallait donc laisser une peine[1] qui faisait porter une flétrissure pendant la vie. On a prétendu augmenter la peine, et on l'a réellement diminuée.

Il ne faut point mener les hommes par les voies extrêmes, on doit être ménager des moyens que la nature nous donne pour les conduire. Qu'on examine la cause de tous les relâchements, on verra qu'elle vient de l'impunité des crimes, et non pas de la modération des peines.

Suivons la nature, qui a donné aux hommes la honte comme leur fléau ; et que la plus grande partie de la peine soit l'infamie de la souffrir.

Que, s'il se trouve des pays où la honte ne soit pas une suite du supplice, cela vient de la tyrannie, qui a infligé les mêmes peines aux scélérats et aux gens de bien.

Et si vous en voyez d'autres où les hommes ne sont retenus que par des supplices cruels, comptez encore que cela vient en grande partie de la violence du gouvernement, qui a employé ces supplices pour des fautes légères.

Souvent un législateur qui veut corriger un mal ne songe qu'à cette correction, ses yeux sont ouverts sur cet objet, et fermés sur les inconvénients. Lorsque le mal est une fois corrigé, on ne voit plus que la dureté du législateur ; mais il reste un vice dans l'État, que cette dureté a produit : les esprits sont corrompus, ils se sont accoutumés au despotisme.

Lysandre[2] ayant remporté la victoire sur les Athéniens, on jugea les prisonniers ; on accusa les Athéniens d'avoir précipité tous les captifs de deux galères, et résolu en pleine assemblée de couper le poing aux prisonniers qu'ils feraient. Ils furent tous égorgés, excepté Adymante, qui s'était opposé à ce décret. Lysandre reprocha à Philoclès, avant de le faire mourir, qu'il avait dépravé les esprits et fait des leçons de cruauté à toute la Grèce.

« Les Argiens, dit Plutarque[3], ayant fait mourir quinze cents de

---

1. On fendait le nez, on coupait les oreilles.
2. XÉNOPHON. *Hist.*, liv. II.
3. OEuvres morales, *De ceux qui manient les affaires d'État.*

« leurs citoyens, les Athéniens firent apporter les sacrifices d'expia-
« tion afin qu'il plût aux dieux de détourner du cœur des Athé-
« niens une si cruelle pensée. »

Il y a deux genres de corruption ; l'un, lorsque le peuple n'observe
point les lois ; l'autre, lorsqu'il est corrompu par les lois : mal incurable, parce qu'il est dans le remède même.

CHAPITRE XIII

Impuissance des lois japonaises.

Les peines outrées peuvent corrompre le despotisme même. Jetons
les yeux sur le Japon.

On y punit de mort presque tous les crimes[1], parce que la déso-
béissance à un si grand empereur que celui du Japon est un crime
énorme. Il n'est pas question de corriger le coupable, mais de venger
le prince. Ces idées sont tirées de la servitude, et viennent surtout
de ce que l'empereur étant propriétaire de tous les biens, presque
tous les crimes se font directement contre ses intérêts.

On punit de mort les mensonges qui se font devant les magistrats[2] : chose contraire à la défense naturelle.

Ce qui n'a point l'apparence d'un crime est là sévèrement puni :
par exemple, un homme qui hasarde de l'argent au jeu est puni de
mort.

Il est vrai que le caractère étonnant de ce peuple opiniâtre, ca-
pricieux, déterminé, bizarre, et qui brave tous les périls et tous les
malheurs, semble, à la première vue, absoudre ses législateurs de
l'atrocité de leurs lois. Mais des gens qui naturellement méprisent
la mort, et qui s'ouvrent le ventre pour la moindre fantaisie, sont-
ils corrigés ou arrêtés par la vue continuelle des supplices, et ne s'y
familiarisent-ils pas ?

Les relations nous disent, au sujet de l'éducation des Japonais,
qu'il faut traiter les enfants avec douceur, parce qu'ils s'obstinent
contre les peines ; que les esclaves ne doivent point être trop rude-
ment traités, parce qu'ils se mettent d'abord en défense. Par l'esprit
qui doit régner dans le gouvernement domestique, n'aurait-on pas
pu juger de celui qu'on devait porter dans le gouvernement politique
et civil ?

---

1. Voyez Kempfer.

2. *Recueil des voyages qui ont servi à l'établissement de la Compagnie des
Indes*, t. III, part. II, p. 428.

Un législateur sage aurait cherché à ramener les esprits par un juste tempérament des peines et des récompenses ; par des maximes de philosophie, de morale et de religion, assorties à ces caractères ; par la juste application des règles de l'honneur : par le supplice de la honte ; par la jouissance d'un bonheur constant et d'une douce tranquillité ; et s'il avait craint que les esprits, accoutumés à n'être arrêtés que par une peine cruelle, ne pussent plus l'être par une plus douce, il aurait agi[1] d'une manière sourde et insensible : il aurait, dans les cas particuliers les plus graciables, modéré la peine du crime, jusqu'à ce qu'il eût pu parvenir à la modifier dans tous les cas.

Mais le despotisme ne connaît point ces ressorts ; il ne mène pas par ces voies. Il peut abuser de lui ; mais c'est tout ce qu'il peut faire. Au Japon, il a fait un effort : il est devenu plus cruel que lui-même.

Des âmes partout effarouchées et rendues plus atroces n'ont pu être conduites que par une atrocité plus grande. Voilà l'origine, voilà l'esprit des lois du Japon. Mais elles ont eu plus de fureur que de force. Elles ont réussi à détruire le christianisme : mais des efforts si inouïs sont une preuve de leur impuissance. Elles ont voulu établir une bonne police, et leur faiblesse a paru encore mieux.

Il faut lire la relation de l'entrevue de l'empereur et du deyro à Méaco[2]. Le nombre de ceux qui y furent étouffés ou tués par des garnements fut incroyable : on enleva les jeunes filles et les garçons ; on les retrouvait tous les jours exposés dans des lieux publics, à des heures indues, tout nus, cousus dans des sacs de toile, afin qu'ils ne connussent pas les lieux par où ils avaient passé ; on vola tout ce qu'on voulut ; on fendit le ventre à des chevaux pour faire tomber ceux qui les montaient ; on renversa des voitures pour dépouiller les dames. Les Hollandais, à qui l'on dit qu'ils ne pouvaient passer la nuit sur des échafauds sans être assassinés, en descendirent, etc.

Je passerai vite sur un autre trait. L'empereur, adonné à ses plaisirs, ne se mariait point : il courait risque de mourir sans successeur. Le deyro lui envoya deux filles très belles : il en épousa une par respect, mais il n'eut aucun commerce avec elle. Sa nourrice fit chercher les plus belles femmes de l'empire : tout était inutile. La

---

1. Remarquez bien ceci comme une maxime de pratique dans les cas où les esprits ont été gâtés par des peines trop rigoureuses.

2. *Recueil des voyages qui ont servi à l'établissement de la Compagnie des Indes*, t. V, p. 2.

fille d'un armurier étonna son goût [1] : il se détermina, il en eut un
fils. Les dames de la cour, indignées de ce qu'il leur avait préféré
une personne d'une si basse naissance, étouffèrent l'enfant. Ce crime
fut caché à l'empereur : il aurait versé un torrent de sang. L'atrocité
des lois en empêche donc l'exécution. Lorsque la peine est sans
mesure, on est souvent obligé de lui préférer l'impunité.

CHAPITRE XIV [2]

De l'esprit du sénat de Rome.

Sous le consulat d'Acilius Glabrio et de Pison, on fit la loi Aci-
lia [3] pour arrêter les brigues. Dion [4] dit que le sénat engagea les consuls à la proposer, parce que le tribun C. Cornelius avait résolu de
faire établir des peines terribles contre ce crime, à quoi le peuple
était fort porté. Le sénat pensait que des peines immodérées jetteraient bien la terreur dans les esprits, mais qu'elles auraient cet
effet, qu'on ne trouverait plus personne pour accuser ni pour condamner ; au lieu qu'en proposant des peines modiques, on aurait des
juges et des accusateurs.

CHAPITRE XV

Des lois des Romains à l'égard des peines.

Je me trouve fort dans mes maximes lorsque j'ai pour moi les
Romains, et je crois que les peines tiennent à la nature du gouvernement, lorsque je vois ce grand peuple changer à cet égard de
lois civiles à mesure qu'il changeait de lois politiques.

Les lois royales, faites pour un peuple composé de fugitifs, d'esclaves et de brigands, furent très sévères. L'esprit de la république
aurait demandé que les décemvirs n'eussent pas mis ces lois dans
leurs Douze Tables, mais des gens qui aspiraient à la tyrannie
n'avaient garde de suivre l'esprit de la république.

Tite-Live [5] dit, sur le supplice de Metius Suffetius, dictateur

---

1. *Recueil des voyages*, etc., t. V, p. 2.
2. Tout ce chapitre est traduit de Dion. (*Note de l'éditeur.*)
3. Les coupables étaient condamnés à une amende ; ils ne pouvaient plus être
admis dans l'ordre des sénateurs et nommés à aucune magistrature. (DION,
liv. XXXVI.)
4. *Ibid.*
5. Liv. Iᵉʳ.

d'Albe, qui fut condamné par Tullus Hostilius à être tiré par deux chariots, que ce fut le premier et le dernier supplice où l'on témoigna avoir perdu la mémoire de l'humanité. Il se trompe : la loi des Douze Tables est pleine de dispositions très cruelles[1].

Celle qui découvre le mieux le dessein des décemvirs est la peine capitale prononcée contre les auteurs des libelles et les poètes. Cela n'est guère du génie de la république, où le peuple aime à voir les grands humiliés. Mais des gens qui voulaient renverser la liberté craignaient des écrits qui pouvaient rappeler l'esprit de la liberté[2].

Après l'expulsion des décemvirs, presque toutes les lois qui avaient fixé les peines furent ôtées. On ne les abrogea pas expressément ; mais la loi Porcia ayant défendu de mettre à mort un citoyen romain, elles n'eurent plus d'application.

Voilà le temps auquel on peut rappeler ce que Tite-Live[3] dit des Romains, que jamais peuple n'a plus aimé la modération des peines.

Que si l'on ajoute à la douceur des peines le droit qu'avait un accusé de se retirer avant le jugement, on verra bien que les Romains avaient suivi cet esprit que j'ai dit être naturel à la république.

Sylla, qui confondit la tyrannie, l'anarchie et la liberté, fit les lois Cornéliennes. Il sembla ne faire des règlements que pour établir des crimes. Ainsi, qualifiant une infinité d'actions du nom de meurtre, il trouva partout des meurtriers; et, par une pratique qui ne fut que trop suivie, il tendit des pièges, sema des épines, ouvrit des abimes sur le chemin de tous les citoyens.

Presque toutes les lois de Sylla ne portaient que l'interdiction de l'eau et du feu. César y ajouta la confiscation des biens[4], parce que les riches gardant dans l'exil leur patrimoine, ils étaient plus hardis à commettre des crimes.

Les empereurs ayant établi un gouvernement militaire, ils sentirent bientôt qu'il n'était pas moins terrible contre eux que contre les sujets ; ils cherchèrent à le tempérer : ils crurent avoir besoin des dignités, et du respect qu'on avait pour elles.

1. On y trouve le supplice du feu, des peines presque toujours capitales, le vol puni de mort, etc.

2. Sylla, animé du même esprit que les décemvirs, augmenta comme eux les peines contre les écrivains satiriques.

3. Liv. Ier.

4. *Pœnas facinorum auxit, cum locupletes eo facilius scelere se obligarent, quod integris patrimoniis exularent.* (SUÉTONE, *in Julio Cæsare.*) « Il augmenta la peine des crimes; les riches en effet s'engageant facilement dans le crime, sachant qu'ils conservaient intact leur patrimoine en allant en exil. »

On s'approcha un peu de la monarchie, et l'on divisa les peines en trois classes[1] : celles qui regardaient les premières personnes de l'État[2], et qui étaient assez douces; celles qu'on infligeait aux personnes d'un rang inférieur[3], et qui étaient plus sévères ; enfin celles qui ne concernaient que les conditions basses[4], et qui furent les plus rigoureuses. Le féroce et insensé Maximin irrita, pour ainsi dire, le gouvernement militaire, qu'il aurait fallu adoucir. Le sénat apprenait, dit Capitolin[5], que les uns avaient été mis en croix, les autres exposés aux bêtes, ou enfermés dans des peaux de bêtes, récemment tuées, sans aucun égard pour les dignités. Il semblait vouloir exercer la discipline militaire, sur le modèle de laquelle il prétendait régler les affaires civiles.

On trouvera dans les *Considérations sur la Grandeur des Romains et leur Décadence*[6] comment Constantin changea le despotisme militaire en un despotisme militaire et civil, et s'approcha de la monarchie. On y peut suivre les diverses révolutions de cet État, et voir comment on y passa de la rigueur à l'indolence, et de l'indolence à l'impunité.

CHAPITRE XVI

De la juste proportion des peines avec le crime.

Il est essentiel que les peines aient de l'harmonie entre elles, parce qu'il est essentiel que l'on évite plutôt un grand crime qu'un moindre; ce qui attaque plus la société que ce qui la choque moins.

« Un imposteur[7], qui se disait Constantin Ducas, suscita un « grand soulèvement à Constantinople. Il fut pris, et condamné au « fouet ; mais ayant accusé des personnes considérables, il fut con-«damné, comme calomniateur, à être brûlé. » Il est singulier qu'on eût ainsi proportionné les peines entre le crime de lèse-majesté et celui de calomnie. Cela fait souvenir d'un mot de Charles II, roi d'Angleterre. Il vit, en passant, un homme au pilori. « Pourquoi

---

1. Voyez la loi 3, § *Legis, ad leg. Cornel. de Sicariis;* et un très grand nombre d'autres, au Digeste et au Code.
2. *Sublimiores.*
3. *Medios.*
4. *Infimos.* Leg. 3, § *Legis, ad leg. Cornel. de Sicariis.*
5. Jul. Cap., *Maximini duo.* (M.)
6. Ch. xvii.
7. *Histoire de Nicéphore, patriarche de Constantinople.*

« l'a-t-on mis là ? dit-il. — Sire, lui dit-on, c'est parce qu'il a fait
« des libelles contre vos ministres. — Le grand sot! dit le roi :
« que ne les écrivait-il contre moi, on ne lui aurait rien fait. »

« Soixante-dix personnes conspirèrent contre l'empereur Basile[1] :
« il les fit fustiger, on leur brûla les cheveux et le poil. Un cerf
« l'ayant pris avec son bois par la ceinture, quelqu'un de sa suite
« tira son épée, coupa sa ceinture et le délivra : il lui fit trancher
« la tête, parce qu'il avait, disait-il, tiré l'épée contre lui. » Qui
pourrait penser que sous le même prince on eût rendu ces deux
jugements !

C'est un grand mal parmi nous de faire subir la même peine à
celui qui vole sur un grand chemin et à celui qui vole et assassine.
Il est visible que, pour la sûreté publique, il faudrait mettre quelque différence dans la peine.

A la Chine, les voleurs cruels sont coupés en morceaux[2] ; les autres, non : cette différence fait que l'on y vole, mais que l'on n'y
assassine pas. En Moscovie, où la peine des voleurs et celle des
assassins sont les mêmes, on assassine toujours. Les morts, y
dit-on, ne racontent rien.

Quand il n'y a point de différence dans la peine, il faut en mettre
dans l'espérance de la grâce. En Angleterre, on n'assassine point,
parce que les voleurs peuvent espérer d'être transportés dans les
colonies; non pas les assassins.

C'est un grand ressort des gouvernements modérés que les lettres de grâces. Ce pouvoir que le prince a de pardonner, exécuté
avec sagesse, peut avoir d'admirables effets. Le principe du gouvernement despotique, qui ne pardonne pas, et à qui on ne pardonne
jamais, le prive de ces avantages[4].

---

1. *Histoire de Nicéphore.*
2. Le P. DUHALDE, t. 1, p. 6.
3. *État présent de la grande Russie*, par PERRY.
4. Une telle décision, et celles qui sont dans ce goût, rendent, à mon avis, *l'Esprit des Lois* bien précieux. Voilà ce que n'ont ni Grotius, ni Puffendorf, ni toutes
les compilations sur le droit des gens. La monarchie commençait à être un pouvoir très mitigé, très restreint en Angleterre, quand on força le malheureux Charles Ier à ne point accorder la grâce de
son favori, le comte Strafford. Henri IV, en France, roi à peine affermi, pouvait
donner des lettres de grâce au maréchal de Biron; et peut-être cet acte de clémence, qui a manqué à ce grand homme, eût adouci enfin l'esprit de la Ligue, et
arrêté la main de Ravaillac. Le faible Louis XIII devait faire grâce à de Thou et à Marillac. (Note de VOLT.)

CHAPITRE XVII

De la torture ou question contre les criminels.

Parce que les hommes sont méchants, la loi est obligée de les supposer meilleurs qu'ils ne sont. Ainsi la déposition de deux témoins suffit dans la punition de tous les crimes. La loi les croit, comme s'ils parlaient par la bouche de la vérité. L'on juge aussi que tout enfant conçu pendant le mariage est légitime : la loi a confiance en la mère, comme si elle était la pudicité même. Mais la question contre les criminels n'est pas dans un cas forcé comme ceux-ci. Nous voyons aujourd'hui une nation[1] très bien policée la rejeter sans inconvénients. Elle n'est donc pas nécessaire par sa nature[2].

Tant d'habiles gens et tant de beaux génies ont écrit contre cette pratique, que je n'ose parler après eux. J'allais dire qu'elle pourrait convenir dans les gouvernements despotiques, où tout ce qui inspire la crainte entre plus dans les ressorts du gouvernement ; j'allais dire que les esclaves, chez les Grecs et les Romains.... Mais j'entends la voix de la nature qui crie contre moi.

CHAPITRE XVIII

Des peines pécuniaires et des peines corporelles.

Nos pères les Germains n'admettaient guère que des peines pécuniaires. Ces hommes guerriers et libres estimaient que leur sang ne devait être versé que les armes à la main. Les Japonais[3], au contraire, rejettent ces sortes de peines, sous prétexte que les gens riches éluderaient la punition. Mais les gens riches ne craignent-ils pas de perdre leurs biens ? Les peines pécuniaires ne

---

1. La nation anglaise.
2. Les citoyens d'Athènes ne pouvaient être mis à la question (Lysias, *Orat. in Argorat.*), excepté dans le crime de lèse-majesté. On donnait la question trente jours après la condamnation. (Curius Fortunatus, *Rhetor. schol., lib. II.*) Il n'y avait pas de question préparatoire. Quant aux Romains, la loi 3 et 4 *ad leg. Juliam majest.* fait voir que la naissance, la dignité, la profession de la milice garantissaient de la question, si ce n'est dans le cas de crime de lèse-majesté. Voyez les sages restrictions que les lois des Wisigoths mettaient à cette pratique.
3. Voyez Kempfer.

peuvent-elles pas se proportionner aux fortunes ? et enfin, ne peut-
on pas joindre l'infamie à ces peines ?

Un bon législateur prend un juste milieu : il n'ordonne pas toujours des peines pécuniaires ; il n'inflige pas toujours des peines
corporelles.

CHAPITRE XIX

De la loi du talion.

Les États despotiques, qui aiment les lois simples, usent beaucoup de la loi du talion[1]; les États modérés la reçoivent quelquefois :
mais il y a cette différence, que les premiers la font exercer rigoureusement, et que les autres lui donnent presque toujours des
tempéraments.

La loi des Douze Tables en admettait deux : elle ne condamnait
au talion que lorsqu'on n'avait pu apaiser celui qui se plaignait[2].
On pouvait, après la condamnation, payer les dommages et intérêts[3],
et la peine corporelle se convertissait en peine pécuniaire[4].

CHAPITRE XX

De la punition des pères pour leurs enfants.

On punit à la Chine les pères pour les fautes de leurs enfants.
C'était l'usage du Pérou[5]. Ceci est encore tiré des idées despotiques.

On a beau dire qu'on punit à la Chine les pères pour n'avoir pas
fait usage de ce pouvoir paternel que la nature a établi, et que les
lois mêmes y ont augmenté, cela suppose toujours qu'il n'y a point
d'honneur chez les Chinois. Parmi nous, les pères dont les enfants
sont condamnés au supplice, et les enfants[6] dont les pères ont
subi le même sort, sont aussi punis par la honte qu'ils le seraient
à la Chine par la perte de la vie.

1. Elle est établie dans l'Alcoran. Voyez le chapitre de *la Vache*.
2. *Si membrum rupit, ni cum eo pacit, talio esto.* (AULU-GELLE, liv. XX, ch. 1er.
3. AULU-GELLE, liv. XX, ch. 1er.
4. Voyez aussi la *loi des Wisigoths*, liv. VI, t. IV, § 3 et 5.
5. Voyez Garcilasso, *Histoire des guerres civiles des Espagnols*.
6. Au lieu de les punir, disait Platon, il faut les louer de ne pas ressembler à
eur père. (Liv. IX des *Lois*.)

CHAPITRE XXI

De la clémence du prince.

La clémence est la qualité distinctive des monarques. Dans la république, où l'on a pour principe la vertu, elle est moins nécessaire. Dans l'État despotique, où règne la crainte, elle est moins en usage, parce qu'il faut contenir les grands de l'État par des exemples de sévérité. Dans les monarchies où l'on est gouverné par l'honneur, qui souvent exige ce que la loi défend, elle est plus nécessaire. La disgrâce y est un équivalent à la peine ; les formalités mêmes des jugements y sont des punitions. C'est là que la honte vient de tous côtés pour former des genres particuliers de peines.

Les grands y sont si fort punis par la disgrâce, par la perte souvent imaginaire de leur fortune, de leur crédit, de leurs habitudes, de leurs plaisirs, que la rigueur à leur égard est inutile : elle ne peut servir qu'à ôter aux sujets l'amour qu'ils ont pour la personne du prince, et le respect qu'ils doivent avoir pour les places.

Comme l'instabilité des grands est de la nature du gouvernement despotique, leur sûreté entre dans la nature de la monarchie.

Les monarques ont tant à gagner par la clémence, elle est suivie de tant d'amour, ils en tirent tant de gloire, que c'est presque toujours un bonheur pour eux d'avoir l'occasion de l'exercer ; et on le peut presque toujours dans nos contrées.

On leur disputera peut-être quelque branche de l'autorité, presque jamais l'autorité entière ; et si quelquefois ils combattent pour la couronne, ils ne combattent point pour la vie.

Mais, dirait-on, quand faut-il punir ? quand faut-il pardonner ? C'est une chose qui se fait mieux sentir qu'elle ne peut se prescrire. Quand la clémence a des dangers, ces dangers sont très visibles. On la distingue aisément de cette faiblesse qui mène le prince au mépris et à l'impuissance même de punir.

L'empereur Maurice[1] prit la résolution de ne verser jamais le sang de ses sujets. Anastase[2] ne punissait point les crimes. Isaac l'Ange jura que, de son règne, il ne ferait mourir personne. Les empereurs grecs avaient oublié que ce n'était pas en vain qu'ils portaient l'épée.

1. Évagre, *Histoire.*
2. Suidas, et fragments de Constant. Porphyrog.

LIVRE SEPTIÈME

CONSÉQUENCES DES DIFFÉRENTS PRINCIPES DES TROIS GOUVER-
NEMENTS, PAR RAPPORT AUX LOIS SOMPTUAIRES, AU LUXE
ET A LA CONDITION DES FEMMES.

CHAPITRE PREMIER

Du luxe.

Le luxe est toujours en proportion avec l'inégalité des fortunes. Si dans un État les richesses sont également partagées, il n'y aura point de luxe : car il n'est fondé que sur les commodités qu'on se donne par le travail des autres.

Pour que les richesses restent également partagées, il faut que la loi ne donne à chacun que le nécessaire physique. Si l'on a au delà, les uns dépenseront, les autres acquerront, et l'inégalité s'établira.

Supposant le nécessaire physique égal à une somme donnée, le luxe de ceux qui n'auront que le nécessaire sera égal à zéro; celui qui aura le double aura un luxe égal à un ; celui qui aura le double du bien de ce dernier aura un luxe égal à trois ; quand on aura encore le double, on aura un luxe égal à sept : de sorte que le bien du particulier qui suit, étant toujours supposé double de celui du précédent, le luxe croîtra du double plus une unité, dans cette progression 0, 1, 3, 7, 15, 31, 63, 127.

Dans la république de Platon [1] le luxe aurait pu se calculer au juste. Il y avait quatre sortes de cens établis. Le premier était précisément le terme où finissait la pauvreté ; le second était double ; le troisième, triple ; le quatrième, quadruple du premier. Dans le premier cens, le luxe était égal à zéro ; il était égal à un dans le second ; à deux dans le troisième ; à trois dans le quatrième ; et il suivait ainsi la proportion arithmétique.

---

1. Le premier cens était le sort héréditaire en terre ; et Platon ne voulait pas qu'on pût avoir en autres effets plus du triple du sort héréditaire. (Voyez ses *Lois*, liv. V.)

En considérant le luxe des divers peuples les uns à l'égard des autres, il est dans chaque État en raison composée de l'inégalité des fortunes qui est entre les citoyens, et de l'inégalité des richesses des divers États. En Pologne, par exemple, les fortunes sont d'une inégalité extrême; mais la pauvreté du total empêche qu'il n'y ait autant de luxe que dans un État plus riche.

Le luxe est encore en proportion avec la grandeur des villes, et surtout de la capitale; en sorte qu'il est en raison composée des richesses de l'Etat, de l'inégalité des fortunes des particuliers et du nombre d'hommes qu'on assemble dans de certains lieux.

Plus il y a d'hommes ensemble, plus ils sont vains, et sentent naître entre eux l'envie de se signaler par de petites choses[1]. S'ils sont en si grand nombre que la plupart soient inconnus les uns aux autres, l'envie de se distinguer redouble, parce qu'il y a plus d'espérance de réussir. Le luxe donne cette espérance, chacun prend les marques de la condition qui précède la sienne. Mais, à force de vouloir se distinguer, tout devient égal, et on ne se distingue plus : comme tout le monde veut se faire regarder, on ne remarque personne.

Il résulte de tout cela une incommodité générale. Ceux qui excellent dans une profession mettent à leur art le prix qu'ils veulent; les plus petits talents suivent cet exemple; il n'y a plus d'harmonie entre les besoins et les moyens. Lorsque je suis forcé de plaider, il est nécessaire que je puisse payer un avocat; lorsque je suis malade, il faut que je puisse avoir un médecin.

Quelques gens ont pensé qu'en assemblant tant de peuple dans une capitale on diminue le commerce, parce que les hommes ne sont plus à une certaine distance les uns des autres. Je ne le crois pas : on a plus de désirs, plus de besoins, plus de fantaisies, quand on est ensemble.

CHAPITRE II

Des lois somptuaires dans la démocratie.

Je viens de dire que dans les républiques, où les richesses sont également partagées, il ne peut point y avoir de luxe; et, comme on

---

1. Dans une grande ville, dit l'auteur de la fable des *Abeilles*, t. Ier, p. 133, on s'habille au-dessus de sa qualité pour être estimé plus qu'on n'est par la multitude. C'est un plaisir pour un esprit faible, presque aussi grand que celui de l'accomplissement de ses désirs.

a vu au livre cinquième [1] que cette égalité de distribution faisait l'excellence d'une république, il suit que, moins il y a de luxe dans une république, plus elle est parfaite. Il n'y en avait point chez les premiers Romains, il n'y en avait point chez les Lacédémoniens; et dans les républiques où l'égalité n'est pas tout à fait perdue, l'esprit de commerce, de travail et de vertu fait que chacun y peut et que chacun y veut vivre de son propre bien, et que par conséquent il y a peu de luxe.

Les lois du nouveau partage des champs, demandé avec tant d'instance dans quelques républiques, étaient salutaires par leur nature. Elles ne sont dangereuses que comme action subite. En ôtant tout à coup les richesses aux uns, et augmentant de même celles des autres, elles font dans chaque famille une révolution, et en doivent produire une générale dans l'État.

A mesure que le luxe s'établit dans une république, l'esprit se tourne vers l'intérêt particulier. A des gens à qui il ne faut rien que le nécessaire, il ne reste rien à désirer que la gloire de la patrie et la sienne propre. Mais une âme corrompue par le luxe a bien d'autres désirs : bientôt elle devient ennemie des lois qui la gênent. Le luxe que la garnison de Rhège commença à connaître fit qu'elle en égorgea les habitants [2].

Sitôt que les Romains furent corrompus, leurs désirs devinrent immenses. On en peut juger par le prix qu'ils mirent aux choses. Une cruche de vin de Falerne [3] se vendait cent deniers romains ; un baril de chair salée du Pont en coûtait quatre cents ; un bon cuisinier, quatre talents ; les jeunes garçons n'avaient point de prix. Quand, par une impétuosité [4] générale, tout le monde se portait à la volupté, que devenait la vertu ?

1. Chap. iii et iv.

2. Les habitants de la ville de Reggio, située à la pointe de l'Italie la plus voisine de la Sicile, voyant d'un côté Pyrrhus, qui se rendait par mer à Tarente ; de l'autre, les Carthaginois qui infestaient toutes les côtes de la mer Ionienne, et craignant d'être envahis par les Grecs ou les Carthaginois, eurent recours à la république romaine : celle-ci, quoique menacée par un grand nombre d'ennemis, ne crut pas devoir refuser du secours à une ville qui pouvait lui être utile. On leva donc, par l'ordre du sénat, une légion dans la Campanie, pays barbare, et l'on en donna le commandement à Décius Jubellius, qui, voyant l'opulence de Reggio, résolut d'en égorger les habitants et de piller leurs richesses : ce qu'il exécuta à la fin d'un repas auquel il les avait invités. (Note de Dupin.)

3. Fragment du livre XXXVI de Diodore, rapporté par Const. Porph., *Extrait des vertus et des vices.*

4. *Cum maximus omnium impetus ad luxuriam esset.* (*Ibid.*) « L'impétuosité de tous les entraînait au luxe. »

CHAPITRE III

Des lois somptuaires dans l'aristocratie.

L'aristocratie mal constituée a ce malheur que les nobles y ont
les richesses, et que cependant ils ne doivent pas dépenser; le luxe,
contraire à l'esprit de modération, en doit être banni. Il n'y a donc
que des gens très pauvres qui ne peuvent pas recevoir, et des gens
très riches qui ne peuvent pas dépenser.

A Venise, les lois forcent les nobles à la modestie. Ils se sont tellement accoutumés à l'épargne, qu'il n'y a que les courtisanes qui
puissent leur faire donner de l'argent. On se sert de cette voie pour
entretenir l'industrie : les femmes les plus méprisables y dépensent
sans danger, pendant que leurs tributaires y mènent la vie du
monde la plus obscure.

Les bonnes républiques grecques avaient à cet égard des institutions admirables. Les riches employaient leur argent en fêtes, en
chœurs de musique, en chariots, en chevaux pour la course, en magistratures onéreuses. Les richesses y étaient aussi à charge que la
pauvreté.

CHAPITRE IV

Des lois somptuaires dans les monarchies.

« Les Suions [1], nation germanique, rendent honneur aux richesses,
« dit Tacite [2] : ce qui fait qu'ils vivent sous le gouvernement d'un
« seul. » Cela signifie bien que le luxe est singulièrement propre
aux monarchies, et qu'il n'y faut point de lois somptuaires.

Comme, par la constitution des monarchies, les richesses se
sont inégalement partagées, il faut bien qu'il y ait du luxe. Si les
riches n'y dépensent pas beaucoup, les pauvres mourront de faim.
Il faut même que les riches y dépensent à proportion de l'inégalité
des fortunes; et que, comme nous avons dit, le luxe y augmente
dans cette proportion. Les richesses particulières n'ont augmenté
que parce qu'elles ont ôté à une partie des citoyens le nécessaire
physique : il faut donc qu'il leur soit rendu.

---

1. Les Suions occupaient cette partie de l'Europe que nous connaissons aujour-
d'hui sous le nom de Suède. (Note de VOLT.)
2. *De Moribus Germanorum.*

Ainsi, pour que l'État monarchique se soutienne, le luxe doit aller en croissant, du laboureur à l'artisan, au négociant, aux nobles, aux magistrats, aux grands seigneurs, aux traitants principaux, aux princes; sans quoi tout serait perdu.

Dans le sénat de Rome, composé de graves magistrats, de juris-consultes et d'hommes pleins de l'idée des premiers temps, on pro-posa, sous Auguste, la correction des mœurs et du luxe des femmes. Il est curieux de voir dans Dion [1] avec quel art il éluda les demandes importunes de ces sénateurs. C'est qu'il fondait une monarchie, et dissolvait une république.

Sous Tibère, les édiles proposèrent, dans le sénat, le rétablisse-ment des anciennes lois somptuaires [2]. Ce prince, qui avait des lu-mières, s'y opposa. « L'État ne pourrait subsister, disait-il, dans la « situation où sont les choses. Comment Rome pourrait-elle vivre? « comment pourraient vivre les provinces? Nous avions de la fruga- « lité lorsque nous étions citoyens d'une seule ville : aujourd'hui « nous consommons les richesses de tout l'univers ; on fait travailler « pour nous les maîtres et les esclaves. » Il voyait bien qu'il ne fal-lait plus de lois somptuaires.

Lorsque, sous le même empereur, on proposa au sénat de défendre aux gouverneurs de mener leurs femmes dans les provinces, à cause des dérèglements qu'elles y apportaient, cela fut rejeté. On dit « que les exemples de la dureté des anciens avaient été changés en « une façon de vivre plus agréable [3] ». On sentit qu'il fallait d'autres mœurs.

Le luxe est donc nécessaire dans les États monarchiques, il l'est encore dans les États despotiques. Dans les premiers, c'est un usage que l'on fait de ce qu'on possède de liberté; dans les autres, c'est un abus qu'on fait des avantages de sa servitude, lorsqu'un esclave, choisi par son maître pour tyranniser ses autres esclaves, incertain pour le lendemain de la fortune de chaque jour, n'a d'autre félicité que celle d'assouvir l'orgueil, les désirs et les voluptés de chaque jour.

Tout ceci mène à une réflexion : les républiques finissent par le luxe ; les monarchies, par la pauvreté [4].

---

1. Dion Cassius, liv. LIV.
2. Tacite, Annal., liv. III.
3. Multa duritiei veterum melius et lætius mutata. (Tacite, Ann., liv. III.)
Opulentia paritura mox egestatem. (Florus, liv. III.) « L'opulence, qui doit engendrer bientôt la pauvreté. »

CHAPITRE V

Dans quels cas les lois somptuaires sont utiles dans une monarchie.

Ce fut dans l'esprit de la république, ou dans quelques cas particuliers, qu'au milieu du treizième siècle on fit en Aragon des lois somptuaires. Jacques Iᵉʳ ordonna que le roi ni aucun de ses sujets ne pourraient manger plus de deux sortes de viandes à chaque re pas, et que chacune ne serait préparée que d'une seule manière, à moins que ce ne fût du gibier qu'on eût tué soi-même[1].

On fait aussi de nos jours en Suède des lois somptuaires; mais elles ont un objet différent de celles d'Aragon.

Un État peut faire des lois somptuaires dans l'objet d'une frugalité absolue : c'est l'esprit des lois somptuaires des républiques ; et la nature de la chose fait voir que ce fut l'objet de celles d'Aragon.

Les lois somptuaires peuvent avoir aussi pour objet une frugalité relative : lorsqu'un État, sentant que des marchandises étrangères d'un trop haut prix demanderaient une telle exportation des siennes, qu'il se priverait plus de ses besoins par celle-ci qu'il n'en satisferait par celles-là, en défend absolument l'entrée ; et c'est l'esprit des lois que l'on a faites de nos jours en Suède[2]. Ce sont les seules lois somptuaires qui conviennent aux monarchies.

En général, plus un État est pauvre, plus il est ruiné par son luxe relatif; et plus par conséquent il lui faut des lois somptuaires relatives. Plus un État est riche, plus son luxe relatif l'enrichit; et il faut bien se garder d'y faire des lois somptuaires relatives. Nous expliquerons mieux ceci dans le livre sur le commerce[3]. Il n'est ici question que du luxe absolu.

CHAPITRE VI

Du luxe à la Chine.

Des raisons particulières demandent des lois somptuaires dans quelques États. Le peuple, par la force du climat, peut devenir si nombreux, et d'un autre côté les moyens de le faire subsister peuvent être si incertains, qu'il est bon de l'appliquer tout entier à la cul-

---

1. Constitution de Jacques Iᵉʳ, l'an 1234, art. 6, dans Marca, *Hisp.*, p. 1430.
2. On y a défendu les vins exquis, et autres marchandises précieuses.
3. Voyez liv. XX.

ture des terres. Dans ces États le luxe est dangereux, et les lois somptuaires y doivent être rigoureuses. Ainsi, pour savoir s'il faut encourager le luxe ou le proscrire, on doit d'abord jeter les yeux sur le rapport qu'il y a entre le nombre du peuple et la facilité de le faire vivre. En Angleterre le sol produit beaucoup plus de grain qu'il ne faut pour nourrir ceux qui cultivent les terres et ceux qui procurent les vêtements : il peut donc y avoir des arts frivoles, et par conséquent du luxe. En France il croît assez de blé pour la nourriture des laboureurs et de ceux qui sont employés aux manufactures: de plus, le commerce avec les étrangers peut rendre pour des choses frivoles tant de choses nécessaires, qu'on n'y doit guère craindre le luxe.

A la Chine, au contraire, les femmes sont si fécondes, et l'espèce humaine s'y multiplie à un tel point, que les terres, quelque cultivées qu'elles soient, suffisent à peine pour la nourriture des habitants. Le luxe y est donc pernicieux, et l'esprit de travail et d'économie y est aussi requis que dans quelques républiques que ce soit[1]. Il faut qu'on s'attache aux arts nécessaires, et qu'on fuie ceux de la volupté.

Voilà l'esprit des belles ordonnances des empereurs chinois: « Nos anciens, dit un empereur de la famille des Tang [2], tenaient « pour maxime que s'il y avait un homme qui ne labourât point, une « femme qui ne s'occupât point à filer, quelqu'un souffrait le froid « ou la faim dans l'empire.... » Et, sur ce principe, il fit détruire une infinité de monastères de bonzes.

Le troisième empereur de la vingt et unième dynastie [3], à qui on apporta des pierres précieuses trouvées dans une mine, la fit fermer, ne voulant pas fatiguer son peuple à travailler pour une chose qui ne pouvait ni le nourrir ni le vêtir.

« Notre luxe est si grand, dit Kiayventi [4], que le peuple orne de « broderies les souliers des jeunes garçons et des filles qu'il est « obligé de vendre. » Tant d'hommes étant occupés à faire des habits pour un seul : le moyen qu'il n'y ait bien des gens qui manquent d'habits? Il y a dix hommes qui mangent le revenu des terres, contre un laboureur : le moyen qu'il n'y ait bien des gens qui manquent d'aliments ?

1. Le luxe a toujours été arrêté.
2. Dans une ordonnance rapportée par le P. Duhalde, t. II, p. 497.
3. *Histoire de la Chine, vingt et unième dynastie*, dans l'ouvrage du P. Duhalde, t. I.
4. Dans un discours rapporté par le P. Duhalde, t. II, p. 418.

CHAPITRE VII

Fatale conséquence du luxe à la Chine.

On voit, dans l'histoire de la Chine, qu'elle a eu vingt-deux dynasties qui se sont succédé ; c'est-à-dire qu'elle a éprouvé vingt-deux révolutions générales, sans compter une infinité de particulières. Les trois premières dynasties durèrent assez longtemps, parce qu'elles furent sagement gouvernées, et que l'empire était moins étendu qu'il ne le fut depuis. Mais on peut dire, en général, que toutes ces dynasties commencèrent assez bien. La vertu, l'attention, la vigilance, sont nécessaires à la Chine : elles y étaient dans le commencement des dynasties, et elles manquaient à la fin. En effet, il était naturel que des empereurs nourris dans les fatigues de la guerre, qui parvenaient à faire descendre du trône une famille noyée dans les délices, conservassent la vertu qu'ils avaient éprouvée si utile, et craignissent les voluptés qu'ils avaient vues si funestes. Mais, après ces trois ou quatre premiers princes, la corruption, le luxe, l'oisiveté, les délices, s'emparent des successeurs ; ils s'enferment dans le palais ; leur esprit s'affaiblit, leur vie s'accourcit, la famille décline ; les grands s'élèvent, les eunuques s'accréditent, on ne met sur le trône que des enfants ; le palais devient ennemi de l'empire ; un peuple oisif, qui l'habite, ruine celui qui travaille ; l'empereur est tué ou détruit par un usurpateur, qui fonde une famille, dont le troisième ou quatrième successeur va dans le même palais se renfermer encore.

CHAPITRE VIII

De la continence publique.

Il y a tant d'imperfections attachées à la perte de la vertu dans les femmes, toute leur âme en est si fort dégradée, ce point principal ôté en fait tomber tant d'autres, que l'on peut regarder dans un État populaire l'incontinence publique comme le dernier des malheurs, et la certitude d'un changement dans la constitution.

Aussi les bons législateurs y ont-ils exigé des femmes une certaine gravité de mœurs. Ils ont proscrit de leurs républiques non seulement le vice, mais l'apparence même du vice. Ils ont banni jusqu'à ce commerce de galanterie qui produit l'oisiveté, qui fait que les femmes corrompent avant même d'être corrompues, qui donne un prix à tous les riens, et rabaisse ce qui est important, et qui fait que l'on ne se conduit plus que sur les maximes du ridicule, que les femmes entendent si bien à établir.

CHAPITRE IX

De la condition des femmes dans les divers gouvernements.

Les femmes ont peu de retenue dans les monarchies, parce que la distinction des rangs les appelant à la cour, elles y vont prendre cet esprit de liberté qui est à peu près le seul qu'on y tolère. Chacun se sert de leurs agréments et de leurs passions pour avancer sa fortune ; et comme leur faiblesse ne leur permet pas l'orgueil, mais la vanité, le luxe y règne toujours avec elles.

Dans les États despotiques, les femmes n'introduisent point le luxe, mais elles sont elles-mêmes un objet de luxe. Elles doivent être extrêmement esclaves. Chacun suit l'esprit du gouvernement, et porte chez soi ce qu'il voit établi ailleurs. Comme les lois y sont sévères et exécutées sur-le-champ, on a peur que la liberté des femmes n'y fasse des affaires. Leurs brouilleries, leurs indiscrétions, leurs répugnances, leurs penchants, leurs jalousies, leurs piques, cet art qu'ont les petites âmes d'intéresser les grandes, n'y sauraient être sans conséquence.

De plus, comme dans ces États les princes se jouent de la nature humaine, ils ont plusieurs femmes ; et mille considérations les obligent de les renfermer.

Dans les républiques, les femmes sont libres par les lois, et captivées par les mœurs ; le luxe en est banni, et avec lui la corruption et les vices.

Dans les villes grecques, où l'on ne vivait pas sous cette religion qui établit que, chez les hommes mêmes, la pureté des mœurs est une partie de la vertu ; dans les villes grecques, où un vice aveugle régnait d'une manière effrénée, où l'amour n'avait qu'une forme que l'on n'ose dire, tandis que la seule amitié s'était retirée dans le mariage[1], la vertu, la simplicité, la chasteté des femmes, y

---

1. « Quant au vrai amour, dit Plutarque, les femmes n'y ont aucune part ». (*Œuvres morales*, *Traité de l'amour*, p. 600.) Il parlait comme son siècle. Voyez Xénophon, au dialogue intitulé *Hiéron*.

étaient telles qu'on n'a guère jamais vu de peuple qui ait eu à cet
égard une meilleure police[1].

CHAPITRE X

Du tribunal domestique chez les Romains.

Les Romains n'avaient pas, comme les Grecs, des magistrats particuliers qui eussent inspection sur la conduite des femmes. Les
censeurs n'avaient l'œil sur elles que comme sur le reste de la
république. L'institution du tribunal domestique[2] suppléa à la
magistrature établie chez les Grecs[3].

Le mari assemblait les parents de la femme et la jugeait devant
eux[4]. Ce tribunal maintenait les mœurs dans la république. Mais ces
mêmes mœurs maintenaient ce tribunal. Il devait juger, non seulement de la violation des lois, mais aussi de la violation des mœurs.
Or, pour juger de la violation des mœurs, il faut en avoir.

Les peines de ce tribunal devaient être arbitraires, et l'étaient en
effet : car tout ce qui regarde les mœurs, tout ce qui regarde les
règles de la modestie, ne peut guère être compris sous un code de
lois. Il est aisé de régler par des lois ce qu'on doit aux autres ; il est
difficile d'y comprendre tout ce qu'on se doit à soi-même.

Le tribunal domestique regardait la conduite générale des femmes.
Mais il y avait un crime qui, outre l'animadversion de ce tribunal,
était encore soumis à une accusation publique : c'était l'adultère ;
soit que, dans une république, une si grande violation des mœurs
intéressât le gouvernement; soit que le dérèglement de la femme
pût faire soupçonner celui du mari ; soit enfin que l'on craignît que
les honnêtes gens mêmes n'aimassent mieux cacher ce crime que le
punir, l'ignorer que le venger.

---

1. A Athènes, il y avait un magistrat particulier qui veillait sur la conduite des
femmes.

2. Romulus institua ce tribunal, comme il paraît par Denys d'Halicarnasse,
liv. II, p. 96.

3. Voyez, dans Tite-Live, liv. XXXIX, l'usage que l'on fit de ce tribunal, lors
de la conjuration des bacchanales : on appela conjuration contre la république,
des assemblées où l'on corrompait les mœurs des femmes et des jeunes gens.

4. Il paraît, par Denys d'Halicarnasse, liv. II, que par l'institution de Romulus,
le mari, dans les cas ordinaires, jugeait seul devant les parents de la femme ; et
que, dans les grands crimes, il la jugeait avec cinq d'entre eux. Aussi Ulpien, au
titre VI, § 9, 12 et 13, distingue-t-il, dans les jugements des mœurs, celles qu'il
appelle graves, d'avec celles qui l'étaient moins : *Mores graviores, mores leviores*.

CHAPITRE XI

Comment les institutions changèrent à Rome avec le gouvernement.

Comme le tribunal domestique supposait des mœurs, l'accusation
publique en supposait aussi; et cela fit que ces deux choses tombèrent avec les mœurs, et finirent avec la république [1].

L'établissement des questions perpétuelles, c'est-à-dire du partage
de la juridiction entre les préteurs, et la coutume qui s'introduisit
de plus en plus que ces préteurs jugeassent eux-mêmes [2] toutes les
affaires, affaiblirent l'usage du tribunal domestique; ce qui paraît
par la surprise des historiens, qui regardent comme des faits singuliers et comme un renouvellement de la pratique ancienne les jugements que Tibère fit rendre par ce tribunal.

L'établissement de la monarchie et le changement des mœurs
firent encore cesser l'accusation publique. On pouvait craindre
qu'un malhonnête homme, piqué des mépris d'une femme, indigné
de ses refus, outré de sa vertu même, ne formât le dessein de la
perdre. La loi Julia ordonna qu'on ne pourrait accuser une femme
d'adultère qu'après avoir accusé son mari de favoriser ses dérèglements : ce qui restreignit beaucoup cette accusation, et l'anéantit
pour ainsi dire [3].

Sixte-Quint sembla vouloir renouveler l'accusation publique [4].
Mais il ne faut qu'un peu de réflexion pour voir que cette loi, dans
une monarchie telle que la sienne, était encore plus déplacée que
dans toute autre.

CHAPITRE XII

De la tutelle des femmes chez les Romains.

Les institutions des Romains mettaient les femmes dans une per-

---

1. *Judicio de moribus (quod antea quidem in antiquis legibus positum erat, non
autem frequentabatur) penitus abolito.* « Le jugement sur les mœurs, établi dans
les lois anciennes, mais depuis longtemps tombé en désuétude, fut définitivement
aboli. » (Leg. XI, § 2, cod., *de repud.*)

2. *Judicia extraordinaria.*

3. Constantin l'ôta entièrement. « C'est une chose indigne, disait-il, que des ma-
« riages tranquilles soient troublés par l'audace des étrangers. »

4. Sixte-Quint ordonna qu'un mari qui n'irait point se plaindre à lui des débauches de sa femme serait puni de mort. Voyez Leti.

pétuelle tutelle, à moins qu'elles ne fussent sous l'autorité d'un mari[1]. Cette tutelle était donnée au plus proche des parents, par mâles; et il paraît, par une expression vulgaire[2], qu'elles étaient très gênées. Cela était bon pour la république, et n'était point nécessaire dans la monarchie[3].

Il paraît, par les divers codes des lois des barbares, que les femmes chez les premiers Germains étaient aussi dans une perpétuelle tutelle[4]. Cet usage passa dans les monarchies qu'ils fondèrent : mais il ne subsista pas.

CHAPITRE XIII

Des peines établies par les empereurs contre les débauches des femmes.

La loi Julia établit une peine contre l'adultère. Mais, bien loin que cette loi et celles que l'on fit depuis là-dessus fussent une marque de la bonté des mœurs, elles furent au contraire une marque de leur dépravation.

Tout le système politique à l'égard des femmes changea dans la monarchie. Il ne fut plus question d'établir chez elles la pureté des mœurs, mais de punir leurs crimes. On ne faisait de nouvelles lois, pour punir ces crimes, que parce qu'on ne punissait plus les violations qui n'étaient point ces crimes.

L'affreux débordement des mœurs obligeait bien les empereurs de faire des lois pour arrêter, à un certain point, l'impudicité; mais leur intention ne fut pas de corriger les mœurs en général. Des faits positifs, rapportés par les historiens, prouvent plus cela que toutes ces lois ne sauraient prouver le contraire. On peut voir dans Dion la conduite d'Auguste à cet égard, et comment il éluda, et dans sa préture, et dans sa censure, les demandes qui lui furent faites[5].

1. *Nisi convenissent in manum viri.*
2. *Ne sis mihi patruus oro.* « Ne sois pas un oncle pour moi, je t'en conjure. »
3. La loi Papienne ordonna sous Auguste que les femmes qui auraient eu trois enfants seraient hors de cette tutelle.
4. Cette tutelle s'appelait chez les Germains *munde burdium.*
5. Comme on lui eut amené un jeune homme qui avait épousé une femme avec laquelle il avait eu auparavant un mauvais commerce, il hésita longtemps, n'osant ni approuver ni punir ces choses. Enfin, reprenant ses esprits : « Les séditions « ont été cause de grands maux, dit-il; oublions-les. » (DION, liv. LIV.) Les sénateurs lui ayant demandé des règlements sur les mœurs des femmes, il éluda cette demande, en leur disant « qu'ils corigeassent leurs femmes, comme il corrigeait la sienne ». Sur quoi ils le prièrent de leur dire comment il en usait avec sa femme : question, ce me semble, fort indiscrète.

On trouve bien dans les historiens des jugements rigides rendus sous Auguste et sous Tibère contre l'impudicité de quelques dames romaines; mais, en nous faisant connaître l'esprit de ces règnes, ils nous font connaître l'esprit de ces jugements.

Auguste et Tibère songèrent principalement à punir les débauches de leurs parentes. Ils ne punissaient point les dérèglements des mœurs, mais un certain crime d'impiété ou de lèse-majesté[1] qu'ils avaient inventé, utile pour le respect, utile pour leur vengeance. De là vient que les auteurs romains s'élèvent si fort contre cette tyrannie.

La peine de la loi Julia était légère[2]. Les empereurs voulurent que dans les jugements on augmentât la peine de la loi qu'ils avaient faite. Cela fut le sujet des invectives des historiens. Ils n'examinaient pas si les femmes méritaient d'être punies, mais si l'on avait violé la loi pour les punir.

Une des principales tyrannies de Tibère[3] fut l'abus qu'il fit des anciennes lois. Quand il voulut punir quelque dame romaine au delà de la peine portée par la loi Julia, il rétablit contre elle le tribunal domestique[4].

Ces dispositions à l'égard des femmes ne regardaient que les familles des sénateurs, et non pas celles du peuple. On voulait des prétextes aux accusations contre les grands, et les déportements des femmes en pouvaient fournir sans nombre.

Enfin ce que j'ai dit, que la bonté des mœurs n'est pas le principe du gouvernement d'un seul, ne se vérifia jamais mieux que sous ces premiers empereurs ; et si l'on en doutait, on n'aurait qu'à lire Tacite, Suétone, Juvénal et Martial.

---

1. *Culpam inter viros ac feminas vulgatam gravi nomine læsarum religionum, ac violatæ majestatis appellando, clementiam majorum suasque ipse leges egrediebatur.* (TACITE, *Ann.*, liv. III.) « En appelant ces dérèglements du nom redoutable de sacrilèges et de crime de lèse-majesté, il échappait à la clémence de ses ancêtres et à celle de ses propres lois. »

2. Cette loi est rapportée au Digeste ; mais on n'y a pas mis la peine. On juge qu'elle n'était que de la relégation, puisque celle de l'inceste n'était que de la déportation. (Leg. *Si quis viduam*, ff., *de quest.*)

3. *Proprium id Tiberio fuit, scelera nuper reperta priscis verbis obtegere.* (TACITE, *Annal.*, liv. IV.) « Ce fut le propre de Tibère de couvrir de noms anciens des forfaits nouveaux. »

4. *Adulterii graviorem pœnam deprecatus, ut, exemplo majorum, propinquis suis ultra ducentesimum lapidem removeretur, suasit. Adultero Manlio Italia atque Africa interdictum est.* (TACITE, *Annal.*, liv. II.) « Ayant demandé une peine plus grave pour l'adultère, il obtint que pour ses proches le coupable fût relégué au delà de la deux-centième pierre. L'adultère Manlius fut exilé de l'Italie et de l'Afrique. »

CHAPITRE XIV

Lois somptuaires chez les Romains.

Nous avons parlé de l'incontinence publique, parce qu'elle est
jointe avec le luxe, qu'elle en est toujours suivie, et qu'elle le suit
toujours. Si vous laissez en liberté les mouvements du cœur, comment pourrez-vous gêner les faiblesses de l'esprit ?

A Rome, outre les institutions générales, les censeurs firent faire,
par les magistrats, plusieurs lois particulières pour maintenir les
femmes dans la frugalité. Les lois Fannienne, Licinienne[1] et Oppienne
eurent cet objet. Il faut voir dans Tite-Live[2] comment le sénat fut
agité lorsqu'elles demandèrent la révocation de la loi Oppienne.
Valère Maxime met l'époque du luxe chez les Romains à l'abrogation
de cette loi.

CHAPITRE XV

Des dots et des avantages nuptiaux dans les diverses constitutions.

Les dots doivent être considérables dans les monarchies, afin que
les maris puissent soutenir leur rang et le luxe établi. Elles doivent
être médiocres dans les républiques, où le luxe ne doit pas régner[3].
Elles doivent être à peu près nulles dans les États despotiques, où
les femmes sont en quelque façon esclaves.

La communauté des biens, introduite par les lois françaises entre
le mari et la femme, est très convenable dans le gouvernement
monarchique, parce qu'elle intéresse les femmes aux affaires domestiques, et les rappelle, comme malgré elles, au soin de leur maison.
Elle l'est moins dans la république, où les femmes ont plus de
vertu. Elle serait absurde dans les États despotiques, où presque
toujours les femmes sont elles-mêmes une partie de la propriété du
maître.

Comme les femmes, par leur état, sont assez portées au mariage,
les gains que la loi leur donne sur les biens de leur mari sont inu-

---

1. Les lois *Fannia* et *Licinia* ne regardaient point spécialement les femmes ;
elles réglaient et modéraient la dépense de la table. (Crév.)

2. Décade IV, liv. IV.

3. Marseille fut la plus sage des républiques de son temps : les dots ne pouvaient passer cent écus en argent, et cinq en habits, dit Strabon, livre IV.

tiles. Mais ils seraient très pernicieux dans une république, parce que leurs richesses particulières produisent le luxe. Dans les États despotiques, les gains de noces doivent être leur subsistance, et rien de plus.

CHAPITRE XVI

Belle coutume des Samnites.

Les Samnites avaient une coutume qui, dans une petite république, et surtout dans la situation où était la leur, devait produire d'admirables effets. On assemblait tous les jeunes gens, et on les jugeait : celui qui était déclaré le meilleur de tous prenait pour sa femme la fille qu'il voulait ; celui qui avait les suffrages après lui choisissait encore ; et ainsi de suite [1]. Il était admirable de ne regarder entre les biens des garçons que les belles qualités, et les services rendus à la patrie. Celui qui était le plus riche de ces sortes de biens choisissait une fille dans toute la nation. L'amour, la beauté, la chasteté, la vertu, la naissance, les richesses même, tout cela était, pour ainsi dire, la dot de la vertu. Il serait difficile d'imaginer une récompense plus noble, plus grande, moins à charge à un petit État, plus capable d'agir sur l'un et l'autre sexe.

Les Samnites descendaient des Lacédémoniens ; et Platon, dont les institutions ne sont que la perfection des lois de Lycurgue, donna à peu près une pareille loi [2].

CHAPITRE XVII

De l'administration des femmes.

Il est contre la raison et contre la nature que les femmes soient maîtresses dans la maison, comme cela était établi chez les Égyptiens ; mais il ne l'est pas qu'elles gouvernent un empire. Dans le premier cas, l'état de faiblesse où elles sont ne leur permet pas la prééminence ; dans le second, leur faiblesse même leur donne plus de douceur et de modération : ce qui peut faire un bon gouvernement plutôt que les vertus dures et féroces.

Dans les Indes, on se trouve très bien du gouvernement des femmes ; et il est établi que, si les mâles ne viennent pas d'une mère

---

1. Fragm. de Nicolas de Damas, tiré de Stobée, dans le recueil de Const. Porphyr.
2. Il leur permet même de se voir plus fréquemment. (PLATO, *de Republica*, lib. V.)

du même sang, les filles qui ont une mère du sang royal succèdent[1]. On leur donne un certain nombre de personnes pour les aider à porter le poids du gouvernement. Selon M. Smith[2], on se trouve aussi très bien du gouvernement des femmes en Afrique. Si l'on ajoute à cela l'exemple de la Moscovie et de l'Angleterre, on verra qu'elles réussissent également, et dans le gouvernement modéré, et dans le gouvernement despotique.

LIVRE HUITIÈME

DE LA CORRUPTION DES PRINCIPES DES TROIS GOUVERNEMENTS.

CHAPITRE PREMIER

Idée générale de ce livre.

La corruption de chaque gouvernement commence presque toujours par celle des principes.

CHAPITRE II

De la corruption du principe de la démocratie.

Le principe de la démocratie se corrompt, non seulement lorsqu'on perd l'esprit d'égalité, mais encore quand on prend l'esprit d'égalité extrême, et que chacun veut être égal à ceux qu'il choisit pour lui commander. Pour lors le peuple, ne pouvant souffrir le pouvoir même qu'il confie, veut tout faire par lui-même, délibérer pour le sénat, exécuter pour les magistrats et dépouiller tous les juges.

Il ne peut plus y avoir de vertu dans la république. Le peuple veut faire les fonctions des magistrats : on ne les respecte donc plus. Les délibérations du sénat n'ont plus de poids : on n'a donc plus d'égards pour les sénateurs, et par conséquent pour les vieillards. Que si l'on n'a pas du respect pour les vieillards, on n'en aura pas non plus pour les pères : les maris ne méritent pas plus de

---

1. *Lettres édifiantes*, quatorzième recueil.
2. *Voyage de Guinée*, seconde partie, p. 165 de la traduction, sur le royaume d'Angona, sur la côte d'Or.

déférence, ni les maîtres pas plus de soumission. Tout le monde parviendra à aimer ce libertinage : la gêne du commandement fatiguera, comme celle de l'obéissance. Les femmes, les enfants, les esclaves, n'auront de soumission pour personne. Il n'y aura plus de mœurs, plus d'amour de l'ordre, enfin plus de vertu.

On voit dans le *Banquet* de Xénophon une peinture bien naïve d'une république où le peuple a abusé de l'égalité. Chaque convive donne à son tour la raison pourquoi il est content de lui. « Je suis con-« tent de moi, dit Charmidès, à cause de ma pauvreté. Quand j'étais « riche, j'étais obligé de faire ma cour aux calomniateurs, sachant « bien que j'étais plus en état de recevoir du mal d'eux que de leur « en faire ; la république me demandait toujours quelque nouvelle « somme ; je ne pouvais m'absenter. Depuis que je suis pauvre, j'ai « acquis de l'autorité ; personne ne me menace, je menace les autres ; « je puis m'en aller ou rester. Déjà les riches se lèvent de leurs « places, et me cèdent le pas. Je suis un roi, j'étais un esclave ; je « payais un tribut à la république, aujourd'hui elle me nourrit ; je « ne crains plus de perdre, j'espère d'acquérir. »

Le peuple tombe dans ce malheur lorsque ceux à qui il se confie, voulant cacher leur propre corruption, cherchent à le corrompre. Pour qu'il ne voie pas leur ambition, ils ne lui parlent que de sa grandeur ; pour qu'il n'aperçoive pas leur avarice, ils flattent sans cesse la sienne.

La corruption augmentera parmi les corrupteurs, et elle augmentera parmi ceux qui sont déjà corrompus. Le peuple se distribuera tous les deniers publics ; et, comme il aura joint à sa paresse la gestion des affaires, il voudra joindre à sa pauvreté les amusements du luxe. Mais, avec sa paresse et son luxe, il n'y aura que le trésor public qui puisse être un objet pour lui.

Il ne faudra pas s'étonner si l'on voit les suffrages se donner pour de l'argent. On ne peut donner beaucoup au peuple sans retirer encore plus de lui ; mais, pour retirer de lui, il faut renverser l'État. Plus il paraîtra tirer d'avantage de sa liberté, plus il s'approchera du moment où il doit la perdre. Il se forme de petits tyrans qui ont tous les vices d'un seul. Bientôt ce qui reste de liberté devient insupportable : un seul tyran s'élève ; et le peuple perd tout, jusqu'aux avantages de sa corruption.

La démocratie a donc deux excès à éviter : l'esprit d'inégalité, qui la mène à l'aristocratie ou au gouvernement d'un seul ; et l'esprit d'égalité extrême, qui la conduit au despotisme d'un seul, comme le despotisme d'un seul finit par la conquête.

Il est vrai que ceux qui corrompirent les républiques grecques ne devinrent pas toujours tyrans. C'est qu'ils s'étaient plus attachés à l'éloquence qu'à l'art militaire; outre qu'il y avait dans le cœur de tous les Grecs une haine implacable contre ceux qui renversaient le gouvernement républicain : ce qui fait que l'anarchie dégénéra en anéantissement, au lieu de se changer en tyrannie.

Mais Syracuse, qui se trouva placée au milieu d'un grand nombre de petites oligarchies changées en tyrannie [1]; Syracuse, qui avait un sénat [2] dont il n'est presque jamais fait mention dans l'histoire, essuya des malheurs que la corruption ordinaire ne donne pas. Cette ville, toujours dans la licence [3] ou dans l'oppression, également travaillée par sa liberté et par sa servitude, recevant toujours l'une et l'autre comme une tempête, et, malgré sa puissance au dehors, toujours déterminée à une révolution par la plus petite force étrangère, avait dans son sein un peuple immense, qui n'eut jamais que cette cruelle alternative de se donner un tyran ou de l'être lui-même.

CHAPITRE III

De l'esprit d'égalité extrême.

Autant que le ciel est éloigné de la terre, autant le véritable esprit d'égalité l'est-il de l'esprit d'égalité extrême. Le premier ne consiste point à faire en sorte que tout le monde commande ou que personne ne soit commandé, mais à obéir et à commander à ses égaux. Il ne cherche pas à n'avoir point de maîtres, mais à n'avoir que ses égaux pour maîtres.

Dans l'état de nature, les hommes naissent bien dans l'égalité; mais ils n'y sauraient rester. La société la leur fait perdre, et ils ne redeviennent égaux que par les lois.

Telle est la différence entre la démocratie réglée et celle qui ne l'est pas, que dans la première on n'est égal que comme citoyen, et que dans l'autre on est encore égal comme magistrat, comme sénateur, comme juge, comme père, comme mari, comme maître.

---

1. Voyez Plutarque, dans les *Vies de Timoléon* et de *Dion*.

2. C'est celui des six cents dont parle Diodore.

3. Ayant chassé les tyrans, ils firent citoyens des étrangers et des soldats mercenaires; ce qui causa des guerres civiles. (ARISTOTE, *Polit.*, liv. V, chap. III.) Le peuple ayant été cause de la victoire sur les Athéniens, la république fut changée. (*Ibid.*, chap. IV.) La passion de deux magistrats, dont l'un enleva à l'autre un jeune garçon, et celui-ci lui débaucha sa femme, fit changer la forme de cette république. (*Ibid.*, liv. V, chap. IV.)

La place naturelle de la vertu est auprès de la liberté; mais elle ne se trouve pas plus auprès de la liberté extrême qu'auprès de la servitude.

CHAPITRE IV

Cause particulière de la corruption du peuple.

Les grands succès, surtout ceux auxquels le peuple contribue beaucoup, lui donnent un tel orgueil qu'il n'est plus possible de le conduire. Jaloux des magistrats, il le devient de la magistrature; ennemi de ceux qui gouvernent, il l'est bientôt de la constitution. C'est ainsi que la victoire de Salamine sur les Perses corrompit la république d'Athènes [1]; c'est ainsi que la défaite des Athéniens perdit la république de Syracuse [2].

Celle de Marseille n'éprouva jamais ces grands passages de l'abaissement à la grandeur : aussi se gouverna-t-elle toujours avec sagesse; aussi conserva-t-elle ses principes.

CHAPITRE V

De la corruption du principe de l'aristocratie.

L'aristocratie se corrompt lorsque le pouvoir des nobles devient arbitraire : il ne peut y avoir de vertu dans ceux qui gouvernent ni dans ceux qui sont gouvernés.

Quand les familles régnantes observent les lois, c'est une monarchie qui a plusieurs monarques, et qui est très bonne par sa nature; presque tous ces monarques sont liés par les lois. Mais quand elles ne les observent pas, c'est un État despotique qui a plusieurs despotes.

Dans ce cas, la république ne subsiste qu'à l'égard des nobles, et entre eux seulement. Elle est dans le corps qui gouverne, et l'État despotique est dans le corps qui est gouverné : ce qui fait les deux corps du monde les plus désunis.

L'extrême corruption est lorsque les nobles deviennent héréditaires [3]; ils ne peuvent plus guère avoir de modération. S'ils sont en petit nombre, leur pouvoir est plus grand, mais leur sûreté diminue; s'ils sont en plus grand nombre, leur pouvoir est moindre, et leur

---

1. ARISTOTE, *Polit.*, liv. V, ch. IV.
2. *Ibid.*
3. L'aristocratie se change en oligarchie.

sûreté plus grande : en sorte que le pouvoir va croissant, et la sûreté diminuant, jusqu'au despote, sur la tête duquel est l'excès du pouvoir et du danger.

Le grand nombre des nobles dans l'aristocratie héréditaire rendra donc le gouvernement moins violent ; mais comme il y aura peu de vertu, on tombera dans un esprit de nonchalance, de paresse, d'abandon, qui fera que l'État n'aura plus de force ni de ressort [1].

Une aristocratie peut maintenir la force de son principe, si les lois sont telles qu'elles fassent plus sentir aux nobles les périls et les fatigues du commandement que ses délices, et si l'État est dans une telle situation qu'il ait quelque chose à redouter, et que la sûreté vienne du dedans, et l'incertitude du dehors.

Comme une certaine confiance fait la gloire et la sûreté d'une monarchie, il faut au contraire qu'une république redoute quelque chose [2]. La crainte des Perses maintint les lois chez les Grecs. Carthage et Rome s'intimidèrent l'une l'autre, et s'affermirent. Chose singulière ! plus ces États ont de sûreté, plus, comme des eaux trop tranquilles, ils sont sujets à se corrompre.

CHAPITRE VI

De la corruption du principe de la monarchie.

Comme les démocraties se perdent lorsque le peuple dépouille le sénat, les magistrats et les juges de leurs fonctions, les monarchies se corrompent lorsqu'on ôte peu à peu les prérogatives des corps ou les privilèges des villes. Dans le premier cas, on va au despotisme de tous ; dans l'autre, au despotisme d'un seul.

« Ce qui perdit les dynasties de Tsin et de Soüi, dit un auteur « chinois, c'est qu'au lieu de se borner, comme les anciens, à « une inspection générale, seule digne du souverain, les princes « voulurent gouverner tout immédiatement par eux-mêmes [3]. » L'auteur chinois nous donne ici la cause de la corruption de presque toutes les monarchies.

---

1. Venise est une des républiques qui a le mieux corrigé, par ses lois, les inconvénients de l'aristocratie héréditaire.

2. Justin attribue à la mort d'Epaminondas l'extinction de la vertu à Athènes. N'ayant plus d'émulation, ils dépensèrent leurs revenus en fêtes : *Frequentius cœnam quam castra visentes*, « fréquentant les festins plus que les camps». Pour lors les Macédoniens sortirent de l'obscurité. (Liv. VI.)

3. Compilation d'ouvrages faits sous les Ming, rapportés par le P. Duhalde.

La monarchie se perd lorsqu'un prince croit qu'il montre plus sa puissance en changeant l'ordre des choses qu'en le suivant ; lorsqu'il ôte les fonctions naturelles des uns pour les donner arbitrairement à d'autres ; et lorsqu'il est plus amoureux de ses fantaisies que de ses volontés.

La monarchie se perd lorsque le prince, rapportant tout uniquement à lui, appelle l'État à sa capitale, la capitale à sa cour, et la cour à sa seule personne.

Enfin elle se perd lorsqu'un prince méconnaît son autorité, sa situation, l'amour de ses peuples, et lorsqu'il ne sent pas bien qu'un monarque doit se juger en sûreté, comme un despote doit se croire en péril.

CHAPITRE VII

Continuation du même sujet.

Le principe de la monarchie se corrompt lorsque les premières dignités sont les marques de la première servitude ; lorsqu'on ôte aux grands le respect des peuples, et qu'on les rend de vils instruments du pouvoir arbitraire.

Il se corrompt encore plus lorsque l'honneur a été mis en contradiction avec les honneurs, et que l'on peut être à la fois couvert d'infamie [1] et de dignités.

Il se corrompt lorsque le prince change sa justice en sévérité ; lorsqu'il met, comme les empereurs romains, une tête de Méduse sur sa poitrine [2] ; lorsqu'il prend cet air menaçant et terrible que Commode faisait donner à ses statues [3].

Le principe de la monarchie se corrompt lorsque des âmes singulièrement lâches tirent vanité de la grandeur que pourrait avoir leur servitude, et qu'elles croient que ce qui fait que l'on doit tout au prince fait que l'on ne doit rien à sa patrie.

---

1. Sous le règne de Tibère, on éleva des statues et l'on donna les ornements triomphaux aux délateurs : ce qui avilit tellement ces honneurs, que ceux qui les avaient mérités les dédaignèrent. (Fragm. de Dion, liv. LVIII, tiré de l'*Extrait des vertus et des vices* de Const. Porphyrog.) Voyez, dans Tacite, comment Néron, sur la découverte et la punition d'une prétendue conjuration, donna à Pétronius Turpilianus, à Nerva, à Tigellinus, les ornements triomphaux. (*Ann.*, liv. XV.) Voyez aussi comment les généraux dédaignèrent de faire la guerre, parce qu'ils en méprisaient les honneurs. *Pervulgatis triumphi insignibus.* « Les insignes du triomphe étaient devenus vulgaires. » (TACITE, *Ann.*, liv. XIII.)

2. Dans cet État, le prince savait bien quel était le principe de son gouvernement.

3. HÉRODIEN.

Mais, s'il est vrai (ce que l'on a vu dans tous les temps) qu'à mesure que le pouvoir du monarque devient immense sa sûreté diminue, corrompre ce pouvoir jusqu'à le faire changer de nature, n'est-ce pas un crime de lèse-majesté contre lui ?

CHAPITRE VIII

Danger de la corruption du principe du gouvernement monarchique.

L'inconvénient n'est pas lorsque l'État passe d'un gouvernement modéré à un gouvernement modéré, comme de la république à la monarchie, ou de la monarchie à la république ; mais quand il tombe et se précipite du gouvernement modéré au despotisme.

La plupart des peuples d'Europe sont encore gouvernés par les mœurs. Mais si par un long abus du pouvoir, si, par une grande conquête, le despotisme s'établissait à un certain point, il n'y aurait pas de mœurs ni de climat qui tinssent ; et, dans cette belle partie du monde, la nature humaine souffrirait, au moins pour un temps, les insultes qu'on lui fait dans les trois autres.

CHAPITRE IX

Combien la noblesse est portée à défendre le trône.

La noblesse anglaise s'ensevelit avec Charles Ier sous les débris du trône ; et, avant cela, lorsque Philippe II fit entendre aux oreilles des Français le mot de liberté, la couronne fut toujours soutenue par cette noblesse qui tient à honneur d'obéir à un roi, mais qui regarde comme la souveraine infamie de partager la puissance avec le peuple.

On a vu la maison d'Autriche travailler sans relâche à opprimer la noblesse hongroise. Elle ignorait de quel prix elle lui serait quelque jour. Elle cherchait chez ces peuples de l'argent qui n'y était pas ; elle ne voyait pas des hommes qui y étaient. Lorsque tant de princes partageaient entre eux ses États, toutes les pièces de sa monarchie, immobiles et sans action, tombaient, pour ainsi dire, les unes sur les autres ; il n'y avait de vie que dans cette noblesse qui s'indigna, oublia tout pour combattre, et crut qu'il était de sa gloire de périr et de pardonner.

CHAPITRE X

Dе la corruption du principe du gouvernement despotique.

Le principe du gouvernement despotique se corrompt sans cesse, parce qu'il est corrompu par sa nature. Les autres gouvernements périssent, parce que des accidents particuliers en violent le principe : celui-ci périt par son vice intérieur, lorsque quelques causes accidentelles n'empêchent point son principe de se corrompre. Il ne se maintient donc que quand des circonstances, tirées du climat, de la religion, de la situation ou du génie du peuple, le forcent à suivre quelque ordre, et à souffrir quelque règle. Ces choses forcent sa nature sans la changer : sa férocité reste ; elle est pour quelque temps apprivoisée.

CHAPITRE XI

Effets naturels de la bonté et de la corruption des principes.

Lorsque les principes du gouvernement sont une fois corrompus, les meilleures lois deviennent mauvaises et se tournent contre l'État ; lorsque les principes en sont sains, les mauvaises ont l'effet des bonnes : la force du principe entraîne tout.

Les Crétois, pour tenir les premiers magistrats dans la dépendance des lois, employaient un moyen bien singulier : c'était celui de l'insurrection. Une partie des citoyens se soulevait[1], mettait en fuite les magistrats, et les obligeait de rentrer dans la condition privée. Cela était censé fait en conséquence de la loi. Une institution pareille, qui établissait la sédition pour empêcher l'abus du pouvoir, semblait devoir renverser quelque république que ce fût. Elle ne détruisit pas celle de Crète ; voici pourquoi[2] :

Lorsque les anciens voulaient parler d'un peuple qui avait le plus grand amour pour la patrie, ils citaient les Crétois. La patrie, disait Platon[3], nom si tendre aux Crétois ! Ils l'appelaient d'un nom qui

---

1. Aristote, *Polit.*, liv. II, ch. x.
2. On se réunissait toujours d'abord contre les ennemis du dehors, ce qui s'appelait *syncrétisme*. (Plutarque, *Œuvres morales*, p. 88.)
3. *République*, liv. IX.

exprime l'amour d'une mère pour ses enfants[1]. Or l'amour de la patrie corrige tout.

Les lois de Pologne ont aussi leur insurrection. Mais les inconvénients qui en résultent font bien voir que le seul peuple de Crète était en état d'employer avec succès un pareil remède.

Les exercices de la gymnastique établis chez les Grecs ne dépendirent pas moins de la bonté du principe du gouvernement. « Ce furent les Lacédémoniens et les Crétois, dit Platon[2], qui ouvrirent ces académies fameuses qui leur firent tenir dans le monde un rang si distingué. La pudeur s'alarma d'abord ; mais elle céda à l'utilité publique. » Du temps de Platon, ces institutions étaient admirables ; elles se rapportaient à un grand objet, qui était l'art militaire. Mais lorsque les Grecs n'eurent plus de vertu, elles détruisirent l'art militaire même : on ne descendit plus sur l'arène pour se former, mais pour se corrompre.

Plutarque nous dit[4] que de son temps les Romains pensaient que ces jeux avaient été la principale cause de la servitude où étaient tombés les Grecs. C'était, au contraire, la servitude des Grecs qui avait corrompu ces exercices. Du temps de Plutarque[5], les parcs où l'on combattait à nu et les jeux de la lutte rendaient les jeunes gens lâches, les portaient à un amour infâme, et n'en faisaient que des baladins ; mais du temps d'Épaminondas l'exercice de la lutte faisait gagner aux Thébains la bataille de Leuctres[6].

Il y a peu de lois qui ne soient bonnes lorsque l'État n'a point perdu ses principes ; et, comme disait Épicure en parlant des richesses : « Ce n'est point la liqueur qui est corrompue, c'est le vase. »

---

1. PLUTARQUE, *Œuvres morales*, au traité : *Si l'homme d'âge doit se mêler des affaires publiques.*

2. *République*, liv. V. (M.)

3. La gymnastique se divisait en deux parties, la danse et la lutte. On voyait, en Crète, les danses armées des Curètes ; à Lacédémone, celles de Castor et de Pollux ; à Athènes, les danses armées de Pallas, très propres pour ceux qui ne sont pas encore en âge d'aller à la guerre. La lutte est l'image de la guerre, dit Platon, *des Lois*, liv. VII. Il loue l'antiquité de n'avoir établi que deux danses, la pacifique et la pyrrhique. Voyez comment cette dernière danse s'appliquait à l'art militaire. (PLATON, *ibid.*)

4.   .... *Aut libidinosæ*
    Ledæas Lacedæmonis palestras.
              (MARTIAL, lib. IV, epig. 55.)

5. *Œuvres morales*, au traité *Des demandes des choses romaines.*

6. PLUTARQUE, *Œuvres morales*, *Propos de table*, liv. II.

CHAPITRE XII

Continuation sur le même sujet.

On prenait à Rome les juges dans l'ordre des sénateurs. Les Gracques transportèrent cette prérogative aux chevaliers. Drusus la donna aux sénateurs et aux chevaliers ; Sylla aux sénateurs seuls ; Cotta, aux sénateurs, aux chevaliers et aux trésoriers de l'épargne. César exclut ces derniers. Antoine fit des décuries de sénateurs, de chevaliers et de centurions.

Quand une république est corrompue, on ne peut remédier à aucun des maux qui naissent qu'en ôtant la corruption, et en rappelant les principes : toute autre correction est, ou inutile, ou un nouveau mal. Pendant que Rome conserva ses principes, les jugements purent être sans abus entre les mains des sénateurs ; mais quand elle fut corrompue, à quelque corps que ce fût qu'on transportât les jugements, aux sénateurs, aux chevaliers, aux trésoriers de l'épargne, à deux de ces corps, à tous les trois ensemble, à quelque autre corps que ce fût, on était toujours mal. Les chevaliers n'avaient pas plus de vertu que les sénateurs, les trésoriers de l'épargne pas plus que les chevaliers, et ceux-ci aussi peu que les centurions.

Lorsque le peuple de Rome eut obtenu qu'il aurait part aux magistratures patriciennes, il était naturel de penser que ses flatteurs allaient être les arbitres du gouvernement. Non : l'on vit ce peuple qui rendait les magistratures communes aux plébéiens élire toujours des patriciens. Parce qu'il était vertueux, il était magnanime ; parce qu'il était libre, il dédaignait le pouvoir. Mais lorsqu'il eut perdu ses principes, plus il eut de pouvoir, moins il eut de ménagements ; jusqu'à ce qu'enfin, devenu son propre tyran et son propre esclave, il perdit la force de la liberté, pour tomber dans la faiblesse de la licence.

CHAPITRE XIII

Effet du serment chez un peuple vertueux.

Il n'y a point eu de peuple, dit Tite-Live[1], où la dissolution se soit plus tard introduite que chez les Romains, et où la modération et la pauvreté aient été plus longtemps honorées.

Le serment eut tant de force chez ce peuple que rien ne l'attacha

---

1. Liv. Ier.

plus aux lois. Il fit bien des fois pour l'observer ce qu'il n'aurait jamais fait pour la gloire ni pour la patrie.

Quintius Cincinnatus, consul, ayant voulu lever une armée dans la ville contre les Èques et les Volsques, les tribuns s'y opposèrent. « Eh bien, dit-il, que tous ceux qui ont fait serment au consul de « l'année précédente marchent sous mes enseignes[1]. » En vain les tribuns s'écrièrent-ils qu'on n'était plus lié par ce serment; que, quand on l'avait fait, Quintius était un homme privé, le peuple fut plus religieux que ceux qui se mêlaient de le conduire; il n'écouta ni les distinctions ni les interprétations des tribuns.

Lorsque le même peuple voulut se retirer sur le Mont-Sacré, il se sentit retenir par le serment qu'il avait fait aux consuls de les suivre à la guerre[2]. Il forma le dessein de les tuer : on lui fit entendre que le serment n'en subsisterait pas moins. On peut juger de l'idée qu'il avait de la violation du serment, par le crime qu'il voulait commettre.

Après la bataille de Cannes, le peuple, effrayé[3], voulut se retirer en Sicile; Scipion lui fit jurer qu'il resterait à Rome : la crainte de violer leur serment surmonta toute autre crainte. Rome était un vaisseau tenu par deux ancres dans la tempête : la religion et les mœurs.

CHAPITRE XIV

Comment le plus petit changement dans la constitution entraîne la ruine des principes.

Aristote[4] nous parle de la république de Carthage comme d'une république très bien réglée. Polybe[5] nous dit qu'à la seconde guerre punique[6] il y avait à Carthage cet inconvénient, que le sénat avait perdu presque toute son autorité. Tite-Live[7] nous apprend que lorsqu'Annibal retourna à Carthage, il trouva que les magistrats et les principaux citoyens détournaient à leur profit les revenus publics et abusaient de leur pouvoir. La vertu des magistrats tomba donc avec l'autorité du sénat; tout coula du même principe.

1. Tite-Live, liv. III.
2. *Idem*, l. II.
3. Tite-Live, liv. XXII, ch. LIII.
4. *De la Républ.*, liv. II, ch. XI.
5. *Hist.*, liv. VI.
6. Environ cent ans après.
7. Liv. XXXIII, ch. XLVI.

On connaît les prodiges de la censure chez les Romains. Il y eut un temps où elle devint pesante; mais on la soutint, parce qu'il y avait plus de luxe que de corruption. Claudius l'affaiblit; et, par cet affaiblissement, la corruption devint encore plus grande que le luxe; et la censure [1] s'abolit, pour ainsi dire, d'elle-même. Troublée, demandée, reprise, quittée, elle fut entièrement interrompue jusqu'au temps où elle devint inutile, je veux dire les règnes d'Auguste et de Claude.

CHAPITRE XV

Moyens très efficaces pour la conservation des trois principes.

Je ne pourrai me faire entendre que lorsqu'on aura lu les quatre chapitres suivants.

CHAPITRE XVI

. Propriétés distinctives de la république.

Il est de la nature d'une république qu'elle n'ait qu'un petit territoire; sans cela elle ne peut guère subsister. Dans une grande république, il y a de grandes fortunes, et par conséquent peu de modération dans les esprits : il y a de trop grands dépôts à mettre entre les mains d'un citoyen; les intérêts se particularisent; un homme sent d'abord qu'il peut être heureux, grand, glorieux, sans sa patrie; et bientôt, qu'il peut être seul grand sur les ruines de sa patrie.

Dans une grande république, le bien commun est sacrifié à mille considérations : il est subordonné à des exceptions; il dépend des accidents. Dans une petite, le bien public est mieux senti, mieux connu, plus près de chaque citoyen; les abus y sont moins étendus, et par conséquent moins protégés.

Ce qui fit subsister si longtemps Lacédémone, c'est qu'après toutes ses guerres elle resta toujours avec son territoire. Le seul but de Lacédémone était la liberté; le seul avantage de sa liberté, c'était la gloire.

Ce fut l'esprit des républiques grecques de se contenter de leurs terres comme de leurs lois. Athènes prit de l'ambition, et en donna à Lacédémone; mais ce fut plutôt pour commander à des peuples

---

1. Voyez Dion, liv. XXXVIII; la *Vie de Cicéron* dans Plutarque; Cicéron à Atticus, liv. IV, lettres 10 et 15; Asconius, sur Cicéron, *de Divinatione.*

libres que pour gouverner des esclaves ; plutôt pour être la tête de
l'union que pour la rompre. Tout fut perdu lorsqu'une monarchie
s'éleva : gouvernement dont l'esprit est plus tourné vers l'agrandissement.

Sans des circonstances particulières[1], il est difficile que tout autre
gouvernement que le républicain puisse subsister dans une seule
ville. Un prince d'un si petit État chercherait naturellement à opprimer, parce qu'il aurait une grande puissance, et peu de moyens pour
en jouir ou pour la faire respecter : il foulerait donc beaucoup ses
peuples. D'un autre côté, un tel prince serait aisément opprimé par
une force étrangère, ou même par une force domestique : le peuple
pourrait à tous les instants s'assembler et se réunir contre lui. Or,
quand un prince d'une ville est chassé de sa ville, le procès est fini :
s'il a plusieurs villes, le procès n'est que commencé.

CHAPITRE XVII

Propriétés distinctives de la monarchie.

Un État monarchique doit être d'une grandeur médiocre. S'il était
petit, il se formerait en république ; s'il était fort étendu, les principaux de l'État, grands par eux-mêmes, n'étant point sous les yeux
du prince, ayant leur cour hors de sa cour, assurés d'ailleurs contre
les exécutions promptes par les lois et par les mœurs, pourraient
cesser d'obéir ; ils ne craindraient pas une punition trop lente et
trop éloignée.

Aussi Charlemagne eut-il à peine fondé son empire qu'il fallut le
diviser : soit que les gouverneurs des provinces n'obéissent pas, soit
que, pour les faire mieux obéir, il fût nécessaire de partager l'empire en plusieurs royaumes.

Après la mort d'Alexandre, son empire fut partagé. Comment ces
grands de Grèce et de Macédoine, libres, ou du moins chefs des
conquérants répandus dans cette vaste conquête, auraient-ils pu
obéir ?

Après la mort d'Attila, son empire fut dissous : tant de rois,
qui n'étaient plus contenus, ne pouvaient point reprendre des
chaînes.

Le prompt établissement du pouvoir sans bornes est le remède

---

1. Comme quand un petit souverain se maintient entre deux grands États par
leur jalousie mutuelle ; mais il n'existe que précairement.

qui, dans ces cas, peut prévenir la dissolution : nouveau malheur après celui de l'agrandissement.

Les fleuves courent se mêler dans la mer : les monarchies vont se perdre dans le despotisme.

CHAPITRE XVIII

Que la monarchie d'Espagne était dans un cas particulier.

Qu'on ne cite point l'exemple de l'Espagne : elle prouve plutôt ce que je dis. Pour garder l'Amérique, elle fit ce que le despotisme même ne fait pas : elle en détruisit les habitants. Il fallut, pour conserver sa colonie qu'elle la tînt dans la dépendance de sa subsistance même.

Elle essaya le despotisme dans les Pays-Bas ; et sitôt qu'elle l'eut abandonné, ses embarras augmentèrent. D'un côté, les Wallons ne voulaient pas être gouvernés par les Espagnols ; et de l'autre, les soldats espagnols ne voulaient pas obéir aux officiers wallons [1].

Elle ne se maintint dans l'Italie qu'à force de l'enrichir et de se ruiner ; car ceux qui auraient voulu se défaire du roi d'Espagne n'étaient pas, pour cela, d'humeur à renoncer à son argent.

CHAPITRE XIX

Propriétés distinctives du gouvernement despotique.

Un grand empire suppose une autorité despotique dans celui qui gouverne. Il faut que la promptitude des résolutions supplée à la distance des lieux où elles sont envoyées ; que la crainte empêche la négligence du gouverneur ou du magistrat éloigné ; que la loi soit dans une seule tête ; et qu'elle change sans cesse, comme les accidents, qui se multiplient toujours dans l'État à proportion de sa grandeur.

CHAPITRE XX

Conséquence des chapitres précédents.

Que si la propriété naturelle des petits États est d'être gouvernés en république, celle des médiocres d'être soumis à un monarque,

---

1. Voyez l'*Histoire des Provinces-Unies*, par M. le Clerc.

celle des grands empires d'être dominés par un despote, il suit que, pour conserver les principes du gouvernement établi, il faut maintenir l'État dans la grandeur qu'il avait déjà; et que cet État changera d'esprit à mesure qu'on rétrécira ou qu'on étendra ses limites.

CHAPITRE XXI

De l'empire de la Chine.

Avant de finir ce livre, je répondrai à une objection qu'on peut faire sur tout ce que j'ai dit jusqu'ici.

Nos missionnaires nous parlent du vaste empire de la Chine comme d'un gouvernement admirable qui mêle ensemble, dans son principe, la crainte, l'honneur et la vertu. J'ai donc posé une distinction vaine lorsque j'ai établi les principes des trois gouvernements.

J'ignore ce que c'est que cet honneur dont on parle chez des peuples à qui on ne fait rien faire qu'à coups de bâton [1].

De plus, il s'en faut beaucoup que nos commerçants nous donnent l'idée de cette vertu dont nous parlent nos missionnaires : on peut les consulter sur les brigandages des mandarins [2]. Je prends encore à témoin le grand homme milord Anson.

D'ailleurs, les lettres du P. Parennin sur le procès que l'empereur fit faire à des princes du sang néophytes [3], qui lui avaient déplu, nous font voir un plan de tyrannie constamment suivi, et des

---

1. C'est le bâton qui gouverne la Chine, dit le P. Duhalde.
2. Voyez entre autres la *Relation de Lange.*
3. De la famille de Sourniama, *Lettres édifiantes*, recueil XVIII. — Nous ne pouvons connaître la Chine que par les pièces authentiques fournies sur les lieux, rassemblées par Duhalde, et qui ne sont point contredites. Les écrits moraux de Confucius, publiés six cents ans avant notre ère, lorsque presque toute notre Europe vivait de glands dans ses forêts; les ordonnances de tant d'empereurs, qui sont des exhortations à la vertu ; des pièces de théâtre même qui l'enseignent, et dont les héros se dévouent à la mort pour sauver la vie à un orphelin, tant de chefs-d'œuvre de morale : tout cela n'a point été fait à coups de bâton. L'auteur s'imagine ou veut faire croire qu'il n'y a dans la Chine qu'un despote et cent cinquante millions d'esclaves qu'on gouverne comme des animaux de basse-cour. Il oublie ce grand nombre de tribunaux subordonnés les uns aux autres; il oublie que quand l'empereur Cam-hi voulut faire obtenir aux jésuites la permission d'enseigner le christianisme, il adressa lui-même leur requête à un tribunal.

Je crois bien qu'il y a dans un pays si singulier des préjugés ridicules, des jalousies de courtisans, des jalousies de corps, des jalousies de marchands, des jalousies d'auteurs, des cabales, des friponneries, des méchancetés de toute espèce, comme ailleurs ; mais nous ne pouvons en connaître les détails. Il est à croire que

. injures faites à la nature humaine, avec règle, c'est-à-dire de sang-froid.

Nous avons encore les lettres de M. de Mairan et du même P. Parennin, sur le gouvernement de la Chine. Après des questions et des réponses très sensées, le merveilleux s'est évanoui.

Ne pourrait-il pas se faire que les missionnaires auraient été trompés par une apparence d'ordre ; qu'ils auraient été frappés de cet exercice continuel de la volonté d'un seul, par lequel ils sont gouvernés eux-mêmes, et qu'ils aiment tant à trouver dans les cours des rois des Indes ; parce que, n'y allant que pour y faire de grands changements, il leur est plus aisé de convaincre les princes qu'ils peuvent tout faire que de persuader aux peuples qu'ils peuvent tout souffrir [1] ?

Enfin il y a souvent quelque chose de vrai dans les erreurs mêmes. Des circonstances particulières, et peut-être uniques, peuvent faire que le gouvernement de la Chine ne soit pas aussi corrompu qu'il devrait l'être. Des causes, tirées la plupart du physique du climat, ont pu forcer les causes morales dans ce pays, et faire des espèces de prodiges.

Le climat de la Chine est tel, qu'il favorise prodigieusement la propagation de l'espèce humaine. Les femmes y sont d'une fécondité si grande que l'on ne voit rien de pareil sur la terre. La tyrannie la plus cruelle n'y arrête point le progrès de la propagation [2]. Le prince n'y peut pas dire, comme Pharaon : « Opprimons-les avec sagesse ». Il serait plutôt réduit à former le souhait de Néron, que le genre humain n'eût qu'une tête. Malgré la tyrannie, la Chine, par la force du climat, se peuplera toujours, et triomphera de la tyrannie.

La Chine, comme tous les pays où croît le riz, est sujette à des famines fréquentes. Lorsque le peuple meurt de faim, il se disperse pour chercher de quoi vivre. Il se forme de toutes parts des bandes de trois, quatre ou cinq voleurs : la plupart sont d'abord exterminées ; d'autres se grossissent, et sont exterminées encore.

les lois des Chinois sont assez bonnes, puisqu'elles ont été toujours adoptées par leurs vainqueurs, et qu'elles ont duré si longtemps. Si Montesquieu veut nous persuader que les monarchies de l'Europe, établies par des Goths, des Gépides et des Alains, sont fondées sur l'honneur, pourquoi veut-il ôter l'honneur à la Chine? (Note de VOLT.)

1. Voyez dans le P. Duhalde comment les missionnaires se servirent de l'autorité de Cam-hi pour faire taire les mandarins, qui disaient toujours que, par les lois du pays, un culte étranger ne pouvait être établi dans l'empire.

2. Voyez, ci-dessous, liv. XXIII, chap. XIV.

Mais dans un si grand nombre de provinces, et si éloignées, il peut arriver que quelque troupe fasse fortune. Elle se maintient, se fortifie, se forme en corps d'armée, va droit à la capitale, et le chef monte sur le trône.

Telle est la nature de la chose, que le mauvais gouvernement y est d'abord puni. Le désordre y naît soudain, parce que ce peuple prodigieux y manque de subsistance. Ce qui fait que dans d'autres pays on revient si difficilement des abus, c'est qu'ils n'y ont pas des effets sensibles : le prince n'y est pas averti d'une manière prompte et éclatante, comme il l'est à la Chine.

Il ne sentira point, comme nos princes, que, s'il gouverne mal, il sera moins heureux dans l'autre vie, moins puissant et moins riche dans celle-ci : il saura que si son gouvernement n'est pas bon, il perdra l'empire et la vie.

Comme, malgré les expositions d'enfants, le peuple augmente toujours à la Chine [1], il faut un travail infatigable pour faire produire aux terres de quoi le nourrir : cela demande une grande attention de la part du gouvernement. Il est à tous les instants intéressé à ce que tout le monde puisse travailler sans crainte d'être frustré de ses peines. Ce doit moins être un gouvernement civil qu'un gouvernement domestique.

Voilà ce qui a produit les règlements dont on parle tant. On a voulu faire régner les lois avec le despotisme ; mais ce qui est joint avec le despotisme n'a plus de force. En vain ce despotisme, pressé par ses malheurs, a-t-il voulu s'enchaîner : il s'arme de ses chaînes, et devient plus terrible encore.

La Chine est donc un État despotique dont le principe est la crainte. Peut-être que dans les premières dynasties l'empire n'étant pas si étendu, le gouvernement déclinait un peu de cet esprit. Mais aujourd'hui cela n'est pas.

---

1. Voyez le *Mémoire d'un Tsongtou*, pour qu'on défriche. (*Lettres édifiantes*, vingt et unième recueil.)

LIVRE ONZIÈME

DES LOIS QUI FORMENT LA LIBERTÉ POLITIQUE, DANS SON RAPPORT AVEC LA CONSTITUTION [1].

CHAPITRE PREMIER

Idée générale.

Je distingue les lois qui forment la liberté politique, dans son rapport avec la constitution, d'avec celles qui la forment dans son rapport avec le citoyen. Les premières seront le sujet de ce livre-ci ; je traiterai des secondes dans le livre suivant.

CHAPITRE II

Diverses significations données au mot de liberté.

Il n'y a point de mot qui ait reçu plus de différentes significations, et qui ait frappé les esprits de tant de manières, que celui de *liberté*. Les uns l'ont pris pour la facilité de déposer celui à qui ils avaient donné un pouvoir tyrannique ; les autres, pour la faculté d'élire celui à qui ils devaient obéir ; d'autres, pour le droit d'être armés, et de pouvoir exercer la violence ; ceux-ci, pour le privilège de n'être gouvernés que par un homme de leur nation, ou par leurs propres lois [2]. Certain peuple a longtemps pris la liberté pour l'usage de porter une longue barbe [3]. Ceux-ci ont attaché ce nom à une forme de gouvernement, et en ont exclu les autres. Ceux qui

1. Les trois livres précédents (VI, VII, VIII) complètent, avec les cinq précédents la théorie des trois gouvernements. Celui-ci, qui paraît avoir été écrit à une autre époque et qui contient une tout autre théorie, est trop célèbre pour que nous ne le donnions pas ici. Voir notre Introduction. (*Note de l'éditeur.*)

2. « J'ai, dit Cicéron, copié l'édit de Scevola, qui permet aux Grecs de termi-« ner entre eux leurs différends, selon leurs lois ; ce qui fait qu'ils se regardent « comme des peuples libres. »

3. Les Moscovites ne pouvaient souffrir que le czar Pierre la leur fît couper.

avaient goûté du gouvernement républicain l'ont mise dans ce gouvernement; ceux qui avaient joui du gouvernement monarchique l'ont placée dans la monarchie [1]. Enfin chacun a appelé *liberté* le gouvernement qui était conforme à ses coutumes ou à ses inclinations; et comme, dans une république, on n'a pas toujours devant les yeux, et d'une manière si présente, les instruments des maux dont on se plaint, et que même les lois paraissent y parler plus et les exécuteurs de la loi y parler moins, on la place ordinairement dans les républiques, et on l'a exclue des monarchies. Enfin, comme dans les démocraties le peuple paraît à peu près faire ce qu'il veut, on a mis la liberté dans ces sortes de gouvernements, et on a confondu le pouvoir du peuple avec la liberté du peuple.

CHAPITRE III

Ce que c'est que la liberté.

Il est vrai que dans les démocraties le peuple paraît faire ce qu'il veut; mais la liberté politique ne consiste point à faire ce que l'on veut. Dans un État, c'est-à-dire dans une société où il y a des lois, la liberté ne peut consister qu'à pouvoir faire ce que l'on doit vouloir, et à n'être point contraint de faire ce que l'on ne doit pas vouloir.

Il faut se mettre dans l'esprit ce que c'est que l'indépendance, et ce que c'est que la liberté. La liberté est le droit de faire tout ce que les lois permettent [2]; et si un citoyen pouvait faire ce qu'elles défendent, il n'aurait plus de liberté, parce que les autres auraient tout de même ce pouvoir.

CHAPITRE IV

Continuation du même sujet.

La démocratie et l'aristocratie ne sont point des États libres par leur nature. La liberté politique ne se trouve que dans les gouvernements modérés. Mais elle n'est pas toujours dans les États modérés : elle n'y est que lorsqu'on n'abuse pas du pouvoir; mais c'est

---

1. Les Cappadociens refusèrent l'État républicain, que leur offrirent les Romains.

2. *Omnes legum servi sumus ut liberi esse possimus.* (CICÉRON, *pro Cluentio*, § 53.) « Nous sommes tous esclaves des lois pour pouvoir être libres. »

une expérience éternelle, que tout homme qui a du pouvoir est porté à en abuser; il va jusqu'à ce qu'il trouve des limites. Qui le dirait! la vertu même a besoin de limites.

Pour qu'on ne puisse abuser du pouvoir, il faut que, par la disposition des choses, le pouvoir arrête le pouvoir. Une constitution peut être telle que personne ne sera contraint de faire les choses auxquelles la loi ne l'oblige pas, et à ne point faire celles que la loi lui permet.

CHAPITRE V

De l'objet des États divers.

Quoique tous les États aient en général un même objet, qui est de se maintenir, chaque État en a pourtant un qui lui est particulier. L'agrandissement était l'objet de Rome ; la guerre, celui de Lacédémone ; la religion, celui des lois judaïques; le commerce, celui de Marseille ; la tranquillité publique, celui de la Chine [1]; la navigation, celui des lois des Rhodiens ; la liberté naturelle, l'objet de la police des sauvages ; en général, les délices du prince, celui des États despotiques; sa gloire et celle de l'État, celui des monarchies; l'indépendance de chaque particulier est l'objet des lois de Pologne, et ce qui en résulte, l'oppression de tous [2].

Il y a aussi une nation dans le monde qui a pour objet direct de sa constitution la liberté politique. Nous allons examiner les principes sur lesquels elle la fonde. S'ils sont tous bons, la liberté y paraîtra comme dans un miroir.

Pour découvrir la liberté politique dans la constitution, il ne faut pas tant de peine. Si on peut la voir où elle est, si on l'a trouvée, pourquoi la chercher?

CHAPITRE VI [3]

De la constitution d'Angleterre.

Il y a dans chaque État trois sortes de pouvoirs : la puissance législative, la puissance exécutrice des choses qui dépendent du droit

---

1. Objet naturel d'un État qui n'a point d'ennemis au dehors, ou qui croit les avoir arrêtés par des barrières.

2. Inconvénient du *Liberum veto*.

3. La plupart des principes que Montesquieu pose dans ce chapitre sont tirés du *Traité du Gouvernement civil*, de Locke, ch. xii. (P.)

des gens, et la puissance exécutrice de celles qui dépendent du droit civil.

Par la première, le prince ou le magistrat fait des lois pour un temps ou pour toujours, et corrige ou abroge celles qui sont faites. Par la seconde, il fait la paix ou la guerre, envoie ou reçoit des ambassades, établit la sûreté, prévient les invasions. Par la troisième, il punit les crimes ou juge les différends des particuliers. On appellera cette dernière la puissance de juger; et l'autre, simplement la puissance exécutrice de l'État.

La liberté politique, dans un citoyen, est cette tranquillité d'esprit qui provient de l'opinion que chacun a de sa sûreté; et, pour qu'on ait cette liberté, il faut que le gouvernement soit tel qu'un citoyen ne puisse pas craindre un autre citoyen.

Lorsque dans la même personne ou dans le même corps de magistrature la puissance législative est réunie à la puissance exécutrice, il n'y a point de liberté, parce qu'on peut craindre que le même monarque ou le même sénat ne fasse des lois tyranniques pour les exécuter tyranniquement.

Il n'y a point encore de liberté si la puissance de juger n'est pas séparée de la puissance législative et de l'exécutrice. Si elle était jointe à la puissance législative, le pouvoir sur la vie et la liberté des citoyens serait arbitraire; car le juge serait législateur. Si elle était jointe à la puissance exécutrice, le juge pourrait avoir la force d'un oppresseur.

Tout serait perdu si le même homme, ou le même corps des principaux, ou des nobles, ou du peuple, exerçait ces trois pouvoirs : celui de faire des lois, celui d'exécuter les résolutions publiques, et celui de juger les crimes ou les différends des particuliers.

Dans la plupart des royaumes d'Europe, le gouvernement est modéré, parce que le prince, qui a les deux premiers pouvoirs, laisse à ses sujets l'exercice du troisième. Chez les Turcs, où ces trois pouvoirs sont réunis sur la tête du sultan, il règne un affreux despotisme.

Dans les républiques d'Italie, où ces trois pouvoirs sont réunis, la liberté se trouve moins que dans nos monarchies. Aussi le gouvernement a-t-il besoin, pour se maintenir, de moyens aussi violents que le gouvernement des Turcs : témoin les inquisiteurs d'État[1], et le tronc où tout délateur peut, à tous les moments, jeter avec un billet son accusation.

1. A Venise.

Voyez quelle peut être la situation d'un citoyen dans ces républiques. Le même corps de magistrature a, comme exécuteur des lois, toute la puissance qu'il s'est donnée comme législateur. Il peut ravager l'État par ses volontés générales; et, comme il a encore la puissance de juger, il peut détruire chaque citoyen par ses volontés particulières.

Toute la puissance y est une; et, quoiqu'il n'y ait point de pompe extérieure qui découvre un prince despotique, on le sent à chaque instant.

Aussi les princes qui ont voulu se rendre despotiques ont-ils toujours commencé par réunir en leur personne toutes les magistratures; et plusieurs rois d'Europe, toutes les grandes charges de leur État.

Je crois bien que la pure aristocratie héréditaire des républiques d'Italie ne répond pas précisément au despotisme de l'Asie. La multitude des magistrats adoucit quelquefois la magistrature; tous les nobles ne concourent pas toujours aux mêmes desseins : on y forme divers tribunaux qui se tempèrent. Ainsi, à Venise, le grand conseil a la législation; le pregadi, l'exécution; les quaranties, le pouvoir de juger. Mais le mal est que ces tribunaux différents sont formés par des magistrats du même corps; ce qui ne fait guère qu'une même puissance.

La puissance de juger ne doit pas être donnée à un sénat permanent, mais exercée par des personnes tirées du corps du peuple[1], dans certains temps de l'année, de la manière prescrite par la loi, pour former un tribunal qui ne dure qu'autant que la nécessité le requiert.

De cette façon, la puissance de juger, si terrible parmi les hommes, n'étant attachée ni à un certain état, ni à une certaine profession, devient, pour ainsi dire, invisible et nulle. On n'a point continuellement des juges devant les yeux; et l'on craint la magistrature, et non pas les magistrats.

Il faut même que dans les grandes accusations le criminel, concurremment avec la loi, se choisisse des juges; ou, du moins, qu'il en puisse récuser un si grand nombre que ceux qui restent soient censés être de son choix.

Les deux autres pouvoirs pourraient plutôt être donnés à des magistrats ou à des corps permanents, parce qu'ils ne s'exercent sur aucun particulier, n'étant, l'un, que la volonté générale de l'État, et l'autre, que l'exécution de cette volonté générale.

---

1. Comme à Athènes.

Mais, si les tribunaux ne doivent pas être fixes, les jugements doivent l'être à un tel point qu'ils ne soient jamais qu'un texte précis de la loi. S'ils étaient une opinion particulière du juge, on vivrait dans la société sans savoir précisément les engagements que l'on y contracte.

Il faut même que les juges soient de la condition de l'accusé, ou ses pairs, pour qu'il ne puisse pas se mettre dans l'esprit qu'il soit tombé entre les mains de gens portés à lui faire violence.

Si la puissance législative laisse à l'exécutrice le droit d'emprisonner des citoyens qui peuvent donner caution de leur conduite, il n'y a plus de liberté, à moins qu'ils ne soient arrêtés pour répondre sans délai à une accusation que la loi a rendue capitale; auquel cas ils sont réellement libres, puisqu'ils ne sont soumis qu'à la puissance de la loi.

Mais si la puissance législative se croyait en danger par quelque conjuration secrète contre l'État, ou quelque intelligence avec les ennemis du dehors, elle pourrait, pour un temps court et limité, permettre à la puissance exécutrice de faire arrêter les citoyens suspects, qui ne perdraient leur liberté pour un temps que pour la conserver pour toujours.

Et c'est le seul moyen conforme à la raison de suppléer à la tyrannique magistrature des éphores, et aux inquisiteurs d'État de Venise, qui sont aussi despotiques.

Comme dans un État libre tout homme qui est censé avoir une âme libre doit être gouverné par lui-même, il faudrait que le peuple en corps eût la puissance législative; mais comme cela est impossible dans les grands États, et est sujet à beaucoup d'inconvénients dans les petits, il faut que le peuple fasse par ses représentants tout ce qu'il ne peut faire par lui-même.

L'on connaît beaucoup mieux les besoins de sa ville que ceux des autres villes, et on juge mieux de la capacité de ses voisins que de celle de ses autres compatriotes. Il ne faut donc pas que les membres du corps législatif soient tirés en général du corps de la nation, mais il convient que dans chaque lieu principal les habitants se choisissent un représentant[1].

1. Aristote dit dans sa *Politique*, liv. III, ch. vii : « Il est nécessaire d'avoir des connaissances pour faire un bon choix. Voulez-vous élire un pilote ou un géomètre, il faut que les électeurs soient des pilotes ou des géomètres. Des ignorants peuvent se mêler de donner leur avis dans les sciences et les diverses opérations de la vie; mais jugent-ils aussi sainement que les gens de l'art? Ainsi la multitude ne devrait ni voter dans les élections, ni juger la responsabilité des magistrats. »

Le grand avantage des représentants, c'est qu'ils sont capables de discuter les affaires. Le peuple n'y est point du tout propre : ce qui forme un des grands inconvénients de la démocratie.

Il n'est pas nécessaire que les représentants, qui ont reçu de ceux qui les ont choisis une instruction générale, en reçoivent une particulière sur chaque affaire, comme cela se pratique dans les diètes d'Allemagne. Il est vrai que de cette manière la parole des députés serait plus l'expression de la voix de la nation ; mais cela jetterait dans des longueurs infinies, rendrait chaque député le maître de tous les autres ; et, dans les occasions les plus pressantes, toute la force de la nation pourrait être arrêtée par un caprice.

Quand les députés, dit très bien M. Sidney, représentent un corps de peuple comme en Hollande, ils doivent rendre compte à ceux qui les ont commis : c'est autre chose lorsqu'ils sont députés par des bourgs, comme en Angleterre.

Tous les citoyens, dans les divers districts, doivent avoir droit de donner leur voix pour choisir le représentant, excepté ceux qui sont dans un tel état de bassesse qu'ils sont réputés n'avoir point de volonté propre.

Il y avait un grand vice dans la plupart des anciennes républiques : c'est que le peuple avait droit d'y prendre des résolutions actives, et qui demandent quelque exécution ; chose dont il est entièrement incapable. Il ne doit entrer dans le gouvernement que pour choisir ses représentants ; ce qui est très à sa portée. Car, s'il y a peu de gens qui connaissent le degré précis de la capacité des hommes, chacun est pourtant capable de savoir en général si celui qu'il choisit est plus éclairé que la plupart des autres.

Le corps représentant ne doit pas être choisi non plus pour prendre quelque résolution active, chose qu'il ne ferait pas bien, mais pour faire des lois, ou pour voir si l'on a bien exécuté celles qu'il a faites, chose qu'il peut très bien faire, et qu'il n'y a même que lui qui puisse bien faire.

Il y a toujours dans un État des gens distingués par la naissance, les richesses ou les honneurs ; mais s'ils étaient confondus parmi le peuple, et s'ils n'y avaient qu'une voix comme les autres, la liberté commune serait leur esclavage, et ils n'auraient aucun intérêt à la défendre, parce que la plupart des résolutions seraient contre eux. La part qu'ils ont à la législation doit donc être proportionnée aux autres avantages qu'ils ont dans l'État : ce qui arrivera s'ils forment un corps qui ait droit d'arrêter les entreprises du peuple, comme le peuple a droit d'arrêter les leurs.

Ainsi la puissance législative sera confiée, et au corps des nobles, et au corps qui sera choisi pour représenter le peuple, qui auront chacun leurs assemblées et leurs délibérations à part et des vues et des intérêts séparés.

Des trois puissances dont nous avons parlé, celle de juger est en quelque façon nulle. Il n'en reste que deux ; et, comme elles ont besoin d'une puissance réglante pour les tempérer, la partie du corps législatif qui est composée de nobles est très propre à produire cet effet.

Le corps des nobles doit être héréditaire. Il l'est premièrement par sa nature ; et d'ailleurs il faut qu'il ait un très grand intérêt à conserver ses prérogatives, odieuses par elles-mêmes, et qui, dans un État libre, doivent toujours être en danger.

Mais, comme une puissance héréditaire pourrait être induite à suivre ses intérêts particuliers et à oublier ceux du peuple, il faut que dans les choses où l'on a un souverain intérêt à la corrompre, comme dans les lois qui concernent la levée de l'argent, elle n'ait de part à la législation que par sa faculté d'empêcher, et non par sa faculté de statuer.

J'appelle *faculté de statuer* le droit d'ordonner par soi-même, ou de corriger ce qui a été ordonné par un autre. J'appelle *faculté d'empêcher* le droit de rendre nulle une résolution prise par quelque autre : ce qui était la puissance des tribuns de Rome. Et quoique celui qui a la faculté d'empêcher puisse avoir aussi le droit d'approuver, pour lors cette approbation n'est autre chose qu'une déclaration qu'il ne fait point d'usage de sa faculté d'empêcher, et dérive de cette faculté.

La puissance exécutrice doit être entre les mains d'un monarque, parce que cette partie du gouvernement, qui a presque toujours besoin d'une action momentanée, est mieux administrée par un que par plusieurs ; au lieu que ce qui dépend de la puissance législative est souvent mieux ordonné par plusieurs que par un seul.

Que s'il n'y avait point de monarque, et que la puissance exécutrice fût confiée à un certain nombre de personnes tirées du corps législatif, il n'y aurait plus de liberté, parce que les deux puissances seraient unies ; les mêmes personnes ayant quelquefois et pouvant toujours avoir part à l'une et à l'autre.

Si le corps législatif était un temps considérable sans être assemblé, il n'y aurait plus de liberté. Car il arriverait de deux choses l'une : ou qu'il n'y aurait plus de résolution législative, et l'Etat tomberait dans l'anarchie ; ou que ces résolutions seraient prises par la puissance exécutrice, et elle deviendrait absolue.

Il serait inutile que le corps législatif fût toujours assemblé. Cela serait incommode pour les représentants, et d'ailleurs occuperait trop la puissance exécutrice, qui ne penserait point à exécuter, mais à défendre ses prérogatives et le droit qu'elle a d'exécuter.

De plus, si le corps législatif était continuellement assemblé, il pourrait arriver que l'on ne ferait que suppléer de nouveaux députés à la place de ceux qui mourraient ; et dans ce cas, si le corps était une fois corrompu, le mal serait sans remède. Lorsque divers corps législatifs se succèdent les uns aux autres, le peuple, qui a mauvaise opinion du corps législatif actuel, porte avec raison ses espérances sur celui qui viendra après ; mais, si c'était toujours le même corps, le peuple, le voyant une fois corrompu, n'espérerait plus rien de ses lois : il deviendrait furieux, ou tomberait dans l'indolence.

Le corps législatif ne doit point s'assembler lui-même : car un corps n'est censé avoir de volonté que lorsqu'il est assemblé ; et, s'il ne s'assemblait pas unanimement, on ne saurait dire quelle partie serait véritablement le corps législatif ; celle qui serait assemblée, ou celle qui ne le serait pas. Que s'il avait droit de se proroger lui-même, il pourrait arriver qu'il ne se prorogerait jamais ; ce qui serait dangereux dans le cas où il voudrait attenter contre la puissance exécutrice. D'ailleurs, il y a des temps plus convenables les uns que les autres pour l'assemblée du corps législatif : il faut donc que ce soit la puissance exécutrice qui règle le temps de la tenue et de la durée de ces assemblées, par rapport aux circonstances qu'elle connaît.

Si la puissance exécutrice n'a pas le droit d'arrêter les entreprises du corps législatif, celui-ci sera despotique ; car, comme il pourra se donner tout le pouvoir qu'il peut imaginer, il anéantira toutes les autres puissances.

Mais il ne faut pas que la puissance législative ait réciproquement la faculté d'arrêter la puissance exécutrice ; car l'exécution ayant ses limites par sa nature, il est inutile de la borner ; outre que la puissance exécutrice s'exerce toujours sur des choses momentanées. Et la puissance des tribuns de Rome était vicieuse, en ce qu'elle arrêtait non seulement la législation, mais même l'exécution : ce qui causait de grands maux.

Mais si, dans un État libre, la puissance législative ne doit pas avoir le droit d'arrêter la puissance exécutrice, elle a droit, et doit avoir la faculté d'examiner de quelle manière les lois qu'elle a faites ont été exécutées ; et c'est l'avantage qu'a ce gouvernement sur celui de Crète et de Lacédémone, où les *cosmes*[1] et les *éphores*[2] ne rendaient point compte de leur administration.

Mais, quel que soit cet examen, le corps législatif ne doit point avoir le pouvoir de juger la personne, et par conséquent la conduite de celui qui exécute. Sa personne doit être sacrée, parce qu'étant nécessaire à l'État pour que le corps législatif n'y devienne pas tyrannique, dès le moment qu'il serait accusé ou jugé, il n'y aurait plus de liberté.

Dans ces cas l'État ne serait point une monarchie, mais une république non libre. Mais comme celui qui exécute ne peut rien exécuter mal sans avoir des conseillers méchants et qui haïssent les lois comme ministres, quoiqu'elles les favorisent comme hommes, ceux-ci peuvent être recherchés et punis. Et c'est l'avantage de ce gouvernement sur celui de Gnide, où la loi ne permettant point d'appeler en jugement les *amymones*[3], même après leur administration[4], le peuple ne pouvait jamais se faire rendre raison des injustices qu'on lui avait faites.

Quoique en général la puissance de juger ne doive être unie à aucune partie de la législative, cela est sujet à trois exceptions fondées sur l'intérêt particulier de celui qui doit être jugé.

Les grands sont toujours exposés à l'envie ; et, s'ils étaient jugés par le peuple, ils pourraient être en danger, et ne jouiraient pas du privilège qu'a le moindre des citoyens dans un État libre, d'être jugé par ses pairs. Il faut donc que les nobles soient appelés, non pas devant les tribunaux ordinaires de la nation, mais devant cette partie du corps législatif qui est composée de nobles.

Il pourrait arriver que la loi, qui est en même temps clairvoyante et aveugle, serait, en de certains cas, trop rigoureuse. Mais les juges de la nation ne sont, comme nous avons dit, que la bouche qui prononce les paroles de la loi, des êtres inanimés qui n'en peuvent modérer ni la force ni la rigueur. C'est donc la partie du corps législatif que nous venons de dire être, dans une autre occasion, un

---

1. Voyez la *République d'Aristote*, liv. II, ch. x.

2. *Ibid.*, ch. ix.

3. C'étaient des magistrats que le peuple élisait tous les ans. Voyez Étienne de Byzance. — Plutarque (*Demande des choses grecques*, § 3) donne à ces magistrats, non pas le nom d'*amymones*, mais celui d'*amnémones*. Le premier de ces mots signifie *sans reproches*, le second *sans mémoire*, parce qu'ils ne rendaient pas compte de leur administration. Plutarque ajoute qu'ils étaient au nombre de soixante, et qu'ils étaient nommés, non tous les ans, mais à vie.

4. On pouvait accuser les magistrats romains après leur magistrature. Voyez, dans Denys d'Halicarnasse, liv. IX, l'affaire du tribun Genutius.

tribunal nécessaire, qui l'est encore dans celle-ci ; c'est à son autorité suprême à modérer la loi en faveur de la loi même, en prononçant moins rigoureusement qu'elle.

Il pourrait encore arriver que quelque citoyen, dans les affaires publiques, violerait les droits du peuple, et ferait des crimes que les magistrats établis ne sauraient ou ne voudraient pas punir. Mais, en général, la puissance législative ne peut pas juger ; et elle le peut encore moins dans ce cas particulier, où elle représente la partie intéressée, qui est le peuple. Elle ne peut donc être qu'accusatrice. Mais devant qui accusera-t-elle ? Ira-t-elle s'abaisser devant les tribunaux de la loi, qui lui sont inférieurs, et d'ailleurs composés de gens qui, étant peuple comme elle, seraient entraînés par l'autorité d'un si grand accusateur ? Non : il faut, pour conserver la dignité du peuple et la sûreté du particulier, que la partie législative du peuple accuse devant la partie législative des nobles, laquelle n'a ni les mêmes intérêts qu'elle ni les mêmes passions.

C'est l'avantage qu'a ce gouvernement sur la plupart des républiques anciennes, où il y avait cet abus, que le peuple était en même temps juge et accusateur.

La puissance exécutrice, comme nous avons dit, doit prendre part à la législation par sa faculté d'empêcher ; sans quoi, elle sera bientôt dépouillée de ses prérogatives. Mais si la puissance législative prend part à l'exécution, la puissance exécutrice sera également perdue.

Si le monarque prenait part à la législation par la faculté de statuer, il n'y aurait plus de liberté. Mais comme il faut pourtant qu'il ait part à la législation pour se défendre, il faut qu'il y prenne part par la faculté d'empêcher.

Ce qui fut cause que le gouvernement changea à Rome, c'est que le sénat, qui avait une partie de la puissance exécutrice, et les magistrats qui avaient l'autre, n'avaient pas, comme le peuple, la faculté d'empêcher.

Voici donc la constitution fondamentale du gouvernement dont nous parlons. Le corps législatif y étant composé de deux parties, l'une enchaînera l'autre par sa faculté mutuelle d'empêcher. Toutes les deux seront liées par la puissance exécutrice, qui le sera elle-même par la législative.

Ces trois puissances devraient former un repos ou une inaction. Mais, comme par le mouvement nécessaire des choses elles sont contraintes d'aller, elles seront forcées d'aller de concert.

La puissance exécutrice ne faisant partie de la législative que par sa faculté d'empêcher, elle ne saurait entrer dans le débat des affaires. Il n'est pas même nécessaire qu'elle propose, parce que, pouvant toujours désapprouver les résolutions, elle peut rejeter les décisions des propositions qu'elle aurait voulu qu'on n'eût pas faites.

Dans quelques républiques anciennes, où le peuple en corps avait le débat des affaires, il était naturel que la puissance exécutrice les proposât et les débattît avec lui; sans quoi, il y aurait eu, dans les résolutions, une confusion étrange.

Si la puissance exécutrice statue sur la levée des deniers publics autrement que par son consentement, il n'y aura plus de liberté, parce qu'elle deviendra législative dans le point le plus important de la législation.

Si la puissance législative statue, non pas d'année en année, mais pour toujours, sur la levée des deniers publics, elle court risque de perdre sa liberté, parce que la puissance exécutrice ne dépendra plus d'elle, et quand on tient un pareil droit pour toujours, il est assez indifférent qu'on le tienne de soi ou d'un autre. Il en est de même si elle statue, non pas d'année en année, mais pour toujours, sur les forces de terre et de mer qu'elle doit confier à la puissance exécutrice.

Pour que celui qui exécute ne puisse pas opprimer, il faut que les armées qu'on lui confie soient peuple, et aient le même esprit que le peuple, comme cela fut à Rome jusqu'au temps de Marius. Et, pour que cela soit ainsi, il n'y a que deux moyens : ou que ceux que l'on emploie dans l'armée aient assez de bien pour répondre de leur conduite aux autres citoyens, et qu'ils ne soient enrôlés que pour un an, comme il se pratiquait à Rome; ou, si on a un corps de troupes permanent, et où les soldats soient une des plus viles parties de la nation, il faut que la puissance législative puisse le casser sitôt qu'elle le désire; que les soldats habitent avec les citoyens, et qu'il n'y ait ni camp séparé, ni casernes, ni places de guerre.

L'armée étant une fois établie, elle ne doit point dépendre immédiatement du corps législatif, mais de la puissance exécutrice ; et cela par la nature de la chose, son fait consistant plus en action qu'en délibération.

Il est dans la manière de penser des hommes que l'on fasse plus de cas du courage que de la timidité, de l'activité que de la prudence, de la force que des conseils. L'armée méprisera toujours un sénat, et respectera ses officiers. Elle ne fera point cas des ordres qui lui seront envoyés de la part d'un corps composé de gens qu'elle croira timides, et indignes par là de lui commander. Ainsi, sitôt que l'armée dépendra uniquement du corps législatif, le gouvernement deviendra militaire. Et si le contraire est jamais arrivé, c'est l'effet de quelques circonstances extraordinaires ; c'est que l'armée y est toujours séparée ; c'est qu'elle est composée de plusieurs corps qui dépendent chacun de leur province particulière ; c'est que les villes capitales sont des places excellentes, qui se défendent par leur situation seule, où il n'y a point de troupes.

La Hollande est encore plus en sûreté que Venise : elle submergerait les troupes révoltées, elle les ferait mourir de faim. Elles ne sont point dans les villes qui pourraient leur donner la subsistance ; cette subsistance est donc précaire.

Que si, dans le cas où l'armée est gouvernée par le corps législatif, des circonstances particulières empêchent le gouvernement de devenir militaire, on tombera dans d'autres inconvénients : de deux choses l'une : ou il faudra que l'armée détruise le gouvernement, ou que le gouvernement affaiblisse l'armée.

Et cet affaiblissement aura une cause bien fatale : il naîtra de la faiblesse même du gouvernement.

Si l'on veut lire l'admirable ouvrage de Tacite sur les mœurs des Germains [1], on verra que c'est d'eux que les Anglais ont tiré l'idée de leur gouvernement politique. Ce beau système a été trouvé dans les bois.

Comme toutes les choses humaines ont une fin, l'État dont nous parlons perdra sa liberté, il périra. Rome, Lacédémone et Carthage ont bien péri. Il périra lorsque la puissance législative sera plus corrompue que l'exécutrice.

Ce n'est point à moi à examiner si les Anglais jouissent actuellement de cette liberté, ou non. Il me suffit de dire qu'elle est établie par leurs lois, et je n'en cherche pas davantage.

1. *De minoribus rebus principes consultant, de majoribus omnes : ita tamen ut ea quoque quorum penes plebem arbitrium est, apud principes pertractentur.* « Les grands traitent des moindres affaires ; les plus grandes sont du ressort de tous, de telle façon cependant que même celles qui s'élèvent du peuple soient aussi traitées par les grands. » — Est-il possible qu'en effet la chambre des pairs, celle des communes, la cour d'équité, la cour de l'amirauté, viennent de la Forêt-Noire ? J'aimerais autant dire que les sermons de Tillotson et de Smalridge furent autrefois composés par les sorcières tudesques, qui jugeaient des succès de la guerre par la manière dont coulait le sang des prisonniers qu'elles immolaient. Les manufactures de drap d'Angleterre n'ont-elles pas été trouvées aussi dans les bois où les Germains aimaient mieux vivre de rapines que de travailler, comme le dit Tacite ?

Pourquoi n'avoir pas trouvé plutôt la diète de Ratisbonne que le parlement d'Angleterre dans les forêts d'Allemagne ? Ratisbonne doit avoir profité plutôt que Londres d'un système trouvé en Germanie. (Note de VOLT.)

Je ne prétends point par là ravaler les autres gouvernements, ni dire que cette liberté politique extrême doive mortifier ceux qui n'en ont qu'une modérée. Comment dirais-je cela, moi qui crois que l'excès même de la raison n'est pas toujours désirable, et que les hommes s'acccommodent presque toujours mieux des milieux que des extrémités ?

Harrington, dans son *Oceana*, a aussi examiné quel était le plus haut point de liberté où la constitution d'un État peut être portée. Mais on peut dire de lui qu'il n'a cherché cette liberté qu'après l'avoir méconnue et qu'il a bâti Chalcédoine ayant le rivage de Byzance devant les yeux.

CHAPITRE VII

Des monarchies que nous connaissons.

Les monarchies que nous connaissons n'ont pas, comme celle dont nous venons de parler, la liberté pour leur objet direct ; elles ne tendent qu'à la gloire des citoyens, de l'État et du prince. Mais de cette gloire il résulte un esprit de liberté qui, dans ces États, peut faire d'aussi grandes choses, et peut-être contribuer autant au bonheur que la liberté même.

Les trois pouvoirs n'y sont point distribués et fondus sur le modèle de la constitution dont nous avons parlé. Ils ont chacun une distribution particulière, selon laquelle ils approchent plus ou moins de la liberté politique ; et s'ils n'en approchaient pas, la monarchie dégénérerait en despotisme.

CHAPITRE VIII

Pourquoi les anciens n'avaient pas une idée bien claire de la monarchie.

Les anciens ne connaissaient point le gouvernement fondé sur un corps de noblesse, et encore moins le gouvernement fondé sur un corps législatif formé par les représentants d'une nation. Les républiques de Grèce et d'Italie étaient des villes qui avaient chacune leur gouvernement, et qui assemblaient leurs citoyens dans leurs murailles. Avant que les Romains eussent englouti toutes les républiques, il n'y avait presque point de roi nulle part, en Italie, Gaule, Espagne, Allemagne [1] : tout cela était de petits peuples ou de petites

---

1. Mais à la même époque il y avait des rois en Macédoine, en Syrie, en Égypte, etc. (Note de CRÉVIER.)

républiques; l'Afrique même était soumise à une grande; l'Asie Mineure était occupée par les colonies grecques. Il n'y avait donc point d'exemple de députés de villes, ni d'assemblées d'État : il fallait aller jusqu'en Perse pour trouver le gouvernement d'un seul.

Il est vrai qu'il y avait des républiques fédératives; plusieurs villes envoyaient des députés à une assemblée. Mais je dis qu'il n'y avait point de monarchie sur ce modèle-là.

.Voici comment se forma le premier plan des monarchies que nous connaissons. Les nations germaniques qui conquirent l'empire romain étaient, comme l'on sait, très libres. On n'a qu'à voir là-dessus Tacite, *Sur les Mœurs des Germains*. Les conquérants se répandirent dans le pays; ils habitaient les campagnes, et peu les villes. Quand ils étaient en Germanie, toute la nation pouvait s'assembler. Lorsqu'ils furent dispersés dans la conquête, ils ne le purent plus. Il fallait pourtant que la nation délibérât sur ses affaires, comme elle avait fait avant la conquête : elle le fit par des représentants. Voilà l'origine du gouvernement gothique parmi nous. Il fut d'abord mêlé de l'aristocratie et de la monarchie. Il avait cet inconvénient que le bas peuple y était esclave : c'était un bon gouvernement qui avait en soi la capacité de devenir meilleur. La coutume vint d'accorder des lettres d'affranchissement ; et bientôt la liberté civile du peuple, les prérogatives de la noblesse et du clergé, la puissance des rois, se trouvèrent dans un tel concert que je ne crois pas qu'il y ait eu sur la terre de gouvernement si bien tempéré que le fut celui de chaque partie de l'Europe dans le temps qu'il y subsista. Et il est admirable que la corruption du gouvernement d'un peuple conquérant ait formé la meilleure espèce de gouvernement que les hommes aient pu imaginer.

CHAPITRE IX

Manière de penser d'Aristote.

L'embarras d'Aristote paraît visiblement quand il traite de la monarchie[1]. Il en établit cinq espèces : il ne les distingue pas par la forme de la constitution, mais par des choses d'accident, comme les vertus ou les vices du prince ; ou par des choses étrangères, comme l'usurpation de la tyrannie, ou la succession de la tyrannie.

Aristote met au rang des monarchies et l'empire des Perses et le

---

1. *Politique*, liv. III, chap. xiv.

royaume de Lacédémone. Mais qui ne voit que l'un était un État despotique, et l'autre une république[1]?

Les anciens, qui ne connaissaient pas la distribution des trois pouvoirs dans le gouvernement d'un seul, ne pouvaient se faire une idée juste de la monarchie.

CHAPITRE X

Manière de penser des autres politiques.

Pour tempérer le gouvernement d'un seul, Arribas[2], roi d'Épire, n'imagina qu'une république. Les Molosses, ne sachant comment borner le même pouvoir, firent deux rois : par là on affaiblissait l'État plus que le commandement; on voulait des rivaux, et on avait des ennemis.

Deux rois n'étaient tolérables qu'à Lacédémone : ils n'y formaient pas la constitution[3], mais ils étaient une partie de la constitution.

CHAPITRE XI

Des rois des temps héroïques chez les Grecs.

Chez les Grecs, dans les temps héroïques, il s'établit une espèce de monarchie qui ne subsista pas[4]. Ceux qui avaient inventé des arts, fait la guerre pour le peuple, assemblé des hommes dispersés, ou qui leur avaient donné des terres, obtenaient le royaume pour eux et le transmettaient à leurs enfants. Ils étaient rois, prêtres et juges. C'est une des cinq espèces de monarchies dont nous parle Aristote[5]; et c'est la seule qui puisse réveiller l'idée de la constitution monarchique. Mais le plan de cette constitution est opposé à celui de nos monarchies d'aujourd'hui.

Les trois pouvoirs y étaient distribués de manière que le peuple y

---

1. « Qui ne voit au contraire que Lacédémone eut un seul roi pendant quatre cents ans, ensuite deux rois jusqu'à l'extinction de la race des Héraclides, ce qui fait une période d'environ mille années? On sait bien que nul roi n'était despotique de droit, pas même en Perse : mais tout prince dissimulé, hardi, et qui a de l'argent, devient despotique en peu de temps, en Perse et à Lacédémone; et voilà pourquoi Aristote distingua des républiques tout État qui a des chefs perpétuels et héréditaires. » (Note de Volt.)
2. Voyez Justin, liv. XVII.
3. Aristote, *Politique*, liv. V, chap. ix.
4. Aristote, *Politique*, liv. III, chap. xiv.
5. *Ibid.*

avait la puissance législative [1] ; et le roi la puissance exécutrice, avec la puissance de juger ; au lieu que, dans les monarchies que nous connaissons, le prince a la puissance exécutrice et la législative, ou du moins une partie de la législative ; mais il ne juge pas.

Dans le gouvernement des rois des temps héroïques les trois pouvoirs étaient mal distribués. Ces monarchies ne pouvaient subsister ; car, dès que le peuple avait la législation, il pouvait, au moindre caprice, anéantir la royauté, comme il fit partout.

Chez un peuple libre, et qui avait le pouvoir législatif ; chez un peuple renfermé dans une ville, où tout ce qu'il y a d'odieux devient plus odieux encore, le chef-d'œuvre de la législation est de savoir bien placer la puissance de juger. Mais elle ne le pouvait être plus mal que dans les mains de celui qui avait déjà la puissance exécutrice. Dès ce moment le monarque devenait terrible. Mais en même temps, comme il n'avait pas la législation, il ne pouvait pas se défendre contre la législation ; il avait trop de pouvoir, et il n'en avait pas assez.

On n'avait pas encore découvert que la vraie fonction du prince était d'établir des juges, et non pas de juger lui-même. La politique contraire rendit le gouvernement d'un seul insupportable. Tous ces rois furent chassés. Les Grecs n'imaginèrent point la vraie distribution des trois pouvoirs dans le gouvernement d'un seul ; ils ne l'imaginèrent que dans le gouvernement de plusieurs, et ils appelèrent cette sorte de constitution, *police* [2].

CHAPITRE XII

Du gouvernement des rois de Rome, et comment les pouvoirs y furent distribués.

Le gouvernement des rois de Rome avait quelque rapport à celui des rois des temps héroïques chez les Grecs. Il tomba, comme les autres, par son vice général, quoique en lui-même et dans sa nature particulière il fût très bon.

Pour faire connaître ce gouvernement, je distinguerai celui des cinq premiers rois, celui de Servius Tullius, et celui de Tarquin.

La couronne était élective, et sous les cinq premiers rois, le sénat eut la plus grande part à l'élection.

1. Voyez ce que dit Plutarque, *Vie de Thésée*. Voyez aussi Thucydide, liv. Ier.
2. Voyez Aristote, *Politique*, liv. IV, ch. viii.

Après la mort du roi, le sénat examinait si l'on garderait la forme du gouvernement qui était établie. S'il jugeait à propos de la garder, il nommait un magistrat[1], tiré de son corps, qui élisait un roi : le sénat devait approuver l'élection ; le peuple, la confirmer ; les auspices, la garantir. Si une de ces trois conditions manquait, il fallait faire une autre élection.

La constitution était monarchique, aristocratique et populaire ; et telle fut l'harmonie du pouvoir qu'on ne vit ni jalousie ni dispute dans les premiers règnes. Le roi commandait les armées, et avait l'intendance des sacrifices ; il avait la puissance de juger les affaires civiles[2] et criminelles[3] ; il convoquait le sénat ; il assemblait le peuple ; il lui portait de certaines affaires, et réglait les autres avec le sénat[4].

Le sénat avait une grande autorité. Les rois prenaient souvent des sénateurs pour juger avec eux ; ils ne portaient point d'affaires au peuple qu'elles n'eussent été délibérées[5] dans le sénat.

Le peuple avait le droit d'élire[6] les magistrats, de consentir aux nouvelles lois, et, lorsque le roi le permettait, celui de déclarer la guerre et de faire la paix. Il n'avait point la puissance de juger. Quand Tullus Hostilius renvoya le jugement d'Horace au peuple, il eut des raisons particulières, que l'on trouve dans Denys d'Halicarnasse[7].

La constitution changea sous Servius Tullius[8]. Le sénat n'eut point de part à son élection : il se fit proclamer par le peuple. Il se dépouilla des jugements[9] civils, et ne se réserva que les criminels ; il porta directement au peuple toutes les affaires : il le soulagea des taxes, et en mit tout le fardeau sur les patriciens. Ainsi à mesure qu'il affaiblissait la puissance royale et l'autorité du sénat, il augmentait le pouvoir du peuple[10].

---

1. Denys d'Halicarnasse, liv. II, p. 120 ; et liv. IV, p. 242 et 243.

2. Voyez le discours de Tanaquil, dans Tite-Live, liv. Ier, et le règlement de Servius Tullius, dans Denys d'Halicarnasse, liv. IV, p. 229.

3. Voyez Denys d'Halicarnasse, liv. II, p. 118 ; et liv. III, p. 171.

4. Ce fut par un sénatus-consulte que Tullus Hostilius envoya détruire Albe. (Denys d'Halicarnasse, liv. III, p. 167 et 172.)

5. Ibid., liv. IV, p. 276.

6. Denys d'Halicarnasse, liv. II. Il fallait pourtant qu'il ne nommât pas à toutes les charges, puisque Valérius Publicola fit la fameuse loi qui défendait à tout citoyen d'exercer aucun emploi, s'il ne l'avait obtenu par le suffrage du peuple.

7. Liv. III, p. 159.

8. Liv. IV.

9. Il se priva de la moitié de la puissance royale, dit Denys d'Halicarnasse, liv. IV, p. 229.

10. On croyait que, s'il n'avait pas été prévenu par Tarquin, il aurait établi le gouvernement populaire. (Denys d'Halicarnasse, liv. IV, p. 243.)

Tarquin ne se fit élire ni par le sénat ni par le peuple. Il regarda Servius Tullius comme un usurpateur, et prit la couronne comme un droit héréditaire ; il extermina la plupart des sénateurs; il ne consulta plus ceux qui restaient, et ne les appela pas même à ses jugements [1]. Sa puissance augmenta ; mais ce qu'il y avait d'odieux dans cette puissance devint plus odieux encore : il usurpa le pouvoir du peuple; il fit des lois sans lui ; il en fit même contre lui [2]. Il aurait réuni les trois pouvoirs dans sa personne ; mais le peuple se souvint un moment qu'il était législateur, et Tarquin ne fut plus [7].

CHAPITRE XIII

Réflexions générales sur l'état de Rome après l'expulsion des rois.

On ne peut jamais quitter les Romains; c'est ainsi qu'encore aujourd'hui, dans leur capitale, on laisse les nouveaux palais pour aller chercher des ruines ; c'est ainsi que l'œil qui s'est reposé sur l'émail des prairies aime à voir les rochers et les montagnes.

Les familles patriciennes avaient eu, de tout temps, de grandes prérogatives. Ces distinctions, grandes sous les rois, devinrent bien plus importantes après leur expulsion. Cela causa la jalousie des plébéiens, qui voulurent les abaisser. Les contestations frappaient sur la constitution sans affaiblir le gouvernement: car, pourvu que les magistratures conservassent leur autorité, il était assez indifférent de quelle famille étaient les magistrats.

Une monarchie élective, comme était Rome, suppose nécessairement un corps aristocratique puissant qui la soutienne; sans quoi elle se change d'abord en tyrannie ou en Etat populaire: mais un État populaire n'a pas besoin de cette distinction des familles pour se maintenir. C'est ce qui fit que les patriciens, qui étaient des parties nécessaires de la constitution du temps des rois, en devinrent une partie superflue du temps des consuls : le peuple put les abaisser sans se détruire lui-même, et changer la constitution sans la corrompre.

Quand Servius Tullius eut avili les patriciens, Rome dut tomber des mains des rois dans celles du peuple. Mais le peuple, en abaissant les patriciens, ne dut point craindre de retomber dans celles des rois.

1. DENYS D'HALICARNASSE, liv. IV.
2. *Ibid.*

Un État peut changer de deux manières, ou parce que la constitution se corrige, ou parce qu'elle se corrompt. S'il a conservé ses principes, et que la constitution change, c'est qu'elle se corrige ; s'il a perdu ses principes, quand la constitution vient à changer, c'est qu'elle se corrompt.

Rome, après l'expulsion des rois, devait être une démocratie. Le peuple avait déjà la puissance législative : c'était son suffrage unanime qui avait chassé les rois ; et, s'il ne persistait pas dans cette volonté, les Tarquins pouvaient à tous les instants revenir. Prétendre qu'il eût voulu les chasser pour tomber dans l'esclavage de quelques familles, cela n'était pas raisonnable. La situation des choses demandait donc que Rome fût une démocratie ; et cependant elle ne l'était pas. Il fallut tempérer le pouvoir des principaux, et que les lois inclinassent vers la démocratie.

Souvent les États fleurissent plus dans le passage insensible d'une constitution à une autre, qu'ils ne le faisaient dans l'une ou l'autre de ces constitutions. C'est pour lors que tous les ressorts du gouvernement sont tendus ; que tous les citoyens ont des prétentions ; qu'on s'attaque ou qu'on se caresse, et qu'il y a une noble émulation entre ceux qui défendent la constitution qui décline, et ceux qui mettent en avant celle qui prévaut.

CHAPITRE XIV

Comment la distribution des trois pouvoirs commença à changer après l'expulsion des rois.

Quatre choses choquaient principalement la liberté de Rome. Les patriciens obtenaient seuls tous les emplois sacrés, politiques, civils et militaires ; on avait attaché au consulat un pouvoir exorbitant ; on faisait des outrages au peuple ; enfin on ne lui laissait presque aucune influence dans les suffrages. Ce furent ces quatre abus que le peuple corrigea.

1º Il fit établir qu'il y aurait des magistratures où les plébéiens pourraient prétendre ; et il obtint peu à peu qu'il aurait part à toutes, excepté à celle d'*entre-roi*.

2º On décomposa le consulat, et on en forma plusieurs magistratures. On créa des préteurs[1] à qui on donna la puissance de juger les affaires privées ; on nomma des questeurs[2] pour faire juger les

---

1. TITE-LIVE, décade première, liv. VI.
2. *Quæstores parricidii*. (POMPONIUS, 2, leg. § 23, ff., *de Orig. jur.*)

crimes publics on établit des édiles à qui on donna la police ; on fit des trésoriers[1] qui eurent l'administration des deniers publics ; enfin, par la création des censeurs on ôta aux consuls cette partie de la puissance législative qui règle les mœurs des citoyens et la police momentanée des divers corps de l'État. Les principales prérogatives qui leur restèrent furent de présider aux grands[2] états du peuple, d'assembler le sénat, et de commander les armées.

3° Les lois sacrées établirent des tribuns qui pouvaient à tous les instants arrêter les entreprises des patriciens, et n'empêchaient pas seulement les injures particulières, mais encore les générales.

4° Enfin les plébéiens augmentèrent leur influence dans les décisions publiques. Le peuple romain était divisé de trois manières : par centuries, par curies et par tribus ; et quand il donnait son suffrage, il était assemblé et formé d'une de ces trois manières.

Dans la première, les patriciens, les principaux, les gens riches, le sénat, ce qui était à peu près la même chose, avaient presque toute l'autorité ; dans la seconde, ils en avaient moins ; dans la troisième, encore moins.

La division par centuries était plutôt une division de cens et de moyens qu'une division de personnes. Tout le peuple était partagé en cent quatre-vingt-treize centuries[3], qui avaient chacune une voix. Les patriciens et les principaux formaient les quatre-vingt-dix-huit premières centuries ; le reste des citoyens était répandu dans les quatre-vingt-quinze autres. Les patriciens étaient donc, dans cette division, les maîtres des suffrages.

Dans la division par curies[4], les patriciens n'avaient pas les mêmes avantages : ils en avaient pourtant. Il fallait consulter les auspices, dont les patriciens étaient les maîtres ; on n'y pouvait faire de proposition au peuple qui n'eût été auparavant portée au sénat et approuvée par un sénatus-consulte. Mais dans la division par tribus il n'était question ni d'auspices, ni de sénatus-consulte, et les patriciens n'y étaient pas admis.

Or, le peuple chercha toujours à faire par curies les assemblées qu'on avait coutume de faire par centuries, et à faire par tribus les assemblées qui se faisaient par curies : ce qui fit passer les affaires des mains des patriciens dans celles des plébéiens.

Ainsi, quand les plébéiens eurent obtenu le droit de juger les

1. PLUTARQUE, *Vie de Publicola.*
2. *Comitiis centuriatis.*
3. Voyez là-dessus Tite-Live, liv. I ; et Denys d'Halicarnasse, liv. IV et VII.
4. DENYS D'HALICARNASSE, liv. IX, p. 598.

patriciens, ce qui commença lors de l'affaire de Coriolan [1], les plébéiens voulurent les juger assemblés par tribus [2], et non par centuries ; et lorsqu'on établit en faveur du peuple les nouvelles magistratures [3] de tribuns et d'édiles, le peuple obtint qu'il s'assemblerait
par curies pour les nommer ; et quand sa puissance fut affermie, il
obtint [4] qu'ils seraient nommés dans une assemblée par tribus.

CHAPITRE XV

Comment, dans l'état florissant de la république, Rome perdit tout à coup
sa liberté.

Dans le feu des disputes entre les patriciens et les plébéiens,
ceux-ci demandèrent que l'on donnât des lois fixes, afin que les
jugements ne fussent plus l'effet d'une volonté capricieuse ou d'un
pouvoir arbitraire. Après bien des résistances, le sénat y acquiesça.
Pour composer ces lois, on nomma des décemvirs. On crut qu'on
devait leur accorder un grand pouvoir, parce qu'ils avaient à donner des lois à des partis qui étaient presque incompatibles. On suspendit la nomination de tous les magistrats ; et, dans les comices,
ils furent élus seuls administrateurs de la république. Ils se trouvèrent revêtus de la puissance consulaire et de la puissance tribu-
nitienne. L'une leur donnait le droit d'assembler le sénat ; l'autre
celui d'assembler le peuple : mais ils ne convoquèrent ni le sénat
ni le peuple. Dix hommes dans la république eurent seuls toute la
puissance législative, toute la puissance exécutrice, toute la puissance des jugements. Rome se vit soumise à une tyrannie aussi
cruelle que celle de Tarquin. Quand Tarquin exerçait ses vexations,
Rome était indignée du pouvoir qu'il avait usurpé ; quand les décemvirs exercèrent les leurs, elle fut étonnée du pouvoir qu'elle
avait donné.

Mais quel était ce système de tyrannie, produit par des gens qui
n'avaient obtenu le pouvoir politique et militaire que par la connaissance des affaires civiles, et qui, dans les circonstances de ces
temps-là, avaient besoin au dedans de la lâcheté des citoyens pour
qu'ils se laissassent gouverner, et de leur courage au dehors pour
les défendre ?

1. DENYS D'HALICARNASSE, liv. VII.
2. Contre l'ancien usage, comme on le voit dans Denys d'Halicarnasse, liv. V,
p. 320.
3. Liv. VI, p. 410 et 411.
4. Liv ` , p. 605.

Le spectacle de la mort de Virginie, immolée par son père à la pudeur et à la liberté, fit évanouir la puissance des décemvirs. Chacun se trouva libre, parce que chacun fut offensé ; tout le monde devint citoyen, parce que tout le monde se trouva père. Le sénat et le peuple rentrèrent dans une liberté qui avait été confiée à des tyrans ridicules.

Le peuple romain, plus qu'un autre, s'émouvait par les spectacles : celui du corps sanglant de Lucrèce fit finir la royauté ; le débiteur qui parut sur la place couvert de plaies fit changer la forme de la république ; la vue de Virginie fit chasser les décemvirs. Pour faire condamner Manlius, il fallut ôter au peuple la vue du Capitole ; la robe sanglante de César remit Rome dans la servitude.

CHAPITRE XVI

De la puissance législative dans la république romaine.

On n'avait point de droits à se disputer sous les décemvirs ; mais, quand la liberté revint, on vit les jalousies renaître : tant qu'il resta quelques privilèges aux patriciens, les plébéiens les leur ôtèrent.

Il y aurait eu peu de mal si les plébéiens s'étaient contentés de priver les patriciens de leurs prérogatives, et s'ils ne les avaient pas offensés dans leur qualité même de citoyen. Lorsque le peuple était assemblé par curies ou par centuries, il était composé de sénateurs, de patriciens et de plébéiens. Dans les disputes, les plébéiens gagnèrent ce point[1] que seuls, sans les patriciens et sans le sénat, ils pourraient faire des lois qu'on appela plébiscites ; et les comices où on les fit s'appelèrent comices par tribus. Ainsi il y eut des cas où les patriciens[2] n'eurent point de part à la puissance législative, et[3] où ils furent soumis à la puissance législative d'un autre corps de l'État : ce fut un délire de la liberté. Le peuple, pour établir la démocratie, choqua les principes mêmes de la démocratie. Il semblait qu'une puissance aussi exorbitante aurait dû anéantir l'autorité du sénat ; mais Rome avait des institutions ad-

1. DENYS D'HALICARNASSE, liv. XI, p. 425.
2. Par les lois sacrées, les plébéiens purent faire des plébiscites, seuls, et sans que les patriciens fussent admis dans leur assemblée. (DENYS D'HALICARNASSE, liv. VI, p. 410 ; et liv. VII, p. 430.)
3. Par la loi faite après l'expulsion des décemvirs, les patriciens furent soumis aux plébiscites, quoiqu'ils n'eussent pu y donner leur voix. (TITE-LIVE, liv. III ; et DENYS D'HALICARNASSE, liv. XI, p. 725.) Et cette loi fut confirmée par celle de Publius Philo, dictateur, l'an de Rome 416. (TITE-LIVE, liv. VIII.)

mirables. Elle en avait deux surtout : par l'une, la puissance législative du peuple était réglée ; par l'autre, elle était bornée.

Les censeurs, et avant eux les consuls [1], formaient et créaient, pour ainsi dire, tous les cinq ans, le corps du peuple ; ils exerçaient la législation sur le corps même qui avait la puissance législative. « Tiberius Gracchus, censeur, dit Cicéron, transféra les affranchis «dans les tribus de la ville, non par la force de son éloquence, « mais par une parole et par un geste ; et, s'il ne l'eût pas fait, cette « république, qu'aujourd'hui nous soutenons à peine, nous ne « l'aurions plus. »

D'un côté, le sénat avait le pouvoir d'ôter, pour ainsi dire, la république des mains du peuple, par la création d'un dictateur, devant lequel le souverain baissait la tête, et les lois les plus populaires restaient dans le silence [2].

CHAPITRE XVII

De la puissance exécutrice dans la même république.

Si le peuple fut jaloux de sa puissance législative, il le fut moins de sa puissance exécutrice. Il la laissa presque tout entière au sénat et aux consuls, et il ne se réserva guère que le droit d'élire les magistrats, et de confirmer les actes du sénat et des généraux.

Rome, dont la passion était de commander, dont l'ambition était de tout soumettre, qui avait toujours usurpé, qui usurpait encore, avait continuellement de grandes affaires ; ses ennemis conjuraient contre elle, ou elle conjurait contre ses ennemis.

Obligée de se conduire d'un côté avec un courage héroïque, et de l'autre avec une sagesse consommée, l'état des choses demandait que le sénat eût la direction des affaires. Le peuple disputait au sénat toutes les branches de la puissance législative, parce qu'il était jaloux de sa liberté ; il ne lui disputait point les branches de la puissance exécutrice, parce qu'il était jaloux de sa gloire.

La part que le sénat prenait à la puissance exécutrice était si grande, que Polybe [3] dit que les étrangers pensaient tous que Rome était une aristocratie. Le sénat disposait des deniers publics

---

1. L'an 312 de Rome, les consuls faisaient encore le cens, comme il paraît par Denys d'Halicarnasse, liv. XI.

2. Comme celles qui permettaient d'appeler au peuple des ordonnances de tous les magistrats.

3. Liv. VI.

et donnait les revenus à ferme ; il était l'arbitre des affaires des alliés ; il décidait de la guerre et de la paix, et dirigeait à cet égard les consuls ; il fixait le nombre des troupes romaines et des troupes alliées, distribuait les provinces et les armées aux consuls ou aux préteurs ; et, l'an du commandement expiré, il pouvait leur donner un successeur ; il décernait les triomphes ; il recevait des ambassades, et en envoyait ; il nommait les rois, les récompensait, les punissait, les jugeait, leur donnait ou leur faisait perdre le titre d'alliés du peuple romain.

Les consuls faisaient la levée des troupes qu'ils devaient mener à la guerre ; ils commandaient les armées de terre ou de mer, disposaient des alliés ; ils avaient dans les provinces toute la puissance de la république ; ils donnaient la paix aux peuples vaincus, leur en imposaient les conditions, ou les renvoyaient au sénat.

Dans les premiers temps, lorsque le peuple prenait quelque part aux affaires de la guerre et de la paix, il exerçait plutôt sa puissance législative que sa puissance exécutrice ; il ne faisait guère que confirmer ce que les rois, et après eux les consuls ou le sénat, avaient fait. Bien loin que le peuple fût l'arbitre de la guerre, nous voyons que les consuls ou le sénat la faisaient souvent malgré l'opposition de ses tribuns. Mais, dans l'ivresse des prospérités, il augmenta sa puissance exécutrice. Ainsi il créa lui-même [1] les tribuns des légions, que les généraux avaient nommés jusqu'alors ; et, quelque temps avant la première guerre punique, il régla qu'il aurait seul le droit de déclarer la guerre [2].

CHAPITRE XVIII

De la puissance de juger dans le gouvernement de Rome.

La puissance de juger fut donnée au peuple, au sénat, aux magistrats, à de certains juges. Il faut voir comment elle fut distribuée. Je commence par les affaires civiles.

Les consuls [3] jugèrent après les rois comme les préteurs jugèrent après les consuls. Servius Tullius s'était dépouillé du jugement des

---

1. L'an de Rome 444. (TITE-LIVE, première décade, liv. IX.) La guerre contre Persée paraissant périlleuse, un sénatus-consulte ordonna que cette loi serait suspendue, et le peuple y consentit. (TITE-LIVE, cinquième décade, liv. XLII.)

2. Il l'arracha du sénat, dit Freinshemius. — Deuxième décade, liv. VI.

·3. On ne peut douter que les consuls, avant la création des préteurs, n'eussent eu les jugements civils. Voyez Tite-Live, première décade, liv. II, p. 19 ; Denys d'Halicarnasse, liv. X, p. 627, et même livre, p. 645.

affaires civiles, les consuls ne les jugèrent pas non plus, si ce n'est
dans des cas très rares [1], que l'on appela pour cette raison *extraordinaires* [2]. Ils se contentèrent de nommer les juges, et de former
les tribunaux qui devaient juger. Il paraît, par le discours d'Appius
Claudius dans Denys d'Halicarnasse [3], que, dès l'an de Rome 259,
ceci était regardé comme une coutume établie chez les Romains ;
et ce n'est pas la faire remonter bien haut que de la rapporter à
Servius Tullius.

Chaque année le préteur formait une liste [4] ou tableau de ceux
qu'il choisissait pour faire la fonction de juges pendant l'année de
sa magistrature. On en prenait le nombre suffisant pour chaque
affaire. Cela se pratique à peu près de même en Angleterre. Et ce
qui était très favorable à la liberté [5], c'est que le préteur prenait
les juges du consentement [6] des parties. Le grand nombre des ré-
cusations que l'on peut faire aujourd'hui en Angleterre revient à
peu près à cet usage.

Ces juges ne décidaient que des questions de fait [7] : par exemple,
si une somme avait été payée ou non, si une action avait été com-
mise ou non. Mais, pour les questions de droit [8], comme elles demandaient une certaine capacité, elles étaient portées au tribunal
des centumvirs [9].

Les rois se réservèrent le jugement des affaires criminelles, et les
consuls leur succédèrent en cela. Ce fut en conséquence de cette
autorité que le consul Brutus fit mourir ses enfants et tous ceux
qui avaient conjuré pour les Tarquins. Ce pouvoir était exorbitant.
Les consuls ayant déjà la puissance militaire, ils en portaient l'exercice même dans les affaires de la ville ; et leurs procédés, dépouillés

---

1. Souvent les tribuns jugèrent seuls ; rien ne les rendit plus odieux. (DENYS
D'HALICARNASSE, liv. XI, p. 709.)

2. *Judicia extraordinaria*. Voyez les *Institutes*, liv. IV.

3. Liv. XI, p. 360.

4. *Album judicium.*

5. Nos ancêtres n'ont pas voulu, dit Cicéron, *pro Cluentio*, qu'un homme dont
les parties ne seraient pas convenues pût être juge, non seulement de la réputation
d'un citoyen, mais même de la moindre affaire pécuniaire.

6. Voyez dans les fragments de la loi Servilienne, de la Cornélienne, et autres,
de quelle manière ces lois donnaient des juges dans les crimes qu'elles se propo-
saient de punir. Souvent ils étaient pris par le choix, quelquefois par le sort, et
enfin par le sort mêlé avec le choix.

7. SÉNÈQUE, *de Benef.*, liv. III, ch. VII, *in fine*.

8. Voyez Quintilien, liv. IV, p. 54, in-folio, édition de Paris, 1541.

9. Leg. 2, § 24, ff., *de Orig. jur.* Des magistrats appelés décemvirs présidaient
au jugement, le tout sous la direction d'un préteur.

des formes de la justice, étaient des actions violentes plutôt que des jugements.

Cela fit faire la loi Valérienne, qui permit d'appeler au peuple de toutes les ordonnances des consuls qui mettraient en péril la vie d'un citoyen. Les consuls ne purent plus prononcer une peine capitale contre un citoyen romain que par la volonté du peuple [1].

On voit, dans la première conjuration pour le retour des Tarquins, que le consul Brutus juge les coupables; dans la seconde, on assemble le sénat et les comices pour juger [2].

Les lois qu'on appela *sacrées* donnèrent aux plébéiens des tribuns qui formèrent un corps qui eut d'abord des prétentions immenses. On ne sait quelle fut plus grande, ou dans les plébéiens la lâche hardiesse de demander, ou dans le sénat la condescendance et la facilité d'accorder. La loi Valérienne avait permis les appels au peuple, c'est-à-dire au peuple composé de sénateurs, de patriciens et de plébéiens. Les plébéiens établirent que ce serait devant eux que les appellations seraient portées. Bientôt on mit en question si les plébéiens pourraient juger un patricien : cela fut le sujet d'une dispute que l'affaire de Coriolan fit naître, et qui finit avec cette affaire. Coriolan, accusé par les tribuns devant le peuple, soutenait, contre l'esprit de la Valérienne, qu'étant patricien il ne pouvait être jugé que par les consuls; les plébéiens, contre l'esprit de la même loi, prétendirent qu'il ne devait être jugé que par eux seuls; et ils le jugèrent.

La loi des Douze Tables modifia ceci. Elle ordonna qu'on ne pourrait décider de la vie d'un citoyen que dans les grands états du peuple [3]. Ainsi, le corps des plébéiens, ou, ce qui est la même chose, les comices par tribus, ne jugèrent plus que les crimes dont la peine n'était qu'une amende pécuniaire. Il fallait une loi pour infliger une peine capitale; pour condamner à une peine pécuniaire, il ne fallait qu'un plébiscite.

Cette disposition de la loi des Douze Tables fut très sage. Elle forma une conciliation admirable entre le corps des plébéiens et le sénat. Car, comme la compétence des uns et des autres dépendit de

1. *Quoniam de capite civis Romani injussu populi Romani non erat permissum consulibus jus dicere.* « Lorsqu'il s'agissait de la peine capitale, il n'était pas permis aux consuls de faire justice sans le consentement du peuple romain. » Voyez Pomponius, leg. 2, § 6, ff., *de Orig. jur.*

2. DENYS D'HALICARNASSE, liv. V, p. 322.

3. Les comices par centuries. Aussi Manlius Capitolinus fut-il jugé dans ces comices. (TITE-LIVE, décade première, liv. VI.)

la grandeur de la peine et de la nature du crime, il fallut qu'ils se concertassent ensemble.

La loi Valérienne ôta tout ce qui restait à Rome du gouvernement qui avait du rapport à celui des rois grecs des temps héroïques. Les consuls se trouvèrent sans pouvoir pour la punition des crimes. Quoique tous les crimes soient publics, il faut pourtant distinguer ceux qui intéressent plus les citoyens entre eux, de ceux qui intéressent plus l'État dans le rapport qu'il a avec un citoyen. Les premiers sont appelés privés; les seconds sont les crimes publics. Le peuple jugea lui-même les crimes publics; et, à l'égard des privés, il nomma pour chaque crime, par une commission particulière, un questeur pour en faire la poursuite. C'était souvent un des magistrats, quelquefois un homme privé, que le peuple choisissait. On l'appelait *questeur du parricide*. Il en est fait mention dans la loi des Douze Tables [1].

Le questeur nommait ce qu'on appelait le juge de la question, qui tirait au sort les juges, formait le tribunal, et présidait sous lui au jugement [2].

Il est bon de faire remarquer ici la part que prenait le sénat dans la nomination du questeur, afin que l'on voie comment les puissances étaient à cet égard balancées. Quelquefois le sénat faisait élire un dictateur pour faire la fonction du questeur [3]; quelquefois il ordonnait que le peuple serait convoqué par un tribun, pour qu'il nommât un questeur [4]: enfin le peuple nommait quelquefois un magistrat pour faire son rapport au sénat sur un certain crime, et lui demander qu'il donnât un questeur, comme on voit dans le jugement de Lucius Scipion [5] dans Tite-Live [6].

L'an de Rome 604, quelques-unes de ces commissions furent rendues permanentes [7]. On divisa peu à peu toutes les matières criminelles en diverses parties, qu'on appela des *questions perpétuelles*. On créa divers préteurs et on attribua à chacun d'eux quelqu'une

---

1. Dit Pomponius, dans la loi 2, au Digeste, *de Orig. jur.*

2. Voyez un fragment d'Ulpien, qui en rapporte un autre de la loi Cornélienne : on le trouve dans la Collation des lois Mosaïques et Romaines, tit. I, *de Sicariis et homicidiis.*

3. Cela avait surtout lieu dans les crimes commis en Italie, où le sénat avait une principale inspection. Voyez Tite-Live, première décade, liv. IX, sur les conjurations de Capoue.

4. Cela fut ainsi dans la poursuite de la mort de Posthumius, l'an 340 de Rome. Voyez Tite-Live.

5. Ce jugement fut rendu l'an de Rome 567.

6. Liv. VIII.

7. Cicéron, *in Bruto.*

15.

de ces questions. On leur donna pour un an la puissance de juger les crimes qui en dépendaient; et ensuite ils allaient gouverner leur province.

A Carthage, le sénat des cent était composé de juges qui étaient pour la vie [1]. Mais à Rome les préteurs étaient annuels; et les juges n'étaient pas même pour un an, puisqu'on les prenait pour chaque affaire. On a vu dans le chapitre vi de ce livre combien, dans de certains gouvernements, cette disposition était favorable à la liberté.

Les juges furent pris dans l'ordre des sénateurs, jusqu'au temps des Gracques. Tiberius Gracchus fit ordonner qu'on les prendrait dans celui des chevaliers : changement si considérable que le tribun se vanta d'avoir, par une seule rogation, coupé les nerfs de l'ordre des sénateurs.

Il faut remarquer que les trois pouvoirs peuvent être bien distribués par rapport à la liberté de la constitution, quoiqu'ils ne le soient pas si bien dans le rapport avec la liberté du citoyen. A Rome, le peuple ayant la plus grande partie de la puissance législative, une partie de la puissance exécutrice et une partie de la puissance de juger, c'était un grand pouvoir qu'il fallait balancer par un autre. Le sénat avait bien une partie de la puissance exécutrice; il avait quelque branche de la puissance législative [2]; mais cela ne suffisait pas pour contre-balancer le peuple. Il fallait qu'il eût part à la puissance de juger; et il y avait part lorsque les juges étaient choisis parmi les sénateurs. Quand les Gracques privèrent les sénateurs de la puissance de juger [3], le sénat ne put plus résister au peuple. Ils choquèrent donc la liberté de la constitution, pour favoriser la liberté du citoyen : mais celle-ci se perdit avec celle-là.

Il en résulta des maux infinis. On changea la constitution dans un temps où, dans le feu des discordes civiles, il y avait à peine une constitution. Les chevaliers ne furent plus cet ordre moyen qui unissait le peuple au sénat, et la chaîne de la constitution fut rompue.

Il y avait même des raisons particulières qui devaient empêcher de transporter les jugements aux chevaliers. La constitution de Rome était fondée sur ce principe, que ceux-là devaient être soldats qui avaient assez de bien pour répondre de leur conduite à la républi-

1. Cela se prouve par Tite-Live, liv. XXXIII, qui dit qu'Annibal rendit leur magistrature annuelle.
2. Les sénatus-consultes avaient force pendant un an, quoiqu'ils ne fussent pas confirmés par le peuple. (DENYS D'HALICARNASSE, liv. IX, p. 595; et liv. XI, p. 635.)
3. En l'an 630.

que. Les chevaliers, comme les plus riches, formaient la cavalerie des légions. Lorsque leur dignité fut augmentée, ils ne voulurent plus servir dans cette milice; il fallut lever une autre cavalerie : Marius prit toute sorte de gens dans les légions, et la république fut perdue [1].

De plus, les chevaliers étaient les traitants de la république ; ils étaient avides, ils semaient les malheurs dans les malheurs, et faisaient naître les besoins publics des besoins publics. Bien loin de donner à de telles gens la puissance de juger, il aurait fallu qu'ils eussent été sans cesse sous les yeux des juges. Il faut dire cela à la louange des anciennes lois françaises : elles ont stipulé avec les gens d'affaires avec la méfiance que l'on garde à des ennemis. Lorsqu'à Rome les jugements furent transportés aux traitants, il n'y eut plus de vertu, plus de police, plus de lois, plus de magistrature, plus de magistrats.

On trouve une peinture bien naïve de ceci dans quelques fragments de Diodore de Sicile et de Dion. « Mutius Scevola, dit Diodore [2], voulut rappeler les anciennes mœurs, et vivre de son bien « propre avec frugalité et intégrité. Car ses prédécesseurs ayant fait « une société avec les traitants qui avaient pour lors les jugements « à Rome, ils avaient rempli la province de toutes sortes de crimes. « Mais Scevola fit justice des publicains, et fit mener en prison « ceux qui y traînaient les autres. »

Dion nous dit [3] que Publius Rutilius, son lieutenant, qui n'était pas moins odieux aux chevaliers, fut accusé, à son retour, d'avoir reçu des présents, et fut condamné à une amende. Il fit sur-le-champ cession de biens. Son innocence parut en ce que l'on lui trouva beaucoup moins de bien qu'on ne l'accusait d'en avoir volé, et il montrait les titres de sa propriété. Il ne voulut plus rester dans la ville avec de telles gens.

« Les Italiens, dit encore Diodore [4], achetaient en Sicile des trou-« pes d'esclaves pour labourer leurs champs et avoir soin de leurs « troupeaux ; ils leur refusaient la nourriture. Ces malheureux « étaient obligés d'aller voler sur les grands chemins, armés de « lances et de massues, couverts de peaux de bêtes, de grands

---

1. *Capite censos plerosque.* « La plupart condamnés à mort. » (SALLUSTE, *Guerre de Jugurtha.*)

2. Fragment de cet auteur, liv. XXXVI, dans le recueil de Constantin Porphyogénète, *des Vertus et des Vices.*

3. Fragment de son Histoire, tiré de l'*Extrait des Vertus et des Vices*

4. Fragm. du liv. XXXIV, dans l'*Extrait des Vertus et des Vices.*

« chiens autour d'eux. Toute la province fut dévastée, et les gens
« du pays ne pouvaient dire avoir en propre que ce qui était dans
« l'enceinte des villes. Il n'y avait ni proconsul ni préteur qui pût
« ou voulût s'opposer à ce désordre, et qui osât punir ces esclaves,
« parce qu'ils appartenaient aux chevaliers, qui avaient à Rome les
« jugements[1]. » Ce fut pourtant une des causes de la guerre des
esclaves. Je ne dirai qu'un mot : une profession qui n'a ni ne peut
avoir d'objet que le gain ; une profession qui demandait toujours,
et à qui on ne demandait rien ; une profession sourde et inexorable,
qui appauvrissait les richesses et la misère même, ne devait point
avoir à Rome les jugements.

CHAPITRE XIX

Du gouvernement des provinces romaines.

C'est ainsi que les trois pouvoirs furent distribués dans la ville ;
mais il s'en faut bien qu'ils le fussent de même dans les provinces.
La liberté était dans le centre, et la tyrannie aux extrémités.

Pendant que Rome ne domina que dans l'Italie, les peuples furent
gouvernés comme des confédérés : on suivait les lois de chaque république. Mais lorsqu'elle conquit plus loin, que le sénat n'eut pas
immédiatement l'œil sur les provinces, que les magistrats qui étaient
à Rome ne purent plus gouverner l'empire, il fallut envoyer des
préteurs et des proconsuls. Pour lors, cette harmonie des trois pouvoirs ne fut plus. Ceux qu'on envoyait avaient une puissance qui
réunissait celle de toutes les magistratures romaines ; que dis-je ?
celle même du sénat, celle même du peuple[2]. C'étaient des magistrats despotiques, qui convenaient beaucoup à l'éloignement des
lieux où ils étaient envoyés. Ils exerçaient les trois pouvoirs ; ils
étaient, si j'ose me servir de ce terme, les pachas de la république.

Nous avons dit ailleurs[3] que les mêmes citoyens, dans la république, avaient, par la nature des choses, les emplois civils et
militaires. Cela fait qu'une république qui conquiert ne peut guère

---

1. *Penes quos cum judicia erant, atque ex equestro ordine solerent sortito
judices eligi in causa prætorum et proconsulum, quibus post administratam
provinciam, dies dicta erat.* « Les chevaliers étaient chargés des jugements, et
c'était dans leur ordre que l'on tirait au sort les juges, dans les affaires des
préteurs et des proconsuls, qui avaient à rendre leurs comptes au sortir de
l'administration d'une province. »

2. Ils faisaient leurs édits en entrant dans les provinces.

3. Liv. V, ch. xix. Voyez aussi les liv. II, III, IV et V

communiquer son gouvernement, et régir l'État conquis selon la forme de sa constitution. En effet, le magistrat qu'elle envoie pour gouverner, ayant la puissance exécutrice civile et militaire, il faut bien qu'il ait aussi la puissance législative ; car qui est-ce qui ferait des lois sans lui ? Il faut aussi qu'il ait la puissance de juger ; car qui est-ce qui jugerait indépendamment de lui ? Il faut donc que le gouverneur qu'elle envoie ait les trois pouvoirs, comme cela fut dans les provinces romaines.

Une monarchie peut plus aisément communiquer son gouvernement, parce que les officiers qu'elle envoie ont, les uns la puissance exécutrice civile, et les autres la puissance exécutrice militaire : ce qui n'entraîne pas après soi le despotisme.

C'était un privilège d'une grande conséquence pour un citoyen romain, de ne pouvoir être jugé que par le peuple. Sans cela, il aurait été soumis dans les provinces au pouvoir arbitraire d'un proconsul ou d'un propréteur. La ville ne sentait point la tyrannie, qui ne s'exerçait que sur les nations assujetties.

Ainsi, dans le monde romain, comme à Lacédémone, ceux qui étaient libres étaient extrêmement libres, et ceux qui étaient esclaves étaient extrêmement esclaves.

Pendant que les citoyens payaient des tributs, ils étaient levés avec une équité très grande. On suivait l'établissement de Servius Tullius, qui avait distribué tous les citoyens en six classes, selon l'ordre de leurs richesses, et fixé la part de l'impôt à proportion de celle que chacun avait dans le gouvernement. Il arrivait de là qu'on souffrait la grandeur du tribut à cause de la grandeur du crédit ; et que l'on se consolait de la petitesse du crédit par la petitesse du tribut.

Il y avait encore une chose admirable : c'est que la division de Servius Tullius par classes étant pour ainsi dire le principe fondamental de la constitution, il arrivait que l'équité, dans la levée des tributs, tenait au principe fondamental du gouvernement, et ne pouvait être ôtée qu'avec lui.

Mais, pendant que la ville payait les tributs sans peine, ou n'en payait point du tout [1], les provinces étaient désolées par les chevaliers, qui étaient les traitants de la république. Nous avons parlé de leurs vexations, et toute l'histoire en est pleine.

« Toute l'Asie m'attend comme son libérateur, disait Mithridate [2],

---

1. Après la conquête de la Macédoine, les tributs cessèrent à Rome.
2. Harangue tirée de Trogue-Pompée, rapportée par Justin, liv. XXXVIII.

« tant ont excité de haine contre les Romains les rapines des pro-
« consuls [1], les exactions des gens d'affaires, et les calomnies des
« jugements [2]. »

Voilà ce qui fit que la force des provinces n'ajouta rien à la force
de la république, et ne fit au contraire que l'affaiblir. Voilà ce qui
fit que les provinces regardèrent la perte de la liberté de Rome
comme l'époque de l'établissement de la leur.

CHAPITRE XX

Fin de ce livre.

Je voudrais rechercher, dans tous les gouvernemenis modérés que
nous connaissons, quelle est la distribution des trois pouvoirs, et
calculer par là les degrés de liberté dont chacun d'eux peut jouir.
Mais il ne faut pas toujours tellement épuiser un sujet qu'on ne
laisse rien à faire au lecteur. Il ne s'agit pas de faire lire, mais de
faire penser.

LIVRE QUINZIÈME

COMMENT LES LOIS DE L'ESCLAVAGE CIVIL ONT DU RAPPORT AVEC LA NATURE DU CLIMAT.

CHAPITRE PREMIER

De l'esclavage civil.

L'esclavage proprement dit est l'établissement d'un droit qui rend
un homme tellement propre à un autre homme, qu'il est le maître
absolu de sa vie et de ses biens. Il n'est pas bon par sa nature ; il
n'est utile ni au maître ni à l'esclave : à celui-ci, parce qu'il ne peut
rien faire par vertu ; à celui-là, parce qu'il contracte avec ses

---

1. Voyez les Oraisons contre Verrès.
2. On sait que ce fut le tribunal de Varus qui fit révolter les Germains.

esclaves toutes sortes de mauvaises habitudes, qu'il s'accoutume insensiblement à manquer à toutes les vertus morales, qu'il devient fier, prompt, dur, colère, voluptueux, cruel.

Dans les pays despotiques, où l'on est déjà sous l'esclavage politique, l'esclavage civil est plus tolérable qu'ailleurs. Chacun y doit être assez content d'y avoir sa subsistance et la vie. Ainsi la condition de l'esclave n'y est guère plus à charge que la condition du sujet.

Mais, dans le gouvernement monarchique, où il est souverainement important de ne point abattre ou avilir la nature humaine, il ne faut point d'esclaves. Dans la démocratie, où tout le monde est égal, et dans l'aristocratie, où les lois doivent faire leurs efforts pour que tout le monde soit aussi égal que la nature du gouvernement peut le permettre, des esclaves sont contre l'esprit de la constitution : ils ne servent qu'à donner aux citoyens une puissance et un luxe qu'ils ne doivent point avoir.

CHAPITRE II

Origine du droit de l'esclavage, chez les jurisconsultes romains [1].

On ne croirait jamais que c'eût été la pitié qui eût établi l'esclavage, et que, pour cela, elle s'y fût prise de trois manières [2].

Le droit des gens a voulu que les prisonniers fussent esclaves, pour qu'on ne les tuât pas. Le droit civil des Romains permit à des débiteurs, que leurs créanciers pouvaient maltraiter, de se vendre eux-mêmes ; et le droit naturel a voulu que des enfants qu'un père esclave ne pouvait plus nourrir fussent dans l'esclavage comme leur père [3].

Ces raisons des jurisconsultes ne sont point sensées. 1º Il est faux qu'il soit permis de tuer dans la guerre, autrement que dans le cas de nécessité ; mais dès qu'un homme en a fait un autre esclave, on

---

1. Sur la question de l'esclavage, voir l'admirable chapitre de J.-J. Rousseau dans le *Contrat social* (l. I, ch. IV). « Renoncer à sa liberté, dit-il, c'est renoncer à sa qualité d'homme, aux droits de l'humanité, même à ses devoirs. Il n'y a nul dédommagement possible à qui renonce à tout. » (*Note de l'éditeur.*)

2. *Instit. de Justinien*, liv. Ier.

3. Grotius.* a dit : « Dans l'état de la nature, nul n'est esclave ; et c'est en ce sens que les jurisconsultes soutiennent que la servitude est contraire à la nature. Mais que la servitude ait pu tirer son origine d'une convention ou d'un délit, c'est ce qui ne répugne point à la justice naturelle. »

* *De Jure Pacis et Belli*, t. II, p. 104 et seq.

ne peut pas dire qu'il ait été dans la nécessité de le tuer, puisqu'il ne l'a pas fait. Tout le droit que la guerre peut donner sur les captifs est de s'assurer tellement de leur personne, qu'ils ne puissent plus nuire [1]. Les homicides faits de sang-froid par les soldats, et après la chaleur de l'action, sont rejetés de toutes les nations [2] du monde.

2° Il n'est pas vrai qu'un homme libre puisse se vendre. La vente suppose un prix ; l'esclave se vendant, tous ses biens entreraient dans la propriété du maître : le maître ne donnerait donc rien, et l'esclave ne recevrait rien. Il aurait un pécule, dira-t-on ; mais le pécule est accessoire à la personne. S'il n'est pas permis de se tuer, parce qu'on se dérobe à sa patrie, il n'est pas plus permis de se vendre. La liberté de chaque citoyen est une partie de la liberté publique. Cette qualité, dans l'État populaire, est même une partie de la souveraineté. Vendre sa qualité de citoyen est un [3] acte d'une telle extravagance, qu'on ne peut pas la supposer dans un homme. Si la liberté a un prix pour celui qui l'achète, elle est sans prix pour celui qui la vend. La loi civile, qui a permis aux hommes le partage des biens, n'a pu mettre au nombre des biens une partie des hommes qui devaient faire ce partage. La loi civile, qui restitue sur les contrats qui contiennent quelque lésion, ne peut s'empêcher de restituer contre un accord qui contient la lésion la plus énorme de toutes.

La troisième manière, c'est la naissance. Celle-ci tombe avec les deux autres. Car, si un homme n'a pu se vendre, encore moins a-t-il pu vendre son fils qui n'était pas né ; si un prisonnier de guerre ne peut être réduit en servitude, encore moins ses enfants.

Ce qui fait que la mort d'un criminel est une chose licite, c'est que la loi qui le punit a été faite en sa faveur. Un meurtrier, par exemple, a joui de la loi qui le condamne ; elle lui a conservé la vie à tous les instants : il ne peut donc pas réclamer contre elle. Il n'en est pas de même de l'esclave ; la loi de l'esclavage n'a jamais pu lui être utile ; elle est, dans tous les cas, contre lui, sans jamais être pour lui : ce qui est contraire au principe fondamental de toutes les sociétés.

---

1. Ce prétendu droit de tuer les vaincus ne résulte en aucune manière de l'état de guerre... ce droit qu'il n'a pas, ne peut fonder celui de les asservir. » (Cont. social. l. I, ch. iv.) (Note de l'éditeur.)

2. Si l'on ne veut citer celles qui mangent leurs prisonniers.

3. Je parle de l'esclavage pris à la rigueur, tel qu'il était chez les Romains, et qu'il est établi dans nos colonies.

On dira qu'elle a pu lui être utile, parce que le maître lui a donné la nourriture. Il faudrait donc réduire l'esclavage aux personnes incapables de gagner leur vie. Mais on ne veut pas de ces esclaves-là. Quant aux enfants, la nature, qui a donné du lait aux mères, a pourvu à leur nourriture ; et le reste de leur enfance est si près de l'âge où est en eux la plus grande capacité de se rendre utiles, qu'on ne pourrait pas dire que celui qui les nourrirait, pour être leur maître, donnât rien.

L'esclavage est d'ailleurs aussi opposé au droit civil qu'au droit naturel. Quelle loi civile pourrait empêcher un esclave de fuir, lui qui n'est point dans la société, et que par conséquent aucunes lois civiles ne concernent ? Il ne peut être retenu que par une loi de famille, c'est-à-dire par la loi du maître.

CHAPITRE III

Autre origine du droit de l'esclavage.

J'aimerais autant dire que le droit de l'esclavage vient du mépris qu'une nation conçoit pour une autre, fondé sur la différence des coutumes.

Lopès de Gomara[1] dit « que les Espagnols trouvèrent, près de « Sainte-Marthe, des paniers où les habitants avaient des denrées : « c'étaient des cancres, des limaçons, des cigales, des sauterelles. « Les vainqueurs en firent un crime aux vaincus. » L'auteur avoue que c'est là-dessus qu'on fonda le droit qui rendait les Américains esclaves des Espagnols, outre qu'ils fumaient du tabac, et qu'ils ne se faisaient pas la barbe à l'espagnole.

Les connaissances rendent les hommes doux ; la raison porte à l'humanité : il n'y a que les préjugés qui y fassent renoncer.

CHAPITRE IV

Autre origine du droit de l'esclavage.

J'aimerais autant dire que la religion donne à ceux qui la professent un droit de réduire en servitude ceux qui ne la professent pas, pour travailler plus aisément à sa propagation.

---

1. *Biblioth. Angl.*, t. XIII, deuxième partie, art. 3.

Ce fut cette manière de penser qui encouragea les destructeurs de l'Amérique dans leurs crimes [1].

C'est sur cette idée qu'ils fondèrent le droit de rendre tant de peuples esclaves ; car ces brigands, qui voulaient absolument être brigands et chrétiens, étaient très dévots.

Louis XIII [2] se fit une peine extrême de la loi qui rendait esclaves les nègres de ses colonies ; mais quand on lui eut bien mis dans l'esprit que c'était la voie la plus sûre pour les convertir, il y consentit [3].

CHAPITRE V

De l'esclavage des nègres.

Si j'avais à soutenir le droit que nous avons eu de rendre les nègres esclaves, voici ce que je dirais :

Les peuples d'Europe ayant exterminé ceux de l'Amérique, ils ont dû mettre en esclavage ceux de l'Afrique, pour s'en servir à défricher tant de terres.

Le sucre serait trop cher, si l'on ne faisait travailler la plante qui le produit par des esclaves.

Ceux dont il s'agit sont noirs depuis les pieds jusqu'à la tête ; et ils ont le nez si écrasé qu'il est presque impossible de les plaindre.

On ne peut se mettre dans l'esprit que Dieu, qui est un être très sage, ait mis une âme, surtout une âme bonne, dans un corps tout noir.

Il est si naturel de penser que c'est la couleur qui constitue l'essence de l'humanité, que les peuples d'Asie, qui font des eunuques, privent toujours les noirs du rapport qu'ils ont avec nous d'une façon plus marquée.

On peut juger de la couleur de la peau par celle des cheveux, qui, chez les Égyptiens, les meilleurs philosophes du monde, était d'une si grande conséquence, qu'ils faisaient mourir tous les hommes roux qui leur tombaient entre les mains.

---

1. Voyez l'*Histoire de la Conquête du Mexique*, par Solis, et celle du Pérou, par Garcilasso de la Vega.

2. Le P. Labat, *Nouveau Voyage aux îles de l'Amérique*, t. IV, p. 114, an 1722, in-12.

3. « La première concession pour la traite des nègres est du 14 novembre 1673. Louis XIII était mort en 1643. Cela ressemble au refus de François 1er d'écouter Christophe Colomb, qui avait découvert les îles Antilles avant que François 1er naquît ». (Note de Volt.)

Une preuve que les nègres n'ont pas le sens commun, c'est qu'ils font plus de cas d'un collier de verre que de l'or, qui, chez des nations policées, est d'une si grande conséquence.

Il est impossible que nous supposions que ces gens-là soient des hommes, parce que, si nous les supposions des hommes, on commencerait à croire que nous ne sommes pas nous-mêmes chrétiens.

De petits esprits exagèrent trop l'injustice que l'on fait aux Africains : car, si elle était telle qu'ils le disent, ne serait-il pas venu dans la tête des princes d'Europe, qui font entre eux tant de conventions inutiles, d'en faire une générale en faveur de la miséricorde et de la pitié ?

LIVRE DIX-NEUVIÈME

DES LOIS DANS LE RAPPORT QU'ELLES ONT AVEC LES PRINCIPES QUI FORMENT L'ESPRIT GÉNÉRAL, LES MŒURS ET LES MANIÈRES D'UNE NATION [1].

CHAPITRE PREMIER

Du sujet de ce livre.

Cette matière est d'une grande étendue. Dans cette foule d'idées qui se présente à mon esprit, je serai plus attentif à l'ordre des choses qu'aux choses mêmes. Il faut que j'écarte à droite et à gauche, que je perce, et que je me fasse jour.

CHAPITRE II

Combien, pour les meilleures lois, il est nécessaire que les esprits soient préparés.

Rien ne parut plus insupportable aux Germains [2] que le tribunal

---

1. Nous ajoutons ce livre aux précédents, comme un de ceux qui ont le plus d'intérêt au point de vue littéraire. (*Note de l'éditeur. P. J.*)

2. Ils coupaient la langue aux avocats, et disaient : *Vipère, cesse de siffler.* (TACITE.) — Ce n'est pas Tacite, mais Florus qui rapporte cette coutume. (Lib. IV. ch. XII.) (Note de CRÉV.)

de Varus. Celui que Justinien érigea [1] chez les Laziens pour faire le procès au meurtrier de leur roi leur parut une chose horrible et barbare. Mithridate [2], haranguant contre les Romains, leur reproche surtout les formalités [3] de leur justice. Les Parthes ne purent supporter ce roi qui, ayant été élevé à Rome, se rendit affable [4] et accessible à tout le monde. La liberté même a paru insupportable à des peuples qui n'étaient pas accoutumés à en jouir. C'est ainsi qu'un air pur est quelquefois nuisible à ceux qui ont vécu dans des pays marécageux.

Un Vénitien, nommé Balbi, étant au Pégu [5], fut introduit chez le roi. Quand celui-ci apprit qu'il n'y avait point de roi à Venise, il fit un si grand éclat de rire qu'une toux le prit, et qu'il eut beaucoup de peine à parler à ses courtisans. Quel est le législateur qui pourrait proposer le gouvernement populaire à des peuples pareils ?

CHAPITRE III

De la tyrannie.

Il y a deux sortes de tyrannie : une réelle, qui consiste dans la violence du gouvernement ; et une d'opinion, qui se fait sentir lorsque ceux qui gouvernent établissent des choses qui choquent la manière de penser d'une nation.

Dion dit qu'Auguste voulut se faire appeler Romulus ; mais qu'ayant appris que le peuple craignait qu'il ne voulût se faire roi, il changea de dessein. Les premiers Romains ne voulaient point de roi, parce qu'ils n'en pouvaient souffrir la puissance ; les Romains d'alors ne voulaient point de roi, pour n'en point souffrir les manières. Car, quoique César, les triumvirs, Auguste, fussent de véritables rois, ils avaient gardé tout l'extérieur de l'égalité, et leur vie privée contenait une espèce d'opposition avec le faste des rois d'alors ; et, quand ils ne voulaient point de roi, cela signifiait qu'ils voulaient garder leurs manières et ne pas prendre celles des peuples d'Afrique et d'Orient.

1. AGATHIAS, liv. IV.
2. JUSTIN, liv. XXXVIII.
3. *Calumnias litium.* (*Ibid.*)
4. *Prompti aditus, nova comitas, ignotæ Parthis virtutes, nova vitia.* « D'un abord facile et d'une politesse nouvelle pour eux : les Parthes ne voyaient pas là des vertus, mais des vices. » (TACITE.)
5. Il en a fait la description en 1596. (*Recueil des voyages qui ont servi à l'établissement de la Compagnie des Indes*, t. III, part. 1, p. 33.)

Dion[1] nous dit que le peuple romain était indigné contre Auguste,. à cause de certaines lois trop dures qu'il avait faites, mais que, sitôt qu'il eut fait revenir le comédien Pylade, que les factions. avaient chassé de la ville, le mécontentement cessa. Un peuple .pareil sentait plus vivement la tyrannie lorsqu'on chassait un baladin que lorsqu'on lui ôtait toutes ses lois.

CHAPITRE IV

Ce que c'est que l'esprit général.

Plusieurs choses gouvernent les hommes : le climat, la religion, les lois, les maximes du gouvernement, les exemples des choses passées, les mœurs, les manières ; d'où il se forme un esprit général qui en résulte.

A mesure que, dans chaque nation, une de ces causes agit avec plus de force, les autres lui cèdent d'autant. La nature et le climat dominent presque seuls sur les sauvages [2] ; les manières gouvernent les Chinois ; les lois tyrannisent le Japon ; les mœurs. donnaient autrefois le ton dans Lacédémone ; les maximes du gouvernement et les mœurs anciennes le donnaient dans Rome.

CHAPITRE V

Combien il faut être attentif à ne point changer l'esprit général d'une nation.

S'il y avait dans le monde une nation qui eût une humeur sociable, une ouverture de cœur, une joie dans la vie, un goût, une facilité à communiquer ses pensées ; qui fût vive, agréable, enjouée, quelquefois imprudente, souvent indiscrète, et qui eût avec cela du courage, de la générosité, de la franchise, un certain point d'honneur, il ne faudrait point chercher à gêner par des lois.

1. Liv. LIV, p. 532.
2. Quoique les lois agissent sur les mœurs, elles en dépendent. Ainsi, Montesquieu corrige toujours par quelque vérité nouvelle une première pensée qui ne paraissait excessive que parce qu'on la voyait seule. La nature et le climat dominent presque exclusivement les sauvages, les peuples civilisés obéissent aux influences morales. La plus invincible de toutes, c'est l'esprit général d'une nation ; il n'est au pouvoir de personne de le changer ; il agit sur ceux qui voudraient le méconnaître ; il fait les lois ou les rend inutiles ; les lois ne peuvent l'attaquer,. parce que ce sont deux puissances d'une nature diverse ; il échappe ou résiste à tout le reste. (M. VILLEMAIN, *Éloge de Montesquieu.*)

ses manières, pour ne point gêner ses vertus. Si en général le caractère est bon, qu'importe de quelques défauts qui s'y trouvent ?

On y pourrait contenir les femmes, faire des lois pour corriger leurs mœurs et borner leur luxe : mais qui sait si on n'y perdrait pas un certain goût qui serait la source des richesses de la nation, et une politesse qui attire chez elle les étrangers ?

C'est au législateur à suivre l'esprit de la nation lorsqu'il n'est pas contraire aux principes du gouvernement ; car nous ne faisons rien de mieux que ce que nous faisons librement, et en suivant notre génie naturel.

Qu'on donne un esprit de pédanterie à une nation naturellement gaie, l'État n'y gagnera rien ni pour le dedans ni pour le dehors. Laissez-lui faire les choses frivoles sérieusement, et gaiement les choses sérieuses.

CHAPITRE VI

Qu'il ne faut pas tout corriger.

Qu'on nous laisse comme nous sommes, disait un gentilhomme d'une nation qui ressemble beaucoup à celle dont nous venons de donner une idée. La nature répare tout. Elle nous a donné une vivacité capable d'offenser, et propre à nous faire manquer à tous les égards ; cette même vivacité est corrigée par la politesse qu'elle nous procure, en nous inspirant du goût pour le monde, et surtout pour le commerce des femmes.

Qu'on nous laisse tels que nous sommes. Nos qualités indiscrètes jointes à notre peu de malice font que les lois qui gêneraient l'humeur sociable parmi nous ne seraient point convenables.

CHAPITRE VII

Des Athéniens et des Lacédémoniens.

Les Athéniens, continuait ce gentilhomme, étaient un peuple qui avait quelque rapport avec le nôtre. Il mettait de la gaieté dans les affaires ; un trait de raillerie lui plaisait sur la tribune comme sur le théâtre. Cette vivacité qu'il mettait dans les conseils, il la portait dans l'exécution. Le caractère des Lacédémoniens était grave, sérieux, sec, taciturne. On n'aurait pas plus tiré parti d'un Athénien en l'ennuyant que d'un Lacédémonien en le divertissant.

CHAPITRE VIII

Effets de l'humeur sociable.

Plus les peuples se communiquent, plus ils changent aisément de manières, parce que chacun est plus un spectacle pour un autre; on voit mieux les singularités des individus. Le climat, qui fait qu'une nation aime à se communiquer, fait aussi qu'elle aime à changer; et ce qui fait qu'une nation aime à changer fait aussi qu'elle se forme le goût.

La société des femmes gâte les mœurs et forme le goût : l'envie de plaire plus que les autres établit les parures, et l'envie de plaire plus que soi-même établit les modes. Les modes sont un objet important : à force de se rendre l'esprit frivole, on augmente sans cesse les branches de son commerce [1].

CHAPITRE IX

De la vanité et de l'orgueil des nations.

La vanité est un aussi bon ressort pour un gouvernement que l'orgueil en est un dangereux. Il n'y a pour cela qu'à se représenter d'un côté les biens sans nombre qui résultent de la vanité : de là le luxe, l'industrie, les arts, les modes, la politesse, le goût; et d'un autre côté les maux infinis qui naissent de l'orgueil de certaines nations : la paresse, la pauvreté, l'abandon de tout, la destruction des nations que le hasard a fait tomber entre leurs mains, et de la leur même. La paresse [2] est l'effet de l'orgueil; le travail est une suite de la vanité : l'orgueil d'un Espagnol le portera à ne pas travailler; la vanité d'un Français le portera à savoir travailler mieux que les autres.

Toute nation paresseuse est grave; car ceux qui ne travaillent pas se regardent comme souverains de ceux qui travaillent.

Examinez toutes les nations, et vous verrez que dans la plupart la gravité, l'orgueil et la paresse marchent du même pas.

1. Voyez la fable des *Abeilles*.
2. Les peuples qui suivent le kan de Malacamber, ceux de Carnataca et de Coromandel sont des peuples orgueilleux et paresseux; ils consomment peu, parce qu'ils sont misérables : au lieu que les Mogols et les peuples de l'Indostan s'occupent et jouissent des commodités de la vie, comme les Européens. (*Recueil des voyages qui ont servi à l'établissement de la Compagnie des Indes*, t. I, p. 54.)

Les peuples d'Achim[1] sont fiers et paresseux ; ceux qui n'ont point d'esclaves en louent un, ne fût-ce que pour faire cent pas, et porter deux pintes de riz : ils se croiraient déshonorés s'ils les portaient eux-mêmes.

Il y a plusieurs endroits de la terre où l'on se laisse croître les ongles pour marquer que l'on ne travaille point.

Les femmes des Indes[2] croient qu'il est honteux pour elles d'apprendre à lire : c'est l'affaire, disent-elles, des esclaves qui chantent des cantiques dans les pagodes. Dans une caste, elles ne filent point ; dans une autre, elles ne font que des paniers et des nattes, elles ne doivent pas même piler le riz ; dans d'autres, il ne faut pas qu'elles aillent quérir de l'eau. L'orgueil y a établi ses règles, et il les fait suivre. Il n'est pas nécessaire de dire que les qualités morales ont des effets différents selon qu'elles sont unies à d'autres : ainsi l'orgueil, joint à une vaste ambition, à la grandeur des idées, etc., produisit chez les Romains les effets que l'on sait.

CHAPITRE X

Du caractère des Espagnols et de celui des Chinois.

Les divers caractères des nations sont mêlés de vertus et de vices, de bonnes et de mauvaises qualités. Les heureux mélanges sont ceux dont il résulte de grands biens ; et souvent on ne les soupçonnerait pas : il y en a dont il résulte de grands maux, et qu'on ne soupçonnerait pas non plus.

La bonne foi des Espagnols a été fameuse dans tous les temps. Justin[3] nous parle de leur fidélité à garder les dépôts ; ils ont souvent souffert la mort pour les tenir secrets. Cette fidélité qu'ils avaient autrefois, ils l'ont encore aujourd'hui. Toutes les nations qui commercent à Cadix confient leur fortune aux Espagnols ; elles ne s'en sont jamais repenties. Mais cette qualité admirable, jointe à leur paresse, forme un mélange dont il résulte des effets qui leur sont pernicieux : les peuples de l'Europe font, sous leurs yeux, tout le commerce de leur monarchie.

Le caractère des Chinois forme un autre mélange, qui est en con-

---

1. Voyez Dampier, t. III.
2. *Lettres édifiantes*, douzième recueil, p. 80.
3. Liv. XVII.

traste avec le caractère des Espagnols. Leur vie précaire[1] fait qu'ils ont une activité prodigieuse, et un désir si excessif du gain, qu'aucune nation commerçante ne peut se fier à eux[2]. Cette infidélité reconnue leur a conservé le commerce du Japon; aucun négociant d'Europe n'a osé entreprendre de le faire sous leur nom, quelque facilité qu'il y eût eu à l'entreprendre par leurs provinces maritimes du nord.

CHAPITRE XI

Réflexion.

Je n'ai point dit ceci pour diminuer rien de la distance infinie qu'il y a entre les vices et les vertus : à Dieu ne plaise ! J'ai seulement voulu faire comprendre que tous les vices politiques ne sont pas des vices moraux, et que tous les vices moraux ne sont pas des vices politiques; et c'est ce que ne doivent point ignorer ceux qui font des lois qui choquent l'esprit général.

CHAPITRE XII

Des manières et des mœurs dans l'État despotique.

C'est une maxime capitale qu'il ne faut jamais changer les mœurs et les manières dans l'État despotique : rien ne serait plus promptement suivi d'une révolution. C'est que dans ces États il n'y a point de lois, pour ainsi dire; il n'y a que des mœurs et des manières; et si vous renversez cela, vous renversez tout.

Les lois sont établies, les mœurs sont inspirées; celles-ci tiennent plus à l'esprit général, celles-là tiennent plus à une institution particulière : or il est aussi dangereux, et plus, de renverser l'esprit général que de changer une institution particulière.

On se communique moins dans les pays où chacun, et comme supérieur, et comme inférieur, exerce et souffre un pouvoir arbitraire, que dans ceux où la liberté règne dans toutes les conditions. On y change donc moins de manières et de mœurs; les manières plus fixes approchent plus des lois : ainsi il faut qu'un prince ou un législateur y choque moins les mœurs et les manières que dans aucun pays du monde.

---

1. Par la nature du climat et du terrain.
2. Le P. Duhalde, t. II.

Les femmes y sont ordinairement renfermées, et n'ont point de ton à donner. Dans les autres pays où elles vivent avec les hommes, l'envie qu'elles ont de plaire, et le désir que l'on a de leur plaire aussi, font que l'on change continuellement de manières. Les deux sexes se gâtent, ils perdent l'un et l'autre leur qualité distinctive et essentielle; il se met un arbitraire dans ce qui était absolu, et les manières changent tous les jours.

CHAPITRE XIII

Des manières chez les Chinois.

 Mais c'est à la Chine que les manières sont indestructibles. Outre que les femmes y sont absolument séparées des hommes, on enseigne dans les écoles les manières comme les mœurs. On connaît un lettré[1] à la façon aisée dont il fait la révérence. Ces choses, une fois données en préceptes, et par de graves docteurs, s'y fixent comme des principes de morale, et ne changent plus.

CHAPITRE XIV

Quels sont les moyens naturels de changer les mœurs et les manières d'une nation.

Nous avons dit que les lois étaient des institutions particulières et précises du législateur, les mœurs et les manières des institutions de la nation en général. De là il suit que, lorsque l'on veut changer les mœurs et les manières, il ne faut pas les changer par les lois : cela paraîtrait trop tyrannique, il vaut mieux les changer par d'autres mœurs et d'autres manières.

Ainsi, lorsqu'un prince veut faire de grands changements dans sa nation, il faut qu'il réforme par les lois ce qui est établi par les lois, et qu'il change par les manières ce qui est établi par les manières; et c'est une très mauvaise politique de changer par les lois ce qui doit être changé par les manières.

La loi qui obligeait les Moscovites à se faire couper la barbe et les habits, et la violence de Pierre Ier, qui faisait tailler jusqu'aux genoux les longues robes de ceux qui entraient dans les villes, étaient tyranniques. Il y a des moyens pour empêcher les crimes : ce sont

1. Dit le P. Duhalde.

les peines; il y en a pour faire changer les manières : ce sont les exemples.

La facilité et la promptitude avec laquelle cette nation s'est policée a bien montré que ce prince avait trop mauvaise opinion d'elle, et que ces peuples n'étaient pas des bêtes, comme il le disait. Les moyens violents qu'il employa étaient inutiles, il serait arrivé tout de même à son but par la douceur.

Il éprouva lui-même la facilité de ces changements. Les femmes étaient renfermées, et en quelque façon esclaves; il les appela à la cour, il les fit habiller à l'allemande, il leur envoyait des étoffes. Ce sexe goûta d'abord une façon de vivre qui flattait si fort son goût, sa vanité et ses passions, et la fit goûter aux hommes.

Ce qui rendit le changement plus aisé, c'est que les mœurs d'alors étaient étrangères au climat, et y avaient été apportées par le mélange des nations et par les conquêtes. Pierre Ier, donnant les mœurs et les manières de l'Europe à une nation d'Europe, trouva des facilités qu'il n'attendait pas lui-même. L'empire du climat est le premier de tous les empires. Il n'avait donc pas besoin de lois pour changer les mœurs et les manières de sa nation : il lui eût suffi d'inspirer d'autres mœurs et d'autres manières.

En général, les peuples sont très attachés à leurs coutumes; les leur ôter violemment, c'est les rendre malheureux : il ne faut donc pas les changer, mais les engager à les changer eux-mêmes.

Toute peine qui ne dérive pas de la nécessité est tyrannique. La loi n'est pas un pur acte de puissance; les choses indifférentes par leur nature ne sont pas de son ressort.

CHAPITRE XV
Influence du gouvernement domestique sur la politique.

Ce changement des mœurs des femmes influera sans doute beaucoup dans le gouvernement de Moscovie. Tout est extrêmement lié : le despotisme du prince s'unit naturellement avec la servitude des femmes; la liberté des femmes, avec l'esprit de la monarchie.

CHAPITRE XVI
Comment quelques législateurs ont confondu les principes qui gouvernent les hommes.

Les mœurs et les manières sont des usages que les lois n'ont point établis, ou n'ont pas pu, ou n'ont pas voulu établir.

Il y a cette différence entre les lois et les mœurs, que les lois règlent plus les actions du citoyen, et que les mœurs règlent plus les actions de l'homme. Il y a cette différence entre les mœurs et les manières, que les premières regardent plus la conduite intérieure, les autres l'extérieure.

Quelquefois, dans un État, ces choses se confondent[1]. Lycurgue fit un même code pour les lois, les mœurs et les manières ; et les législateurs de la Chine en firent de même.

Il ne faut pas être étonné si les législateurs de Lacédémone et de Chine confondirent les lois, les mœurs et les manières : c'est que les mœurs représentent les lois, et les manières représentent les mœurs.

Les législateurs de la Chine avaient pour principal objet de faire vivre leur peuple tranquille. Ils voulurent que les hommes se respectassent beaucoup ; que chacun sentît à tous les instants qu'il devait beaucoup aux autres ; qu'il n'y avait point de citoyen qui ne dépendît, à quelque égard, d'un autre citoyen. Ils donnèrent donc aux règles de la civilité la plus grande étendue.

Ainsi, chez les peuples chinois, on vit les gens[2] de village observer entre eux des cérémonies comme les gens d'une condition relevée ; moyen très propre à inspirer la douceur, à maintenir parmi le peuple la paix et le bon ordre, et à ôter tous les vices qui viennent d'un esprit dur. En effet, s'affranchir des règles de la civilité, n'est-ce pas chercher le moyen de mettre ses défauts plus à l'aise ?

La civilité vaut mieux, à cet égard, que la politesse. La politesse flatte les vices des autres, et la civilité nous empêche de mettre les nôtres au jour : c'est une barrière que les hommes mettent entre eux pour s'empêcher de se corrompre.

Lycurgue, dont les institutions étaient dures, n'eut point la civilité pour objet, lorsqu'il forma les manières : il eut en vue cet esprit belliqueux qu'il voulait donner à son peuple. Des gens toujours corrigeant ou toujours corrigés, qui instruisaient toujours et étaient toujours instruits, également simples et rigides, exerçaient plutôt entre eux des vertus qu'ils n'avaient des égards.

---

1. Moïse fit un même code pour les lois et la religion. Les premiers Romains confondirent les coutumes anciennes avec les lois.

2. Voyez le P. Duhalde.

CHAPITRE XVII

Propriété particulière au gouvernement de la Chine.

Les législateurs de la Chine firent plus [1] : ils confondirent la religion, les mœurs et les manières ; tout cela fut la morale, tout cela fut la vertu. Les préceptes qui regardaient ces quatre points furent ce que l'on appela les rites. Ce fut dans l'observation exacte de ces rites que le gouvernement chinois triompha. On passa toute sa jeunesse à les apprendre, toute sa vie à les pratiquer. Les lettrés les enseignèrent, les magistrats les prêchèrent. Et, comme ils enveloppaient toutes les petites actions de la vie, lorsqu'on trouva moyen de les faire observer exactement, la Chine fut bien gouvernée.

Deux choses ont pu aisément graver les rites dans le cœur et l'esprit des Chinois : l'une, leur manière d'écrire extrêmement composée, qui a fait que, pendant une très grande partie de la vie, l'esprit a été uniquement [2] occupé de ces rites, parce qu'il a fallu apprendre à lire dans les livres et pour les livres qui les contenaient ; l'autre, que les préceptes des rites n'ayant rien de spirituel, mais simplement des règles d'une pratique commune, il est plus aisé d'en convaincre et d'en frapper les esprits que d'une chose intellectuelle.

Les princes qui, au lieu de gouverner par les rites, gouvernèrent par la force des supplices, voulurent faire faire aux supplices ce qui n'est pas dans leur pouvoir, qui est de donner des mœurs. Les supplices retrancheront bien de la société un citoyen qui, ayant perdu ses mœurs, viole les lois ; mais, si tout le monde a perdu ses mœurs, les rétabliront-ils ? Les supplices arrêteront bien plusieurs conséquences du mal général, mais ils ne corrigeront pas ce mal. Aussi, quand on abandonna les principes du gouvernement chinois, quand la morale y fut perdue, l'État tomba-t-il dans l'anarchie, et on vit des révolutions.

CHAPITRE XVIII

Conséquence du chapitre précédent.

Il résulte de là que la Chine ne perd point ses lois par la con-

---

1. Voyez les livres classiques dont le P. Duhalde nous a donné de si beaux morceaux.

2. C'est ce qui a établi l'émulation, la fuite de l'oisiveté, et l'estime pour le savoir.

quête. Les manières, les mœurs, les lois, la religion, y étant la
même chose, on ne peut changer tout cela à la fois. Et, comme il
faut que le vainqueur ou le vaincu change, il a toujours fallu à la
Chine que ce fût le vainqueur : car ses mœurs n'étant point ses manières; ses manières, ses lois; ses lois, sa religion, il a été plus
aisé qu'il se pliât peu à peu au peuple vaincu que le peuple vaincu
à lui.

Il suit encore de là une chose bien triste : c'est qu'il n'est presque
pas possible que le christianisme s'établisse jamais à la Chine [1].
Les vœux de virginité, les assemblées des femmes dans les églises,
leur communication nécessaire avec les ministres de la religion, leur
participation aux sacrements, la confession auriculaire, l'extrême-
onction, le mariage d'une seule femme : tout cela renverse les
mœurs et les manières du pays, et frappe encore du même coup sur
la religion et sur les lois.

La religion chrétienne, par l'établissement de la charité, par un
culte public, par la participation aux mêmes sacrements, semble
demander que tout s'unisse : les rites des Chinois semblent ordonner que tout se sépare.

Et, comme on a vu que cette séparation [2] tient en général à l'esprit du despotisme, on trouvera dans ceci une des raisons qui font
que le gouvernement monarchique et tout gouvernement modéré
s'allient mieux [3] avec la religion chrétienne.

CHAPITRE XIX

Comment s'est faite cette union de la religion, des lois, des mœurs
et des manières chez les Chinois.

Les législateurs de la Chine eurent pour principal objet du gouvernement la tranquillité de l'empire. La subordination leur parut
le moyen le plus propre à la maintenir. Dans cette idée,
ils crurent devoir inspirer le respect pour les pères ; et ils rassem-
blèrent toutes leurs forces pour cela : ils établirent une infinité de
rites et de cérémonies pour les honorer pendant leur vie et après
leur mort. Il était impossible de tant honorer les pères morts sans

---

1. Voyez les raisons données par les magistrats chinois dans les décrets par lesquels ils proscrivent la religion chrétienne. (*Lettres édifiantes*, dix-septième recueil.)

2. Voyez le liv. IV, chap. III ; et le liv. XIX, chap. XII.

3. Voyez ci-dessous le liv. XXIV, chap. III.

être porté à les honorer vivants. Les cérémonies pour les pères morts avaient plus de rapport à la religion : celles pour les pères vivants avaient plus de rapport aux lois, aux mœurs et aux manières ; mais ce n'étaient que les parties d'un même code, et ce code était très étendu.

Le respect pour les pères était nécessairement lié avec tout ce qui représentait les pères, les vieillards, les maîtres, les magistrats, l'empereur. Ce respect pour les pères supposait un retour d'amour pour les enfants ; et par conséquent, le même retour des vieillards aux jeunes gens, des magistrats à ceux qui leur étaient soumis, de l'empereur à ses sujets. Tout cela formait les rites, et ces rites l'esprit général de la nation.

On va sentir le rapport que peuvent avoir avec la constitution fondamentale de la Chine les choses qui paraissent les plus indifférentes. Cet empire est formé sur l'idée du gouvernement d'une famille. Si vous diminuez l'autorité paternelle, ou même si vous retranchez les cérémonies qui expriment le respect que l'on a pour elle, vous affaiblissez le respect pour les magistrats, qu'on regarde comme des pères ; les magistrats n'auront plus le même soin pour les peuples, qu'ils doivent considérer comme des enfants ; ce rapport d'amour qui est entre le prince et les sujets se perdra aussi peu à peu. Retranchez une de ces pratiques, et vous ébranlez l'État. Il est fort indifférent en soi que tous les matins une belle-fille se lève pour aller rendre tels et tels devoirs à sa belle-mère ; mais, si l'on fait attention que ces pratiques extérieures rappellent sans cesse à un sentiment qu'il est nécessaire d'imprimer dans tous les cœurs, et qui va de tous les cœurs former l'esprit qui gouverne l'empire, l'on verra qu'il est nécessaire qu'une telle ou une telle action particulière se fasse.

CHAPITRE XX

Explication d'un paradoxe sur les Chinois.

Ce qu'il y a de singulier, c'est que les Chinois, dont la vie est entièrement dirigée par les rites, sont néanmoins le peuple le plus fourbe de la terre. Cela paraît surtout dans le commerce, qui n'a jamais pu leur inspirer la bonne foi qui lui est naturelle. Celui qui achète doit porter [1] sa propre balance : chaque marchand en ayant

---

1. *Journal de Lange* en 1721 et 1722 ; t. VIII, des *Voyages du Nord*, p. 363.

trois, une forte pour acheter, une légère pour vendre, et une juste
pour ceux qui sont sur leurs gardes. Je crois pouvoir expliquer cette
contradiction.

Les législateurs de la Chine ont eu deux objets : ils ont voulu
que le peuple fût soumis et tranquille, et qu'il fût laborieux et
industrieux. Par la nature du climat et du terrain, il a une vie précaire ; on n'y est assuré de sa vie qu'à force d'industrie et de travail.

Quand tout le monde obéit, et que tout le monde travaille, l'État
est dans une heureuse situation. C'est la nécessité, et peut-être la
nature du climat, qui ont donné à tous les Chinois une avidité inconcevable pour le gain ; et les lois n'ont pas songé à l'arrêter. Tout
a été défendu, quand il a été question d'acquérir par violence ; tout
a été permis quand il s'est agi d'obtenir par artifice ou par industrie.
Ne comparons donc pas la morale des Chinois avec celle de l'Europe.
Chacun, à la Chine, a dû être attentif à ce qui lui était utile ; si le
fripon a veillé à ses intérêts, celui qui est dupe devait penser aux
siens. A Lacédémone, il était permis de voler ; à la Chine, il est permis de tromper.

CHAPITRE XXI

Comment les lois doivent être relatives aux mœurs et aux manières.

Il n'y a que des institutions singulières qui confondent ainsi des
choses naturellement séparées, les lois, les mœurs et les manières :
mais, quoiqu'elles soient séparées, elles ne laissent pas d'avoir
entre elles de grands rapports.

On demanda à Solon si les lois qu'il avait données aux Athéniens
étaient les meilleures. « Je leur ai donné, répondit-il, les meil-
« leures de celles qu'ils pouvaient souffrir [1]. » Belle parole, qui devrait être entendue de tous les législateurs. Quand la sagesse divine
dit au peuple juif : « Je vous ai donné des préceptes qui ne sont
« pas bons », cela signifie qu'ils n'avaient qu'une bonté relative ; ce
qui est l'éponge de toutes les difficultés que l'on peut faire sur les
lois de Moïse.

CHAPITRE XXII

Continuation du même sujet.

Quand un peuple a de bonnes mœurs, les lois deviennent simples.

1. PLUTARQUE, Vie de Solon, § 9.

Platon [1] dit que Rhadamanthe, qui gouvernait un peuple extrêmement religieux, expédiait tous les procès avec célérité, déférant seulement le serment sur chaque chef. « Mais, dit le même Platon [2], « quand un peuple n'est pas religieux, on ne peut faire usage du « serment que dans les occasions où celui qui jure est sans intérêt « comme un juge et des témoins. »

CHAPITRE XXIII

Comment les lois suivent les mœurs.

Dans le temps que les mœurs des Romains étaient pures, il n'y avait point de loi particulière contre le péculat. Quand ce crime commença à paraître, il fut trouvé si infâme que d'être condamné à restituer ce qu'on avait pris [3] fut regardé comme une grande peine, témoin le jugement de L. Scipion [4].

CHAPITRE XXIV

Continuation du même sujet.

Les lois qui donnent la tutelle à la mère ont plus d'attention à la conservation de la personne du pupille; celles qui la donnent au plus proche héritier ont plus d'attention à la conservation des biens. Chez les peuples dont les mœurs sont corrompues, il vaut mieux donner la tutelle à la mère. Chez ceux où les lois doivent avoir de la confiance dans les mœurs des citoyens, on donne la tutelle à l'héritier des biens, ou à la mère, et quelquefois à tous les deux.

Si l'on réfléchit sur les lois romaines, on trouvera que leur esprit est conforme à ce que je dis. Dans le temps où l'on fit la loi des Douze Tables, les mœurs à Rome étaient admirables. On déféra la tutelle au plus proche parent du pupille, pensant que celui-là devait avoir la charge de la tutelle, qui pouvait avoir la charge de la succession. On ne crut point la vie du pupille en danger, quoiqu'elle fût mise entre les mains de celui à qui sa mort devait être utile. Mais lorsque les mœurs changèrent à Rome, on vit les légis-

1. *Lois*, liv. XII.
2. *Ibid.*
3. *In simplum.*
4. Tite-Live, liv. XXXVIII.

lateurs changer aussi de façon de penser. « Si, dans la substitution
« pupillaire, disent Caïus [1] et Justinien [2], le testateur craint que le
« substitué ne dresse des embûches au pupille, il peut laisser à dé-
« couvert la substitution vulgaire [3], et mettre la pupillaire dans
« une partie du testament qu'on ne pourra ouvrir qu'après un cer-
« tain temps. » Voilà des craintes et des précautions inconnues aux
premiers Romains.

CHAPITRE XXV

Continuation du même sujet.

La loi romaine donnait la liberté de se faire des dons avant le mariage ; après le mariage, elle ne le permettait plus. Cela était fondé
sur les mœurs des Romains, qui n'étaient portés au mariage que par
la frugalité, la simplicité et la modestie, mais qui pouvaient se
laisser séduire par les soins domestiques, les complaisances et le
bonheur de toute une vie.

La loi des Wisigoths [4] voulait que l'époux ne pût donner à celle
qu'il devait épouser au delà du dixième de ses biens, et qu'il ne pût
rien donner la première année de son mariage. Cela venait encore
des mœurs du pays : les législateurs voulaient arrêter cette jactance
espagnole, uniquement portée à faire des libéralités excessives dans
une action d'éclat.

Les Romains, par leurs lois, arrêtèrent quelques inconvénients de
l'empire du monde le plus durable, qui est celui de la vertu ;
les Espagnols, par les leurs, voulaient empêcher les mauvais effets
de la tyrannie du monde la plus fragile, qui est celle de la beauté.

CHAPITRE XXVI

Continuation du même sujet.

La loi de Théodose et de Valentinien [5] tira les causes de répudia-
tion des anciennes mœurs [6] et des manières des Romains. Elle mit

1. *Instit.*, liv. II, t. vi, § 2 ; la *Compilation d'Ozel*, à Leyde, 1658.
2. *Instit.*, liv. II, de *Pupil. substit.*, § 3.
3. La substitution vulgaire est : *Si un tel ne prend pas l'hérédité, je lui substitue*, etc. La pupillaire est : *Si un tel meurt avant sa puberté, je lui substitue*, etc.
4. Liv. III, t. i, § 5.
5. Leg. 8. Cod., *de Repudiis.*
6. Et de la *loi des Douze Tables.* Voyez Cicéron, *seconde Philippique*

au nombre de ses causes l'action d'un mari [1] qui châtierait sa femme d'une manière indigne d'une personne ingénue. Cette cause fut omise dans les lois suivantes [2] : c'est que les mœurs avaient changé à cet égard ; les usages d'Orient avaient pris la place de ceux d'Europe. Le premier eunuque de l'impératrice femme de Justinien II la menaça, dit l'histoire, de ce châtiment dont on punit les enfants dans les écoles. Il n'y a que des mœurs établies ou des mœurs qui cherchent à s'établir qui puissent faire imaginer une pareille chose.

Nous avons vu comment les lois suivent les mœurs ; voyons à présent comment les mœurs suivent les lois.

CHAPITRE XXVII

Comment les lois peuvent contribuer à former les mœurs, les manières et le caractère d'une nation.

Les coutumes d'un peuple esclave sont une partie de sa servitude ; celles d'un peuple libre sont une partie de sa liberté.

J'ai parlé, au livre XI [3], d'un peuple libre ; j'ai donné les principes de sa constitution : voyons les effets qui ont dû suivre, le caractère qui a pu s'en former et les manières qui en résultent.

Je ne dis point que le climat n'ait produit, en grande partie, les lois, les manières dans cette nation ; mais je dis que les mœurs et les manières de cette nation devraient avoir un grand rapport à ses lois.

Comme il y aurait dans cet État deux pouvoirs visibles, la puissance législative et l'exécutrice, et que tout citoyen y aurait sa volonté propre, et ferait valoir à son gré son indépendance, la plupart des gens auraient plus d'affection pour une de ces puissances que pour l'autre : le grand nombre n'ayant pas ordinairement assez d'équité ni de sens pour les affectionner également toutes les deux.

Et, comme la puissance exécutrice, disposant de tous les emplois, pourrait donner de grandes espérances et jamais de craintes, tous ceux qui obtiendraient d'elle seraient portés à se tourner de son côté, et elle pourrait être attaquée par tous ceux qui n'en espéreraient rien.

---

1. *Si verberibus, quæ ingenuis aliena sunt, afficientem probaverit*, « si elle prouvait qu'il l'a frappée de coups indignes d'une personne libre. »
2. Dans la novelle 117, chap. XIV.
3. Chap. VI.

Toutes les passions y étant libres, la haine, l'envie, la jalousie, l'ardeur de s'enrichir et de se distinguer, paraîtraient dans toute leur étendue : et si cela était autrement, l'État serait comme un homme abattu par la maladie, qui n'a point de passions, parce qu'il n'a point de force.

La haine qui serait entre les deux partis durerait, parce qu'elle serait toujours impuissante.

Ces partis étant composés d'hommes libres, si l'un prenait trop le dessus, l'effet de la liberté ferait que celui-ci serait abaissé, tandis que les citoyens, comme les mains qui secourent le corps, viendraient relever l'autre.

Comme chaque particulier, toujours indépendant, suivrait beaucoup ses caprices et ses fantaisies, on changerait souvent de parti ; on en abandonnerait un, où l'on laisserait tous ses amis, pour se lier à un autre, dans lequel on trouverait tous ses ennemis ; et souvent, dans cette nation, on pourrait oublier les lois de l'amitié et celles de la haine.

Le monarque serait dans le cas des particuliers ; et, contre les maximes ordinaires de la prudence, il serait souvent obligé de donner sa confiance à ceux qui l'auraient le plus choqué, et de disgracier ceux qui l'auraient le mieux servi, faisant par nécessité ce que les autres princes font par choix.

On craint de voir échapper un bien que l'on sent, que l'on ne connaît guère, et qu'on peut nous déguiser ; et la crainte grossit toujours les objets. Le peuple serait inquiet sur sa situation, et croirait être en danger dans les moments même les plus sûrs.

D'autant mieux que ceux qui s'opposeraient le plus vivement à la puissance exécutrice, ne pouvant avouer les motifs intéressés de leur opposition, ils augmenteraient les terreurs du peuple, qui ne saurait jamais au juste s'il serait en danger ou non. Mais cela même contribuerait à lui faire éviter les vrais périls où il pourrait dans la suite être exposé.

Mais le corps législatif ayant la confiance du peuple, et étant plus éclairé que lui, il pourrait le faire revenir des mauvaises impressions qu'on lui aurait données et calmer ses mouvements.

C'est le grand avantage qu'aurait ce gouvernement sur les démocraties anciennes, dans lesquelles le peuple avait une puissance immédiate ; car lorsque les orateurs l'agitaient, ces agitations avaient toujours leur effet.

Ainsi quand les terreurs imprimées n'auraient point d'objet certain, elles ne produiraient que de vaines clameurs et des injures, et elles auraient même ce bon effet qu'elles tendraient tous les ressorts du gouvernement, et rendraient tous les citoyens attentifs. Mais, si elles naissaient à l'occasion du renversement des lois fondamentales, elles seraient sourdes, funestes, atroces, et produiraient des catastrophes.

Bientôt on verrait un calme affreux, pendant lequel tout se réunirait contre la puissance violatrice des lois.

Si, dans le cas où les inquiétudes n'ont pas d'objet certain, quelque puissance étrangère menaçait l'État, et le mettait en danger de sa fortune et de sa gloire, pour lors, les petits intérêts cédant aux plus grands, tout se réunirait en faveur de la puissance exécutrice.

Que si les disputes étaient formées à l'occasion de la violation des lois fondamentales, et qu'une puissance étrangère parût, il y aurait une révolution qui ne changerait pas la forme du gouvernement ni sa constitution : car les révolutions que forme la liberté ne sont qu'une confirmation de la liberté.

Une nation libre peut avoir un libérateur ; une nation subjuguée ne peut avoir qu'un autre oppresseur.

Car tout homme qui a assez de force pour chasser celui qui est déjà le maître absolu dans un État, en a assez pour le devenir lui-même.

Comme, pour jouir de la liberté, il faut que chacun puisse dire qu'il pense, et que, pour la conserver, il faut encore que chacun puisse dire ce qu'il pense, un citoyen, dans cet État, dirait et écrirait tout ce que les lois ne lui ont pas défendu expressément de dire ou d'écrire.

Cette nation, toujours échauffée, pourrait plus aisément être conduite par ses passions que par la raison, qui ne produit jamais de grands effets sur l'esprit des hommes ; et il serait assez facile à ceux qui la gouverneraient de lui faire faire des entreprises contre ses véritables intérêts.

Cette nation aimerait prodigieusement sa liberté, parce que cette liberté serait vraie ; et il pourrait arriver que, pour la défendre, elle sacrifierait son bien, son aisance, ses intérêts ; qu'elle se chargerait des impôts les plus durs, et tels que le prince le plus absolu n'oserait les faire supporter à ses sujets.

Mais, comme elle aurait une connaissance certaine de la nécessité de s'y soumettre, qu'elle payerait dans l'espérance bien fondée de ne payer plus, les charges y seraient plus pesantes que le sentiment de ces charges : au lieu qu'il y a des Etats où le sentiment est infiniment au-dessus du mal.

17

Elle aurait un crédit sûr, parce qu'elle emprunterait à elle-même, et se payerait elle-même. Il pourrait arriver qu'elle entreprendrait au-dessus de ses forces naturelles, et ferait valoir contre ses ennemis d'immenses richesses de fiction, que la confiance et la nature de son gouvernement rendraient réelles.

Pour conserver sa liberté, elle emprunterait de ses sujets, et ses sujets, qui verraient que son crédit serait perdu si elle était conquise, auraient un nouveau motif de faire des efforts pour défendre sa liberté.

Si cette nation habitait une île, elle ne serait pas conquérante, parce que des conquêtes séparées l'affaibliraient. Si le terrain de cette île était bon, elle le serait encore moins, parce qu'elle n'aurait pas besoin de la guerre pour s'enrichir. Et, comme aucun citoyen ne dépendrait d'un autre citoyen, chacun ferait plus de cas de sa liberté que de la gloire de quelques citoyens ou d'un seul.

Là on regarderait les hommes de guerre comme des gens d'un métier qui peut être utile et souvent dangereux, comme des gens dont les services sont laborieux pour la nation même; et les qualités civiles y seraient plus considérées.

Cette nation, que la paix et la liberté rendraient aisée, affranchie des préjugés destructeurs, serait portée à devenir commerçante. Si elle avait quelqu'une de ces marchandises primitives qui servent faire de ces choses auxquelles la main de l'ouvrier donne un grand prix, elle pourrait faire des établissements propres à se procurer la jouissance de ce don du ciel dans toute son étendue.

Si cette nation était située vers le nord, et qu'elle eût un grand nombre de denrées superflues, comme elle manquerait aussi d'un grand nombre de marchandises que son climat lui refuserait, elle ferait un commerce nécessaire, mais grand, avec les peuples du midi; et, choisissant les États qu'elle favoriserait d'un commerce avantageux, elle ferait des traités réciproquement utiles avec la nation qu'elle aurait choisie.

Dans un État où d'un côté l'opulence serait extrême, et de l'autre les impôts excessifs, on ne pourrait guère vivre sans industrie avec une fortune bornée. Bien des gens, sous prétexte de voyage ou de santé, s'exileraient de chez eux, et iraient chercher l'abondance dans les pays de la servitude même.

Une nation commerçante a un nombre prodigieux de petits intérêts particuliers; elle peut donc choquer et être choquée d'une infinité de manières. Celle-ci deviendrait souverainement jalouse; et elle s'affligerait plus de la prospérité des autres qu'elle ne jouirait de la sienne.

Et ses lois, d'ailleurs douces et faciles, pourraient être si rigides à l'égard du commerce et de la navigation qu'on ferait chez elle, qu'elle semblerait ne négocier qu'avec des ennemis.

Si cette nation envoyait au loin des colonies, elle le ferait plus pour étendre son domaine que sa domination.

Comme on aime à établir ailleurs ce qu'on trouve établi chez soi, elle donnerait aux peuples de ses colonies la forme de son gouvernement propre; et ce gouvernement portant avec lui la prospérité, on verrait se former de grands peuples dans les forêts mêmes qu'elle enverrait habiter.

Il pourrait être qu'elle aurait autrefois subjugué une nation voisine, qui, par sa situation, la bonté de ses ports, la nature de ses richesses, lui donnerait de la jalousie; ainsi, quoiqu'elle lui eût donné ses propres lois, elle la tiendrait dans une grande dépendance; de façon que les citoyens y seraient libres, et que l'Etat lui-même serait esclave.

L'Etat conquis aurait un très bon gouvernement civil, mais il serait accablé par le droit des gens; et on lui imposerait des lois de nation à nation, qui seraient telles que sa prospérité ne serait que précaire et seulement en dépôt pour un maître.

La nation dominante habitant une grande île, et étant en possession d'un grand commerce, aurait toutes sortes de facilités pour avoir des forces de mer; et comme la conservation de sa liberté demanderait qu'elle n'eût ni places, ni forteresses, ni armées de terre, elle aurait besoin d'une armée de mer qui la garantît des invasions; et sa marine serait supérieure à celle de toutes les autres puissances, qui, ayant besoin d'employer leurs finances pour la guerre de terre, n'en auraient plus assez pour la guerre de mer.

L'empire de la mer a toujours donné aux peuples qui l'ont possédé une fierté naturelle, parce que, se sentant capables d'insulter partout, ils croient que leur pouvoir n'a pas plus de bornes que l'Océan.

Cette nation pourrait avoir une grande influence dans les affaires de ses voisins. Car, comme elle n'emploierait pas sa puissance à conquérir, on rechercherait plus son amitié, et l'on craindrait plus sa haine que l'inconstance de son gouvernement et son agitation intérieure ne sembleraient le permettre.

Ainsi, ce serait le destin de la puissance exécutrice d'être presque toujours inquiétée au dedans, et respectée au dehors.

S'il arrivait que cette nation devînt en quelques occasions le centre des négociations de l'Europe, elle y porterait un peu plus de probité et de bonne foi que les autres, parce que ses ministres étant souvent obligés de justifier leur conduite devant un conseil populaire, leurs négociations ne pourraient être secrètes, et ils seraient forcés d'être, à cet égard, un peu plus honnêtes gens.

De plus, comme ils seraient en quelque façon garants des événements qu'une conduite détournée pourrait faire naître, le plus sûr pour eux serait de prendre le plus droit chemin.

Si les nobles avaient eu dans de certains temps un pouvoir immodéré dans la nation, et que le monarque eût trouvé le moyen de les abaisser en élevant le peuple, le point de l'extrême servitude aurait été entre le moment de l'abaissement des grands et celui où le peuple aurait commencé à sentir son pouvoir.

Il pourrait être que cette nation ayant été autrefois soumise à un pouvoir arbitraire, en aurait en plusieurs occasions conservé le style : de manière que, sur le fond d'un gouvernement libre, on verrait souvent la forme d'un gouvernement absolu.

A l'égard de la religion, comme dans cet Etat chaque citoyen aurait sa volonté propre, et serait par conséquent conduit par ses propres lumières, ou ses fantaisies, il arriverait, ou que chacun aurait beaucoup d'indifférence pour toutes sortes de religions, de quelque espèce qu'elles fussent, moyennant quoi tout le monde serait porté à embrasser la religion dominante; ou que l'on serait zélé pour la religion en général, moyennant quoi les sectes se multiplieraient.

Il ne serait pas impossible qu'il y eût dans cette nation des gens qui n'auraient point de religion, et qui ne voudraient pas cependant souffrir qu'on les obligeât à changer celle qu'ils auraient, s'ils en avaient une : car ils sentiraient d'abord que la vie et les biens ne sont pas plus à eux que leur manière de penser; et que qui peut ravir l'un peut encore mieux ôter l'autre.

Si, parmi les différentes religions, il y en avait une à l'établissement de laquelle on eût tenté de parvenir par la voie de l'esclavage, elle y serait odieuse, parce que, comme nous jugeons des choses par les liaisons et les accessoires que nous y mettons, celle-ci ne se présenterait jamais à l'esprit avec l'idée de liberté.

Les lois contre ceux qui professeraient cette religion ne seraient point sanguinaires : car la liberté n'imagine point ces sortes de peines; mais elles seraient si réprimantes, qu'elles feraient tout le mal qui peut se faire de sang-froid.

Il pourrait arriver de mille manières que le clergé aurait si peu de crédit que les autres citoyens en auraient davantage. Ainsi, au lieu de se séparer, il aimerait mieux supporter les mêmes charges que les laïques, et ne faire à cet égard qu'un même corps ; mais, comme il chercherait toujours à s'attirer le respect du peuple, il se distinguerait par une vie plus retirée, une conduite plus réservée et des mœurs plus pures.

Ce clergé ne pouvant pas protéger la religion, ni être protégé par elle, sans force pour contraindre, chercherait à persuader : on verrait sortir de sa plume de très bons ouvrages, pour prouver la révélation et la providence du grand Être.

Il pourrait arriver qu'on éluderait ses assemblées, et qu'on ne voudrait pas lui permettre de corriger ses abus mêmes ; et que, par un délire de la liberté, on aimerait mieux laisser sa réforme imparfaite que de souffrir qu'il fût réformateur.

Les dignités, faisant partie de la constitution fondamentale, seraient plus fixes qu'ailleurs ; mais, d'un autre côté, les grands, dans ce pays de liberté, s'approcheraient plus du peuple : les rangs seraient donc plus séparés, et les personnes plus confondues.

Ceux qui gouvernent ayant une puissance qui se remonte, pour ainsi dire, et se refait tous les jours, auraient plus d'égard pour ceux qui leur sont utiles que pour ceux qui les divertissent ; ainsi, on y verrait peu de courtisans, de flatteurs, de complaisants, enfin de toutes ces sortes de gens qui font payer aux grands le vide même de leur esprit.

On n'y estimerait guère les hommes par des talents ou des attributs frivoles, mais par des qualités réelles ; et de ce genre il n'y en a que deux : les richesses et le mérite personnel.

Il y aurait un luxe solide, fondé, non pas sur le raffinement de la vanité, mais sur celui des besoins réels ; et l'on ne chercherait guère dans les choses que les plaisirs que la nature y a mis.

On y jouirait d'un grand superflu, et cependant les choses frivoles y seraient proscrites : ainsi, plusieurs ayant plus de bien que d'occasions de dépense, l'emploieraient d'une manière bizarre ; et dans cette nation il y aurait plus d'esprit que de goût.

Comme on serait toujours occupé de ses intérêts, on n'aurait point cette politesse qui est fondée sur l'oisiveté ; et réellement on n'en aurait pas le temps.

L'époque de la politesse des Romains est la même que celle de l'établissement du pouvoir arbitraire. Le gouvernement absolu produit l'oisiveté, et l'oisiveté fait naître la politesse.

Plus y a de gens dans une nation qui ont besoin d'avoir des ménagements entre eux et de ne pas déplaire, plus il y a de politesse.

Mais c'est plus la politesse des mœurs que celle des manières qui doit nous distinguer des peuples barbares.

Dans une nation où tout homme, à sa manière, prendrait part à l'administration de l'Etat, les femmes ne devraient guère vivre avec les hommes. Elles seraient donc modestes, c'est-à-dire timides ; cette timidité ferait leur vertu : tandis que les hommes, sans galanterie, se jetteraient dans une débauche qui leur laisserait toute leur liberté et leur loisir.

Les lois n'y étant pas faites pour un particulier plus que pour un autre, chacun se regarderait comme monarque ; et les hommes, dans cette nation, seraient plutôt des confédérés que des concitoyens.

Si le climat avait donné à bien des gens un esprit inquiet et des vues étendues, dans un pays où la constitution donnerait à tout le monde une part au gouvernement et des intérêts politiques, on parlerait beaucoup de politique ; on verrait des gens qui passeraient leur vie à calculer des événements qui, vu la nature des choses et le caprice de la fortune, c'est-à-dire des hommes, ne sont guère soumis au calcul.

Dans une nation libre, il est très souvent indifférent que les particuliers raisonnent bien ou mal ; il suffit qu'ils raisonnent : de là sort la liberté, qui garantit des effets de ces mêmes raisonnements.

De même, dans un gouvernement despotique, il est également pernicieux qu'on raisonne bien ou mal ; il suffit qu'on raisonne pour que le principe du gouvernement soit choqué.

Bien des gens qui ne se soucieraient de plaire à personne s'abandonneraient à leur humeur. La plupart, avec de l'esprit, seraient tourmentés par leur esprit même : dans le dédain ou le dégoût de toutes choses, ils seraient malheureux avec tant de sujets de ne l'être pas.

Aucun citoyen ne craignant aucun citoyen, cette nation serait fière ; car la fierté des rois n'est fondée que sur leur indépendance.

Les nations libres sont superbes, les autres peuvent plus aisément être vaines.

Mais ces hommes si fiers, vivant beaucoup avec eux-mêmes, se trouveraient souvent au milieu de gens inconnus ; ils seraient timides, et l'on verrait en eux, la plupart du temps, un mélange bizarre de mauvaise honte et de fierté.

Le caractère de la nation paraîtrait surtout dans leurs ouvrages d'esprit, dans lesquels on verrait des gens recueillis, et qui auraient pensé tout seuls.

La société nous apprend à sentir les ridicules ; la retraite nous rend plus propres à sentir les vices. Les écrits satiriques seraient sanglants; et l'on verrait bien des Juvénal chez eux, avant d'avoir trouvé un Horace.

Dans les monarchies extrêmement absolues, les historiens trahissent la vérité, parce qu'ils n'ont pas la liberté de la dire ; dans les États extrêmement libres, ils trahissent la vérité à cause de leur liberté même, qui produisant toujours des divisions, chacun devient aussi esclave des préjugés de sa faction qu'il le serait d'un despote.

Leurs poètes auraient plus souvent cette rudesse originale de l'invention qu'une certaine délicatesse que donne le goût; on y trouverait quelque chose qui approcherait plus de la force de Michel-Ange que de la grâce de Raphaël.

EXTRAITS DU LIVRE XXV

CHAPITRE IX

De la tolérance en fait de religion.

Nous sommes ici politiques, et non pas théologiens ; et, pour les théologiens mêmes, il y a bien de la différence entre tolérer une religion et l'approuver.

Lorsque les lois d'un État ont cru devoir souffrir plusieurs religions, il faut qu'elles les obligent aussi à se tolérer entre elles. C'est un principe, que toute religion qui est réprimée devient elle-même réprimante ; car sitôt que, par quelque hasard, elle peut sortir de l'oppression, elle attaque la religion qui l'a réprimée, non pas comme une religion, mais comme une tyrannie.

Il est donc utile que les lois exigent de ces diverses religions, non seulement qu'elles ne troublent pas l'État, mais aussi qu'elles ne se troublent pas entre elles. Un citoyen ne satisfait point aux lois en se contentant de ne pas agiter le corps de l'État : il faut encore qu'il ne trouble pas quelque citoyen que ce soit.

CHAPITRE X

Continuation du même sujet.

Comme il n'y a guère que les religions intolérantes qui aient un grand zèle pour s'établir ailleurs, parce qu'une religion qui peut tolérer les autres ne songe guère à sa propagation, ce sera une très bonne loi civile, lorsque l'Etat est satisfait de la religion déjà établie, de ne point souffrir l'établissement d'une autre[1].

Voici donc le principe fondamental des lois politiques en fait de religion. Quand on est maître de recevoir dans un Etat une nouvelle religion, ou de ne la pas recevoir, il ne faut pas l'y établir ; quand elle y est établie, il faut la tolérer.

CHAPITRE XI

Du changement de religion.

Un prince qui entreprend dans son Etat de détruire ou de changer la religion dominante s'expose beaucoup. Si son gouvernement est despotique, il court plus de risque de voir une révolution que par quelque tyrannie que ce soit, qui n'est jamais, dans ces sortes d'Etats, une chose nouvelle. La révolution vient de ce qu'un Etat ne change pas de religion, de mœurs et de manières dans un instant, et aussi vite que le prince publie l'ordonnance qui établit une religion nouvelle.

De plus, la religion ancienne est liée avec la constitution de l'Etat, et la nouvelle n'y tient point : celle-là s'accorde avec le climat, et souvent la nouvelle s'y refuse. Il y a plus : les citoyens se dégoûtent de leurs lois ; ils prennent du mépris pour le gouvernement déjà établi ; on substitue des soupçons contre les deux religions à une ferme croyance pour une ; en un mot, on donne à l'Etat, au moins pour quelque temps, et de mauvais citoyens et de mauvais fidèles.

CHAPITRE XII

Des lois pénales.

Il faut éviter les lois pénales en fait de religion. Elles impriment de la crainte, il est vrai ; mais, comme la religion a ses lois pénales aussi qui inspirent de la crainte, l'une est effacée par l'autre. Entre ces deux craintes différentes, les âmes deviennent atroces.

La religion a de si grandes menaces, elle a de si grandes pro-

---

1. Je ne parle point, dans tout ce chapitre, de la religion chrétienne, parce que, comme j'ai dit ailleurs, la religion chrétienne est le premier bien. Voyez la fin du chapitre i du livre précédent, et la *Défense de l'Esprit des Lois,* seconde partie.

messes, que, lorsqu'elles sont présentes à notre esprit, quelque chose que le magistrat puisse faire pour nous contraindre à la quitter, il semble qu'on ne nous laisse rien quand on nous l'ôte, et qu'on ne nous ôte rien lorsqu'on nous la laisse.

Ce n'est donc pas en remplissant l'âme de ce grand objet, en l'approchant du moment où il lui doit être d'une plus grande importance, que l'on parvient à l'en détacher : il est plus sûr d'attaquer une religion par la faveur, par les commodités de la vie, par l'espérance de la fortune ; non pas par ce qui avertit, mais par ce que l'on oublie ; non pas par ce qui indigne, mais par ce qui jette dans la tiédeur, lorsque d'autres passions agissent sur nos âmes, et que celles que la religion inspire sont dans le silence. Règle générale : en fait de changement de religion, les invitations sont plus fortes que les peines.

Le caractère de l'esprit humain a paru dans l'ordre même des peines qu'on a employées. Que l'on se rappelle les persécutions du Japon [1] ; on se révolta plus contre les supplices cruels que contre les peines longues, qui lassent plus qu'elles n'effarouchent, qui sont plus difficiles à surmonter, parce qu'elles paraissent moins difficiles.

En un mot, l'histoire nous apprend assez que les lois pénales n'ont jamais eu d'effet que comme destruction.

CHAPITRE XIII

Très humble remontrance aux inquisiteurs d'Espagne et de Portugal.

Une juive de dix-huit ans, brûlée à Lisbonne au dernier auto-da-fé, donna occasion à ce petit ouvrage ; et je crois que c'est le plus inutile qui ait jamais été écrit. Quand il s'agit de prouver des choses si claires, on est sûr de ne pas convaincre.

L'auteur déclare que quoiqu'il soit juif, il respecte la religion chrétienne, et qu'il l'aime assez pour ôter aux princes qui ne seront pas chrétiens un prétexte plausible pour la persécuter.

« Vous vous plaignez, dit-il aux inquisiteurs, de ce que l'empereur du Japon fait brûler à petit feu tous les chrétiens qui sont dans ses États ; mais il vous répondra : Nous vous traitons, vous qui ne croyez pas comme nous, comme vous traitez vous-mêmes ceux qui ne croient pas comme vous ; vous ne pouvez vous plaindre que de

---

1. Voyez le *Recueil des Voyages qui ont servi à l'établissement de la Compagnie des Indes*, t. V, part. 1, p. 192.

votre faiblesse, qui vous empêche de nous exterminer, et qui fait qu
nous vous exterminons.

« Mais il faut avouer que vous êtes bien plus cruels que cet empereur. Vous nous faites mourir, nous qui ne croyons que ce que vous
croyez, parce que nous ne croyons pas tout ce que vous croyez. Nous
suivons une religion que vous savez vous-mêmes avoir été autrefois
chérie de Dieu ; nous pensons que Dieu l'aime encore, et vous pen-
sez qu'il ne l'aime plus : et, parce que vous jugez ainsi, vous faites
passer par le fer et par le feu ceux qui sont dans cette erreur si par-
donnable, de croire que Dieu aime encore ce qu'il a aimé [1].

« Si vous êtes cruels à notre égard, vous l'êtes bien plus à l'égard
de nos enfants ; vous les faites brûler, parce qu'ils suivent les inspi-
rations que leur ont données ceux que la loi naturelle et les lois de
tous les peuples leur apprennent à respecter comme des dieux.

« Vous vous privez de l'avantage que vous a donné sur les mahométans la manière dont leur religion s'est établie. Quand ils se vantent
du nombre de leurs fidèles, vous leur dites que la force les leur a
acquis, et qu'ils ont étendu leur religion par le fer : pourquoi donc
établissez-vous la vôtre par le feu?

« Quand vous voulez nous faire venir à vous, nous vous objectons
une source dont vous vous faites gloire de descendre. Vous nous
répondez que votre religion est nouvelle, mais qu'elle est divine ; et
vous le prouvez parce qu'elle s'est accrue par la persécution des
païens et par le sang de vos martyrs ; mais aujourd'hui vous prenez le
rôle des Dioclétiens, et vous nous faites prendre le vôtre.

« Nous vous conjurons, non pas par le Dieu puissant que nous
servons vous et nous, mais par le Christ que vous nous dites avoir
pris la condition humaine pour vous proposer des exemples que vous
puissiez suivre ; nous vous conjurons d'agir avec nous comme il
agirait lui-même s'il était encore sur la terre. Vous voulez que nous
soyons chrétiens, et vous ne voulez pas l'être.

« Mais, si vous ne voulez pas être chrétiens, soyez au moins des
hommes : traitez-nous comme vous feriez si, n'ayant que ces faibles
lueurs de justice que la nature donne, vous n'aviez point une religion
pour vous conduire et une révélation pour vous éclairer.

« Si le Ciel vous a assez aimés pour vous faire voir la vérité, il vous
a fait une grande grâce : mais est-ce aux enfants qui ont eu l'héritage de leur père de haïr ceux qui ne l'ont pas eu?

---

1. C'est la source de l'aveuglement des juifs de ne pas sentir que l'économie de
l'Évangile est dans l'ordre des desseins de Dieu, et qu'ainsi elle est une suite de
son immutabilité même.

« Que si vous avez cette vérité, ne nous la cachez pas par la manière dont vous nous la proposez. Le caractère de la vérité, c'est son triomphe sur les cœurs et les esprits, et non pas cette impuissance que vous avouez, lorsque vous voulez la faire recevoir par des supplices.

« Si vous êtes raisonnables, vous ne devez pas nous faire mourir, parce que nous ne voulons pas vous tromper. Si votre Christ est le Fils de Dieu, nous espérons qu'il nous récompensera de n'avoir pas voulu profaner ses mystères ; et nous croyons que le Dieu que nous servons vous et nous ne nous punira pas de ce que nous avons souffert la mort pour une religion qu'il nous a autrefois donnée, parce que nous croyons qu'il nous l'a encore donnée.

« Vous vivez dans un siècle où la lumière naturelle est plus vive qu'elle n'a jamais été, où la philosophie a éclairé les esprits, où la morale de votre Evangile a été plus connue, où les droits respectifs des hommes les uns sur les autres, l'empire qu'une conscience a sur une autre conscience, sont mieux établis. Si donc vous ne revenez pas de vos anciens préjugés, qui, si vous n'y prenez garde, sont vos passions, il faut avouer que vous êtes incorrigibles, incapables de toute lumière et de toute instruction ; et une nation est bien malheureuse, qui donne de l'autorité à des hommes tels que vous.

« Voulez-vous que nous vous disions naïvement notre pensée ? Vous nous regardez plutôt comme vos ennemis que comme les ennemis de votre religion : car si vous aimiez votre religion, vous ne la laisseriez pas corrompre par une ignorance grossière.

« Il faut que nous vous avertissions d'une chose ; c'est que, si quelqu'un dans la postérité ose jamais dire que dans le siècle où nous vivons les peuples d'Europe étaient policés, on vous citera pour prouver qu'ils étaient barbares ; et l'idée que l'on aura de vous sera telle qu'elle flétrira votre siècle et portera la haine sur tous vos contemporains. »

NOTES EXPLICATIVES

1 (p. 95). « Par leurs fantaisies. » C'est là l'idée maîtresse de l'*Esprit des lois*. Ce ne sont pas les caprices des législateurs ni les fantaisies des peuples qui ont fait ici ou là des lois différentes. Ce sont des causes générales qui ont lié certaines lois à certaines conditions politiques ou sociales. La principale de ces causes, suivant Montesquieu, c'est la forme des gouvernements; mais ce n'est pas la seule.

2 (p. 96). « On ne trouvera pas ces traits saillants. » Montesquieu se fait tort à lui-même; ou plutôt par une modestie calculée, il va au-devant d'une objection qu'on pourra lui faire. Car ce qu'on lui a précisément reproché, c'est qu'il a dans son livre trop de traits saillants et à effet. La marquise du Deffand disait de ce livre : « C'est de l'esprit sur les lois. »

3 (p. 97). *Ludibria ventis*, le jouet des vents.

4 (p. 97). *Bis patriæ cecidere manus :* Deux fois mes mains paternelles tombèrent.

5 (p. 100). Par cela seul qu'une chose existe, elle a des propriétés, c'est-à-dire une *nature :* les autres choses qui l'environnent ont aussi des propriétés et une nature. Lorsque ces choses se rencontrent, il résulte de leurs propriétés réciproques certains rapports nécessaires, toujours les mêmes : c'est ce que Montesquieu appelle des *lois*. Ainsi les astres ayant une certaine masse et étant à une certaine distance, c'est une loi qu'ils s'attirent en raison directe de leurs masses, et en raison inverse du carré des distances.

Destutt de Tracy, dans son *Commentaire de l'Esprit des lois*, dit : « Des lois ne sont pas des rapports; et des rapports ne sont pas des lois. » Helvétius disait aussi que les lois ne sont pas des rapports, mais « les résultats des rapports ». Voyez plus haut dans notre Introduction (p. 12) la réponse à ces objections.

6 (p. 100). « Quelle plus grande absurdité... etc. » Montesquieu cite ce passage en réponse aux attaques de certaines feuilles jansénistes qui l'accusaient de spinozisme, c'est-à-dire de fatalisme, pour avoir dit que les lois sont des rapports *nécessaires* (Voir la *Défense de l'Esprit des lois*).

Bossuet a dit dans le même sens que Montesquieu : « On ne saurait comprendre dans ce tout qui n'entend pas, cette partie qui entend, l'intelligence ne pouvant naître d'une chose brute et insensée. (*Connaissance de Dieu et de soi-même*, ch. IV.)

7 (p. 101). « ... parce qu'elles ont des rapports avec sa sagesse et avec sa puissance. » On voit que par *rapports nécessaires* Montesquieu n'entend pas parler des lois inhérentes· à la matière, mais des lois instituées par Dieu, et qui sont nécessaires parce qu'il les a établies. Plus loin, il ne parle plus que des lois *invariables* et de rapports *constamment* établis. A l'origine, ces lois ont été l'œuvre de sa sagesse, et d'une volonté libre : mais à nos yeux et par rapport à nous, elles sont nécessaires. Il est nécessaire, par exemple, qu'une pierre abandonnée à elle-même tombe à la surface de la terre.

8 (p. 101). Pour que le monde subsiste, il faut qu'il y ait des lois, c'est-à-dire des rapports fixes entre les parties ; le Créateur qui a établi ces lois ne peut gouverner sans elles : ce n'est pas l'arbitraire ; mais ce n'est pas davantage la fatalité des athées ; c'est ce que Leibnitz appelait la *nécessité de convenance*, la *nécessité morale*, ce sont des lois d'ordre, d'harmonie, non de nécessité aveugle.

9 (p. 101). « Chaque *diversité* est une uniformité ; chaque changement est *constance*, » c'est-à-dire : quoique dans chaque cas particulier, la masse et la vitesse puissent être différentes, c'est cependant toujours la même loi qui s'accomplit : les lois du mouvement sont universelles et invariables. Dans un sens plus précis encore, on peut dire que, quels que soient les changements, il y a une quantité constante, toujours la même : c'est ce que les Cartésiens appelaient *quantité de mouvement* et Leibnitz la *quantité de force vive*, et enfin de nos jours la *quantité d'énergie*.

10 (p. 101). Voltaire critiquant ce passage dit dans son *Commentaire de l'Esprit des lois* : « Je ne rechercherai pas si Dieu a ses lois... ni s'il y avait des rapports de justice avant qu'il existât des hommes : ce qui est l'ancienne querelle des *réaux* et des *nominaux*. » C'est en effet cette querelle ; mais cela même prouve que cette querelle

n'était pas frivole. Il s'agit de savoir s'il y a une justice éternelle et absolue, ou si elle n'est que le résultat des circonstances.

11 (p. 102). Ce n'est pas seulement parce que les êtres intelligents sont bornés, qu'ils ne suivent pas constamment leurs lois : c'est encore parce qu'ils ont la liberté. Les choses matérielles sont aussi bornées, et cependant elles suivent servilement les lois qui leur sont imposées. C'est pourquoi Montesquieu ajoute, que « d'un autre côté les êtres intelligents *agissent par eux-mêmes,* » c'est-à-dire qu'ils sont libres : et c'est là en effet la vraie raison de leurs égarements ; et en même temps il est aussi vrai de dire que s'ils n'étaient pas bornés par leur nature, leur liberté ne s'égarerait pas. Les deux raisons sont donc nécessaires à la fois pour expliquer les égarements des créatures ; et c'est ce que dit Montesquieu.

12 (p. 102). « On ne sait si les bêtes sont gouvernées par les lois générales du mouvement ou par une motion particulière. » Cette proposition est obscure parce qu'elle est exprimée d'une manière trop concise. Elle signifie : on ne sait pas si les animaux sont des *automates*, comme le pensait Descartes ; ou s'ils sont doués de mouvements spontanés. Dans le premier cas, en effet, les automates sont régis uniquement par les lois de la mécanique, c'est-à-dire par les lois générales du mouvement ; dans le second cas, ils ont un principe intérieur du mouvement.

13 (p. 102). « Les bêtes ont des lois naturelles..... ; elles n'ont pas de lois positives. »

Les animaux ont des lois *naturelles*. Il ne faut pas confondre ces lois naturelles qui sont toutes physiques, et qui ne sont que les lois de l'organisation et de l'instinct, avec ce qu'on appelle en morale la *loi naturelle*, qui est la loi de justice innée chez tous les hommes.

Les lois *positives* sont des lois écrites, nées de la volonté et de la convention des hommes. Les animaux n'ont pas de telles lois parce qu'ils n'ont ni la liberté ni la parole. Comment pourraient-ils s'entendre les uns avec les autres, et fixer les résultats de leurs conventions, sans avoir de signes ?

14 (p. 103). « Avant toutes ces lois sont celles de la nature. »

C'est ici surtout qu'il faut distinguer les *lois de la nature*, comme l'entend Montesquieu, de la *loi naturelle*, telle que Cicéron la décrit dans un célèbre passage, et que Voltaire la chante dans le poème qui porte ce titre. Montesquieu ne parle ici que des lois d'instinct qui résultent de l'organisation même de l'homme, et non de la loi morale, c'est-à-dire d'une loi de raison qui commande à la volonté, sans la contraindre, par le principe du devoir. Montesquieu se place ici au point de vue de ce qu'on appelait au xviiie siècle l'*état de nature*, c'est-à-dire l'état primitif de l'homme avant l'établissement des sociétés. Ce sont surtout les philosophes Hobbes et Rousseau qui ont insisté sur ce point de vue.

Montesquieu reconnaît quatre lois naturelles, qu'il expose sans beaucoup d'ordre : 1° la loi qui porte vers le Créateur; 2° la loi qui porte vers le sexe; 3° le besoin de se nourrir; 4° le besoin de société.

15 (p. 104). Hobbes, philosophe anglais du xviie siècle, auteur du *Leviathan*, ouvrage singulier où sous ce nom qui désigne dans l'Écriture sainte une bête monstrueuse, il désigne lui-même le corps politique, l'État ou le prince, auquel il donne tous les pouvoirs et par conséquent le pouvoir absolu en politique et en religion. (Voir sur la politique de Hobbes notre *Histoire de la science politique*, t. II. liv. IV, ch. i).

16 (p. 104). « Hobbes demande... » Hobbes avait dit que l'état naturel de l'homme est la guerre et que la loi primitive a été *la guerre de tous contre tous*, et pour le prouver, il disait que les hommes vont armés. Montesquieu, comme on le voit, soutient le contraire. Il est certain que même chez les animaux il y a quelquefois des guerres de troupe à troupe, de tribu à tribu (par exemple, chez les fourmis); mais en général, la guerre n'a lieu qu'entre espèces différentes. On ne voit pas que les chevaux, les éléphants, qui vivent en troupe, connaissent la guerre ; cela donnerait à penser qu'en effet dans l'homme la guerre n'a pas été tout à fait primitive; elle peut représenter un état ultérieur. J.-J. Rousseau croit aussi comme Montesquieu que le premier sentiment des hommes n'a pas été la guerre, mais la *pitié. (Discours sur l'inégalité.)*

17 (p. 105). Gravina, jurisconsulte italien (1664-1718).

18 (p. 105). Cette doctrine qui fonde le pouvoir politique sur le pouvoir paternel a été souvent soutenue. Mais elle a trouvé surtout son théoricien en Angleterre, au xviie siècle, dans le chevalier Filmer, auteur du *Patriarca* (Londres, 1680). D'après cet auteur, le pouvoir politique aurait son origine dans Adam. Le premier homme a été le premier souverain. Le pouvoir a dû se transmettre ensuite de génération en génération et s'est partagé entre les différents rois de la terre, qui doivent être considérés comme les successeurs d'Adam et d'Ève. Cette doctrine a été réfutée par Sidney (Algernon) dans ses *Discours sur le gouvernement*, et par Locke, dans son *Essai sur le gouvernement civil*. J.-J. Rousseau y fait allusion dans le *Contrat social* (l. I, ch. ii) : « Je n'ai rien dit du roi Adam ni de l'empereur Noé. J'espère qu'on me

saura gré de cette modération, Car descendant directement de l'un de ces princes et peut-être de la branche aînée, que sais-je si par la vérification des titres je ne me trouverais pas le légitime roi du genre humain ? »

19 (p. 106). « Le gouvernement le plus conforme à la nature est celui qui se rapporte le mieux à la disposition du peuple pour lequel il est établi. »

On ne saurait trop méditer cet axiome de la science politique, à savoir qu'il n'y a pas un type de gouvernement absolu, mais des formes de gouvernement relatives à l'état social du peuple auquel elles s'appliquent. Mais cet axiome s'applique aussi bien à la monarchie qu'à la république ; et lorsqu'un peuple a mis la démocratie dans ses lois, il est dans la nature des choses qu'il la mette aussi dans son gouvernement. Au reste, J.-J. Rousseau adopte les mêmes principes que Montesquieu : « Quand on demande quel est le meilleur gouvernement, on fait une question insoluble comme indéterminée ; ou, si l'on veut, elle a autant de solutions possibles qu'il y a de combinaisons possibles dans les positions absolues et relatives des peuples. » (*Contrat social*, 1, II, c. IX.)

20 (p. 106). « La loi en général est la *raison humaine*... » En effet les lois ont pour objet de substituer le règne de la raison au règne de la force brutale. Elles cherchent à prévoir d'avance tous les cas de conflit qui peuvent se présenter entre les hommes, et à les régler conformément à la justice et à l'intérêt de tous. Toutes les lois particulières doivent donc être les conséquences de ce principe général, que c'est la paix et non la guerre qui doit régner entre les hommes.

21 (p. 107). On voit ce que Montesquieu entend par l'*esprit des lois*. C'est l'étude des lois dans leurs rapports avec toutes les circonstances qui les modifient. Telles sont, par exemple : le gouvernement, le climat, le genre de vie (laboureurs, chasseurs ou pasteurs) ; la liberté politique, la religion, le commerce, les manières, etc. Montesquieu a surtout considéré la nature et le principe des gouvernements : « C'est de là, dit-il, que l'on verra couler les lois comme de leur source. » Mais peut-être trouvera-t-on qu'il a ici interverti les termes et que le gouvernement est au moins autant la conséquence des lois civiles que le principe. C'est l'état social du peuple, sa situation physique, géographique, ses mœurs, sa religion qui sont la cause de ses lois ; et la résultante de toutes ces circonstances est la forme du gouvernement. Montesquieu n'en doit pas moins être considéré, selon Aug. Comte (*Cours de philosophie positive*, t. IV,

47ᵉ leçon) comme le vrai fondateur de la philosophie sociale pour avoir dit « que les phénomènes politiques sont aussi bien soumis à des lois naturelles que les autres phénomènes quelconques ».

22 (p. 107). « Il y a trois espèces de gouvernement... » On a vu plus haut, dans notre Introduction (p. 21), la critique de cette opinion. La théorie d'Aristote sur ce point, qui est la théorie classique, nous paraît plus logique que celle de Montesquieu. Elle consiste à diviser d'abord les gouvernements d'après le nombre des gouvernants ; de là, trois espèces fondamentales, et ensuite ces espèces en deux, selon que l'on considère la forme régulière ou la force abusive de chacune d'elles. Puisque le gouvernement est l'autorité suprême des États, et que cette autorité suprême doit être entre les mains d'*un seul* ou de *plusieurs*, ou de la *multitude*, il s'ensuit que lorsqu'un seul, plusieurs, ou la multitude usent de l'autorité en vue de l'intérêt général, la constitution est bonne ; et que si l'on gouverne dans l'intérêt exclusif des gouvernants, la constitution est viciée. On donne le nom de royauté au gouvernement d'un seul, d'aristocratie à celui de plusieurs, de république à celui de tous, quand ces gouvernements ont pour but le bien général. Quand les formes en sont viciées, ces trois gouvernements deviennent la tyrannie, l'oligarchie et la démagogie (III, v).

23 (p. 108). « Voilà ce que j'appelle la nature de chaque gouvernement. » Montesquieu distingue deux choses dans les gouvernements : leur *nature* et leur *principe*. Il donne plus loin l'explication de cette distinction : « Il y a cette différence entre la nature du gouvernement et son principe, que sa nature est ce qui le fait être et son principe ce qui le fait agir. L'une est sa structure particulière ; et l'autre les passions humaines qui le font mouvoir » (III, c. i). Montesquieu ajoute en note : « Cette distinction est très importante, et j'en tirerai bien des conséquences ; elle est la clef d'une infinité de lois. » Voir dans notre Introduction (p. 24) le développement de cette distinction.

24 (p. 108). J.-J. Rousseau dit également dans le *Contrat social* (III, iii) : « Le souverain peut en premier lieu soumettre le dépôt du gouvernement à tout le peuple ou à la grande partie du peuple, en sorte qu'il y ait plus de citoyens magistrats que de citoyens simples particuliers. On donnera à cette forme de gouvernement le nom de *démocratie.* »

25 (p. 108). J.-J. Rousseau dit également que dans la démocratie « les citoyens sont souverains d'un côté et sujets de l'autre ». (*Contrat social*, III. i).

26 (p. 108). « La volonté du souverain est le souverain lui-même. »
J.-J. Rousseau a développé cette idée dans le *Contrat social*. Pour
lui la souveraineté est dans la *volonté générale*.

27 (p. 109). « Le peuple est admirable. » C'était aussi l'opinion de
Machiavel : « Que l'on compare, dit-il, un prince et un peuple dans le
choix des magistrats. C'est une chose sur laquelle le peuple ne se
trompe jamais ; ou s'il se trompe, c'est bien moins souvent que ne
ferait un petit nombre d'hommes ou un seul. L'exemple de Rome est
admirable. Pendant plusieurs centaines d'années, il n'y eut peut-être
pas quatre choix dont on eut à se repentir. » Machiavel prévoit l'objection que l'on peut tirer de l'exemple des républiques anarchiques
et corrompues ; mais il dit avec raison qu'il faut comparer les républiques corrompues aux princes corrompus, et les princes sages
aux républiques sages. Dans ces limites « vous verrez toujours moins
d'erreurs dans le peuple que dans le prince ». (*Discours sur Tite-
Live*, I, ch. LVIII.)

28 (p. 110). « Servius Tullius suivit, dans la composition de ces
classes, l'esprit de l'aristocratie. » On s'occupe beaucoup de Servius
Tullius au XVIIIᵉ siècle. J.-J. Rousseau lui consacre un chapitre dans
le *Contrat social*, et il emprunte cette observation à Montesquieu :
« Des 193 centuries, dit-il, qui formaient les six classes de tout le
peuple romain, la première classe en comprenait quatre-vingt-dix-
huit : la voix ne se comptant que par centuries, cette seule première
classe l'emportait en nombre de voix sur toutes les autres. » (IV, IV).
Sur les réformes de Servius Tullius, voir l'*Histoire romaine* de
Mommsen et celle de Duruy.

29 (p. 111). « Le suffrage par le sort est de la nature de la démocratie. » Il n'est nullement vrai que le suffrage par le sort soit de la nature
de la démocratie. La démocratie doit être éclairée et non aveugle. Le
choix du peuple a pour objet de faire arriver les hommes de talent,
et non d'établir au hasard une égalité brutale. Déjà, dans l'antiquité,
le choix par le sort était l'objet de la critique des esprits éclairés :
« Quelle folie, disait Socrate, qu'une fève décide du choix des chefs
de la république, tandis qu'on ne tire au sort ni un architecte, ni
un joueur de flûte. » (Xénophon, *Mémorables*, I, II). Platon critique
également le choix par le sort dans le *Dialogue des Lois* (l. VI). —
Voir les *Recherches sur le tirage au sort*, par Fustel de Coulanges
(*Nouvelle revue historique des droits*, 1870).

30 (p. 112). « Les suffrages doivent être publics. » C'est encore une erreur de Montesquieu, de croire que le suffrage *public* est de l'essence
de la démocratie. Au contraire, dans les temps modernes, plus les ins-

titutions sont devenues démocratiques, plus le suffrage *secret* a pris
de prépondérance. Si tous les hommes étaient des héros, sans doute
il serait rationnel qu'ils déclarassent hautement leurs choix ; mais
comme dans le fait le plus grand nombre est dans la dépendance
du plus petit nombre, la publicité détruirait toute liberté des suffrages. Au moins en est-il ainsi pour les votes dans les élections.
Quant aux votes des représentants dans le Parlement, il n'en est pas
de même. Par cela seul qu'ils sont des représentants, il importe, sauf
exception, que leurs résolutions soient connues de ceux qui les
nomment. Aussi le vote secret a-t-il très rarement lieu dans nos
assemblées législatives.

31 (p. 112). « C'est une loi fondamentale de la démocratie que le
peuple seul fasse des lois. »

C'est encore là une opinion très contestable. Montesquieu n'a
parlé de la démocratie qu'au point de vue des républiques de l'antiquité, primitivement resserrées dans une seule ville, et qui, en
s'étendant, ne faisaient que des sujets, sans augmenter le nombre
des souverains. Or, le régime de la démocratie ancienne était celui
du gouvernement direct, c'est-à-dire du gouvernement immédiat du
peuple, qui était chargé en corps de la puissance législative, et même
souvent, au moins en partie, de la puissance exécutive et judiciaire.
Montesquieu ne connaît pas le régime représentatif qui s'applique aujourd'hui dans la démocratie aussi bien que dans la monarchie. Il
est même probable que lorsque Montesquieu a écrit ses premiers
livres, il ne connaissait pas encore le gouvernement anglais, par conséquent, ni le principe de la représentation, ni celui de la séparation des pouvoirs. Enfin, quand il connut la théorie des deux chambres, il crut que cette théorie n'était applicable qu'au gouvernement
mixte composé de monarchie d'aristocratie et de démocratie, comme
était alors le gouvernement anglais. Depuis, on a reconnu que le
partage du pouvoir législatif en deux assemblées n'avait rien de
contraire au principe de la démocratie, et par conséquent qu'il n'est
pas juste que « le peuple seul fasse des lois, » si ce n'est en tant
que souverain ; mais il peut transmettre son pouvoir législatif à la
fois à la Chambre populaire et au Sénat, comme cela a lieu dans la
Constitution de 1875.

32 (p. 113). « Ce sera une chose heureuse dans l'aristocratie si par
quelque voie indirecte, on fait sortir le peuple de son anéantissement. »

C'est une vue très juste de Montesquieu, que, quelle que soit la
forme du gouvernement, il faut essayer de faire une part à l'élé-

ment social qui est plus ou moins exclu par cette forme. C'est ainsi
que la royauté, en France, faisait une part si large au tiers état dans
la distribution des hautes fonctions que Saint-Simon a pu dire de
Louis XIV, que son règne avait été un règne de *vile bourgeoisie*.
C'est ainsi que l'aristocratie anglaise a toujours été largement ou-
verte aux membres de la bourgeoisie. Aristote disait dans le même
sens : « Bien des institutions en apparence démocratiques sont précisément celles qui ruinent la démocratie ; bien des institutions en
apparence oligarchiques détruisent l'oligarchie. Dans les démocraties, les démagogues, par leurs attaques continuelles contre les riches, divisent toujours la cité en deux camps, tandis qu'ils devraient
ne paraître préoccupés que de l'intérêt des riches ; de même dans
les oligarchies, le gouvernement ne devrait paraître avoir en vue que
l'intérêt du peuple. » (*Politique*, l. VIII, c. VII.)

33 (p. 114). « Telle était Rome avec ses dictateurs. » J.-J. Rousseau
pense également que la « dictature » est quelquefois nécessaire dans
un pays libre. « L'inflexibilité des lois, dit-il, qui les empêche de
se plier aux événements peut, en certains cas, les rendre pernicieuses et causer par elles la perte de l'État dans une crise. L'ordre
et la lenteur des formes demandent un espace de temps que les
circonstances refusent quelquefois. Il peut se présenter mille cas
auxquels le législateur n'a point pourvu. (*Contrat social*, IV, VI). Il
ne faut point abuser de ces principes ; mais il est certain qu'il y a
des cas extrêmes où la concentration du pouvoir est nécessaire;
mais dans ce cas, comme dit Montesquieu, il faut compenser « la
grandeur de la puissance par la brièveté de la durée ». Dans nos
constitutions modernes, on ne prévoit pas la nécessité d'une dictature : ce serait en quelque sorte l'encourager et la provoquer d'a-
vance. C'est toujours sous le coup des circonstances que le pouvoir
légal se réserve de décréter telle ou telle suspension des formalités
légales.

34 (p. 115). « Plus une aristocratie approchera de la démocratie, plus
elle sera parfaite. » C'est ce qui a fait la grandeur de l'aristocratie
anglaise, qui, en s'élargissant sans cesse dans le sens populaire, a
su conserver la confiance et le respect du peuple.

35 (p. 116). « Les pouvoirs intermédiaires constituent la nature du
gouvernement monarchique. » C'est là une des grandes vues de Montesquieu. Là où la royauté ne s'associe pas certains pouvoirs déterminés, qui concourent avec elle au gouvernement, elle dégénère
en despotisme. Ces pouvoirs intermédiaires étaient par exemple
dans l'ancienne monarchie les Parlements, la Noblesse et le Clergé,

les Corps des villes ; ces pouvoirs étaient subordonnés au pouvoir royal, mais servaient dans une certaine mesure à le contenir. A mesure que la royauté a abaissé ces pouvoirs, elle est devenue un gouvernement arbitraire qui s'affaiblissait lui-même en affaiblissant ses auxiliaires naturels. Il n'y eut plus alors qu'à choisir entre « l'état despotique et l'état populaire »; et l'état despotique étant devenu impossible par l'impuissance même du pouvoir, c'est ainsi que la société française a passé de la monarchie à la démocratie. On voit que la Révolution française n'a été que la conséquence logique de cette révolution continue que les rois ont opérée en France du xve au xviiie siècle, en détruisant tous les pouvoirs intermédiaires.

36 (p. 116). « Point de monarque, point de noblesse ; Point de noblesse, point de monarque. » A propos de cette maxime de la monarchie, Voltaire, dans son *Commentaire*, fait la remarque suivante : « Cette maxime fait souvenir de l'infortuné Charles Ier qui disait : point d'évêques, point de monarque. Notre grand Henri IV aurait pu dire à la faction des *Seize* : Point de noblesse, point de monarque. » Puis il ajoute : « J'aurais désiré que l'auteur nous eût appris clairement pourquoi la noblesse est l'essence du gouvernement monarchique. » Mais Montesquieu ne dit pas qu'elle est l'essence de ce gouvernement, mais seulement qu'elle entre dans cette essence, et il nous semble qu'il l'explique, en disant que sans noblesse il y a despotisme et non monarchie. La noblesse est un de ces « canaux moyens par où coule la puissance ». Sans ce secours, et d'autres encore (clergé, villes, parlements), il n'y a plus que « la volonté momentanée et capricieuse d'un seul ».

37 (p. 116). « Abolissez dans une monarchie les prérogatives des seigneurs, du clergé et des villes, vous aurez ou un État despotique, ou bien un État populaire. »

Cette maxime est justifiée par l'histoire de la monarchie française. La royauté ayant successivement détruit le pouvoir féodal des grands seigneurs, les libertés des communes et l'autorité du Parlement, est devenue monarchie absolue, et elle-même, succombant à son tour par ses excès, n'a laissé de place qu'à l'État populaire.

38 (p. 117). « Comme la mer..... » A l'occasion de cette phrase, Voltaire nous dit : « Voilà donc, poétiquement parlant, l'Océan qui est monarque ou despote. Ce n'est pas là le style d'un législateur. Mais assurément ce n'est ni de l'herbe ni du gravier qui cause le reflux de la mer, c'est la loi de la gravitation ; et je ne sais si la comparaison des larmes du peuple avec le gravier est bien juste. »

39 (p. 117). « Les Anglais ont ôté toutes les puissances intermé-

diaires... » Voltaire fait encore ici observer avec raison que la pensée
n'est pas juste : « Les Anglais, dit-il, ont rendu plus légal le pouvoir
des seigneurs spirituels et temporels et augmenté celui des communes. » Ce n'était pas là détruire les pouvoirs intermédiaires. Ce n'est
pas ainsi que Montesquieu lui-même juge la Constitution anglaise au
l. XI de l'*Esprit des lois*. C'est pourquoi je conjecture qu'il ne connaissait pas encore bien cette Constitution lorsqu'il a écrit ces premiers livres.

40 (p. 117). « Il faut encore un dépôt de lois. » Ce corps politique qui
devait être « le dépôt des lois, qui annonce les lois quand elles sont
faites et les rappelle quand on les oublie », n'est autre que le *Parlement*. On voit que Montesquieu était partisan des doctrines parlementaires qui avaient essayé de s'établir à l'époque de la Fronde.
Machiavel déjà, aux xv⁰ et xvi⁰ siècles, avait montré le caractère original du gouvernement français qui était alors une monarchie tempérée par les Parlements : « La France, disait-il, tient le premier rang
parmi les pays bien gouvernés. Une des institutions qu'on y remarque est, sans contredit. celle du Parlement dont l'objet est de
veiller à la sûreté du gouvernement et à la liberté du sujet. Les
auteurs de cette institution, connaissant d'un côté l'insolence et
l'ambition des nobles, de l'autre les excès du peuple, ont cherché à
contenir les uns et les autres. » (*Le Prince*, ch. xix.)

41 (p. 118). Voltaire reproche encore à Montesquieu d'avoir établi
trop de différence entre la monarchie et le despotisme : « Ce sont,
dit-il, deux frères qui ont tant de ressemblance qu'on les prend souvent l'un pour l'autre. Avouons que ce furent de tout temps deux gros
chats à qui les rats essayèrent de pendre une sonnette au cou. » Il
est certain que le despotisme n'est pas une *forme* de gouvernement, mais un *abus* de gouvernement. A ce titre, il est l'abus de
toutes les formes en général ; car il peut y avoir une tyrannie démocratique et une tyrannie aristocratique, comme un despotisme
monarchique. Ce que Montesquieu appelle le despotisme, c'est la
forme des monarchies d'Orient ; mais il y a peut-être plutôt là une
différence de civilisation qu'une différence essentielle.

42 (p. 119). Sur la distinction de la nature et du principe du gouvernement, voir notre Introduction (p. 15).

43 (p. 120). « Il ne faut pas beaucoup de probité. » Cette maxime est
exprimée sous une forme qui paraît un peu épigrammatique ; et cependant elle est fondée. Il est évident que dans un pays libre, où le
peuple fait la loi, où il est la source de toutes les magistratures, il est
moins contenu que sous le gouvernement d'un seul. Il faut donc qu'il

fasse de lui-même ce qu'il ferait par crainte ou par obéissance dans le gouvernement monarchique; en un mot, il faut qu'il remplace l'autorité des lois par celle de la vertu. C'est ce qui fait que le gouvernement républicain est le plus difficile de tous à faire réussir, mais aussi le plus noble de tous quand il réussit.

44 (p. 120). Sur ce principe que « la vertu est le principe des démocraties », voir notre Introduction (p. 29). Cette doctrine est aussi celle d'Aristote; mais il l'applique à l'État en général : « Une conséquence, c'est que l'État le plus parfait est en même temps heureux et prospère. Or il est impossible d'être heureux quand on ne fait pas le bien, et le bien n'est jamais possible ni pour un homme ni pour un État sans la vertu et la raison....... Concluons que la vie parfaite et pour l'individu et pour l'État en général est celle qui joint à la vertu assez de biens extérieurs pour pouvoir faire ce que la vertu commande..... Si on estime l'individu surtout pour la vertu, on regardera l'État le plus vertueux comme le plus heureux... Il faut donc que le meilleur gouvernement soit celui dont la constitution est telle que chaque citoyen puisse être vertueux et vivre heureux. »

45 (p. 121). « Les politiques grecs ne reconnaissaient d'autre force que celle de la vertu. Ceux d'aujourd'hui ne nous parlent que de manufactures, de richesses. »

Platon, dans le *Gorgias*, fait le même reproche aux politiques de son temps : « Ils ont agrandi l'État, dit-il, mais ils ne s'aperçoivent pas que cet agrandissement est une enflure, une tumeur pleine de corruption; et c'est là tout ce qu'ont fait les anciens politiques pour avoir rempli la république de ports, d'arsenaux, de murailles, de tributs et d'autres bagatelles, sans y joindre la tempérance et la justice. » (*Gorgias*).

46 (p. 122). Voir également dans Platon la vive peinture des excès des gouvernements démocratiques. Il compare aussi les démagogues à des esclaves échappés : « Lorsqu'un État démocratique dévoré de la soif de la liberté trouve à sa tête de mauvais échansons, qui lui versent la liberté toute pure outre mesure et jusqu'à l'enivrer, alors si ceux qui gouvernent ne sont pas tout à fait complaisants et ne donnent pas au peuple de la liberté tant qu'il en veut, celui-ci les accuse et les châtie comme des traîtres et des partisans de l'oligarchie..... Le père s'accoutume à traiter son enfant comme son égal, à le craindre même... Le maître craint et ménage ses disciples; ceuxci se moquent de leur maître... En guerre, les jeunes gens veulent aller de pair avec les vieillards. Les vieillards de leur côté descendent aux manières des jeunes gens, et affectent le ton léger et ba-

din... Les esclaves ne sont pas moins libres que ceux qui les ont
achetés... Il n'est pas jusqu'aux animaux qui ne soient là plus libres
que partout ailleurs..... Les chevaux et les ânes eux-mêmes, accoutumés à une allure fière et libre, s'en vont heurter ceux qu'ils rencontrent, si on ne leur cède le passage.

47 (p. 123). « La modération est donc l'âme de ces gouvernements. »
Le principe de la *modération* est vague et assez faiblement choisi
pour caractériser l'aristocratie. D'une part la modération convient à
tous les gouvernements. Suivant Platon il ne faut dans un État quelconque ni trop de pouvoir, ni trop de liberté : « Si au lieu de donner
à une chose ce qui lui suffit, on va beaucoup au delà, par exemple si
on donne à un vaisseau de trop grandes voiles, au corps trop de
nourriture, à l'âme trop d'autorité, tout se perd : le corps devient
malade par excès d'embonpoint ; l'âme tombe dans l'injustice, fille
de la licence. Que veux-je dire par là ? Qu'il n'est pas d'âme humaine
qui soit capable de soutenir le poids du souverain pouvoir. » Platon
rapporte également ce proverbe que, « souvent la moitié est plus
que le tout ». Et cela est vrai de la liberté comme du despotisme.
La modération est donc, comme on le voit, de l'essence de tout gouvernement raisonnable. Il n'a rien qui caractérise expressément le
gouvernement aristocratique.

48 (p. 125). « L'ambition dans l'oisiveté..... » Voltaire relève ce qu'il
y a d'excessif dans le ton satirique de ce chapitre : « C'est une chose
assez singulière que ces anciens lieux communs contre les princes et
leurs courtisans soient toujours reçus d'eux avec complaisance comme
les petits chiens qui jappent et qui amusent... Il en est de ces déclamations comme de la satire des femmes de Boileau ; elle n'empêchait
pas qu'il n'y eût des femmes très honnêtes et très respectables. » Voltaire a raison sans doute de critiquer le ton de la satire dans un ouvrage scientifique ; mais lui-même parle ici un peu légèrement. Tous
les publicistes ont reconnu que les nobles s'affaiblissent lorsqu'ils
deviennent courtisans, et lorsqu'ils sont obligés de sacrifier leurs privilèges à la faveur du prince ; seulement Montesquieu, en exagérant ici
la corruption des cours, se rend très difficile à lui-même de prouver plus
tard que le principe de la monarchie, c'est « l'honneur. » (Chap. VII.)

49 (p. 125). « Le cardinal de Richelieu dans son *Testament politique*...»
Le *Testament politique* de Richelieu a paru en 1668. Voltaire en a
contesté l'authenticité ; mais personne ne doute aujourd'hui que, sauf
la question de rédaction, Richelieu n'en soit le véritable auteur.

50 (p. 125). Montesquieu cite ici infidèlement le *Testament* du cardinal Richelieu. Voltaire, qui ne croit pas (quoique à tort à l'authenticité

du testament, restitue le texte ainsi qu'il suit : « Il faut qu'un magistrat ait l'âme d'une trempe bien forte, si elle ne se laisse quelquefois amollir par la considération de ses intérêts. »

51 (p. 125). Sur le principe de l'honneur, voir notre Introduction, p. 31.

52 (p. 126). « La nature de l'honneur est de demander des préférences et des distinctions. » Voltaire demande avec raison s'il n'en est pas de même dans le gouvernement républicain : « Les haches, les faisceaux, le triomphe valaient bien des rubans de toutes couleurs. » Cependant, toutes choses égales d'ailleurs, il y a plus de distinctions honorifiques dans les monarchies que dans les démocraties. Il y en a encore beaucoup dans notre république ; mais cela tient à ce qu'elle est sortie de la monarchie. Il n'y en a pas, ou très peu, dans la république des États-Unis.

53 (p. 128). Voltaire relève encore ici l'inexactitude de la citation ; Ricaut dit seulement : « Il y a même de ces gens-là qui soutiennent que le grand seigneur peut se dispenser de promesses qu'il a faites avec serment, quand pour les accomplir il faut donner des bornes à son autorité. » Ricaut, dit Voltaire, ne parle ici que d'une secte « à morale relâchée. On dit que nous en avons eu chez nous de pareilles » (allusion à la morale des Jésuites). Voltaire ajoute que cette prétendue décision des cadis, que Montesquieu donne comme une preuve du despotisme des sultans, serait plutôt au contraire une preuve qu'il est soumis aux lois, puisqu'il serait obligé de consulter des docteurs pour se mettre au-dessus des lois. « Nous sommes voisins des Turcs et nous ne les connaissons pas. »

54 (p. 129, dernière ligne). « Toute la différence est que... » Il est donc vrai que la différence de la monarchie et du despotisme n'est pas une différence d'essence, mais une différence de degré. Il ne fallait donc pas en faire un principe de classification. Il en est de même du reste entre la démocratie et la démagogie. Montesquieu n'a pourtant pas trouvé là le principe de deux gouvernements différents : seulement l'un est la corruption de l'autre. On s'expliquera beaucoup mieux que Montesquieu ait voulu faire du despotisme un gouvernement à part, si l'on réfléchit que ce qu'il avait surtout dans l'esprit, c'était de combattre les tendances qui entraînaient en France la monarchie vers le despotisme. Il fallait donc mettre en relief l'idée du despotisme, et combattre sous son nom les excès de la monarchie et en même temps se précautionner contre les risques de sa critique, en ayant bien soin de séparer la monarchie du despotisme.

55 (p. 130). « Sans quoi le gouvernement serait imparfait. » Montesquieu n'a donc pas voulu prétendre qu'on fait il y a toujours eu de

la vertu dans les républiques et de l'honneur dans la monarchie mais que ce sont là les principes par lesquels ces gouvernements se conservent, et sans lesquels ils se perdent.

56 (p. 130). « Les lois de l'éducation seront donc différentes... » Voltaire dit à ce propos : « J'ai vu des enfants de valets de chambre à qui on disait : M. le marquis songera à plaire au roi ; j'ai oui dire qu'à Venise les gouvernantes recommandent aux petits garçons de bien aimer la république ; et que dans les sérails du Maroc et d'Alger, on crie : « Prenez garde au grand eunuque noir. »

57 (p. 130). « Dans les républiques la vertu. » Comprenons toujours bien qu'il s'agit de la vertu politique (voir l'*Avertissement*, p. 99), c'est-à-dire l'amour de la liberté, le respect des lois et des magistrats, le sentiment de l'égalité : principes en effet sans lesquels le gouvernement républicain tombe en poussière. Il va sans dire que cette vertu politique ne peut aller non plus sans la vertu privée ; et quoique celle-ci soit obligatoire sous tous les gouvernements, elle l'est plus encore dans le gouvernement républicain, parce que les citoyens y sont moins contenus par les lois ; et en outre, parce que la république étant le plus noble des gouvernements lorsqu'elle est pure, il est du devoir des citoyens de ne pas l'altérer et la corrompre par les désordres que l'on reproche précisément aux autres gouvernements.

58 (p. 131). « C'est lorsqu'on entre dans le monde que l'éducation commence. » En effet, dans l'ancien régime, l'éducation, toute scolastique, n'avait presque aucun rapport avec le monde dans lequel les jeunes gens allaient entrer ; aujourd'hui on s'efforce davantage de mettre l'éducation en harmonie avec l'état social dans lequel nous sommes.

59 (p. 131) . « Non comme bonnes, mais comme belles. » Voilà en effet le vrai principe de l'honneur, et non pas, comme il le dit plus haut, « le préjugé de chaque personne et de chaque condition ». Seulement il est vrai de dire que dans chaque condition, et selon la situation des personnes, il y a certaines actions qui paraissent particulièrement belles et honorables.

60 (p. 132). « Dans les monarchies... » Tout ce portrait de la cour est charmant, plein de grâce et d'esprit, et peut être comparé aux meilleurs chapitres de La Bruyère. Seulement, n'est-ce pas là un de ces passages qui justifient plus ou moins le mot attribué à Mme Du Defant, sur le livre de Montesquieu : « Ce n'est pas l'*Esprit des lois*, c'est de l'esprit sur les lois. »

61 (p. 134). Aristote ne dit pas précisément que l'esclave n'a pas de vertu. Mais il pose l'alternative suivante qui était le problème même de l'esclavage : « Des deux côtés, dit-il, il y a sujet de doute ; si l'on

suppose ces vertus aux esclaves, où sera leur différence avec les hommes libres? Si on les leur refuse, la chose ne sera pas moins absurde ; car ils sont hommes et ont leur part de raison. » Pour résoudre la difficulté, Aristote ajoute : « Le maître est l'origine de la vertu de son esclave. » (*Politique*, l. Ier.)

62 (p. 135). « Nos petites âmes. » Toujours le ton de la satire. Il ne faut pas s'exagérer l'héroïsme de l'antiquité vu à distance. En fait, l'histoire de France peut citer des exemples semblables ; et les Du Guesclin, les Bayard, les Jeanne d'Arc, les L'Hôpital, les Catinat, les d'Assas, les Latour-d'Auvergne valent bien, après tout, les Léonidas et les Thémistocle.

63 (p. 135). « C'est dans le gouvernement républicain... » Aussi voit-on que dans les républiques, les États-Unis, la Suisse, les intérêts de l'éducation sont placés au premier rang. C'est en vertu de la même loi que la France, depuis qu'elle est en république, a donné le pas sur tous les autres problèmes politiques aux questions d'éducation. Le ministère de l'instruction publique est devenu l'un des premiers ministères, et a même joui du privilège de fournir un président du conseil : ce qui n'était jamais arrivé auparavant.

64 (p. 136). « Les Sévarambes... » C'est le nom d'un peuple imaginaire dans une espèce de roman politique ainsi intitulé, et dont l'auteur est Vairasse d'Alais. (Voir t. V *des Voyages extraordinaires*.)

65 (p. 137). A propos du larcin permis et presque recommandé à Lacédémone, Rollin fait des observations très judicieuses : « Plutarque, qui rapporte cette coutume, dans la Vie de Lycurgue, dans les Mœurs des Lacédémoniens, et en plusieurs autres endroits, n'y donne jamais le moindre signe d'improbation ; et je ne me souviens pas qu'aucun des anciens en ait fait un crime aux Lacédémoniens et à Lycurgue. D'où peut donc être venu le jugement peu favorable des modernes, si ce n'est qu'ils ne prennent pas la peine d'en peser les circonstances et d'en pénétrer les motifs ? 1º les jeunes gens ne faisaient ces larcins que dans un temps marqué, par ordre de leur commandant et en vertu de la loi ; ils ne volaient jamais que des légumes et des vivres, comme supplément au peu de nourriture qu'on leur donnait exprès en petite quantité ; 2º le législateur avait pour but de rendre les possesseurs plus vigilants à serrer et à garder leurs biens ; d'inspirer aux jeunes gens tous destinés à la guerre plus de hardiesse et plus d'adresse, et surtout de leur apprendre à vivre de peu, à pourvoir eux-mêmes à leur subsistance. » (Rollin, *Traité des études*, t. III, 2ᵉ partie.)

66 (p. 137). Sur les institutions de Lycurgue, voir l'*Histoire de la*

Grèce, de Grote (2º partie, ch. vi). Rien de plus obscur que les renseignements que nous avons sur Lycurgue. Les plus anciens (ce sont ceux d'Hérodote) sont encore postérieurs de quatre siècles à l'époque de Lycurgue.

67 (p. 137). G. Penn, fondateur de la première colonie américaine, appelée de son nom Pensylvanie. Ce rapprochement de Penn avec Lycurgue est tout à fait arbitraire, et Voltaire a grande raison de dire : « Je ne sais rien de plus contraire à Lycurgue qu'un législateur et un peuple qui ont toute guerre en horreur. » Penn et ses compagnons étaient en effet *Quakers*, c'est-à-dire appartenaient à une secte à qui le service militaire est interdit. On ne peut guère moins ressembler aux Spartiates.

68 (p. 137). « ... à la Société », c'est-à-dire à la société des Jésuites. Le Paraguay, en effet, a été gouverné pendant plus d'un siècle par les Jésuites qui y avaient introduit une sorte de monarchie paternelle, avec la communauté des biens. Ce régime dans un peuple d'enfants avait eu, paraît-il, de très bons résultats. Il faut savoir gré aux Jésuites, comme le fait Montesquieu, d'avoir apporté la charité et l'humanité dans le gouvernement des Indiens si atrocement opprimés par les Espagnols. Mais il ne faut pas conclure de ce gouvernement d'enfants que la communauté soit un régime praticable et souhaitable dans un pays civilisé.

69 (p. 139). « Ces sortes d'institutions peuvent convenir dans les républiques. » On s'étonne que Montesquieu parle sérieusement, comme d'une chose possible dans les temps modernes, de la communauté des biens, de la proscription de l'argent, de la séparation d'un peuple avec les étrangers, enfin des monopoles du commerce entre les mains du magistrat. Ce sont là des institutions et des lois qui, en supposant même qu'elles aient existé réellement telles qu'on les rapporte, n'ont pu s'appliquer qu'à un état rudimentaire de la société. Elles sont d'ailleurs contraires à toute liberté et à tout développement de la civilisation.

70 (p. 139). « Mais dans les grandes sociétés... » Montesquieu, après avoir approuvé les institutions dont il vient de parler, fait ici de sages réserves; mais c'est à tort qu'il attribue à la corruption l'abandon de tels usages, et qu'il voit dans ces usages une conséquence de la vertu dans les républiques. Ce sont ces fausses idées qui, dans la Révolution française, ont inspiré les doctrines jacobines, c'est-à-dire la prétention d'imposer par la terreur la vertu et l'égalité.

71 (p. 141). « On était donc fort embarrassé dans les républiques grecques. » Montesquieu explique ingénieusement le rôle de la musique

dans les républiques grecques. Au reste Platon donne une explication assez analogue. L'éducation, suivant lui, comprend deux parties. On considère à tort suivant lui la musique comme devant former l'âme, et la gymnastique le corps. La seule chose importante est l'âme. La gymnastique avait l'âme pour objet, de même que la musique; mais elles la forment différemment. Elles lui procurent ces qualités contraires dont l'homme d'État doit composer un solide et moelleux tissu. Ainsi que le fer s'adoucit au feu, le dur courage se plaît et s'assouplit par l'effet de la poésie, des beaux airs, des harmonies et des proportions. La gymnastique, au contraire, lui donne le sentiment de ses forces, le courage et l'énergie. (Platon, *République*, l. IV.)

72 (p. 142). « Un mode à un autre... » Voir dans Platon l'analyse qu'il fait des différents modes musicaux. — « Quelles sont les harmonies plaintives? Dis-le moi, car tu es musicien. — C'est la lydienne mixte et l'orgue. — Et quelles sont les harmonies molles et usitées dans les festins? — L'ionienne et la lydienne, qu'on appelle harmonies lâches. — Peuvent-elles être de quelque utilité à la guerre? — D'aucune; ainsi il pourrait bien ne rester que les harmonies phrygienne et dorienne... Ces deux modes d'harmonie, l'un énergique, l'autre d'un mouvement tranquille, qui imiteront les accents de l'homme courageux et sage, malheureux ou heureux, voilà ce qu'il faut nous laisser. » (Platon, *Républ.*, l. III.)

73 (p. 143). « D'une réaction. » Montesquieu veut dire que le principe du gouvernement exerce une action sur les lois du législateur, et que ces lois à leur tour exercent leur action sur le principe du gouvernement. Il y a donc, comme en mécanique, action et réaction.

74 (p. 143). « La vertu dans une république... » Nous avons dit déjà plusieurs fois quel sens Montesquieu attache au mot vertu; ce n'est pas la vertu privée, mais la vertu publique : ce n'est pas seulement l'amour de la patrie; c'est l'amour de l'État, et de la forme du gouvernement, par conséquent l'amour de la république dans « une république ». Seulement on peut se demander s'il n'en est pas de même dans une monarchie, et si un royaume où les sujets n'aimeraient pas la royauté pourrait subsister. En France, sous l'ancien régime, les sujets aimaient le roi; et il a fallu une suite de fautes inouïes pour déraciner ce sentiment.

75 (p. 143). « Moins nous pouvons satisfaire nos passions particulières. » Montesquieu se représente toujours la république sous la forme des institutions antiques : lois somptuaires, censure des mœurs, frugalité imposée par la loi, en un mot quelque chose de semblable à un couvent. Aussi dit-il : « Pourquoi les moines aiment-ils leur ordre? »

Mais il n'en est pas ainsi dans les républiques modernes, dont le principe est la liberté. La liberté, bien loin de s'opposer à la satisfaction des passions, semble au contraire la favoriser. Mais le principe de Montesquieu n'en est que plus évident et plus obligatoire ; en effet, si cette liberté de l'individu n'est pas contenue et compensée par l'amour de la patrie et des lois, par le respect du droit, par le sentiment de la justice, la république ne peut que tomber dans la corruption, et devient une proie à la tyrannie.

76 (p. 144). « L'amour de la frugalité... » On voit que Montesquieu associe toujours l'idée de frugalité à celle de république ou du moins de démocratie. Il n'admet que le nécessaire pour chaque citoyen, et le superflu pour l'État ; autrement « les richesses donnent une puissance dont un citoyen ne peut pas user pour lui ; elles procurent des délices dont il *ne doit pas* jouir ». C'est une grande erreur de Montesquieu de ne pas comprendre l'égalité civile et politique sans l'égalité des fortunes : c'est là le principe funeste du socialisme moderne.

77 (p. 144). « De gens médiocres. » C'est encore une erreur de Montesquieu de croire que la démocratie ne doit aspirer qu'à la médiocrité des talents et des fortunes. Ce serait un pauvre gouvernement que celui qui ne pourrait vivre que par la médiocrité des talents. Quant à celle des fortunes, elle ne pourrait être obtenue que par des mesures arbitraires qui auraient pour résultat non pas une aisance médiocre, commune à tous, mais une misère générale.

78 (p. 145). « Les lois ont établi l'une et l'autre. » On voit encore que pour Montesquieu les lois doivent établir la frugalité : toujours même erreur. De quel droit l'État imposerait-il à chacun la mesure de ses jouissances, en tant qu'elles ne nuisent pas à autrui? Montesquieu, comme les législateurs antiques, ignore entièrement le droit de l'individu. Ce serait d'ailleurs, dans nos sociétés modernes, rendre la démocratie impossible que de l'associer à la proscription du luxe et des jouissances délicates de la vie. L'exemple de la Suisse et des États-Unis prouve bien que la démocratie peut très bien coexister avec l'inégalité des fortunes.

79 (p. 146). « Partagèrent les terres comme Lycurgue. » C'est une grande erreur historique, d'après les recherches savantes de M. Fustel de Coulanges, de croire que Lycurgue a établi le partage des terres. (Voir Fustel, *De la communauté à Sparte*, Comptes rendus de l'Académie des sciences morales, 1880.)

80 (p. 146). « Il faut donc que l'on règle..... » Malgré toute notre admiration pour Montesquieu, nous devons cependant faire remarquer combien tout cela est erroné et dangereux. Ainsi tout serait réglé

par la loi (bien entendu dans un sens restrictif et prohibitif) : les dots, les donations, les testaments et toutes les manières de contracter; rien de plus contraire au droit de propriété, à la liberté du travail et des échanges, enfin à tous les principes de l'économie politique. Disons, pour expliquer l'erreur de Montesquieu, qu'il a écrit ces pages avant que les grands économistes Ad. Smith et Turgot eussent établi les vrais principes.

81 (p. 146). « C'était donc une bonne loi. » Nous ne rechercherons pas, au point de vue historique, si toutes ces lois que Montesquieu approuve étaient bonnes, eu égard aux institutions des républiques anciennes. Nous nous contenterons de dire que de telles lois ou des lois semblables ne sont nullement nécessaires dans toutes les démocraties; et qu'en général elles sont contraires à l'esprit de la démocratie moderne.

82 (p. 147). « Silanus qui avait épousé sa sœur. » Le fait est fort douteux; Montesquieu exagère ici beaucoup la portée d'un texte de Senèque.

83 (p. 148). « Phaléas de Chalcédoine... » Aristote dans sa *Politique*, I. II, ch. iv, expose et réfute le système de Phaléas. « Les bases de l'État, selon celui-ci, étaient l'égalité des biens et l'égalité d'éducation. » « Il ne suffit pas, dit Aristote, de rendre les fortunes égales; il faut leur donner de justes proportions : le point important c'est de niveler les passions bien plutôt que les propriétés... Et cette éducation, que sera-t-elle? Ce n'est rien que de l'avoir faite la même pour tous... Les révolutions naissent aussi bien de l'inégalité des hommes que de l'inégalité des fortunes... C'est le superflu et non le nécessaire qui fait commettre les grands crimes. On n'usurpe pas la tyrannie pour se garantir de l'intempérie de l'air... Phaléas ne dit mot ni de l'organisation militaire, ni des finances publiques... Il a tort aussi d'appeler égalité de fortune, l'égale répartition des terres : car la fortune comprend encore les esclaves, les troupeaux, l'argent et toutes les propriétés que l'on appelle mobilières. »

84 (p. 149). « Toute inégalité dans la démocratie doit être tirée de la nature de la démocratie. » Rien de plus vrai que ce principe; il prouve que l'inégalité n'est nullement contraire en elle-même au principe de la démocratie. Ce que la démocratie condamne et exclut, c'est l'inégalité de privilège fondée par la loi; par exemple, si la loi exempte des impôts certaines classes de citoyens pour les faire porter sur les autres, ou si elle interdit aux uns les emplois et les grades qu'elle réserve aux autres. Mais l'inégalité résultant du libre emploi des facultés individuelles, l'inégalité de mérite, l'inégalité de fonctions, l'inégalité même des propriétés résultant du droit égal

de chacun d'user de son industrie sont des inégalités qui n'ont rien de contraire à l'égalité; et c'est le mérite de la démocratie de substituer les inégalités naturelles aux inégalités artificielles.

85 (p. 149). « Il faut qu'elles soient petites. » C'est toujours la même erreur. La loi n'a pas à faire que les parts soient petites : elle n'a qu'à assurer la liberté de la propriété et des échanges. Sans doute par là même, la propriété tend à se diviser et à se réduire à de petites portions; mais ce n'est que la conséquence de la liberté. En outre, dans la démocratie moderne on arrive au même résultat par une autre voie : c'est l'égalité des partages dans les sucessions : mais cette égalité n'est encore que la suppression d'une inégalité artificielle, celle du droit d'aînesse. C'est la suppression d'un privilège, et non la violation d'un droit ou d'une liberté.

86 (p. 149). « ... lorsque la démocratie est fondée sur le commerce. » Montesquieu s'aperçoit tout à coup d'une grave objection à son système. Comment, dans un gouvernement fondé sur le commerce, peut-on établir ce régime égalitaire et frugalitaire dont il fait la base des républiques ? Il répond en disant que l'esprit de commerce entraine avec lui l'esprit d'économie et de travail, et que dans ce cas « les richesses n'ont aucun mauvais effet ». Mais c'est par là qu'il fallait commencer. Sans doute l'excès des exclusions et de l'inégalité peut amener la corruption et détruire l'égalité même. Mais ces désordres ne peuvent être combattus que par l'éducation et par la vertu des citoyens, et non par des lois restrictives du travail et de la propriété.

87 (p. 150). « Le fassent eux-mêmes. » C'est-à-dire qu'il faut détruire les monopoles, et surtout les monopoles par l'État. D'ailleurs pourquoi dire : les *principaux citoyens?* Pourquoi pas tous, ou du moins ceux qui le peuvent?

88 (p. 150). « Divisant les fortunes à mesure que le commerce les grossit. » Très bien s'il s'agit de la division qui résulte de l'abolition des privilèges et des monopoles; mais non d'une division qui reviendrait à un partage égalitaire de fortunes.

89 (p. 150). « C'est une très bonne loi... » Cette loi du partage égal des enfants dans la succession des parents est devenue la loi fondamentale de notre droit civil, et est en effet la base d'une démocratie. Cependant notre système laisse encore sous le nom de *quotité disponible* une part libre au père de famille. On remarque que plus les républiques sont démocratiques, plus cette part est petite. Dans notre code, cette part est égale à une part d'enfant.

90 (p. 150). « Chacun doit l'avoir. » Ce principe est dangereux : car

si l'État impose à chaque citoyen l'obligation d'avoir le nécessaire, il s'engage par là même à lui fournir les moyens de l'acquérir, ce qui conduit tout droit à ce qu'on appelle « le droit au travail », principe qui ferait de l'État le pourvoyeur universel.

91 (p. 150). « On ne peut pas toujours établir un partage égal. » Montesquieu reconnaît ici lui-même que dans la démocratie l'égalité de partage n'est pas toujours nécessaire ni possible : en quoi il a raison ; mais il a tort de dire que le partage doit avoir alors des équivalents. Les institutions dont il va parler peuvent être bonnes, mais elles sont alors bonnes en elles-mêmes et non comme équivalents d'un partage illégitime.

92 (p. 151). « Le simulacre des dieux. » Il est difficile d'admettre que les sénateurs doivent être les simulacres des dieux ; et il est douteux qu'il en ait jamais été ainsi. En tout cas, ce serait un principe qui serait beaucoup plus propre à une aristocratie qu'à une démocratie.

93 (p. 151). « Les institutions anciennes. » Il faut tenir grand compte des coutumes anciennes. Les sociétés vivent de traditions. Les générations doivent être soudées ensemble par des mœurs persistantes et des institutions durables. Tout cela est vrai ; mais il ne faut pas oublier cependant que l'humanité est une espèce mobile et changeante, que c'est là même ce qui la distingue des autres espèces animales. Elle est perfectible, et la perfectibilité implique le changement. Il y a donc une juste mesure à tenir entre la persistance absolue aux anciens usages et « une démangeaison d'innover », comme dit Bossuet, qui ne laisse rien mûrir et fructifier. C'est au Sénat, dans les républiques, à trouver cette mesure ; mais il faut pour cela qu'il ne soit pas tellement attaché aux institutions anciennes qu'il s'oppose absolument à tout changement. Il est l'organe du progrès prévoyant et sage, et non de l'immobilité absolue.

94 (p. 152). « Ils doivent être choisis pour la vie. » On peut douter qu'un sénat à vie soit de l'essence d'une démocratie. Nous avons eu pendant quelques années un quart du sénat inamovible ; peut-être était-ce une bonne institution, et aurait-on dû la garder : c'était le maintien de la tradition ; mais personne n'a jamais demandé que le sénat tout entier fût inamovible ; et ce serait là une institution beaucoup plus aristocratique que démocratique. Il est vrai que Montesquieu parle d'un sénat fait pour être « la règle des mœurs », et dont les membres doivent être « des modèles perpétuels », conception qui pouvait avoir sa raison d'être dans les États antiques, petites républiques qui n'étaient qu'une extension de la famille, mais qui n'ont

plus guère d'applications. Les sénats · de nos jours sont faits « pour préparer les affaires ».

95 (p. 152). « Lacédémone. » Montesquieu oublie qu'il s'agit ici des lois de la démocratie : or Lacédémone était plutôt une aristocratie. L'opposition que Xénophon établit ici entre Lacédémone et Athènes est précisément l'opposition de l'aristocratie à la démocratie.

96 (p. 153). « Droit de vie et de mort sur leurs enfants. » Il est étrange que Montesquieu approuve un droit aussi exorbitant. Il se place trop au point de vue politique, et pas assez au point de vue du droit naturel.

97 (p. 153). « Mais cela n'est pas de l'esprit de la monarchie. » On peut dire que ce n'est pas davantage de l'esprit d'une démocratie éclairée. On peut sans doute demander que la majorité civile ne soit pas fixée trop tôt; mais il faut qu'à un moment le citoyen puisse arriver à l'émancipation et avoir la libre disposition de ses biens. Montesquieu n'oublie qu'une chose dans son plan de la démocratie : c'est la liberté.

98 (p. 154). « L'esprit de modération est ce qu'on appelle la vertu dans l'aristocratie. » L'esprit de modération est de tous les gouvernements : il est même peut-être plus nécessaire au gouvernement démocratique qu'à tout autre.

99 (p. 154). « Il oublie sa faiblesse. » Un meilleur moyen encore, c'est celui qu'emploie l'aristocratie anglaise : c'est d'ouvrir ses rangs aux citoyens distingués et d'avoir autant de considération pour les nouveaux nobles qui se sont élevés par leur mérite que pour ceux qui doivent leur noblesse à leur naissance.

100 (p. 156). « Il faut qu'elles soient un tribun elles-mêmes. » Cette pensée est très belle et peut s'appliquer dans tous les gouvernements. Elle signifie que les lois doivent garantir les droits des citoyens, sans avoir besoin d'une institution spéciale comme celle du tribunat.

101 (p. 156). « Ce gouvernement a besoin de ressorts violents. » Il est douteux qu'une aristocratie raisonnable ait besoin de ressorts aussi violents que la délation, ou que le gouvernement des inquisiteurs de Venise. Les éphores à Sparte étaient tout autre chose, et ressemblaient plutôt à des tribuns qu'à des inquisiteurs.

102 (p. 157). Il est encore bien difficile d'admettre cette assimilation des *inquisiteurs* d'État de Venise avec les *censeurs* romains. A Venise, l'inquisition était secrète; à Rome, la censure était publique. D'ailleurs, l'inquisition de Venise était beaucoup plus politique que morale.

103 (p. 158). Il semble que le droit d'aînesse soit au contraire es

sentiel aux aristocraties. On le voit par l'exemple de l'Angleterre. Il est vrai que l'Angleterre est une monarchie.

104 (p. 158). « Enfin il ne faut point... » Le principe général développé par Montesquieu, dans ce chapitre, c'est que dans l'aristocratie le principe d'égalité doit s'appliquer aux nobles pris ensemble, comme dans la démocratie il s'applique à tous. Nous ne savons si, dans la pratique, il en a toujours été ainsi. A Venise, il y avait trois institutions : à la base, le grand conseil, qui était la base démocratique de la constitution, et qui se composait de l'assemblée générale des nobles; au centre, le sénat, composé de 300 membres; au sommet, le conseil des Dix; or ces deux derniers corps avaient fini par annihiler le grand conseil.

105. *Substitutions* (p. 158). On appelle ainsi, en jurisprudence, la disposition par laquelle on appelle successivement deux ou plusieurs héritiers, pour que celui qu'on a institué le premier ne puisse pas aliéner les biens sujets à la substitution.

106. *Retrait lignager* (p. 158). On appelle *retrait*, en jurisprudence, l'acte de retirer, ou de reprendre un héritage qui avait été vendu, en en restituant, bien entendu, le prix. Il est *lignager*, c'est-à-dire que ce domaine appartient au lignage ou à la famille qui use de ce droit.

107 (p. 159). « Il l'aurait eu dans la tête. » Cette opinion de Montesquieu sur le cardinal de Richelieu était celle des parlementaires, c'est-à-dire des partisans des parlements, qui eussent voulu limiter et tempérer le pouvoir monarchique par les prérogatives des corps judiciaires. Ce fut l'opinion de la Fronde, que le cardinal de Retz exprime en termes aussi forts que Montesquieu : « Il a formé, dit-il, en parlant de Richelieu, dans la plus légitime des monarchies, la plus scandaleuse et la plus dangereuse tyrannie qui ait jamais asservi un État. »

108 (p. 159). « Les corps qui ont le dépôt des lois... » Il est évident, par ce passage et par le suivant, que Montesquieu n'admettait d'autres limites au pouvoir absolu des rois que celle des parlements. Il est à remarquer que, pas une seule fois, il ne fait allusion aux États généraux qui eussent été la vraie représentation de la nation, s'ils n'étaient pas tombés en désuétude par l'oubli commun de la royauté et des parlements.

109 (p. 162). « Pas de gloire. » Ce chapitre est court, dit Voltaire, est-il plus vrai? On ne peut, ce me semble, refuser la magnanimité à un guerrier juste, généreux, clément, libéral. Je sais trois grands vizirs Kiuperli qui ont eu ces qualités. Si celui qui prit Candie assiégée pendant des années, n'a pas encore la célébrité des héros du siège

de Troie, il avait plus de vertu et sera plus estimé des vrais connaisseurs qu'un Diomède et qu'un Ulysse. Le grand vizir Ibrahim qui, dans la dernière révolution, s'est sacrifié pour conserver l'empire à son maître Achmet III, et qui a attendu à genoux la mort pendant six heures avait, certes, de la magnanimité.

110 (p. 162). « Voilà le gouvernement despotique. » Cette brièveté de chapitre est, il faut le dire, une petite affectation de Montesquieu, pour faire valoir le trait qu'il décoche contre le despotisme. Voltaire dit que ce trait est un proverbe espagnol : « *Élaguer sans abattre.* » Cependant il signale encore une autre source ; c'est un passage tiré des *Lettres édifiantes*, dans lequel un jésuite nommé Marest dit en parlant des naturels de la Louisiane : « Nos sauvages ne sont pas accoutumés à cueillir les fruits aux arbres. Ils croient faire mieux d'abattre l'arbre même. » Voltaire met en doute l'exactitude des faits : « Il n'y a, dit-il, sauvage si sauvage qui ne s'aperçoive qu'un pommier coupé ne porte plus de pommes. Mais le jésuite Marest a cru dire un bon mot. »

111 (p. 164). « On a cassé les grands corps de troupes. » Dans les gouvernements despotiques, le souverain est à la merci de ses soldats. Aussi a-t-on vu plusieurs fois le pouvoir essayer de s'affranchir par la destruction et le massacre même des corps privilégiés, devenus les véritables maîtres de l'État. C'est ainsi que Pierre le Grand, en Russie, a détruit la milice des Strélitz ; le sultan Mahmoud, en Turquie, le corps des janissaires, et en Égypte, le vice-roi Méhémet-Ali, le corps des Mameloucks.

112 (p. 164). « C'est de la religion. » Rien de plus vrai. La plus grande force du sultan de Constantinople est d'être le chef de la religion, le représentant de Mahomet pour tous les Musulmans. Montesquieu, pour rester fidèle à son principe, dit que c'est « une crainte ajoutée à de la crainte ». Mais il ajoute que la religion « corrige un peu la constitution turque ». C'est, en effet, une limite au pouvoir du prince, et par conséquent ce gouvernement ne repose pas exclusivement sur la crainte.

Chardin, dans son *Voyage en Perse* (ch. XI), dit que l'autorité du grand seigneur, en Turquie, est bien moins absolue que celle du roi de Perse : « L'empereur des Turcs, dit-il, ne fait mourir aucune personne considérable sans consulter le muphti ou grand pontife de la religion. Celui des Persans, au contraire, bien loin de consulter personne, ne se donne pas seulement le loisir de penser, la plupart du temps, aux ordres de mort qu'il prononce.

113 (p. 164). Montesquieu fait toucher du doigt la stérilité du com-

munisme. Là où le prince est le seul propriétaire, il n'y a plus ni industrie ni agriculture, et le résultat serait le même si, au lieu du prince, c'était le peuple tout entier qui fût propriétaire. Chacun, étant nourri par l'État, négligerait tout travail, à moins d'y être forcé; or, le travail forcé, c'est l'esclavage. Le communisme ne peut donc reposer que sur l'esclavage. Il est évident que dans ce régime, comme dans celui dont parle Montesquieu, « on ne réparerait rien; on ne bâtirait que pour la vie ». La civilisation retournerait à l'enfance.

114 (p. 166). « Étrangler ses frères. » Rien de plus fréquent que ces meurtres de famille, et le souverain lui-même n'est pas à l'abri. Aussi, a-t-on dit que la monarchie asiatique était le pouvoir absolu tempéré par l'assassinat. « En Perse, dit Chardin, on fait arracher les yeux à tous ceux qui viennent du sang royal, ou on les laisse mourir quand ils naissent, en ne les allaitant pas. »

115 (p. 166). « Choisir son successeur. » C'est le comble du despotisme quand le prince peut choisir lui-même son successeur. L'hérédité est une limite, un frein. Par l'adoption, au contraire, le despote règne encore après sa mort.

116 (p. 167). « La plupart des peuples y sont soumis. » C'est beaucoup dire. L'Europe entière, moins la Russie, toute l'Amérique, l'Australie, vivent sous l'empire de gouvernements tempérés. L'Asie et l'Afrique seules appartiennent au despotisme. Ce qui est vrai, c'est que les gouvernements libres ou seulement modérés sont très difficiles à fonder et à maintenir, et que les peuples n'en sont pas toujours capables.

117 (p. 168). « Continuation du même sujet. » Nous avons expliqué, dans notre Introduction, pourquoi Montesquieu s'étend avec tant de complaisance sur le despotisme. C'est qu'il était persuadé que la monarchie française, par la suppression des pouvoirs intermédiaires, des parlements, des communes, des États généraux (dont cependant il ne parle jamais), s'acheminait vers le despotisme. C'était un épouvantail qu'il présentait à la France, pour lui donner le désir d'un gouvernement libre.

118 (p. 168). « La cession de biens. » On appelle cession de biens la pratique en vertu de laquelle le débiteur se libère envers le créancier, par l'abandon total de ce qu'il possède. C'est une sorte de quittance.

119 (p. 169). « Le péculat est naturel dans les États despotiques. » Le péculat n'est autre chose que la concussion : c'est l'administrateur qui se paye lui-même sur les fonds des administrés. Il est étrange d'entendre dire qu'un tel vice puisse être « naturel » dans un gou-

vernement quelconque. On voit que Montesquieu se place uniquement au point de vue des faits, sans croire nécessaire d'y mêler ni approbation ni blâme. Mais on peut dire que cette sorte d'excuse implicite du péculat est au fond un blâme du gouvernement despotique. Un tel gouvernement reposant sur la spoliation est par là même condamné.

120 (p. 169). « Les confiscations... » C'est l'honneur de la société moderne d'avoir aboli le principe de la confiscation.

121 (p. 169). « Les acquêts. » Biens acquis pendant le mariage, au profit de la communauté, en opposition aux *propres*, qui sont les biens particuliers de chaque époux.

122 (p. 169). « Le vizir est le despote lui-même. » C'est ce qui est arrivé, même en France, lorsque Richelieu et Mazarin se sont trouvés investis par la confiance de la royauté de la puissance souveraine. Aussi était-ce avec raison qu'à la mort de Mazarin, Louis XIV voulut déclarer qu'il ne prendrait pas de premier ministre, et qu'il entendait gouverner par lui-même. C'était revenir à l'esprit de la monarchie.

123 (p. 172). « Des témoignages de cette vertu. » Ainsi les distinctions purement honorifiques, qui ne sont pas accompagnées d'argent et qui ne conduisent pas à la fortune, n'ont donc rien de contraire à la nature des républiques. Seulement, ce que Montesquieu dit de la grandeur des récompenses, peut se dire de leur nombre. Ce serait un signe de corruption, si ces témoignages d'honneur s'avilissaient par leur extension abusive. Aussi a-t-on bien fait de limiter parmi nous le nombre des décorations honorifiques.

124 (p. 173). « Dans le gouvernement républicain. » Cette réponse me paraît contestable. Un citoyen qui remplit de force une fonction, ne peut pas bien la remplir. Ce qui est vrai, c'est que lorsqu'un citoyen est indiqué pour un emploi (et il ne s'agit que des plus hauts), il se fait autour de lui une telle pression qu'il est difficile qu'il résiste. S'il le fait, c'est qu'il sent son impuissance, et c'est lui qui est le meilleur juge. Il faut aussi compter sur l'ambition qui est en général toujours prête.

125 (p. 174). « Une place inférieure à celle qu'il a occupée. » Il est rare qu'on ait à employer un citoyen dans un rang inférieur. En principe, cela n'est pas juste : en fait, si cela est utile, c'est un sacrifice qu'il faut laisser au libre arbitre de chacun : la vertu forcée n'est plus la vertu.

126 (p. 174). « Les emplois civils et militaires. Il faut les unir dans les républiques. » Rien de plus inexact; la séparation du civil et du

militaire est, au contraire, de l'essence des démocraties. Le danger de faire « un état particulier » dont parle Montesquieu est bien moins grand que celui de mettre l'administration civile entre les mains de la force armée. Un tel régime conduirait ou bien au gouvernement militaire, destructif de toute liberté, ou bien à une absorption du militaire par le civil, destruction de toute armée. Sans doute, c'est en tant que citoyen qu'on est soldat ; mais en tant que soldat, on ne doit qu'obéir et non commander.

127 (p. 175). « Un état particulier des gens de guerre. » En effet, en Angleterre (et c'est à cet état que Montesquieu fait allusion), la crainte des armées permanentes est traditionnelle ; et ce sentiment a depuis passé en Amérique ; mais cela tient à la situation particulière de ces deux États, l'Angleterre et les États-Unis étant suffisamment protégés par la mer, pour n'avoir pas besoin de soldats. Mais en Europe, où les nations doivent se protéger elles-mêmes, une armée est nécessaire, et si cette armée se confondait avec le gouvernement, elle serait tout, et il n'y aurait plus de liberté. La séparation du civil et du militaire est donc obligatoire là où une armée permanente est de toute nécessité.

128 (p. 175). « Métier de famille. » Voltaire proteste ici avec chaleur contre cette expression : « La fonction diverse de rendre la justice, de disposer de la fortune et de la vie des hommes, un métier de famille ! De quelles raisons l'auteur soutient-il une thèse si indigne de lui ?... Une monarchie, selon Montesquieu, n'est donc fondée que sur des vices ? Mais pourquoi la France est-elle la seule monarchie de l'univers qui soit souillée de cet opprobre de la vénalité ?... Il eût mieux valu, dit un sage jurisconsulte, vendre les trésors de tous les couvents que de vendre la justice... Vendre publiquement la justice et faire jurer à ce juge qu'il ne l'a point achetée, c'est une sottise sacrilège. » La vénalité des charges judiciaires qui avait été introduite pour procurer de l'argent à l'État, a été abolie par la Révolution. Il ne faut pas confondre les charges judiciaires avec les offices ministériels (notaires, avoués, greffiers, etc.), où la vénalité, abolie également par la Révolution, a été rétablie implicitement en 1816, par une loi financière.

129 (p. 176). « Il faut des censeurs dans une république. » Montesquieu est toujours placé au point de vue des républiques anciennes, qui n'étaient au fond que des gouvernements de famille. L'État était le représentant et l'héritier du père de famille, et avait hérité d'une partie de l'autorité paternelle. Mais dans nos sociétés modernes, républiques ou monarchies, on ne supporterait pas l'institution de

la censure. Ce n'est pas à dire que les lois ne doivent pas faire ce que faisaient les censeurs à Rome, c'est-à-dire défendre les mœurs contre la corruption, qui se glisse sous le nom de liberté. L'impudicité publique est la honte des gouvernements libres. Dans des États modernes, c'est la presse qui fait la censure des mœurs. Seulement elle aurait bien souvent besoin elle-même de censeurs.

130 (p. 176). « On n'est surpris... » Voltaire répond encore ici à Montesquieu, avec la vivacité de son bon sens et de son cœur : « Non, je ne suis pas surpris de ces deux jugements atroces ; car je n'en crois rien... Je ne crois pas que les Athéniens aient eu l'absurdité aussi ridicule que barbare de tuer des hommes et des enfants pour des moineaux. « C'est un jugement de mœurs, » dit Montesquieu. Quelles mœurs ! Quoi donc ! N'y a-t-il pas une dureté de mœurs plus horrible à tuer votre compatriote qu'à tordre le cou à un moineau ? » — L'observation de Voltaire est juste s'il s'agit de condamner à mort pour un moineau : c'est une peine disproportionnée au délit. Mais il n'en est pas moins vrai que l'État a le droit de punir la cruauté envers les animaux, qui devient souvent la cruauté envers les hommes. C'est ce qu'a fait parmi nous avec beaucoup de raison la loi *Grammont,* qui punit les mauvais traitements envers les animaux.

TABLE DES MATIÈRES

8073-87. — Corbeil. — Typ. et stér. Crété.

NOUVEAU MANUEL

DU

MENUISIER

EN

BATIMENS ;

CONTENANT DES PRINCIPES DE GÉOMÉTRIE ÉLÉMENTAIRE ET
DE DESSIN LINÉAIRE ; — UNE NOTICE SUR LES BOIS ; DES
TABLES QUI INDIQUENT LEURS FORCES, LEURS PESANTEURS
SPÉCIFIQUES ; — LA DESCRIPTION DE QUELQUES OUTILS NOU-
VEAUX ; — TOUS LES SYSTÈMES D'ASSEMBLAGE ; — UN VO-
CABULAIRE EXPLICATIF DE TOUS LES TERMES USITÉS DANS
LA PROFESSION DES MENUISIERS, ETC., AVEC PLANCHES ;
RÉDIGÉ D'APRÈS LES OUVRAGES DE ROUBO FILS ;

PAR TEYSSÈDRE.

PARIS.

IMP. DE Mme HUZARD (NÉE VALLAT LA CHAPELLE),
rue de l'Eperon, n. 7.

www.ingramcontent.com/pod-product-compliance
Lightning Source LLC
Chambersburg PA
CBHW060141200326
41518CB00008B/1104